香港杏范教[...]
"沪杏杯"电子商务企业调研大赛优秀作品

商业新物种

电商模式创新典型案例分析

主　编　张宝明　朱小栋
副主编　杨立钒　赵庚升　杨坚争

内 容 提 要

由香港杏范教育基金会资助、上海理工大学主办的"沪杏杯"电子商务企业调研大赛已经连续举办了五届。本书汇集了第五届"沪杏杯"电子商务企业调研大赛的 15 件获奖作品。这些作品从不同角度反映了我国电子商务企业在模式创新方面所做的积极探索，总结了具有可推广价值的典型案例，同时也反映了大学生通过调研对电子商务企业改革创新的深刻认识。

本书对于电子商务企业模式创新和传统企业转型发展具有重要的参考价值，也为广大教育工作者引导大学生开展企业实际调研提供了参考文本。本书亦可作为大专院校电子商务专业案例教学的参考书。

图书在版编目（CIP）数据

商业新物种：电商模式创新典型案例分析/张宝明，朱小栋主编. —北京：中国商务出版社，2020.8（2023.1 重印）

ISBN 978-7-5103-3579-2

Ⅰ.①商… Ⅱ.①张… ②朱… Ⅲ.①电子商务-商业模式-案例-中国 Ⅳ.①F724.6

中国版本图书馆 CIP 数据核字（2020）第 208927 号

商业新物种：电商模式创新典型案例分析
SHANGYE XINWUZHONG: DIANSHANG MOSHI CHUANGXIN DIANXING ANLI FENXI

主　　编	张宝明　朱小栋		
副主编	杨立钒　赵庚升　杨坚争		
出　　版	中国商务出版社		
地　　址	北京市东城区安定门外大街东后巷 28 号	邮　编：	100710
责任部门	教育事业部（010-64283818）		
总 发 行	中国商务出版社发行部（010-64266193）		
网　　址	http://www.cctpress.com		
邮　　箱	347675974@qq.com		
排　　版	北京嘉年华文图文制作有限责任公司		
印　　刷	三河市明华印务有限公司		
开　　本	787 毫米×1092 毫米　1/16		
印　　张	17.5	字　　数：	390 千字
版　　次	2021 年 4 月第 1 版	印　　次：	2023 年 1 月第 2 次印刷
书　　号	ISBN 978-7-5103-3579-2		
定　　价	78.00 元		

凡所购本版图书有印装质量问题，请与本社总编室联系。电话：010-64212247
版权所有　盗版必究　盗版侵权举报可发邮件到本社邮箱：cctp@cctpress.com

序　言

2019年，我国电商产业发展迅速。数据显示，2019年全国电商交易规模额达34.81万亿元，同比增长6.7%。其中，商品、服务类电商交易额33.76万亿元，占比约97%；合约类电商交易额1.05万亿元，占比约3%。从2010—2019年，我国电子商务交易规模从4.55万亿元增长到了34.81万亿元，年均复合增速达25%。

处于这样一个快速发展的电子商务新兴产业之中，怎样引导学生认识和分析这一新生事物，并由此得出符合实际发展的结论，是电子商务教学过程中需要认真考虑的问题。实践证明，在大学生中开展电子商务企业的实地调研是一种行之有效的方法。毛泽东同志说过，"没有调查就没有发言权。"[1] 特别是对于电子商务这样一个全新的事物，通过调查研究，可以使大学生充分认识这一新事物在整个国民经济发展中的重要作用，自觉跟上世界经济发展的新热点，激发创新热情和勇气。

2018年，当华为公司被美国实施交易禁令后，外界普遍担忧华为公司的前途。华为CEO任正非在接受中央电视台采访时表示：从华为遭遇美国禁令到近期不断升级的中美贸易摩擦，实质是科技实力的较量，根本问题还是教育水平。任正非说："我觉得未来二三十年，人类社会要发生天翻地覆的变化，至少是生产方式会发生天翻地覆的变化。""如果我们农村的孩子二三十年以后好多都是博士硕士了，这会为国家在新的创新领域去搏击，争取国家新的前途和命运，这才是未来。"任正非的话很值得我们深思。未来的竞争将是科技实力的较量，根本问题还是教育水平。所以，全面提高大学生的竞争能力是一个关系国家前途和命运的重大课题。应对国内外各类严峻的挑战和风险，加强调查研究是我们进行科学决策的前提和基础。我们应当通过各种方式提高大学生调查研究的能力，提升大学生分析问题、解决问题的整体水平。

自2014年开始，由香港杏范教育基金会资助、上海理工大学主办的"沪杏杯"电子商务企业调研大赛已经连续举办了六届。从已经完成的五届比赛来看，规模逐渐扩大，参赛人数逐渐增多，参赛人员从单纯的电子商

---

[1] 毛泽东. 反对本本主义[G]//毛泽东选集（第一卷）. 北京：人民出版社，1991.

务专业的学生扩展到市场营销、管理、计算机及其他专业。调研报告的水平也在逐步提高。第五届"沪杏杯"电子商务企业调研大赛仍然采用"研究生和本科生共同组队参赛"的形式，以研究生带动本科生一起参与调研，提高了调研活动的水平，形成了整个学校调查研究的新风尚。学生通过深入企业调研，学会了如何走进企业与企业家沟通，如何运用管理理论和数理模型对一个企业进行全面分析，如何将企业宝贵的实践经验归纳总结并上升为可推广的理论模型。大学生通过比赛，还学会了如何开展团队合作，学会了如何在团队中更好发挥自己，提升了团队协作的能力。

针对电子商务企业模式创新这一热门话题，第五届"沪杏杯"电子商务企业调研大赛的参赛同学有针对性地从三个领域进行了选择。一是网络零售领域，这是电子商务最活跃的一个领域，大量新的网络零售模式不断涌现，调研包括唯品会的特卖模式、盒马鲜生的O2O模式、超级物种的线上线下一体化模式、小红书的UGC社区模式。1药网的生态闭环服务模式。二是企业电商领域，这是国家目前高度重视的一个领域，调研包括上海钢联、网易严选、阿里巴巴、西门子。三是服务业电商领域，这个领域跨度很大，调研包括携程。

本书出版得到香港杏范教育基金会、上海理工大学电子商务发展研究院、上海市一流学科（S1201YLXK）、上海理工大学国际商务专业学位研究生实践基地建设项目、国家社科基金重大项目（13&ZD178）上海张江国家自主创新示范区人才培养产学研联合实验室的资助。在出版过程中，得到上海理工大学管理学院的支持，得到中国商务出版社赵桂茹编辑的大力协助。华东政法大学杨立钒副教授对本书进行了全文校对指导，牛天娇、邢晶晶、颜礼蓉同学参与了全程的编辑，在此表示衷心地感谢。

深入基层开展调研活动是提高大学生素质的一项重要途径。笔者希望通过本书的出版，能够调动更多的大学生参与这项活动。其调研成果也可以用于电子商务的案例教学之用。受新冠肺炎疫情的影响，本书的出版延误了半年时间，在此表示歉意。书中不足之处，恳请业内专家和关心大学生电子商务能力发展的人士给予斧正。

主　编
2020年9月5日

目　　录

导　言　电子商务调查报告写作指导

第 1 篇　网络零售篇

1. 唯品会的特卖模式 …………………………………………………… 3
2. 盒马鲜生的 O2O 模式 ………………………………………………… 21
3. 叮咚买菜的 7＋1 品控模式 …………………………………………… 37
4. 超级物种的全渠道营销模式 ………………………………………… 55
5. 小红书的 UGC 社区模式 ……………………………………………… 70
6. 1 药网的生态闭环服务模式 ………………………………………… 95

第 2 篇　企业电商篇

7. 网易严选的 ODM（原始设计制造商）模式 ………………………… 115
8. 阿里巴巴的横向与纵向发展模式 …………………………………… 124
9. 上海钢联的"撮合＋寄售"模式 …………………………………… 145
10. 西门子的个性化推荐和精准化营销模式 …………………………… 167

第 3 篇　服务业电商篇

11. 携程的六西格玛旅游管理模式 ……………………………………… 187
12. 汽车之家的 AR（现实增强）营销模式 ……………………………… 205
13. 微信读书的生态链运营模式 ………………………………………… 214
14. 麦朵四位一体线上线下结合的教学服务模式 ……………………… 233
15. 爱回收的全渠道营销模式 …………………………………………… 250

导 言

电子商务调查报告写作指导

华东政法大学　杨立钒

调查报告是调查研究成果的书面文字载体，是应用文体的一种。调查报告同其他文章一样，有着共同的写作原则、方法和规律，但又有其特殊的写作原则、方法和规律。

要写好一篇调查报告，不但需要懂得写文章的一般道理和方法，而且更需要懂得和掌握调查报告写作的要领。

一、撰写调查报告的五大要领

撰写一篇好的调查报告，需要掌握五个要领：

（一）必须懂得和掌握调查报告写作的指导思想、出发点和目的

即从实际出发，提出问题、分析问题、解决问题；需要撰写电子商务调研提纲，明确调研的主要内容。

（二）必须懂得和掌握调查报告的构成要件

即有情况、有问题、有分析、有对策，这是一篇调查报告应当具有的四大要件。但四大要件不是互不相干的，而是应当具有内在的、必然的和因果的联系。不能离开情况谈问题，也不能离开情况和问题去做分析，当然更不能离开情况、问题和分析去拟定对策。只有抓住主题，抓住事物的内在联系，才能写出情况明、问题准、分析透、对策好的调查报告。

（三）应当懂得和掌握调查报告写作的基调和最基本的特征

调查报告必须让事实说话，让材料说话，让数据说话，让典型说话。

（四）要懂得和正确处理观点与材料的关系

一篇调查报告既要有材料，又要有观点，两者同等重要，缺一不可。观点来源于材料，由占有材料中形成观点；观点统帅材料，材料说明观点，观点与材料统一；同时，还要正确处理观点与材料之间数量关系。

（五）应当注意把握调查报告的文风

如实、准确、鲜明是调查报告的文风特点。第一，体现在调查报告的总体和主题上，务必使反映总体和主题的材料、数据和典型事例件件都准确、鲜明、真实。第二，

调查报告的标题,要讲究准确性和鲜明性。第三,调查报告的结构布局也要注意体现准确性和鲜明性。第四,要注意语言的准确性和鲜明性。

二、调查报告的基本结构

调查报告的基本结构包括三个部分。

(一)引言
(1)阐明调查的目的,交代调查主体。
(2)说明选择的调查方法:问卷、高层访谈、现场考察等。
(3)说明调查样本、调查数据处理的思路。

(二)正文
(1)调查情况介绍。
(2)对材料和数据的分析(包括建模和数据检验)。
(3)对问题及原因的分析。
(4)对策建议。

(三)结束语
(1)调查的基本结论。
(2)本次调查存在的问题及改进的方向。

三、调查报告示范文本

《湖南农民运动考察报告》[①] 是1927年3月5日由毛泽东发表,此文是为了答复当时党内党外对于农民革命斗争的责难而写的。为了这个目的,毛泽东到湖南做了三十二天的考察工作,并写了这一篇报告。当时党内以陈独秀为首的右倾机会主义者,不愿意接受毛泽东的意见,而坚持自己的错误见解。他们的错误,主要是被国民党的反动潮流所吓倒,不敢支持已经起来和正在起来的伟大的农民革命斗争。《湖南农民运动考察报告》提出了解决中国民主革命的中心问题——农民问题的理论和政策。

该报告具有5个鲜明的特点:有全面确凿的事实、有中肯深刻的分析、有鲜明深邃的观点、有凸现个性的特色、有切实管用的建议。

该报告主要包括两个部分:农村革命和十四件大事。

第一部分 农村革命,包括五个问题:
 一、农民问题的严重性
 二、组织起来
 三、打倒土豪劣绅,一切权力归农会
 四、"糟得很"与"好得很"
 五、所谓"过分"的问题

[①] 毛泽东.湖南农民运动考察报告[G]//毛泽东选集(第一卷).北京:人民出版社,1991.

六、所谓"痞子运动"
　　七、革命先锋
第二部分　十四件大事，包括具体的14件农村革命中突出的新事物：
　　第一件　将农民组织在农会里
　　第二件　政治上打击地主
　　第三件　经济上打击地主
　　第四件　推翻土豪劣绅的封建统治——打倒都团
　　第五件　推翻地主武装，建立农民武装
　　第六件　推翻县官老爷衙门差役的政权
　　第七件　推翻祠堂族长的族权和城隍土地菩萨的神权以至丈夫的男权
　　第八件　普及政治宣传
　　第九件　农民诸禁
　　第十件　清匪
　　第十一件　废苛捐
　　第十二件　文化运动
　　第十三件　合作社运动
　　第十四件　修道路，修塘坝

四、电子商务调查报告的写作方法

（一）选题

企业电子商务调查报告主要针对三类企业：

（1）纯粹的电子商务企业，主要调查企业的基本状况、涉及的运营领域和环境、竞争对手与竞争状况、经济效益、发展中存在的问题、需要哪些政府的政策或资金支持等。

（2）转型中的传统企业，主要调查企业的基本状况、运营环境和外部市场压力、经济效益、转型的速度和转型中存在的问题、同类企业的现状、需要的政府指导和帮助等。

（3）尚未开展电子商务的传统企业，主要调查企业的基本状况、运营环境、经济效益、没有采用电子商务的原因、是否有转型的需求、对世界市场的认识、关联企业的影响等。

（4）电子商务园区。电子商务企业聚集地的管理与运作。

（二）调查时需要注意的若干问题

（1）为什么中国电子商务发展相比全球电子商务发展较快？

（2）电子商务企业有哪些模式创新？

（3）企业发展电子商务过程中遇到的主要问题是什么？

（4）跨境电子商务企业发展遇到的新问题有哪些？

（5）转型中的传统企业尤其是制造型企业主要有哪些困难？

（6）企业迫切需要政府解决的有哪些问题？上海市现有政策需要做哪些改进？

（7）除了政策倾斜和资金支持外，政府还应关注电子商务哪些方面的推动？

（三）写作要求

（1）调查报告应覆盖企业的基本情况、运作模式、特点、效益、问题、思路与措施。

（2）统一用文档结构图，能够提取目录。

（3）逻辑思路要明确。

（4）图片要清晰。

（5）注释要规范。

第1篇 网络零售篇

网络零售是电子商务最活跃的一个领域。大量新的网络零售模式不断涌现。2019年，B2C模式网络零售额占比达78.0%，比上年提升15.2个百分点，同比增长22.2%，高于C2C模式增速14.4个百分点。本篇介绍了唯品会、盒马鲜生、叮咚买菜、超级物种、小红书和1药网在模式创新中的做法。

1. 唯品会的特卖模式

参赛团队：上海理工大学敏行团队
参赛队员：濮钰　焦倩倩　马思涵　陈佳昕　侯璐
指导教师：范元伟
获奖情况：二等奖
关键词：唯品会　特卖模式　SWOT 分析

为加深对电子商务行业的了解，本调研团队前往唯品会信息科技有限公司上海中骏办公区进行了实地调研考察。本报告详细介绍了唯品会信息科技有限公司发展历程、组织结构、财务状况等模块；重点分析了唯品会特卖模式的优劣以及针对这一模式做出的创新；最后，依据公司实际运营情况，运用 SWOT 分析方法探讨了唯品会目前的优劣势及所面临的机遇和威胁，并结合当今市场趋势提出相关发展建议。

1.1　导论

随着"互联网＋"的快速发展，网购已经融入到人们的生活中。B2C 作为电子商务的一种模式已经成为网购市场发展的主要推动力。随着 B2C 电子商务网站快速发展和壮大，不少新晋企业崭露头角。如唯品会已经连续数年跻身《财富》中国 500 强排行榜。本次调研以唯品会为对象，通过访谈和研究构建了唯品会从运营到网购系统的服务蓝图，直观地描述了该企业提供服务的全过程，并对服务蓝图中的各关键点进行了分析，得出影响网购服务质量的主要因素，并在此基础上提出了提升 B2C 网购服务质量的几点建议，期望能够为 B2C 企业实践提供参考。

1.1.1　调研内容

（1）了解企业的发展历史和现状；
（2）了解企业的组织结构、运营模式、业务流程、产品服务等模块；
（3）了解企业与同行业或其他企业的业务关系；
（4）了解企业的未来规划及对自身发展的评估。

1.1.2　调研思路

通过对唯品会公司的实地调研，了解企业的发展历程、组织结构、运营模式、业务流程、产品服务、财务状况、融资状况、竞争优势和面临的问题等，重点分析该公司特有的特卖电商模式，通过 SWOT 分析法对企业发展的现状、趋势和瓶颈等问题做深入研究，并提出相关建议。

1.1.3 调研安排

调研安排参见图 1-1。

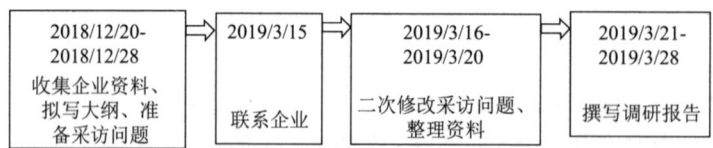

图 1-1　唯品会的调研安排

1.2 唯品会公司简介

1.2.1 唯品会简介

图 1-2 是唯品会的网站主页。

图 1-2　唯品会官网

唯品会是国内知名的品牌折扣 B2C 网站，率先在中国市场开创了"名牌折扣＋限时抢购＋正品保险"的商业模式，其主要是进行时尚名牌商品的销售，以较低的折扣价向消费者出售正品名牌商品。唯品会主营业务为互联网在线销售品牌折扣商品，涵盖名品服饰、鞋包、美妆、母婴、居家等各大品类。

作为国内第一家上市的电子商务平台，唯品会以"名牌折扣＋限时抢购＋正品保障"的创新电商模式，持续深化为"精选品牌＋深度折扣＋限时抢购"的正品特卖模式。其优势始终是独特的商业模式和独到的消费群体定位，根据国内消费者不断变化的需求和对于电商平台不断提高的要求，唯品会通过自身扩大经营品类、物流管理、营销推广来保持其市场地位，在中国互联网零售市场上占据了较大的份额。

1.2.2 发展历程

唯品会成立于 2008 年 8 月，唯品会旗下网站 www.vip.com 于同年 1 月 8 日正式上线，模仿法国奢侈品特卖网站形式打造高端奢侈品品牌特卖网站。

2010 年唯品会作出重要改变，在特卖基础上调整消费者定位，转型二三线品牌特卖，包括了名品服饰、鞋包、美妆、母婴、居家等各大类，由此唯品会业绩逐步上升。

唯品会于2010年与2011年先后进行两次融资，不断调整合作品类以及加大推广力度，成为国内特卖网站的龙头。

2012年3月23日，唯品会在美国纳斯达克交易所上市，成为中国第一个上市的电子商务平台。目前，唯品会已成为全球最大的特卖电商，以及中国第三大电商。

图1-3反映了唯品会的发展历程。

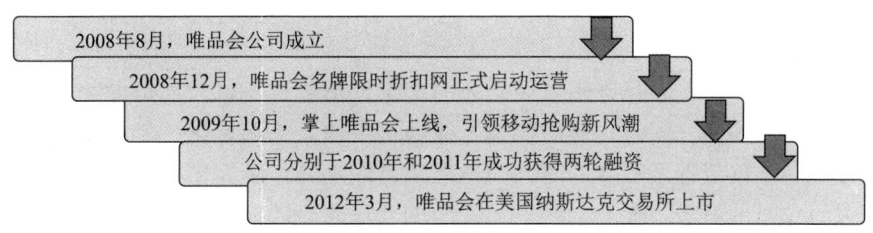

图1-3　唯品会发展历程

1.2.3　市场定位

唯品会在线销售的产品种类主要有男装女装、鞋包、美妆护肤、亲子母婴、体用户外、居家数码、饰品手表等高级品牌产品，因此唯品会起初的定位是高端消费者，但是发展很不理想，于是做出了向国内二三线品牌服装进军的大胆举措，即"消灭"二三线城市服装库存，就这样一家专门做特卖的网站应运而生，它用正品限时特卖的模式打开了中国的网购特卖市场，给消费者带来了耳目一新的购物方式与购物体验，无论在销售额还是股价方面都创造了电商的一代传奇。

1.2.4　业务运营

1. 消费者群体定位

从年龄上看，唯品会的商品几乎涵盖了每个年龄段的购买者，并且其中还有大部分是女性购买者。唯品会低价正品的保证，满足了消费者既省钱又能美的心理，大大地刺激了购买欲望。

其主要目标客户群大致可分为品牌爱好者、年轻消费者这两类。唯品会主打品牌正品特卖，消费者人群中存在较大一部分人对品牌产品有着很高的热衷度，而营销着国内外线上线下的各大时尚品牌，价格较低，是品牌爱好者的不错选择。同时，唯品会的产品也以时尚为理念，在保证正品和质量的同时，价格上也存在较大优惠，更符合当今大多是年轻消费者的需求，能够吸引到较多的白领和20～35岁的年轻消费群体。

2. 产品策略

1）买手团队

唯品会为保证其商品质量和多样性，通过成立买手团队来探知时尚消费需求。以瑞丽、昕薇等引领时尚的杂志编辑以及各大商场的服装买手为主，他们以专业的眼光为消费者挑选采购当下最符合潮流的、最时尚的品牌商品，最大限度地满足消费者的喜好。

2) 商品多样性

商品多样性是互联网销售平台最重要的生命力，对于以特卖为主的唯品会来说，其品牌多样、产品定位多样、价格多样是不断扩大其消费人群的主要推动力。唯品会最初以奢侈品品牌特卖为主，定位高端消费人群，反响一般。转型后的唯品会与多家品牌企业合作，网站上商品涉及服装、箱包、配饰、香水、数码产品、旅游、母婴等，并且购买简单便利，网上交易支付的方式也有多种，为消费者提供了便利。

3) 渠道策略

唯品会的商品是在限时订购结束后才向卖家发出要货数量，这个方法大大减少了不必要的囤货和滞留。同时，他们拥有专业的买手团队为顾客挑选其想要的款式，很大程度上说，不仅节省了顾客的时间，还能尽可能地满足顾客需求。随着公司的快速发展以及订单量的增多，唯品会建立了专门的仓库管理团队，成立了物流公司，同时自建物流还为第三方提供服务，大大增加了唯品会的收入。

1.2.5 公司组织结构

1. 外部组织结构

从唯品会公司的外部结构来看，根据招股书，唯品会是典型的 VE 结构，其经由 VIE（可变利益实体）广州唯品会从事社交电子商务业务，通过在广州唯品会、中国唯品会及其股东之间签署的一系列协议，对广州唯品会进行有效控制。因此，唯品会可以说拥有一个相对完整的，几个利益集体通过协议而相联系的网络，并通过地域层级的关系开设子公司，以此扩大企业的规模，发展至今。唯品会以创始人，IPO 前投资者以及公众投资者为资金基础，以此通过股权关系，唯品会国际控股有限公司（香港）是其主要的国外运作实体，而在中国大陆，则通过股权关系形成唯品会（中国）有限公司及唯品会（建阳）电子商务有限公司和唯品会（成都）电子商务有限公司两个子公司，通过合约关系形成的广州唯品会信息科技有限公司作为主要的技术支持。

可见，唯品会是兼国内和国外市场的一个大型公司，其资金，技术以及市场的发展潜力是十分可观的。

2. 内部组织结构

1) 管理层

从唯品会的内部框架来看，在管理决策层方面，唯品会拥有一支实力雄厚的管理团队，其采用的是董事长、下设副董事长、总裁以及副总裁的组织结构模式。董事长是股东大会推选出来的代表股东对公司运营进行监督的最高决策人，在唯品会公司，董事长兼任公司的 CE。而下设的总裁和副总裁即股东聘任的对公司进行管理的领导人。

2) 行动层

从其日常业务的运行来看，行动层主要采用的是我们所熟知的事业部制的组织结构形式。在总经理下，根据企业具体运行的流程，下设人力、行政、财务、采购、运营、市场、产品、技术、物流以及客服部等相关部门，以下又分设出相关负责人，同时根据具体事务的特点，再细分成不同的模块（参见图 1-4）。

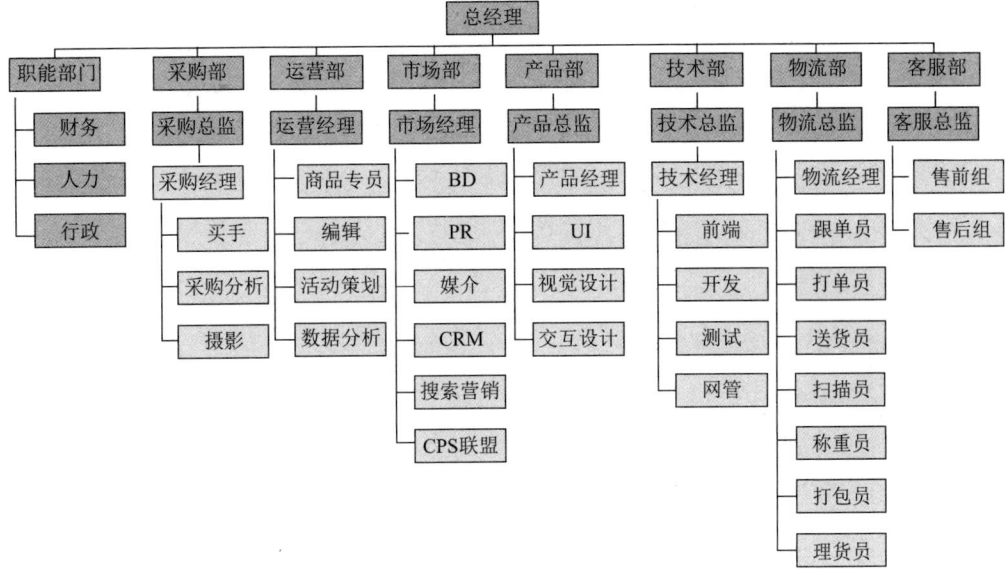

图 1-4 唯品会组织结构图

1.2.6 财务状况

1. 融资状况

2010年10月与2011年5月，唯品会分别获得美国DCM和红杉资本风险投资2000万美元与5000万美元。

2012年3月23日，成功登陆美国纽约证券交易所（NYSE）（股票代码：VIPS）。

2017年12月18日，腾讯控股和京东集团以现金形式向唯品会投资总计约8.63亿美元。

2019年2月27日至3月6日期间，腾讯子公司对唯品会进行增持，增持数量为5821858ADS（美国存托凭证）。

图1-5反映了唯品会资本投入的发展趋势。

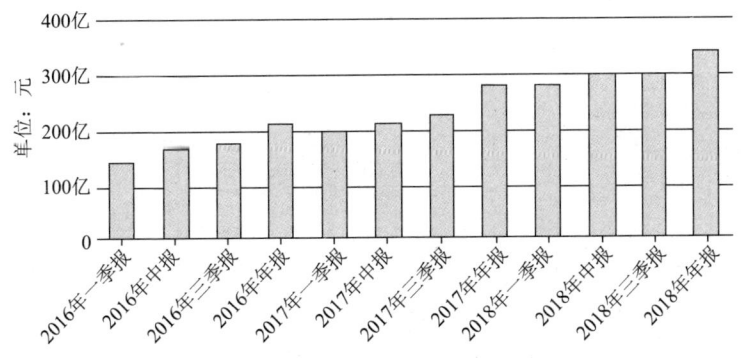

图 1-5 2016—2018年投入资本趋势图

2. 营收情况

唯品会自2008年成立以来飞速发展，成立短短三年的时间后便在美国纽交所（NYSE）上市，上市后迅速扭转了亏损的局面，之后一直保持盈利状态。2018年第三季度净营收178亿元（约合26亿美元），同比增长16.4%，连续24季度盈利，营收增速为18.4%，与2018年第一季度营收增速的24.6%以及2017年第四季度营收增速的27.1%相比，第三季度唯品会营收增速再次回落并低于20%（参见图1-6）。

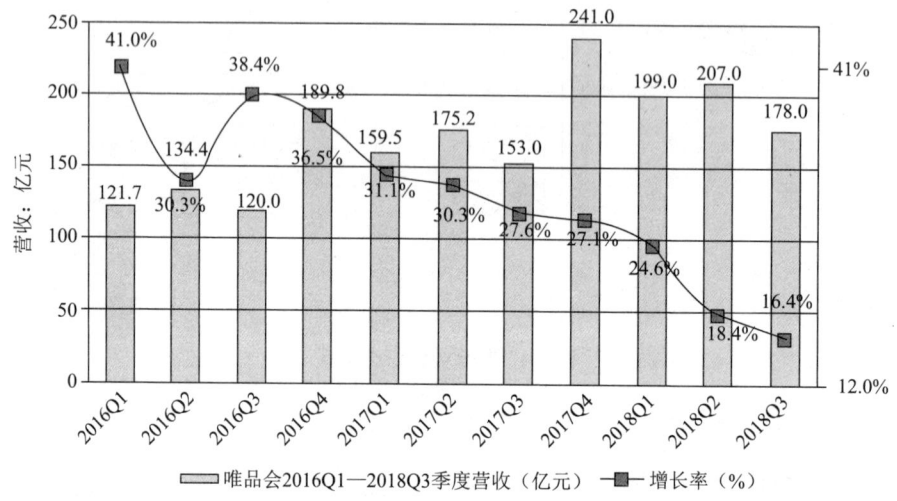

图1-6 唯品会2016Q1—2018Q季度营收

3. 净利润

2018年第三季度净利润为2.287亿元，比2017年同期的3.4亿元下降约32.7%；仅与前两年同期数据相比较，2018年唯品会Q3季度出现明显下降，从2016Q1以来，增速下降32.7%的幅度过于大，且环比前一季度则呈现出直线下降趋势（参见图1-7）。

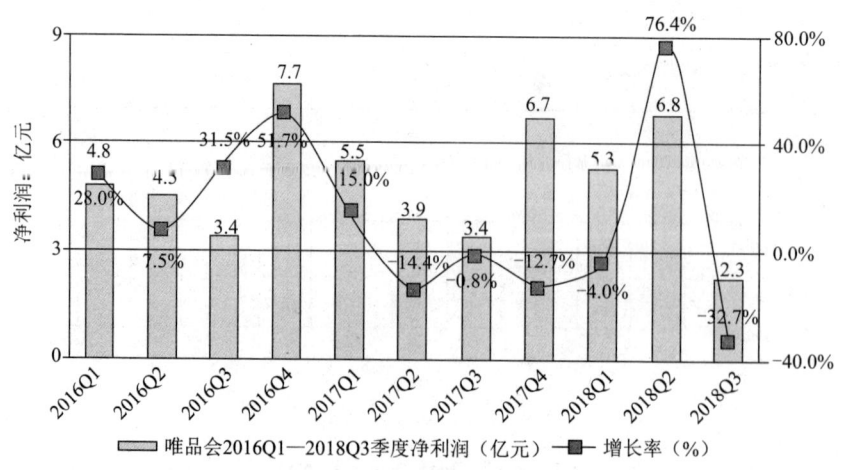

图1-7 唯品会2016Q1—2018Q季度净利润

4. 活跃用户

2018年第三季度活跃用户数约为2642万，同比2017年的2380万增长了11%；应该说在2018年之前唯品会的活跃用户数出现增长乏力态势，不过2018年三个季度增速在逐渐回温，这背后的有利因素很可能是腾讯和京东作为投资方为其流量导流（参见图1-8）。

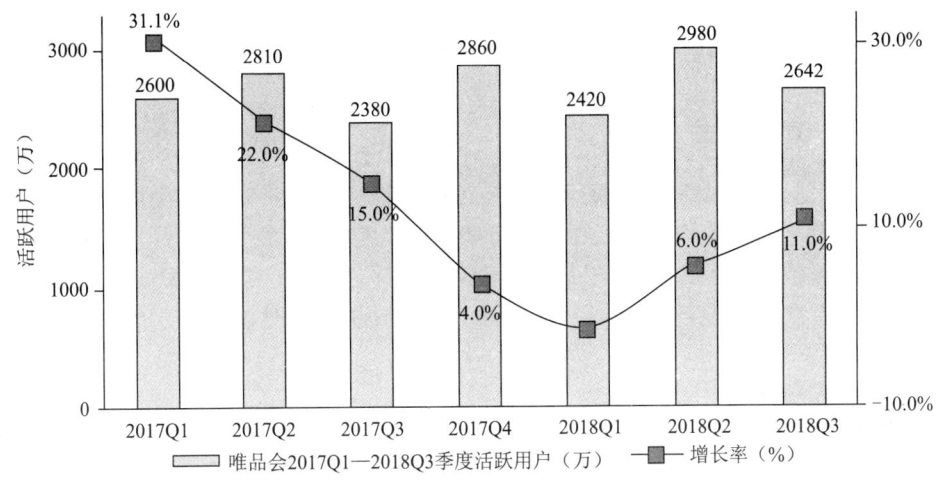

图1-8　唯品会2017Q1—2018Q季度活跃用户

5. 订单总量

2018年第三季度总订单量为9570万，同比2017年的7400万上升29.3%；由于该时间段为淡季，唯品会该季度订单量增速和数量均出现下滑（参见图1-9）。

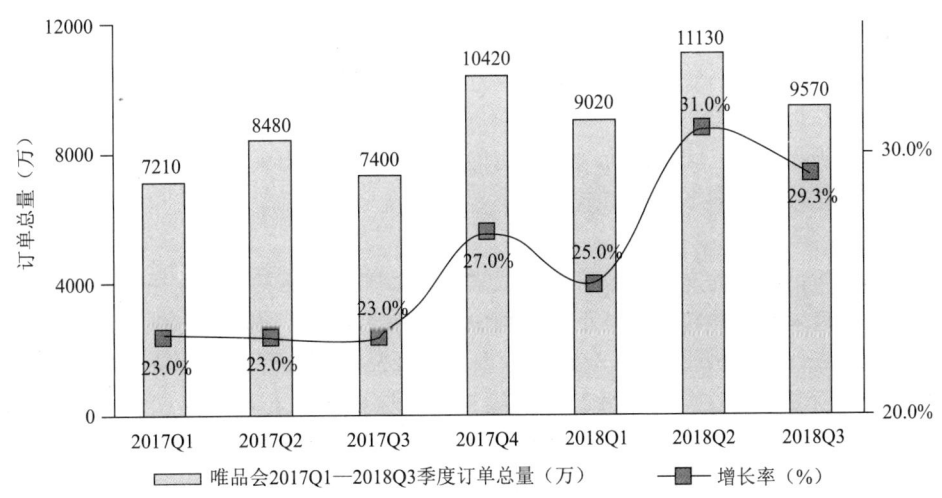

图1-9　唯品会2017Q1—2018Q季度订单总量

6. 总结

唯品会2018财年第三季度净利润下滑幅度较大，营收增速也在持续下滑，且从近三年的数据中看出，唯品会第三季度的营收和净利数据较同年另三个季度要偏低。借助腾讯京东入股后以及唯品会着眼于社交电商的优势为其在活跃用户数的增长方面有了好转。2018年第四季度财务报告数据显示，唯品会四季度净营收增至261亿元（约合38亿美元），活跃用户同比增长13%。唯品会实现第25个季度连续盈利，客群数量与质量得到全面增长。

1.3 电商模式分析

1.3.1 营销模式

唯品会采取的是品牌特卖模式，一端对接品牌厂商，获取正品优质货源；另一端直面消费者，提供品牌折扣好物。目前唯品会已有5000多个合作品牌，产品覆盖广泛，包括服装、鞋帽、化妆护肤品、箱包、皮具、配饰、香水等。每天早十点晚八点准时有百个品牌进行特卖，一律采用"名牌折扣＋限时抢购＋正品保险"的销售模式。

1. 市场定位变化

唯品会成立之初做的是奢侈品的线上零售业务。但奢侈品市场有限，大多数消费者还不能够接受在线花费成千上万元购买一件衣服或者一个手包。此外，奢侈品货源不稳定，一部分是从海外代购，另一部分是从中间商、零售商挖的二手货。

唯品会根据市场反应迅速进行网站的重新定位——一家专门做特卖的网站，把目标顾客瞄向了国内二三线城市中有一定经济实力的消费者，这个消费群体热衷于时尚品牌但又对价格感，加上国内二三线品牌之间竞争比较激烈，唯品会迅速在两者中找到一个平衡点，提供了一个品牌特卖平台，既为品牌商销售了产品又为消费者争取到了折扣。

2. 消费者

1)"正品折扣＋限时抢购"

正品＋折扣，从品牌和低价两个层面增加了消费者的购买欲望。而限时抢购则是落实消费者在较短时间下订单的推动力量。

2)品质保障

唯品会所销售的商品均从品牌方、代理商、品牌分支机构、国际品牌驻中国办事处等正规渠道采购，并与之签订正品采购协议。与此同时，唯品会对供应商的资质都进行严格审查，营业执照等五证、产品检验报告及品牌授权许可文件缺一不可。母婴方面，唯品会更是首次引入国际权威的第三方质检机构瑞士SGS对销售的母婴产品进行独立第三方滚动抽检。进口商品方面，还必须要供货商提供进关单据等通关文件。

唯品会承诺售卖的品牌均为正品，由中国太平洋财产保险股份有限公司为购买的每一件商品进行承保。这一系列举措打消了消费者对"品质"的担忧，奠定了唯品会在消费者心中的"正品"形象（参见图1-10）。

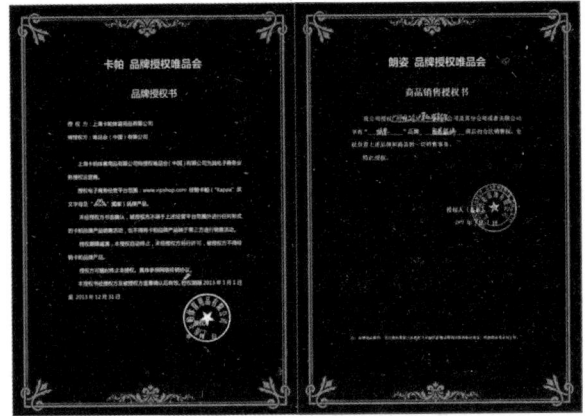

图 1-10 相关品牌的授权书

3）会员积分制

唯品会对每一个想要购买商品的消费者实行注册会员制。对于消费者成交的商品，根据消费金额会进行积分，积分越高，所对应的级别越高（比如从铁牌会员到铜牌会员需要的"V值"为1500，银牌需要的V值"为7500，金牌需要的"V值"为15000，达到钻石以上级别则需要的"V值"为25000以上）。不同等级的会员享有不同的福利待遇，比如对于钻石会员及钻石以上会有不定期专场，给予一定的特权，在此专场中产品折扣很低，且享有低价包邮。购物后还会赠与一定的唯品币，唯品币可以在下次购买中进行抵用。这些举措都增加了用户黏性，提高用户忠诚度和复购买率（参见图 1-11）。

图 1-11 唯品会会员积分与唯品币兑换

3. 品牌厂商

唯品会合作的均为知名品牌，以二三线品牌为主且不乏一线奢侈品大牌。其商品直接由知名的国际、国内品牌代理商或厂家提供，并且要求所卖出的商品必须是质量有保证的正品。

1）资金快速回笼

唯品会采取"限时抢购"的销售模式，销货极快，一般在闪购结束后的 10～15 天把货款付给供应商，而其他电商最快基本也要 45 天。且唯品会可预先付货款的 30% 给供应商，以此来保证品牌供应商的资金链畅通，资金快速回流。

2) 传统销售渠道不受影响

唯品会与一家品牌商一年最多合作6到8次，每次限时销售5~7天。对消费者而言可以刺激购买欲望，对品牌厂商而则有利于维护形象、避免对品牌商传统销售渠道的冲击，保持品牌商渠道秩序的稳定。

1.3.2 物流模式

2018年以前，唯品会主要采用的是"干线+落地配"的物流模式：由自家仓储中心配送至目标城市，再外包给当地的快递公司做"送货上门"的二次落地配送。但随着唯品会自建物流——品骏快递的发展，如今唯品会80%的业务已由品骏快递承运。

1. 仓储中心

截至目前，唯品会拥有六大物流仓储中心，分布在广东、天津、四川、湖北、江苏以及辽宁，服务于华南、华北、西南、华中、华东、东北地区，仓储面积超过300万平方米，覆盖290多条公路的干线运输，并与各大航空公司战略合作、拥有专属舱位的航空货运。并且，其建立了覆盖全国县、乡镇的3900多个自营配送点为一体的仓储、运输配送体系及仓库、运输团队，现有自有配送员近31000名。海外方面，唯品会拥有9个自营海外仓及4个海外第三方代运营仓。

2. 蜂巢系统

蜂巢式订单储分一体系统，简称"蜂巢系统"，是兰剑公司研发的储分一体的分布式自动化物流系统。2015年12月13日，蜂巢系统率先在唯品会华南物流中心上线发布。2017年11月10日，蜂巢系统二期项目在唯品会华南物流中心正式上线发布。

1) 主要作业流程

分为三大功能区，即一楼入库上架作业区、二楼出库拣选作业区、蜂巢式集货缓存系统。

入库换箱：一楼入库拣选工作人员对包装箱内的商品进行质检，并通过条码扫描后根据系统指令将商品换装于周转箱，商品与周转箱进行信息绑定，换箱作业结束后，周转箱被放上输送线。

上架：输送线按照系统指令将周转箱送到对应的入库提升机口，提升机将周转箱送至对应的巷道，最后由智能高速巷道穿梭车将周转箱放置到相应货位。

入库时，系统根据不同的入库站台头时流量，实现整个输送系统的动态流量分拨和柔性优化，保障不同巷道之间、相同巷道的不同层之间自动化设备的顺畅作业。

出库：订单下达后，系统调度穿梭车将订单商品所在周转箱从货位取出后送至出库提升机口，周转箱通过提升机送到输送线，再由输送线送到拣选工作站。

拣货：每个拣选工作人员负责一个拣选站台，在周转箱到达站台时，扫描设备自动读取周转箱信息，拣货信息通过屏幕显示，工作人员按照信息提示扫码并拣选商品，放入订单周转箱。拣货完成的周转箱留在输送线上回库；订单周转箱则放置到下层输送线，流向集货缓存系统。

集货缓存：集货缓存系统将周转箱按照订单批次进行逐箱暂存，当一个批次集货完成后，一次完成两个批次周转箱的高效输送，实现多个不同分区已完成订单的动态均衡。

出货：被高效送出的周转箱经输送线送至打包区进行打包、装箱及发运。

2）系统亮点

全程机器拣货：全程采用机器小车拣货，其中包括巷道穿梭车（纵向）、转载穿梭车（横向）、提升机（立体）这三个维度的自动拣货小车。在机器拣货模式下，订单处理效果大大提高。据物流相关负责人介绍，在该系统操作下，一个工作人员的处理速度是10秒内1个订单，一小时能处理360个订单，效率是传统仓库的6倍（传统的每小时约60个订单）。据悉，蜂巢系统的日订单处理规模能达到9.6万件。

高密度存储，系统容积率是传统的10倍：由于系统采用全自动机器拣选，蜂巢不会受到人工拣货的限制（比如货架高度、货架间距等），因此整体货架布置非常密集。传统仓库一个平方米最多能存储两个周转箱，而蜂巢系统能存储20个周转箱，容积率是传统系统的10倍。唯品会华南物流园区的总存量是900多万件（主要是服装），而蜂巢所在的13号仓库就承载了100万件，容量远远高于其他一般仓库。

仓储、分拣一体化，节省作业面积：一般的仓库分为仓储区和分拣区，比例多为1∶1（有的分拣区比仓储区面积更大），这种设计最终造成仓库整体面积巨大，利用率不足。而蜂巢仓储系统将仓储区和分拣区合二为一，节省了作业面积，同时也能提高拣货速度。

智能柔性拣选站台：系统根据每个拣选站台的作业效率高低以及需要完成的任务量，动态地将订单推送给拣货人员，使每个站台作业尽量均衡，拣选人员的效率更高，工作强度更低，系统柔性更强。

3. 品骏快递

品骏控股有限公司（品骏快递）成立于2013年12月9日，由唯品会全资控股，采取"全自营，不加盟"的经营模式。目前品骏快递已建立覆盖全国县、乡镇自营配送点为一体的仓储、运输配送体系及仓库、运输团队，配送范围覆盖全国31个省级行政区，包括新疆、西藏、青海等西北偏远地区，拥有直营站点近4000个，现有员工30000余人，年投送包裹超4亿件（参见图1-12）。

图1-12　品骏快递

1.3.3　盈利模式

1. 消费者与供应商

唯品会"名牌折扣＋限时抢购＋正品保险"的销售模式，紧跟用户需求，刺激购买欲望，带动订单量和销售额的增加。同时，由于唯品会与品牌方、厂商之间，经过长期合作建立了合作信任关系,彼此间有许多的合作模式,如跨季度的商品采购、计划外库存采购、大批量采购、独家专供等,能够实现价格优惠最大化。

2. 仓储与配送

唯品会仓储基本实现了"零库存"模式,这来源于"快进快出"的销售模式。唯品会的仓库分为收货区、待上线货物暂存区、上货物存储区以及下线退货区等,由于做的是限时特卖,特卖商品一周开售四期,每期推出8～12个品牌,其提前从品牌商那里拿到一定数额的货品,限购时间一到,没有销售出去的货品会及时退还给品牌商。唯品会的零库存管理模式使其库存管理成本大大降低且免去了仓储的一系列问题,为唯品会的盈利奠定了条件。

唯品会的自建物流—品骏快递投入运营后,配送效率提高,配送成本进一步降低。

1.3.4 特卖电商模式的优劣

1. 优势

1)顺应了消费升级的趋势

消费升级是大势,一二线城市的人群开始追求理性消费、简朴消费。用优惠的价格买到名牌好货,永远都是广普消费者的刚需。而唯品会聚焦货品本身、价格优势明显,通过与一线大牌深度合作、买断等方式,获取独家低价货源,继而用深度折扣与高性价比商品吸引消费者。另外,唯品会的自建物流、创新科技也能最大限度降低成本。

强大买手团队更是为唯品会提供了选品优势。唯品会在10个国家和地区组建买手团队,有将近2000名买手,他们要么是资深买手,要么是主流大刊的专题编辑,能敏锐捕捉各国当季流行的商品款式。对于唯品会来说,专业的买手团队已经成为重要的无形资产,在用户陷入到商品的汪洋大海中找不到方向的时候,唯品会可以替他精选。

2)"特卖"具有抗周期性

当前,国内经济环境也面临持续放缓的压力,但在特卖模式下,唯品会的业绩仍然保持一定的增长。因为在经济形势不佳、整体消费能力降低的环境下,特卖深度恰恰满足了消费者的需求。

2. 劣势

1)特卖领域进入门槛低

特卖模式的护城河较低,近几年来已经衍生出了很多类似的平台,比如聚美优品、折800、楚楚街、聚划算等。京东、阿里也提供了类似唯品会的模式,在服装鞋帽品类持续发力,削弱了唯品会特卖模式的生存优势。

对此,笔者建议,特卖产品仍然是重点,今后需加大跟各大品牌的深入合作。近来,不少一线奢侈大牌开始涉足电商领域,唯品会应该积极与其展开合作,奢侈品牌既能帮助唯品会吸引更多有购买能力的用户群体,还能提高唯品会在保障正品的可信度。

2)过度依赖女性用户

唯品会目前的用户群体中,女性用户占绝大多数。唯品会CFO杨东皓也曾透露,唯品会超过80%是女性用户。对女性用户的过度依赖，尤其是较低年龄层用户呈现的较低购买力，都在一定程度上阻碍了唯品会的进一步发展。

对此，笔者建议，稳固女性用户的同时，挖掘到更多男性用户。目前唯品会和京东的战略合作正可以使双方优势互补。

特卖模式优劣分析图示见图1-13。

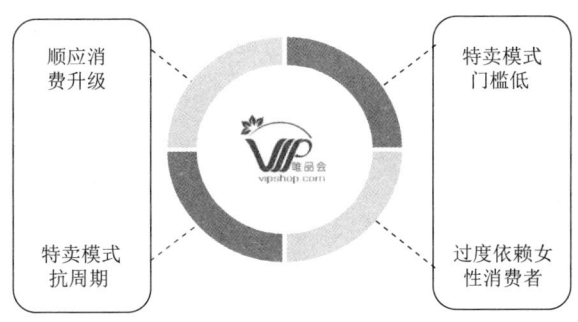

图1-13　特卖模式优劣分析

1.3.5　创新突围

1. 战略合作

2017年12月18日，唯品会宣布，获得腾讯和京东近8.63亿美元投资，并且三方签订战略合作协议。此后，腾讯钱包接入唯品会端口，京东APP也接入唯品会端口，腾讯、京东的流量入口面向唯品会全量开放。唯品会2018年Q4及全年财报数据显示，来自于腾讯和京东渠道的新增用户，占唯品会当季度新增用户的23%，接近四分之一。

同时，唯品会与京东也在供应链和海外仓储方面展开了合作。唯品会向京东开放9个海外仓资源，为京东全球购提供优质的海外仓储物流服务，共同做大跨境电商市场规模。仓储物流体系全面打通后，双方将共享包括采购、营销、物流、服务在内的全供应链体系（参见图1-14）。

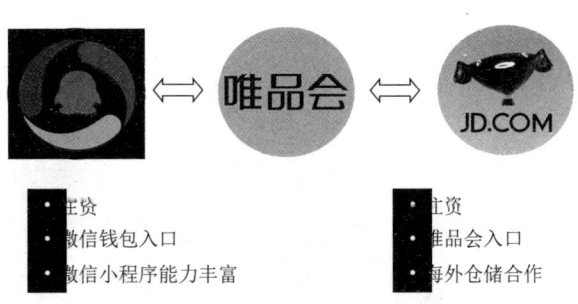

图1-14　2018年腾讯、京东与唯品会的合作

2. 社交电商

传统电商线上流量红利逐渐消退，唯品会一方面与腾讯、京东对接获取新流量，另一方面通过"社交"方式裂变获取流量增量，即社交电商。

随着年轻一代成为主流消费群体，他们爱分享的性格特点使他们更倾向于社交电商的新模式。尤其是美容彩妆、服饰、箱包等适合通过社交平台进行体验式传播的产品，现在已经显示出较强的消费需求。为此唯品会腾讯合作与上线了包括唯享客、云品仓、唯品仓等多款社交电商产品，通过社交分享的的形式拓展销售场景。最为典型的是 2018 年 7 月上线的微信小程序"云品仓"。云品仓意在为个人卖家提供从商品、物流、客服到营销的各种服务。个人卖家只需在自己的社交圈推广自建小店，分享商品，商品成交后可获最高 30% 利润分成（参见图 1-15）。

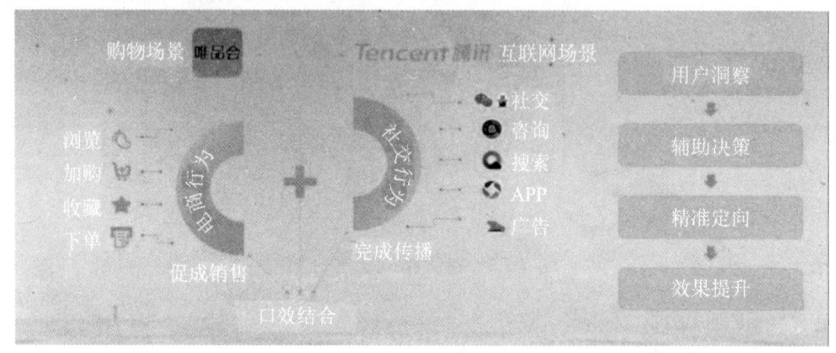

图 1-15　唯品会与腾讯结合的社交电商模式

3. C 端转型 C＋B

2018 年 8 月 10 日，唯品推出了服务于代购、批发商、微商的批发代购平台"唯品仓"。唯品仓一端对接品牌方，提供一手货源；另一端连接专业代购、微商和中小型批发商，借助微信、QQ 等社交平台，通过快速组货、限时抢拍、一键播货、转发分销等形式拿货分销。这一平台的上线，意味着一向专注于 B2C 的唯品会已不满足于 C 端市场，开始向 B 端市场渗入，赋能微商和代购人群（参见图 1-16）。

图 1-16　唯品仓

1.4 SWOT 分析

唯品会自成立以来一直保持着快速发展的态势，每天 100 个品牌授权特卖，确保正价、确保低价。以下我们对于唯品会进行 SWOT 分析：

1.4.1 优势（Strengths）

唯品会率先在国内开创了"名牌折扣＋限时抢购＋正品保障"的创新电商模式，并持续深化为"精选品牌＋深度折扣＋限时抢购"的正品特卖模式。唯品会将在每天上午 10 点和晚上 8 点准时推出 200 多个正品特卖和特价销售，并且以最低至 1 折的折扣抢购 3 天进行销售，为消费者带来高性价比的"网上逛街"的购物体验，深受消费者的喜欢。

专门做特卖的网站。产品聚焦精准，打造高端品牌折扣网特色，低至一折，具有最优惠的名牌折扣价，获得了一大批钟爱高端品牌的忠实顾客。

成本领先战略。唯品会的成本领先战略体现在零库存代销模式。存货决策中的零存货管理使得唯品会 90%的商品采用代销寄售的销售模式，10%的商品为买断自营。唯品会采用差异化战略进行二三线品牌运营，主要受众群为二三线城市而后订单增幅超 200%。代销寄售的商品未经售出的可退回至供应商，而且可以根据订单来定制货量，此种零库存模式减少了仓储和经营成本。

唯品会为代表的轻公司模式，采用"干线＋落地配"的物流模式，由自家仓储中心配送至目标城市，再由当地合作的快递公司做"送货上门"的二次落地配送。随着物流中心仓储面积的扩充，它能够更好地满足高速增长的客户订单需求，提高物流配送能力和服务质量，以短平快的用户体验获取和留住客户。

1.4.2 劣势（Weaknesses）

运营杠杆高。唯品会对供应商和消费者依赖程度高，而商品价格低利润不高，想要保持盈利就得发挥规模优势。为了保持高增长，在物流、采购、推广和营销方面的投入都在加大。若无法维持与供应商的关系和持续吸引新客户则难以持续维持高增长局面。网站运营费用高，流量费用高，必须长期把握物流费用改善，毛利率改善和销售额增长。

线下物流配送服务效率低。唯品会采用"自建＋外包"的物流模式，由于自建物流配送队伍的不完善以及第三方物流合作伙伴服务水平参差不齐导致了客户的满意度不高。

毛利率增长空间有限。唯品会专做品牌特卖，高质量的产品加上低折扣的销售导致其毛利率增长幅度不高，同行业较高水平为 25%，唯品会已接近，可增长幅度小。这样的经营模式必然导致其利润没有其他电商的高，这也是唯品会有别于其他传统电商的一种经营模式。

难以发挥自有品牌效应。唯品会的品牌特卖商品包括时装、配饰、鞋、美容化妆品、箱包、家纺、家具、香水、母婴等，品牌如此之多，但自有品牌却几乎没有，没能将自身的品牌效应完全发挥。作为对比，京东主营家电并囊括其他产品种类，当当和亚马逊主营图书也囊括其他商品，天猫和淘宝就更是种类繁多，连后来居上的国美在线和苏宁易购也有自己的主打商品——电器，在这种情况下，唯品会单靠特卖来稳固自己的地位是不可持续的。

1.4.3 机会（Opportunities）

B2C的快速发展带动唯品会的发展。中国的电子商务还处在快速发展阶段，国内B2C市场发展快速，仅仅天猫这几年的"双11"就创造了举世瞩目的销售纪录，B2C的快速发展对唯品会来说无疑是难得的发展机会。

社交媒体的宣传让消费者及时获得最新的促销信息。唯品会的良好口碑与独特经营模式在传递给消费者的过程中，社交媒体起到了很大的作用。如今微博、微信朋友圈等社交媒体已经普及，这使得品牌文化和商家的实时促销能及时传递给消费者。

日渐发展的物流配送环境。中国传统物流给大多消费者的印象是慢、贵、差，可是当电子商务发展势头越发迅猛的时候，也带动了传统物流的转型发展，当天订单当天送达已经可以实现，因此，日渐发展的物流配送环境给唯品会提供了快速发展的良好环境。

1.4.4 威胁（Threats）

商誉危机。品牌知名度是企业商誉的体现，是企业的无形资产。虽然唯品会由太平洋保险承保，全部正品。仍有因商品尾货陈货产生的消费者误解和舆论质疑。进驻门槛和商品质量仍然应当严格把控，严防采购系统失控。有消费者的信任才会有电子商务企业的生存和发展，所以保证供应商资质和商品的货源是最根本也是最重要的要求。

产业链缺乏稳定性和持久性。闪购是一种新的商业模式，其可持续发展有待观察，未来还有变数。随着唯品会的"闪购＋特卖"的网上奥特莱斯模式获得成功，如今唯品会一家独大的局面已经被行业竞争打破，各大电商巨头竞相模仿，平台类电商开设闪购业务形成了消费分流。唯品会的市场定位与淘宝、腾讯有较大契合，目标用户群重叠，如何提升知名度，开发新的用户群以及维护客户是唯品会所面临的问题。唯品会的商业模式对供应商和消费者依赖程度高，这也是一大难题。

客户资源出现流失。唯品会独有的品牌特卖模式渐渐普及，曾经钟爱高档品牌的消费者可以有更多的选择，相比之下，天猫淘宝的品牌种类更多，京东自营的物流速度更快，这些因素都会使唯品会的客户资源流失。

综合以上分析，唯品会SWOT分析矩阵如表1-1。

表 1-1　唯品会 SWOT 分析表

内部＼外部	优势（Strengths） （1）"精选品牌＋深度折扣＋限时抢购"的模式 （2）专门做特卖的网站 （3）成本领先战略 （4）"干线＋落地配"的物流模式	劣势（Weaknesses） （1）运营杠杆高 （2）线下物流配送服务效率低 （3）毛利率增长空间有限 （4）难以发挥自有品牌效应
机会（Opportunities） （1）B2C 的快速发展带动唯品会的发展 （2）社交媒体的宣传让消费者及时获得最新的促销信息 （3）日渐发展的物流配送环境	SO （1）坚定一个原则——专门做特卖 （2）提高物流的效率 （3）加大对于品牌的宣传力度	WO （1）多元化经营 （2）零存货管理
威胁（Threats） （1）商誉危机 （2）产业链缺乏稳定性和持久性 （3）客户资源出现流失	ST （1）保持良好商誉 （2）无形资产增值 （3）提升二次购买力	WT （1）利润增长点转型 （2）提升竞争力

1.5　发展建议

唯品会 2018 年各方面增速明显放缓，Q4 更是首次出现个位数增长，这与传统电商流量红利的消退是一致的。对此笔者从以下两个方面提出建议。

1. 特卖升级

根据尼尔森相关消费数据报告，2017 年四五线城市电商渗透率增长高达 10%到 15%，远高于一二线城市 3%~4%的增幅。而且四五线城市对与性价比的追求，要比一二线城市更强烈。面对四五线城市需求激增，对价格更敏感的情况下，唯品会不可避免地要优化特卖模式，把特卖"好货不贵"的价值极致地发挥出来。

1）拓展合作品牌的广度和深度

限时特卖模式门槛较低，多家电商网站已开通特卖频道切分市场。唯品会欲保持其在行业内的领先地位，需在品类和品牌上双线拓展，并最大限度地保持定价权。

2）开发男性用户

虽说唯品会主打女性用户市场，但是随着越来越多的男性用户网上购物频率增加，如何营销吸引更多男性用户是未来可参考的一个发展方向，唯品会与京东的合作已为之打下基础。

3）提升消费体验

（1）增加售前客服。尽管唯品会在销售网页上有细化的产品分类以及品牌搜索的设计，但在购物中还是需要询问售前客服关于商品的一些具体信息和使用情况，这在一定程度上可以帮助消费者选择适合自己的商品，并加快下单的速度，避免因为商品信息了解不清而选择退货。

（2）降低包邮门槛。唯品会购物一般是满288元包邮，一般情况下消费者并不是每次消费都有很多需求，这会阻碍想尝试购买物品，交易额达不到要求的顾客。虽然邮费不多，但一般购物者还是抵触不包邮的情况，会产生购买不经济的意识。在这一点上，唯品会聚美满两件包邮的制度，更好地促进销售，留住具有购买意向的顾客。

（3）加强自建物流建设，提高配送服务。品骏快递目前已承担了唯品会80%的配送量，但发展时限短，许多业务还不成熟。

2. 社交电商

电商和社交的结合是趋势，更是"必然"。这个"必然"来自于线上流量红利的消退，电商们不得不拿出新的应对措施。传统电商的玩法，已经难以跳出基数大了之后增长放缓的局面，只有社交电商模式才能快速几何式的增长。唯品会必须紧紧抓住这一电商重塑的机遇，实现流量再增长。

1）社交营销玩法

唯品会构建了小程序、云品仓、唯享客等多个社交电商入口，并在唯品会APP主站发展唯品快抢、最后疯抢等业务，前者以大牌好货和全网最低价重塑特卖；后者以品牌组货方式，全部商品不超过3折。平时的拼团、砍价等社交营销玩法也早已上线。

2）社交APP

云品仓、唯品仓、唯享客等APP效果如何还是未知之数。未来，寻求有效的方法转型为社交电商是唯品会发展的重中之重。

1.6 结束语

通过唯品会公司的实地调研，本团队对电子商务行业尤其是特卖模式有了进一步的理解，将所学知识理论与企业实际运营情况相结合，切实感受到了唯品会的电商模式特色、模式优势、模式创新以及当下发展困境和挑战。所有团队成员均认真对待此次来之不易的调研机会，运用尽可能多的课余时间悉心钻研相关理论知识，调研期间也全神贯注地与企业高管们沟通，通过深入思考和比较分析，及时记录所感所悟，最终形成调研报告。

2. 盒马鲜生的 O2O 模式

参赛团队：刘老师最帅嘿嘿嘿
参赛队员：黎素涵　姜舒　李奕杰　张康林　田琦玮
指导教师：刘勤明
获奖情况：二等奖
关键词：新零售　盒马鲜生　生鲜电商　超级物种

近几年，新零售模式发展突飞猛进，许多互联网公司和传统零售企业都将 O2O 模式新零售作为战略领域，电商巨头和资本的线下布局明显提速，线下龙头也加快步伐。本文选取其中的领先者盒马鲜生进行调研分析，从企业、消费者、社会等利益相关者的角度出发，通过查阅文献、咨询专家、实地走访、问卷调查、SWOT 分析法等方法，对盒马鲜生的经营现状、市场优势劣势、品牌声誉、顾客忠诚度、同行对比等方面进行研究，分析了盒马鲜生的发展状况和前景，探索企业存在的问题，为 O2O 模式新零售企业的经营管理提供依据，并就如何发挥自身优势、赢得市场话语权、提高经济效益给出合理的发展建议。

2.1 调研背景与方法

2.1.1 选题的背景

在生鲜电商如雨后春笋一般蓬勃发展之时，盒马鲜生异军突起，成为了生鲜电商中的一匹黑马。盒马鲜生由侯毅创立，是阿里巴巴投资的"新零售"项目，拥有创新性的 O2O 生鲜零售经营模式，被认为将"颠覆传统超市""改变生鲜业竞争格局"。盒马鲜生也交出了令人满意的答卷，仅半年就实现了盈利，其各项财务指标平均水平远超同业。盒马鲜生到底有什么优势使得自身脱颖而出？盒马鲜生有没有缺点？现有的生鲜电商究竟应该如何发展？本文以这些问题为起点，在对盒马鲜生进行实地调研和资料收集的基础上撰写调研报告，以期为盒马鲜生发展提出建议，为现有的中小生鲜企业的发展提供借鉴。

2.1.2 调研思路

根据盒马鲜生 O2O 的生鲜零售经营模式，挑选样本实体店进行线下调研，对消费体验进行测评，现场随机挑选顾客发放问卷，并与负责人、店内员工进行交流；结合线上以调查问卷为基础的数据收集，整理分析出盒马鲜生独特的 O2O 生鲜零售经营模式的创新性与可能存在的问题，从而对盒马鲜生的经营现状、市场优势劣势、品牌声誉、顾客忠诚度等有更深入的了解；选取同行业进行竞争分析；在上述基础上对盒马进行SWOT分析并给出合理发展建议。

2.1.3 调研基本情况

本次调研目的是了解盒马鲜生为代表的生鲜电商运营模式和发展现状。因此本团队选取盒马鲜生全国首家线下实体店——金桥店，于2019年3月10日进行实地调研。主要是通过走访、咨询员工、问卷调查的方式进行调研。

本次调研分为三个阶段：

（1）2月25日—3月9日：拟定调研主题，策划调研流程，对团队成员任务进行分工；确定调研方法及流程，准备采访内容，制作调查问卷。

（2）3月10日：到样本实体店进行走访，发放调查问卷，与店内负责人及员工进行交流、采访。

（3）3月11日—3月29日：线上数据收集，发放电子调查问卷；团队成员根据分工撰写调研报告，整合提交。

2.2 企业基本情况

2.2.1 企业简介

盒马鲜生（英文名：FRESHIPPO）是阿里巴巴集团旗下以O2O为经营模式、以数据和技术驱动的新零售平台之一，2016年1月由侯毅创立首家店，至今，盒马鲜生已在全国21个城市发展出138家门店。它是超市＋餐饮＋物流＋APP的复合功能体，被称为一店二仓五中心，即一个门店，前端为消费区，后端为仓储配送区，囊括超市、餐饮、物流、体验和粉丝运营五大中心。资料显示，一个盒马鲜生门店投入成本至少5000万元，包括店面租金、物业费、员工工资、进货配货成本、设备维护费用等。例如在员工工资方面，每店配备1名正店长和4名副店长分管物流、运营、餐饮和营销，算上配送员，员工数达250～300人。

2.2.2 企业成功之道

盒马鲜生作为新零售代表之一，身上有京东和阿里巴巴两大电商巨头的烙印。从京东出走的侯毅见证了京东从2009年到2014年上市的全部历程，他认为京东能够成功的原因有三点：第一，运营和服务体验。以上海金桥店为例，该店2016年全年营业额约2.5亿元，坪效约5.6万元，远高于同业1.5万的平均水平；线上订单占比超过50%，营业半年以上的成熟店铺达到70%；线上商品转化率为35%，远高于传统电商。我们的顾客满意度问卷调查显示，顾客对盒马的服务还是很满意的。第二，企业对于差评的重视。在和金桥盒马店负责人的交谈中，我们了解到虽然每天收到顾客的投诉很少，但是收到差评，他们就会第一时间和顾客进行交谈，然后来改进顾客不满意的地方，尽自己最大的努力来使顾客满意，并且后期重视顾客差评的原因，将该问题告诉每一个员工，避免该问题再次出现；第三，产品品类全，盒马产品主要分为三类，其中百货占比25%，生鲜占比15%，食品占比60%，食品占比远超其他超市，其中也包括肉类、水产、干货、水果、蔬菜、奶制品、饮料等，盒马还会根据城市定制商品结构，如上海专属盒马小龙虾月饼。

2.2.3 企业未来的发展

盒马鲜生成为"网红店"之后，虽然顾客覆盖面大大提升，营销成果可观，在新零售行业内也确立了一定地位与影响力，占有了较大市场份额，但是随着消费者的好奇心日趋降低，如何保障客户忠诚度、如何增强用户黏性、如何持续驱动O2O经营模式良好发展，都是盒马鲜生所面临的问题。

盒马鲜生作为阿里新零售的生力军，还肩负着改造传统零售业态的任务。阿里巴巴在收购了银泰、新华都、大润发、饿了么等业务之后，其新零售版图有可能会把大润发的供应链、饿了么物流以及盒马鲜生的店面运营管理等多种业态进一步融合。未来盒马鲜生能否在O2O生鲜零售这一创新的经营模式下持续发展下去，找到自身的核心竞争力，还需进一步分析考察。

2.3 盒马鲜生运营模式

2.3.1 线下门店

目前盒马鲜生已完成一线城市的全面布局，同时开始加速下沉三线城市，并已经与全国200多个餐饮品牌进行联营合作。截至本文结稿时，全国的门店数量已达到138家。以上海金桥店为例，门店内部结构如图2-1所示。

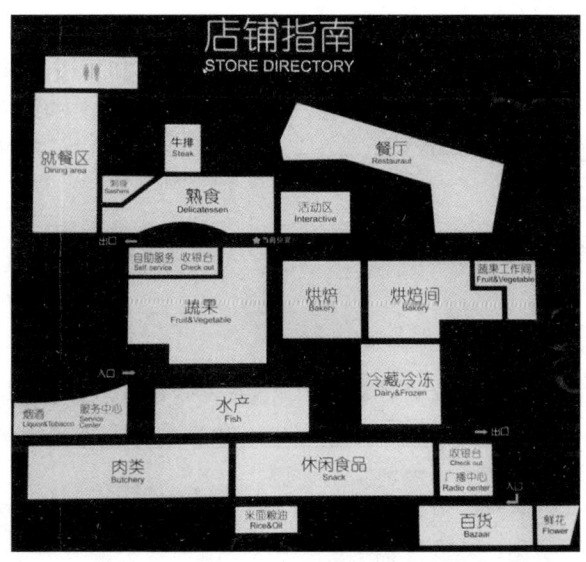

图 2-1　盒马鲜生上海金桥店内部结构图

从图 2-1 中能看出，生鲜是盒马的主打特色产品，生鲜占比大幅高于传统超市，生鲜区域面积在一半左右，品类齐全。中高端品类如波士顿龙虾、帝王蟹等占比高，也有一些其他菜品，休闲食品和日用品占比较少，同时店内有餐饮区域，部分生鲜支持现买现做现吃。

盒马鲜生线下门店的营业时间是 9 点到 22 点。其定位是精品超市模式，各个细节无不体现优良品质。譬如，生鲜商品如果蔬均统一包装、无散装售卖不支持拣选，提供净菜（处理好的菜品原材料，并配以所需调料）等契合现代都市人快节奏生活的高溢价产品种类。

门店经营强调趣味好玩，装饰比如墙上的一段标语是："时间省下来能干嘛？可以用来浪费时间啊！"还有专门的活动区域，会定期组织活动，比如制作蘑菇饼干的亲子活动，厨艺比拼的厨王争霸赛、大闸蟹试吃大会等。

2.3.2 线上运营

传统超市在商品进销存数据分析方面比较完整和详尽，而在会员分析方面少有动作。反观电商平台，会员营销已经发展出一整套体系，淘宝网的千人千面，精准推荐就是建立在收集消费者数据基础之上。盒马鲜生引导会员尽量使用支付宝付款，这样能通过 APP，在顾客离开门店后也能持续影响顾客，达到引流的目的。

盒马鲜生 APP 显示，预约订单最晚送货时间段是 22：15—22：45。盒马金桥店的预约订单大约占整个订单量的一半，消费者只能预约当天。盒马 APP 的政策是无起送门槛。但是，盒马金桥店线上订单平均客单价达到了 70 元，说明只要商品丰富、体验好，是能提高客单价的，不用规定起送金额，只有客单价足够高，才可能覆盖配送成本，随着盒马门店 SKU 增加，估计客单价还有增长空间。

电子商务很重视消费者首购和回购，盒马鲜生也是一样，向新注册用户发放新人红包，并且经常有优惠活动，向用户发放优惠。这类优惠券在传统超市比较难实现，只有和 APP 结合，用 APP 支付时自动抵扣，才便于推广和使用。通过 APP 扫描价签上的二维码，用户可以了解商品详情介绍。另外消费者在线上和线下购买的商品，都能通过 APP 操作退货，申请退货后，有配送员上门取货。可以说盒马鲜生线上的 APP 为消费者提供了极大便利。

2.3.3 线上线下一体化

1. 物流架构

盒马鲜生的物流网络分为三层。

第一层为供应链采购（包含海外和国内直采）。一方面，盒马打通门店和商家的小宗物料的进货渠道；另一方面，在大宗物料上，分享盒马全球集采的优势。对特定的爆款单品，与商家沟通共建所需物料采购通道。

第二层为 DC 层（加工检测中心），包含不同温层仓库、果蔬加工中心、水产暂养基地等，进行质检、养殖、包装、加工等。

第三层为仓店，店即是前置仓，有仓储、分拣、集单、自提、配送等功能。

下单拣货过程：消费者在 APP 下单，卖场店员的 PDA 显示订单，店员拣货时会用 RF 枪确认商品，卖场店员把包装好的生鲜商品放到订单袋中，订单袋挂在传输带上，传输带把订单袋送到物流区合单，整个过程不到 5 分钟。

产品配送速度快，门店附近 5 公里范围内，30~60 分钟内送达。在金桥店，每天有 30 人拣货，10 人在卖场，20 人在后仓。有 100 多位配送员送货，每天每人送货 8~10 次，每次送货 5 到 6 单。

2. 实现一体化的措施

新零售的一大特色就是线上线下一体化：统一会员、统一库存、统一价格、统一营销、统一结算。

实现这一切的前提在于信息系统的建设。盒马鲜生足足花了 9 个月研发系统，又花了两年不断试验和改造。这套系统包括物流 WMS、配送、ERP、财务、门店 POS、APP、会员、支付、营销等，能覆盖客户下单、配送、结算、进货、补货等全流程。这套系统的复杂程度远超传统电商及线下商超。得益于阿里巴巴庞大的会员体系，盒马鲜生以支付宝作为接口，在共享阿里的商品管理信息、商品体系、交易体系、会员体系的前提下，盒马鲜生能够实现其他业务的串联和调度。

消费者购买形式多样。用户可以选择到店下单、送货上门；通过手机应用下单，送货上门；线上下单，然后到门店自提或者直接到店购买。盒马鲜生通过 APP、电子价签实现实体店的职能前台服务，方便用户扫码支付，并可以通过电子价签背后的系统随时查看店内所有商品的库存量和实时价格，从而降低成本，提升效率。

2.4 同行业竞争分析

近几年，新零售模式突飞猛进地发展，许多互联网公司和传统零售企业都将 O2O 模式新零售作为战略领域，腾讯和永辉合作缔结出超级物种，京东孵化出 7FRESH，苏宁成立苏鲜生。本文选取盒马鲜生最大的竞争对手超级物种，进行门店规模与覆盖范围、用户体验、商品种类与价格、供应链与配送四个方面的对比分析。

2.4.1 门店规模与覆盖范围

盒马鲜生和超级物种的目标群体都是一二线城市 80 后、90 后为主的中高端消费人群，但是门店选址、面积等都有所区别（参见表 2-1）。

表 2-1 门店规模与覆盖范围相关指标的比较

	盒马鲜生	超级物种
覆盖城市	21 个（上海、北京、深圳、广州、成都、杭州、宁波、武汉、西安、南京、苏州、昆山、南通、重庆、贵阳、福州、海口、长沙、青岛、大连、无锡）	15 个（福州、深圳、北京、上海、成都、厦门、南京、杭州、重庆、广州、扬州、佛山、莆田、宁波、宁德）
门店数量	138 家	59 家

续　表

	盒马鲜生	超级物种
门店面积	4000－10000 平方米	500－1000 平方米
坪效	>=5 万元/年	>=5 万元/年
门店选址	以社区居民、办公族为切入点，分布在以居民区、办公区为主的街道	主要分布在城市的 CBD 商业区，围绕着闲暇流动人群的休闲式经济
目标人群	晚上大部分时间在家的家庭用户、办公室人群、周末会去超市带着孩子出去走走的用户	中等收入家庭、商务谈判用餐人群

2.4.2 用户体验

中高端消费人群注重购物体验，因此，新零售在加强体验方面注重门店设计的新颖程度，关注门店设计的视觉表达与视觉效果。此外，其将传统零售空间与餐饮、娱乐、科技等元素进行嫁接，重新对消费者与商场的关系进行定义（参见表 2-2）。

表 2-2　用户体验相关指标的比较

	盒马鲜生	超级物种
装修风格	泛科技化、工业化的风格	黑色调为主的典雅风
商品陈列	灵活性和可变性较差，1.5 米的货架符合人体工学，过道宽敞	灵活性和可变性较强，货架布置较拥挤
付款方式	无人自助收银，盒马 APP 下单，支付宝支付	无人自助收银，永辉 APP、微信小程序下单，微信、支付宝、银联支付
安卓端 APP 用户量（2019 年 2 月）	567 万	245 万
促销方式	买一赠一等营销手段，因地制宜特制商品	部分商品常年特价（如椰子），抓螃蟹等游戏
服务体验	个性化服务设施如儿童椅、洗手池、挂包区大大顾客消费体验的附加值	服务人员趋于年轻化、工作娴熟、毕恭毕敬

盒马鲜生和超级物种顾客年龄分布如图 2-2 所示。

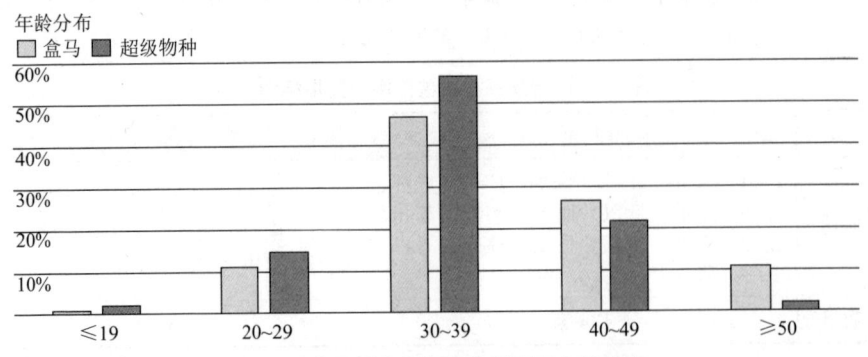

图 2-2　盒马鲜生和超级物种顾客年龄分布

2.4.3 商品种类与价格

本文以盒马鲜生上海金桥店和超级物种万达五角场店为例，选取各个品类具有代表性的SKU，进行价格对比，调查结果如下表所示（参见表2-3）。

表2-3 价格抽样调查结果

		盒马鲜生	超级物种	价差
蔬菜	西兰花（400g）	5.2	4.9	5.77%
	土豆（300g）	1.6	3.9	−143.75%
水果	龙眼（500g）	14.9	14.9	0.00%
	红富士苹果	2.9	2.9	0.00%
乳制品	光明鲜奶（950ml）	22.9	25	−9.17%
	天润原味酸奶（180g）	4.8	2.5	−35.42%
肉类	西冷牛排（200g）	59	42	28.81%
	猪小排（350g）	39.8	31	22.11%
水产品	法国生蚝（只）	36	34.8	3.33%
	面包蟹（800g）	158.4	128	19.19%
冷冻食品	三全儿童水饺（300g）	22.9	21.9	4.37%
	八喜芒果冰淇淋（90g）	9.9	10	−1.01%
零食	乐事薯片原味（145g）	9.9	12.8	−29.29%
	有友泡椒凤爪（100g）	7.9	9.9	−25.32%
饮品	百威啤酒（330ml）	5.8	8	−37.93%
	可口可乐（330ml）	2.9	3	−3.45%
日用品	佳洁士3D炫白牙膏（180g）	13.9	14.9	−7.19%
	妙洁保鲜袋（中号200只）	12.2	13.5	−10.66%

总体来看，超级物种的生鲜类比盒马鲜生价格低，标品盒马的价格较低。

新零售超市集超市、餐厅、仓储和分拣配送为一体，围绕大厨房的概念，食品占比远超其他超市，生鲜作为零售中流量最大、黏性最高的品类，更是新零售的竞争重点（参见表2-4）。

表2-4 商品种类相关指标的比较

	盒马鲜生	超级物种
SKU（产品统一编号）	7800	850
生鲜类占比	15%	30%
食品类占比	60%	50%

续表

	盒马鲜生	超级物种
日用百货类占比	25%	20%
商品周转率	标品大于7天，日日鲜和活鲜1天，其他生鲜类小于3天	标品大于7天，生鲜类小于5天

2.4.4 供应链与配送

当今企业之间的竞争已经不是单一企业的竞争，而是供应链的竞争，零售业更是如此。盒马鲜生和超级物种都在不断升级和加固供应链壁垒，向供应链的上下游延伸。向上游延伸，就是扩大直采，不断寻找优质、低价货源，甚至进入生鲜的种植；向下游，就是加强产品的研发能力，对食材进行检测、清洗、切割和包装等，使生鲜产品标准化，在终端推出生鲜品牌，进一步优化供应链。

盒马鲜生以进口商品为主，不断拓展优化全球供应链。超级物种和永辉共享供应链，永辉诞生于福州，靠海鲜起家，生鲜类产品占永辉营业收入的40%以上，CEO张轩宁表示其买手团队的采购已经形成技术壁垒，掌握着各地生鲜产品的价格、质量和生长周期等信息（参见表2-5）。

表2-5 盒马生鲜供应链

	盒马鲜生	超级物种
采购模式	全球直采、本地化直采、自有品牌。与天猫超市共享供应链，由天猫团队采购	与永辉共享供应链，免去了自建物流、仓储的压力
配送方式	全链路数字化外卖供应链	人工分链
配送时长	30分钟内	30分钟以上
配送范围	半径3公里	半径3公里
配送费	免配送费	满18元免配送费

盒马鲜生目前是国内新零售行业的领先者，相比超级物种和其他竞争者，最大的优势是与支付宝、天猫的数据联动，能精准客户画像，精准推送。依靠阿里强大的供应链，无门槛免运费30分钟送达已经形成技术壁垒。借助阿里系的优酷、微博等媒体资源，拥有高热度，近半年盒马鲜生和超级物种的百度搜索指数如图2-3所示。

2.5 客户满意度分析

2.5.1 调查目的

客户是企业发展的重要组成部分，尤其是在大数据及微营销的时代，拥有用户和流量便相当于占有了市场。因此，倾听客户的需求、提供满意的差异性服务、培养用户忠诚度，便成了企业经营的重要内容。

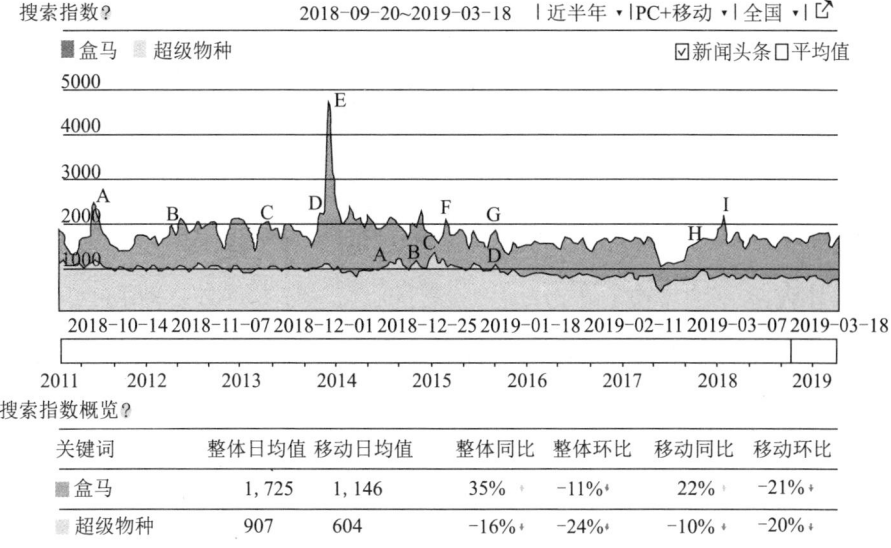

图 2-3 盒马鲜生和超级物种的百度搜索指数

2.5.2 调查问卷情况

本组成员针对盒马鲜生的顾客设计了"关于盒马鲜生顾客满意度的调查问卷",随机发放给不同行业、不同收入的人群填写。采用线上及线下问卷调研分析,以保证调研结果的准确性,线下采用纸质调研问卷发放模式,线上通过问卷星的链接和二维码采用微信、QQ 等媒体手段发放模式。共计发放调查问卷 150 份,分别为线下 50 份,根据顾客的态度和答题的速度,线下有效问卷为 38 份,线上 100 份,然后除去了答卷所用时间低于 60 秒的 3 份问卷,线上有效问卷为 97 份。然后将线下问卷录入问卷星中,最终有效问卷 135 份,这些问卷遍及全国九个省份(参见图 2-4),分别为上海、北京、浙江、广东、湖北、江苏、江西、山东和甘肃,其中上海、北京两地占比为71.11%,使得本次问卷具有一定的广泛性和代表性,为项目的深入调研做了充分的准备。以下分析严格按照我们所涉及问卷的回收结果进行。

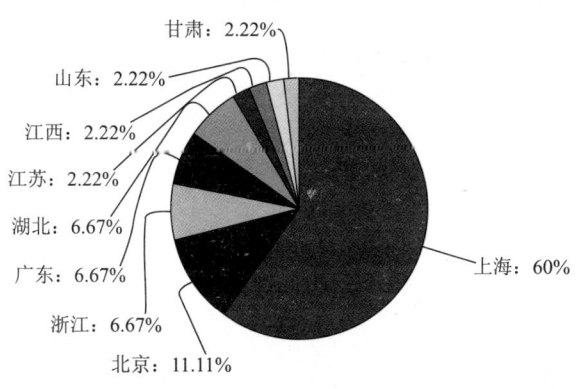

图 2-4 线上问卷样本地理分布

在这些问卷中,调查对象的性别、年龄、职业、家庭月收入、家庭月消费水平的具体情况如表2-6所示。

表2-6 抽样样本基本构成情况

类型		频率(%)	类型		频率(%)
性别	男	48.89	家庭月消费支出水平	5000~8000元	13.33
	女	51.11		8000~10000元	6.67
年龄	20岁以下	11.11		10000~15000元	2.22
	20~30岁	88.89		15000~20000元	0.00
	30~40岁	0.00		20000元及以上	2.00
	40~50岁	0.00	每月在盒马的消费水平	100元及以下	75.56
	50~60岁	0.00		100~300元	20.00
	60岁及以上	0.00		300~500元	2.22
家庭月收入	2000元及以下	22.22		500~1000元	2.22
	2000~3000元	11.11		1000~2000元	0.00
	3000~4000元	6.67		2000元及以上	0.00
	4000~5000元	22.22	职业	公务员	2.22
	5000~8000元	6.67		企业管理人员	4.44
	8000~10000元	11.11		事业单位人员	6.67
	10000~15000元	6.67		公司职员	4.44
	15000~20000元	2.22		学生	77.78
	20000元及以上	11.11		自由职业者	0.00
家庭月消费支出水平	1000元及以下	20.00		家庭主妇	0.00
	1000~2000元	20.00		离退休人员	0.00
	2000~3000元	20.00		其他	4.44
	3000~5000元	15.56			

资料来源:"关于盒马鲜生顾客满意度的调查问卷"。

从表中可得,女性比例大于男性比例,可以说明整体上来说盒马鲜生的顾客中女性居多;而问卷参与者涵盖学生、公务员、企业管理人员、事业单位人员、自由职业者、家庭主妇等,且他们的家庭月收入、家庭月消费支出水平及每月在盒马的消费水平也都处于不同的阶段,说明此次调研参与群体较为广泛,调研结果具有较好的代表性。

2.5.3 顾客调查数据分析

对顾客在盒马鲜生线下购物的频率和线上购物的频率情况调查中,我们发现

75.56%的顾客每月线下购物的次数不足一次，22.22%的顾客每月线下购物的次数为1~3次，2.22%的顾客每月线下购物的次数为4~7次；有73.33%的顾客每月去盒马鲜生 APP 上购物的次数不足一次，20%的顾客每月去盒马鲜生 APP 上购物的次数为1~3次，6.67%的顾客每月去盒马鲜生 APP 上购物的次数为4~7次。由此可以看出，顾客在线下盒马鲜生购物和在线上盒马鲜生 APP 上购物都是很平均的，说明线上线下一体化的模式发展的很好（参见图 2-5）。

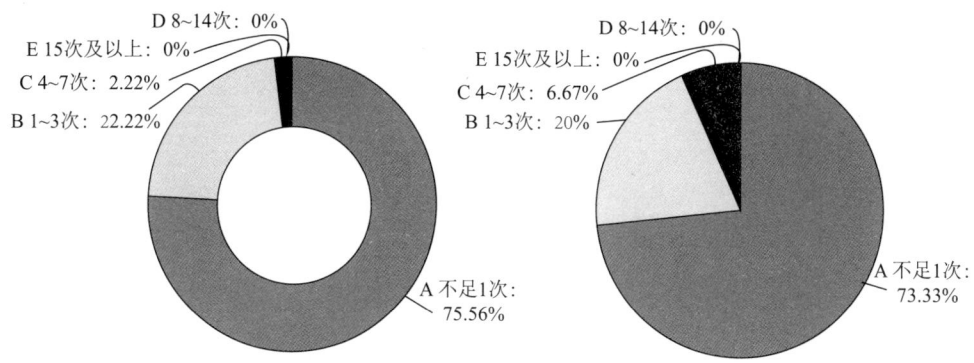

图 2-5　顾客每月线下购物的次数（左）和线上购物的次数（右）

对顾客在盒马鲜生购买的商品及顾客在盒马鲜生购买商品的原因，可以看到，购买海鲜的比例为 35.56%，购买水果蔬菜的比例为 64.44%，购买肉禽蛋品的比例为 22.22%，购买酒水饮料的比例为 15.56%，购买现加工食品的比例为 26.67，购买其他的比例为 2.22%。从以上结果可以看出，顾客在盒马鲜生购买的商品是多种多样的，顾客愿意在盒马鲜生购买不同的商品；且在盒马鲜生购物的主要原因中，价格实惠占比 42.22%，产品新鲜占比 48.89%，商品质量有保障占比 37.78%，商品种类齐全占比 24.44%，离家近占比 17.78%，交通便利占比 15.56%，我们可以看出，每一个原因占比相差不大，说明盒马鲜生对于其顾客来说是比较满意的（参见图 2-6）。

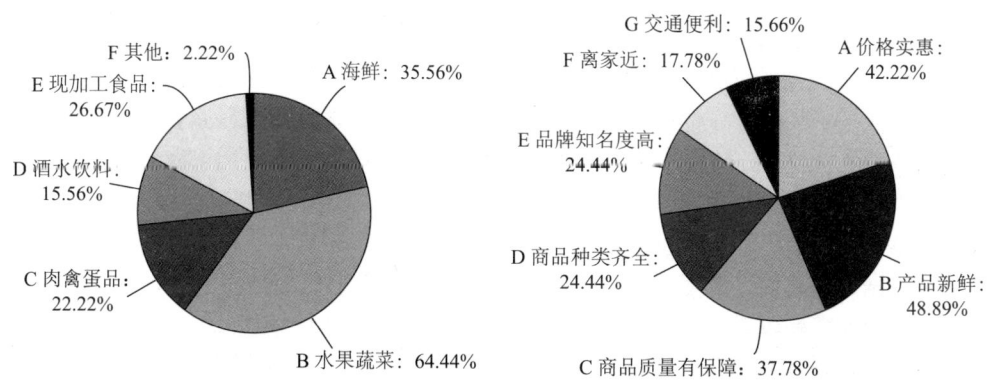

图 2-6　去盒马鲜生购买的商品（左）和去盒马鲜生的交通方式（右）

关于顾客是否对盒马鲜生有过抱怨/投诉及有过的原因的调查中，此次调研发现有过投诉/抱怨的顾客占比 24.44%，没有的顾客占比 75.56%，且有过投诉/抱怨的原因中，价格太高占比 57.14%，商品种类太少和商品不够新鲜都分别占比 14.29%，服务不够好和其他原因也都分别占比 7.14%。所以大部分的顾客对于盒马鲜生还是没有过投诉/抱怨，对盒马鲜生还是较满意的，但是盒马鲜生的价格水平仍需重点改善，使其能满足于大部分顾客对价格的要求（参见图 2-7）。

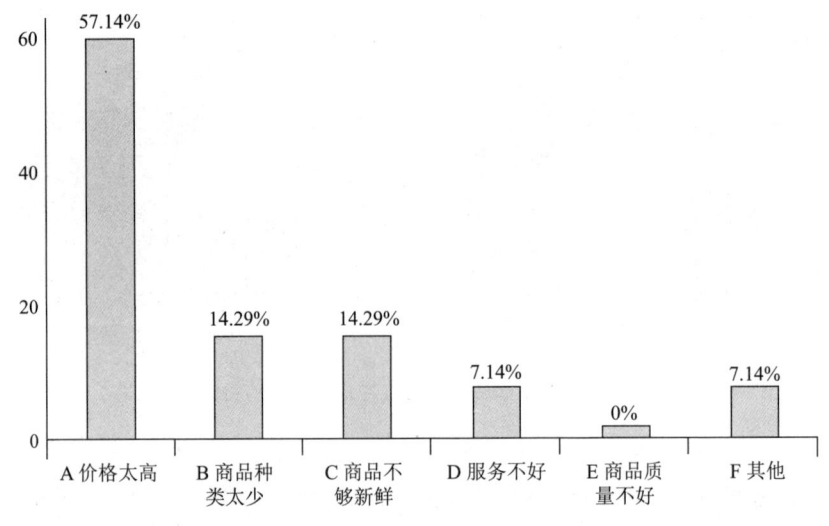

图 2-7 顾客抱怨原因

对于直接性的调查客户满意度中，我们调查了客户 8 个问题。第一个是对盒马鲜生总体形象的评价，其中非常满意的顾客占比 13.33%，满意的顾客占比 44.44%；第二个是与其他生鲜超市相比，对盒马鲜生的形象的评价，其中非常满意占比 17.78%，满意占比 51.11%；第三个是对盒马鲜生服务的整体水平的评价，其中非常高占比 15.56%，高的占比为 57.78%；第四个是对盒马鲜生线上线下的新零售模式的总体评价，其中非常满意占比 17.78%，满意占比 48.89%；第五个是对盒马鲜生所提供商品和服务与价格水平相比，是否物有所值的评价，其中非常值占比 13.33%，值的占比为 35.56%；第六个是与其他生鲜超市相比，顾客对盒马鲜生的价格水平的评价，其中非常满意占比 15.56%，满意占比 31.11%；第七个是以后是否还会愿意到盒马鲜生，非常愿意的顾客占比 11.11%，愿意的顾客占比 53.33%；第八个是调查顾客是否愿意推荐其他人到盒马鲜生购物，其中非常愿意的顾客占比 13.33%，愿意的顾客占比 40%。从以上结果可以看出，八个直接性的满意度调查中，只有第五个和第六个有关价格的调查中，满意的比例是低于 50%，另外的六个问题的满意比例是高于 50% 的。且在对盒马鲜生当前需要改进的方面调查中，希望降低商品价格的顾客占比 68.89%（参见图 2-8）。所以顾客对盒马鲜生整体上来说是满意的，只是对盒马鲜生的价格水平不是很满意，所以盒马鲜生在后期的发展中，建议多多改善价格水平来满足大部分顾客的要求。

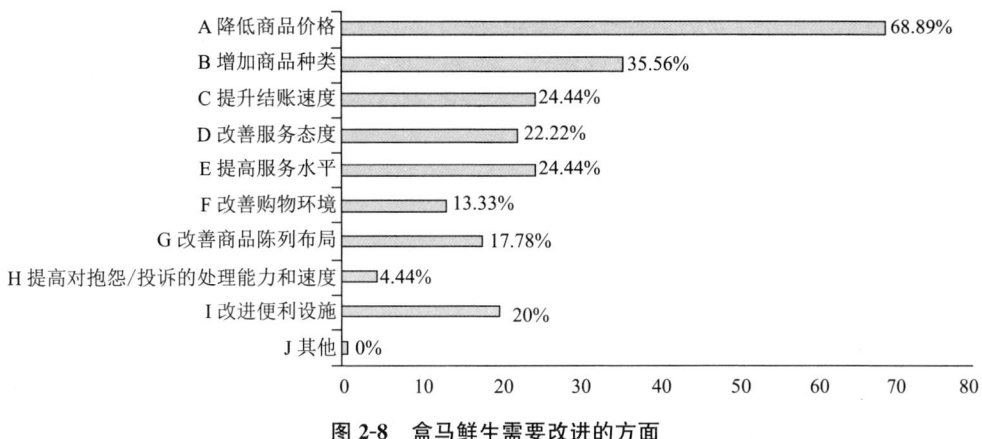

图 2-8 盒马鲜生需要改进的方面

2.6 SWOT 分析

2.6.1 竞争优势

1. 背后实力雄厚

盒马是阿里巴巴对线下超市完全重构的新零售业态。每一种新运营模式的出现，都离不开资金的支持，盒马鲜生在其第一家店开业不到两个月时就获得了包括阿里在内的约 1.5 亿美元投资；盒马团队最初一大半人都来自阿里。就连最初支撑盒马运转的线上线下一体化系统，也是由阿里研发团队 500 人基于侯毅的思路在一年半时间内开发的。此外，盒马还与天猫团队共享采购供应链资源。因此，盒马在创业之初就与商品产业链顶端的供应商、生产商建立了直接采购关系。

2. 技术资源领先

主要体现在以下三个方面。

一是高科技的运营系统。运营系统是其重要的核心价值之一，即通过 WiFi 探头、射频捕捉、盒马 APP 等技术手段，从门店周边、货架陈列、线上平台等渠道抓取用户数据，建立数据模型，从而为新门店选址、实体店优化商品结构、升级门店陈列、感知消费者偏好、增强顾客黏性等方面提供参考。

二是高效物流配送系统。盒马综合运用大数据、移动互联、智能物联网、自动化等技术及先进设备，实现"人、货、场"三者之间的最优化匹配，从供应链、仓储到配送，盒马都有自己的完整物流体系，大大提升了物流效率。

三是新鲜的全渠道体验。商店、店内系统、闪电配、支付宝快速致富共同作用，构成了盒马鲜生的全渠道体验，并打通了线上线下的商品信息以及资金流，可为用户提供多重购买渠道。

3. 占领市场和多业态模式

当永辉的超级物种和京东的 7FRESH 进入市场的时候，盒马已拿下 14 座中心城市开出 64 家门店，至 2018 年年底，17 家"超市＋餐饮"的新零售品牌门店总数 264 家，盒马鲜生开店总数 111 家，占总数的 42.05%。

盒马生鲜品类电商渗透率显著提高。而今，盒马转型云超、上线成人用品频道"盒尔蒙"、首创 7×24 小时配送服务，不断在电商领域尝试新商业业态，深化其电商服务。2018 年 6 月 2 日，阿里与大润发合作力推盒马鲜生简化缩小版的盒小马——采取类似京东物流分布式的布局，通过盒小马来进一步分摊主仓的外送压力，进而辐射更广大的区域，甚至二三四线地区。为用户带来新鲜体验，提高企业知名度。

2.6.2 存在的劣势

1. 门店扩张成本高

盒马"店仓"模式成本高昂，为满足近场的展示体验功能和线上订单的仓储功能，必须在人口密集的居民区或者繁华的商业区高价大面积租赁，付出和商业店铺租金同等高昂的费用建造后仓才能完成线上履约。门店短期内无法盈利，甚至需要持续性烧钱，一旦缺乏有力资金支持，很容易会走向消亡。在采购模式上，盒马鲜生目前通过协调多家供应商对一线城市进行配送，加上需求量相对较大，运送成本相对较低，随着盒马向着二三线城市的扩张，受限于二三线城市的人口密度和消费能力，门店能覆盖到的区域相对于一线城市人口密度小，需求量低，销售额将会降低，而供应商向二三线城市运输的成本相对较高。

2. 高速扩张的管理模式变形

2018 年年底，盒马鲜生连续发生 4 起食品安全问题，引发舆论高度关注。食品问题频发的背后，是因扩张太快导致的管理漏洞，如人员素质参差不齐，管理风格可能偏陈旧等。虽然有一系列的规章制度可以规范员工的所作所为，但是一旦企业发展速度过快员工体系跟不上将会是根本性问题。

3. 长期的用户体验瓶颈

一是用餐拥挤，等候时间长。"生熟联动"是盒马用户体验中的重要一环，盒马卖场内开辟了餐饮区，海鲜加工服务中心可为用户提供现场加工及堂食服务，其目的是为了增加客户逗留时间，增加用户交互体验。但餐饮区往往在零售区附近，且桌椅较少，在用餐高峰期等位要很久，在调研中很多客户反映，一些门店从排队取号到开始吃上，中间可能要等上两三个小时，这使得顾客的用餐体验大大降低。二是目标客户定位中高端消费者，受众人群小。相对较高的商品单价难以下沉到消费能力较低的地区，后期运营提升空间有限。

2.6.3 面临的机会

1. 宏观政策支持

2016 年 11 月，国务院办公厅印发了《关于推动实体零售创新转型的意见》，从总体要求、调整商业结构、创新发展方式、促进跨界融合、优化发展环境、强化政策支持等六大部分、总计十八个方面为新零售发展指明了方向。另外，在"一带一路"倡议利好下，资本、技术、货物、人员将加速流动，各行各业都将迎来新的发展契机。

2. 消费者需求升级

消费需求是促进零售业态发展的根源，即零售业态的发展是消费需求直接拉动的结果。随着各地区交流深入，个人收入快速上升以及城市化不断发展正不断刺激消费，经济的发展带来居民消费需求的升级。阿里研究院的调查结果发现，生鲜相对其他超市品类类别，是消费者进行消费升级意愿最高的品类。有63％的消费者表示希望能够买到品质更好的生鲜产品，而所有品类的平均比率仅为42％。盒马鲜生的出现一方面满足了大众消费升级的需求，另一方面也重新定义了零售业态，为消费者创造了一种全新的购物体验。

2.6.4 潜在的威胁

1. 行业竞争激烈

除了与大量传统行业间的竞争，同新零售生鲜电商平台们的竞争也异常激烈。从本报告第四部分同行业竞争分析可以看出，盒马、超级物种二者各有优势，都在加紧进行业务扩张和全国布局以抢占市场，今后还会有更多新的企业涌现、成长来瓜分生鲜市场。

2. 市场不确定性增加

消费者的多层次化、偏好的多元化和消费需求的复杂化等都决定了他们不会完全依靠一种业态和品类生活。互联网时代，品牌创新、功能创新、渠道创新等大有机会，与此同时，消费者也有了更大的选择空间，无论是对成熟品牌，还是新品牌，消费者的忠诚度都大大地降低。

3. 技术革命冲击商业模式

科技是每一次商业消费生态颠覆性改变的主要动力源。人工智能正在颠覆许多传统行业，未来大数据将会渗透到各个领域。购物中心过去进行一次业态调整需3～5年，如今可能只需要1～3年，期间还会不断地进行调整。从目前来看，盒马虽然在模式上有所创新突破，但是要将竞争优势长期保持并发展下去，对企业而言仍是挑战。

2.7 发展建议

1. 协同阿里体系资源，促进线上线下一体化

结合盒马鲜生的优势和机会，首先要协同阿里体系资源，促进线上线下一体化。阿里巴巴生态能够多角度全方位的成为盒马鲜生未来发展的根基，也可以继续拓展空间。例如饿了么是送餐到家平台，口碑是到店服务平台，盒马是集创新超市＋餐饮线上线下一体化的平台，将三者合理结合，平台联动，将大大增加盒马鲜生的市场竞争优势。

其次，通过线上服务和线下支付获取的用户大数据，以及有竞争力的生鲜供应链，来挖掘并满足消费者全方位多层次的消费需求，丰富应用场景，包括精准营销、商品结构调整和选址布局等。依托数字化技术手段，构建更为密切的客户关系，提供更为舒适便捷及富有娱乐互动性质的消费体验，为消费者提供优质商品的同时也给予消费者更为舒适便捷的消费体验。

2. 以更"轻便"的业态下沉二三线城市

结合劣势和机会，盒马鲜生应以更"轻便"的业态下沉二三线城市，优化门店内部结构。阿里和大润发合作推出的盒小马,可以利用大润发400多家门店的前置仓,相对较轻资产运营的盒小马市场生存能力更强,不仅有助于快速下沉到社区商圈,也更容易在三四五线城市生存。丢掉了沉重的费用包袱才能让盒马加快拓展步伐。小店的物业可得性更强,可以解决目前其快速拓展中遇到的瓶颈;数量众多的门店可以让盒马有更多的触手去黏住转化线下用户,支撑其线上化的战略。

另外,盒马鲜生要加强人才储备,改善员工管理体系。企业可以通过培养店内的员工或者新来的员工,也可以通过考试模式加强对员工专业技能以及自身素质的考核。定期引导员工学习企业文化,开展生鲜食品技能交流会,使员工充分发挥个人能力,并给予一定的奖励措施,激励员工的工作热情,更好地为公司服务。注重对员工的培训,如公司可以定期聘请外部专业人士对各门店生鲜产品的负责人进行相关培训,提高员工生鲜食品的管理能力。同时,公司也可以定期派遣员工相互交流,或者组织本公司的员工学习相关的管理方式等,培养专业人才。

3. 提高用户体验

结合优势和威胁,要提高用户体验是新零售发展的必然方向。盒马的优势在于用户体验,而劣势同样也在于用户体验。消费者在获得商品的同时,更希望得到优质的服务。线上和线下相互结合,那么两端都要提高用户体验,提高线上体验,关键在于提高配送速度并保证配送质量;线下门店空间有限,要对门店内部结构做好规划设计,最大程度利用空间。消费者终端需求的变化,促使产品和服务更加个性化,除了整合上下游资源之外,企业还需要顺应市场的需求来跨界整合更多的行业和产业,提升灵活应对市场的能力。

4. 建立适合的组织架构及管控体系

结合劣势和威胁,建立适合的组织架构及管控体系。盒马鲜生应该着手投入大量资源,就像前段的数据化改造与供应链一样,对全国门店的管理经验进行汇总,结合相关行业最好的管理规范,整理出一套完整的创新的盒马鲜生版管理,并上升到理论的高度,然后定期迭代升级。生鲜经营具有产品时效性、季节性强、辅助决策的数据可得性低、营运现场决策多等特点,组织架构和管控搭建需要确保从产品开发、采购到现场营运利益机制一体化、透明化;同时组织要缩短决策链条,支持高频的供应链各环节决策(规划、下单、调价、促销等)。加强网络信息安全管理、提高风险管理意识至关重要。企业要提升危机公关能力,尽量减少风险。

3. 叮咚买菜的 7＋1 品控模式

参赛团队：小幸运
参赛队员：李钊慧　王冰清　白佳敏　房月琴　周彦琪
指导教师：赵庚升
获奖情况：三等奖
关键词：叮咚买菜　生鲜电商　社区前置仓　SWOT 分析

生鲜电商作为电子商务的新兴领域，其商业模式尚在探索之中，并越来越受到社会各界的关注。上海壹佰米网络科技有限公司具有垂直型生鲜电商的典型特征，立足于上海的社区前置仓，保证高效配送与快速两者兼得。叮咚买菜较早切入买菜这一细分领域，有利于抢占早期市场。并且，由于其到家服务发展较早，团队较为专业，因而建立了小成本买菜领域的行业壁垒。

本次调研以上海壹佰米网络科技有限公司为研究对象，重点考察其旗下主要产品叮咚买菜 APP，主要采用问卷调查、实地调研、高层访谈和网络搜索等方式，分析了我国现有生鲜电商的运营模式及存在的问题，初步分析整理上海壹佰米网络科技有限公司在市场竞争、大数据运用、品控环节、产业链等方面的表现，期待以此研究可以为整个生鲜电商行业的发展提供帮助和参考。

3.1 引言

3.1.1 调研背景

中国生鲜电商行业从 2012 年起步后发展迅速，平均每年保持 50％以上的增长率。但是由于体验环节缺失等原因，生鲜电商发展一度遇冷，行业在 2016 年迎来洗牌期：一方面，一大批中小型生鲜电商企业或倒闭或被并购；另一方面，阿里、京东等电商巨头入局，不断加码冷链物流和生鲜供应链投资，且创新出"餐饮＋超市"的生鲜销售新模式，使得生鲜市场重振活力。2017 年中国生鲜电商市场交易规模约为 1391.3 亿元，首度破千亿元，同比增长 53.7％。2018 上半年，生鲜电商交易规模为 1051.6 亿元（参见图 3-1）。在线上线下融合的时代背景下，历经 2 年爆发式增长的中国生鲜电商现状如何、消费者对生鲜电商的态度以及新模式的发展情况和趋势成为业内关注的重点。

3.1.2 调研意义

生鲜电商作为电子商务的新兴领域，被誉为电商的"最后一块蓝海"，受到各企业的追捧。在"互联网＋"的政策背景下，生鲜电商具有良好的发展空间和市场需求。此外，

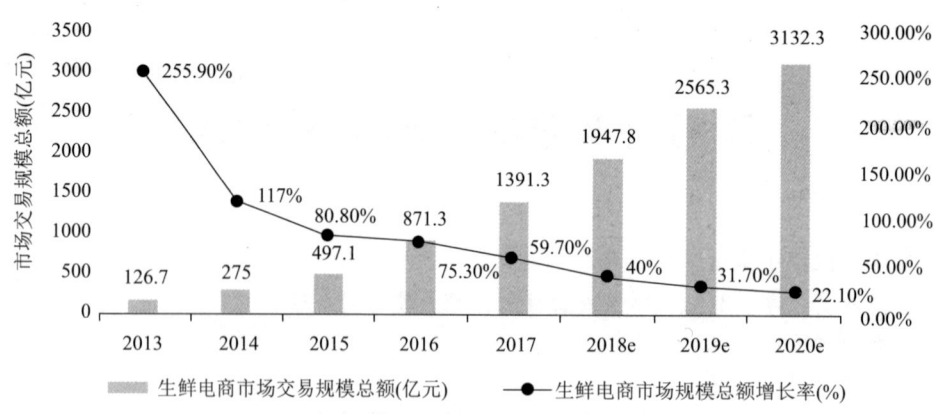

图 3-1　2013—2020 年中国生鲜电商市场交易规模

数据来源：中国商情产业研究院

越来越多的消费者逐渐开始网购生鲜农产品的经历，并且愈加关注品质和健康，进而促进生鲜电商行业的发展。

3.1.3　调研情况

1. 调研对象

上海壹佰米网络科技公司总部位于上海，其旗下主要产品是叮咚买菜 APP，叮咚买菜正在通过技术驱动买菜吃菜行业的升级，让大众 Eat better，eat happier。

2. 调查方法及过程

本次调研采用的形式包括问卷调查、实地调研、高层访谈和网络搜索等。本调研团队根据前期对生鲜电商的了解，制作并发放调查问卷。同时与企业相关人员预约时间，实地走访企业总部，由企业相关代表答疑解惑，深入了解企业的现状、规划及运营情况。

3. 数据整理及报告撰写

本文收集整理调研过程中得到的数据资料，通过 SWOT 分析法对调研企业进行分析。最后，团队成员和带队老师详细交流后，总结调研结果，撰写调研报告。

3.2　生鲜电商行业运营模式分析

3.2.1　农场直销模式的生鲜电商

农场直销模式指的是通过自建或自营农场并且利用线上电商平台进行销售线下配送的生鲜服务，代表有多利农庄、沱沱公社，依托自己的农场打造生鲜电商（参见图 3-2）。

最大的优势在于：

（1）自建或合营农场在食品安全问题无忧，且生态果蔬受消费者喜爱。

（2）由于是自产自销，因此不用担心产品的供应会突然出现问题。

(3) 近距离配送刚采摘的新鲜果蔬，对于农场直销来说能够保证果蔬的新鲜度。

其缺点在于：

(1) 农场的距离偏远，配送成本高，取货送货不易，耗时长。

(2) 农场只自产自销，在产品的广度上无法满足具有多样化需求的用户。

(3) 自产的果蔬有可能会因为季节、雨水、技术等原因收成不好，这就在一定程度上影响供货量。

农场直销流程如图 3-2 所示，从自建农场出发，以电商平台为中心，联通消费者，形成一条完整的供应链。

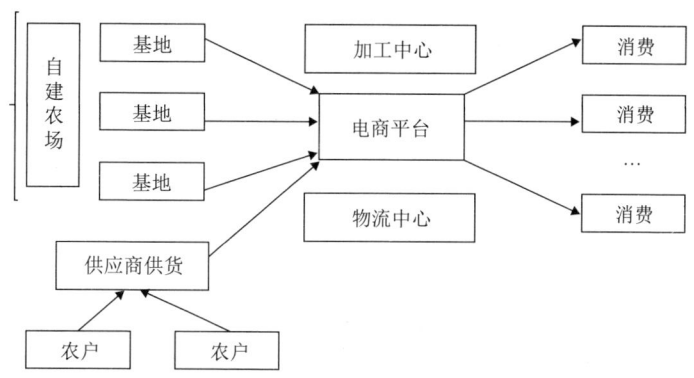

图 3-2　农场直销流程

部分代表企业和业务模式整理成表 3-1。

表 3-1　农场直销模式的生鲜电商

代表企业	服务范围	销售渠道	业务模式
多利农庄	以上海为中心，设立北京、成都分公司，全国约有 10 余个有机农业生产基地	会员直销 平安渠道（平安互联网移动端 APP） 供应链渠道	自建农场种植，建设"田园，乐园，家园"三园合一田园综合体。网上交易
沱沱工社	上海、北京以及二十余个二三线城市	官方销售平台 天猫、京东等第三方渠道	自建农场种植，会员自留地服务，全程冷链，自有物流配送

3.2.2　垂直电商模式的生鲜电商

垂直电子商务是指在某一个行业或细分市场深化运营的电子商务模式。消费者可以通过线上预订，线下交易。电商企业可以运用"社区网购＋配送到家"以及"社区门店＋平台服务"这两个新颖的模式来削减部分物流费用，强化用户体验，进而增强用户黏性。其更关注细分领域，优势在于：

(1) 送货上门十分方便，并且能够保证菜品的新鲜，减少损耗率。

(2) 在支付环节上，除了线上付款，也能够通过线下货到付款的方式，这样对消费者来说更有保障。

(3) 对于很多购买生鲜的用户来说，通过微信公众号或者手机 APP 线上选购。智能物流系统能够缩短送货时间，保证新鲜程度。

(4) 不需要大量的冷仓储，这就节省了成本，具有价格优势。

因为垂直电商只专注于同一类型的产品，所以垂直电商所提供的服务也存在某些劣势：

(1) 前端食品供应链较为脆弱，导致在供应链上很容易出现问题。尤其是一些刚创业的垂直电商，由于实力比较弱小，也就少有食品供应商愿意与其合作。

(2) 生鲜电商对于物流配送来说，要求十分高。如果采用物流外包，商品损耗的可能性会比较高。而如果采用员工配送，这就需要大量的人力成本。

(3) 由于缺乏品牌知名度，前期要获取用户的信赖并到平台上直接消费购买生鲜产品的难度非常大、成本非常高。在规模扩张上需要更多的成本，并且扩张速度也会相当缓慢。

生鲜垂直电商运营模式如图 3-3 所示。部分代表企业和业务模式整理成表 3-2。

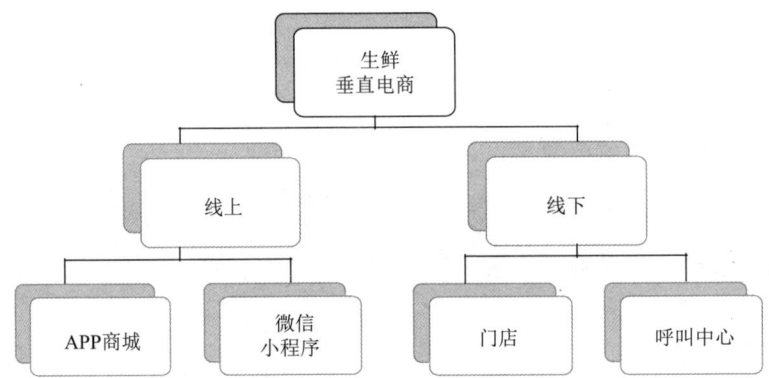

图 3-3　垂直电商运营模式图

表 3-2　生鲜垂直模式的电商平台

企业名称	服务范围	产品种类	业务模式
叮咚买菜	上海 3000 多个社区	水果蔬菜、肉禽蛋豆制品、水产海鲜、米面粮油、休闲食品	200 余个前置仓，以微信、APP 上选择需求，29 分钟内"0 配送费"起送
每日优鲜	上海、北京、广州等百余个城市	水果蔬菜、粮油速食、零食酒饮、肉蛋水产、熟食轻食	"2 小时送货上门"的极速冷链配送服务
U 掌柜	上海	水果蔬菜、肉禽蛋、熟食、地方特产、进口食品	"生鲜美食.一小时达"服务模式，集中＋分布式的立体供应链体系

3.2.3　线下超市模式的生鲜电商

线下超市模式是指借助超市原有的资源，在商品的近距离配送，冷仓储，供应链管理方面都有着较为明显的优势，但他们多了一项人工配送成本。另一方面，还要为此付出更多的网上运营成本,因此整体并不占优势。

如今,很多电商平台在物流系统投入了大量的资金,配送成本过高的问题将迎刃而解。如盒马生鲜,它是阿里巴巴对线下超市完全重构的新零售业态,盒马不只是超市菜市场,还是餐饮店。消费者可到店支付,或在 APP 上下单,由智能物流体系配送到家。大润发、沃尔玛等老牌大型超市也开设自己的线上商城,并且提供在超市购买,配送到家的服务,有利于保持客户黏性。

线下超市模式的生鲜电商业务模式等整理成表 3-3。

表 3-3 线下超市模式的电商平台

企业名称	服务范围	产品种类	业务模式
顺丰优选	全国分布	生鲜水产、粮油杂货、进口休闲食品、酒水饮料等	网上交易,全程冷链,顺丰直达物流配送
大润发	上海、北京等一二线含有大润发实体超市的城市	生鲜水产、粮油杂货、洗护用品、零食饮料等全品类产品	网上交易,自有配送中心,不同类型商品的配送方式不同
盒马生鲜	上海、北京、杭州、广州等一线城市以及部分二线城市	中高档生鲜水产、蔬菜瓜果、休闲食品以及日料等餐饮区域	线上下单,线上/下取货,食品加工等餐饮服务。自有快速物流配送服务

目前,我国生鲜电商还没有完全统一的分类,从 2016 年开始起,生鲜电商就开始出现火暴的现象,受到各企业的追捧。将以上提到的生鲜电商运营模式整理到表 3-4 进行对比分析,期望发现现有模式存在的问题。

表 3-4 三种运营模式对比分析表

运营模式	优点	缺点
农场直销	・新鲜度高 ・自产自销	・远距离配送成本高 ・产品种类有限 ・受客观因素影响大
垂直电商	・菜品新鲜 ・支付安全 ・仓储成本低 ・送货时间短	・供应链不稳定 ・配送成本高 ・宣传推广难度大
线下超市	・仓储成本低 ・产品种类多 ・消费者体验感好	・线上运营成本增加 ・建立自有智能物流体系成本高

3.2.4 生鲜电商运营时存在的问题

由于我国生鲜电商企业还较年轻,平台机制、技术设备等仍不成熟,亟待解决的一些普遍性问题如下。

(1) 物流成本高。由于生鲜产品具有季节性、保鲜难和损耗高等显著特点,冷链物流体系的发达与否直接决定了运营成本和利润分配。目前我国冷链物流的发展水平严重滞后于发达国家,物流成本过高已经成为阻碍生鲜电商发展的主要矛盾。传统生鲜行业仍普遍采用"打冷＋冰块"的原始冷藏方法，以常温车为运输工具，保鲜时间为 2～3 天，且运输损耗大、效率低。

（2）仓储资源紧缺。由于生鲜产品具有显著的生物性特征，对流通过程中的包装、仓储、运输等环境要求较高。目前我国的生鲜仓储资源主要集中在农产品批发市场、农产品物流园区和农产品物流中心，整体仓储水平较低，仓储数量少、质量差，管理方法和仓储设施同与日俱增的市场需求之间存在着较大差距：仓储环节未形成规模效应，缺乏大型龙头生鲜电商和农超、农批的支撑和带动；服务功能比较单一，仍以常温或自然存储方式为主，鲜活产品的存储时间短、损耗率高。

（3）产品非标准化。生鲜产品具有特殊性和多样性，集自然规律与经济规律于一体，其口感、色泽、性状、大小等衡量维度难以实行标准化，地域条件、自然条件和生产方式等方面的差异使得同一产品不同批次、不同产地的产品品质千差万别。

（4）供应链不稳定。目前国内生鲜电商主推"健康、有机、天然、高品质"的有机蔬菜和进口生鲜，号称"产地直供""源头直采"。但是实际上，多数生鲜电商难以把控产业链上游，采取的是从批发市场拿货的方式。生鲜电商在市场采购无法像大型批发商那样，与生鲜种植基地建立长期而稳定的供应关系。

（5）传统农批市场成有力竞争。传统农批市场拥有多年行业基础，地域性优势强。农批市场是控制国内生鲜采购、转运和分销的中心环节，发挥着形成价格、集散商品、传递信息、提供服务的功能，掌握着巨大的行业资源和内部信息。目前中国农产品批发市场的规模为 4400 余个，八成以上的农产品从这些市场到达消费终端。

3.3 公司介绍

3.3.1 公司发展轨迹

1. 发展历史

上海壹佰米网络科技有限公司是一家基于互联网技术的现代生鲜服务供应商，于 2014 年 3 月成立，注册资本为 986.612 万元，创始人是曾创立过母婴社区丫丫网和妈妈帮的梁昌霖。由于赶上社区 O2O 的风口，2014 年公司第一款线上产品叮咚小区 APP 高调出现在公众视野。叮咚小区是基于社区环境下的线上线下服务站，瞄准中国最大的经济发展中心上海本地市场，首家叮咚小区建在了用户家门口，在全球率先提出了"即需即达"的快送服务，也成为中国最早的社区前置仓。叮咚小区用了近三年、斥资近 1 亿元尝试各种社区 O2O 服务。最终，2017 年 5 月公司成功转型在家庭买菜业务上，"叮咚小区"正式更名为"叮咚买菜"并实现从 0 到 0.1 的转变。"叮咚买菜"上线后，是生鲜新零售领域的生力军，解决了传统线上买菜的不确定性，做到了品质过硬、到家准时、品类齐全，成为典型的垂直型生鲜电商。

2. 融资历史

上海壹佰米网络科技有限公司已经进行了 5 轮融资，发展态势良好，正在逐渐走向成熟（参见表 3-5）。

表 3-5　上海壹佰米网络科技公司融资历程

序号	时间	轮次	金额	投资方
1	2018-12-19	B+轮	未披露	今日资本
2	2018-10-25	B轮	未披露	老虎基金、红杉资本中国、高榕资本、琥珀资本
3	2018-09-21	A+轮	未披露	高榕资本
4	2018-07-19	A轮	未披露	达晨创投、红星美凯龙
5	2018-05-08	Pre-A轮	未披露	高榕资本

3.3.2　公司管理制度

上海壹佰米网络科技有限公司以"绝不把不好的菜卖给用户,同目标共进退打胜仗,以奋斗中为本"为公司发展运营的价值观;构建核心竞争力,解决确定性问题,让用户 Eat better,通过智能+算法智能推荐,让用户 Eat happier,最后实现供给侧改革为发展目标。

3.3.3　主要产品"叮咚买菜"简介

"叮咚买菜"是上海壹佰米网络科技有限公司的主要产品平台,提出了"最快 29 分钟新鲜到家,0 起送费,0 配送费"的运送承诺,为解决忙碌的都市家庭的食用难题而服务,其平台上有近 700 种品类的产品,包括蔬菜、豆制品、水果、水产、乳制品和火锅食材等。至 2019 年 1 月,叮咚买菜一共开设了 200 个前置仓,每个前置仓服务附近 1 公里范围,辐射范围覆盖了上海大部分社区。实现了即需即点、所见所得、即时送达的极致用户体验,让用户觉得买菜很爽很任性。图 3-4 为叮咚买菜官网页面。

图 3-4　叮咚买菜官网页面

1. 产业链模式

叮咚买菜从用户需求出发,从下而上发展,通过大数据预测单量,以降低滞销损耗率;采用智能调度和骑行路径优化,来提高末端配送效率、降低配送成本;采用从"城批采购+社区前置仓+29 分钟配送",避开"源头、冷链、冷库"的套路,来降低供应链成本问题。

叮咚买菜整个产业链都基于大数据技术,运用城批采购+品牌供应商直供的采购模式。产业链模式如图 3-5 表示。

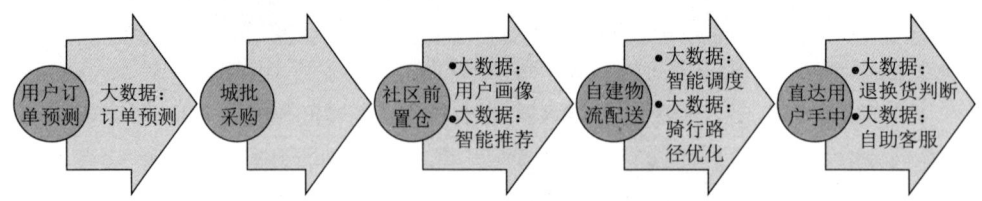

图 3-5　叮咚买菜产业链模式示意图

2. 成本控制方式

在成本方面，叮咚买菜的三大主要成本分别是研发运营费用、仓储费用、物流费用。首先，研发费用主要发生在早期，随着规模的扩张不断地被分摊掉；运营成本也会随着技术的不断进步和规模扩张而不断递减。其次，叮咚买菜通过大数据预测，精确社区前置仓备货量。根据客户密度选择前置仓地点，降低配送成本。最后，在物流方面，叮咚买菜有 3 年的到家服务经验，自己研发了一套社区配送系统，采用末端配送、自建仓储、精确选位，选择最优路径，从而合理控制成本。这也为其高配送效率打下基础，满足用户即时需求，形成其核心竞争力。

3. 产品推广模式

叮咚买菜现在流量推广模式有四种。首先在"妈妈帮"上投放广告精准营销；其次，采取拼团、分享红包的方式顾客拉顾客；最后，采用微信等社会化媒体营销，用户可以在群里用户讨论水果品质和体验。此外，还有很多线下推广方式，如注册 APP 送鸡蛋、水果等生鲜产品。

3.4　叮咚买菜实地调研情况及 SWOT 分析

3.4.1　品质确定

叮咚买菜秉承"绝不把不好的菜卖给顾客"的企业宗旨，对平台所销售的商品进行了严格的品质把关，让顾客吃得开心、放心。其开创了独特的 7+1 模式品控流程，包括货源品控、加工仓品控、加工过程品控、前置仓品控、巡检品控、分拣品控、顾客品控及售后服务品控，覆盖了从产品采购至用户确认收货的全过程，流程示意图如图 3-6 所示。

叮咚买菜拥有占总部人数 8% 的专业采购队，每天从源头采购以确保品质。新鲜的蔬菜水果采购完成后，在加工仓进行第二次品质筛选，通过筛选的产品方可验收入库。入库后，对蔬果进行简单的加工处理，按一定的重量将蔬果独立包装，淘汰品质不过关的产品。包装处理后的蔬菜将被运送到各个前置仓，经过第四次品控验收入库。每天有专人对前置仓进行两次巡检。顾客在平台下单后，仓库的分拣人员第一时间开展第六道品控把关。分拣完成后，配送人员送至顾客手中，并主动询问顾客蔬菜是否新鲜，鱼虾是否鲜活等问题，以及时收集顾客的意见。确认收货后，顾客享有无条件退货的售后服务，也可以在叮咚买菜的售后微信群中反馈用户体验以便企业进一步改进和完善。

3. 叮咚买菜的 7＋1 品控模式

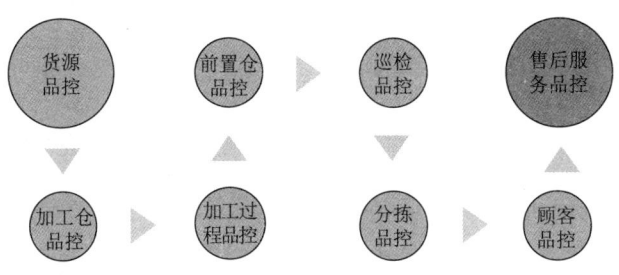

图 3-6　7＋1 品控流程

3.4.2　供应链管理

为了将合适的产品以合理的价格，及时准确地送达消费者手上，叮咚买菜有效运作着从采购开始到满足最终顾客的供应链。专业的采购团队和品牌供应商保证着平台商品的供应的充足性、高质量和多样性；采购完成的货品第一时间被运输至城市分选中心，进行必要的加工处理后运送至各社区、街道的前置仓；由于叮咚买菜用分布式仓储替代了传统的集中式仓储，一旦顾客在平台下单，无需任何起送价和配送费，配送员将最快 29 分钟将商品送至顾客手中。这样方便高效的流程极大提升了客户的满意度，同时在每个节点开展了有效的质量控制，规避了冗长的冷链物流所带来的高成本、高耗损问题，形成了叮咚买菜特有的优势与核心竞争力。

3.4.3　大数据服务

叮咚买菜拥有着大数据驱动的大后台，贯穿于供应链的每一个环节，提高供应链运行的效率和用户满意度。专业的数据团队组成了公司的核心部门，通过对销售量、缺货率、库存等数据的精准分析和订单预测，得出建议调拨量和建议采购量，使得每日滞销损耗平均低于 3%，物流损耗稳定在 0.3%。同时，根据顾客的下单情况，描绘出用户画像，智能推荐其可能购买的产品，不仅节省了顾客的挑选时间，而且有效提高了平台商品的销量。大数据驱动的系统将为配送员规划最合理的骑行路线以确保配送的专业性与时效性；客服机器人永远第一时间解答和处理顾客的问题；每个产品都拥有自己的二维码供消费者查看其来源。叮咚买菜的供应链和数据线如图 3-7 所示。

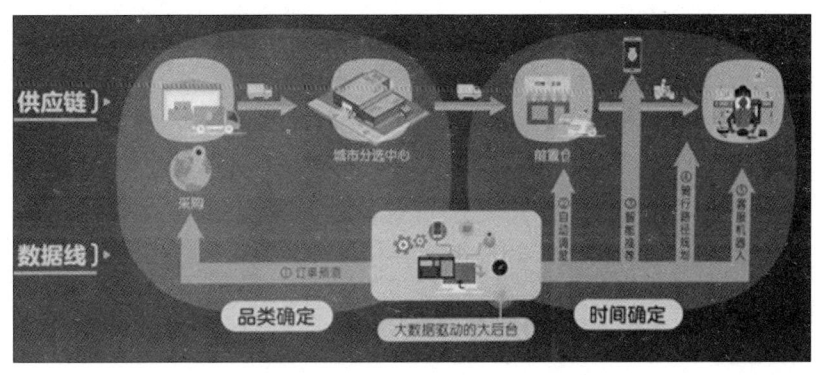

图 3-7　叮咚买菜的供应链与数据线

3.4.4 用户评价

叮咚买菜十分重视用户评价与反馈,且同时表现在产品层面与配送层面上。就产品层面而言,平台上每个产品下方都展示了相应的用户评价,这些数以千计甚至万计的好评说明了产品的高销量、高质量。这些反馈性的用户评价,不仅吸引和引导了新顾客的消费行为,更进一步帮助平台收集和分析意见与建议进而采取改进措施以提升用户满意度。这样及时的消费者与平台的互动关系,构成了以消费者为主导的良性循环。而另一影响生鲜类产品顾客决策的重要因素是配送。叮咚团队有着稳定、经验丰富的配送团队。为了不断提升配送服务质量,叮咚买菜还设置了服务站评价表。消费者可以对配送服务作出自己的评价,这些评价将被展示出来,一方面印证了叮咚买菜所提供的优质配送服务,另一方面对配送员起到了激励作用,敦促其提供更好、更贴心的专业配送。

3.4.5 营销推广策略

1. 在线引导订购

通过好友微信邀请,下载叮咚买菜 APP,注册并登录后领取新用户优惠券后就可以开始购物。打开 APP 首页,系统会自动根据你的位置匹配相应的门店,然后在页面下方的分类界面找寻要购买的商品,点进商品可以查看商品规格和相关评价,之后加入购物车。挑选完点击购物车进行结算,付款方式有支付宝和微信两种。

APP 下单成功后,每个前置仓的辐盖范围基本在 1 公里以内,商品会由专门的配送员在 29 分钟之内送达客户手中,但是消费者只能预约当天的订单。一旦商品出现如质量不好、重量不足等问题,都可以在线上申请退货、退款等服务,然后由配送员上门取货。

2. 多种促销活动

(1) 优惠券大放送。APP 经常自动发放 4~10 元不等优惠券,邀请新客户使用叮咚买菜 APP 也会获得相应额度不等优惠券,这些优惠券都可以在下次下订单时使用。

(2) 商品打折。对于蔬菜、水果等部分生鲜产品会有相应的折扣,总体算下来会比菜市场或者超市便宜不少。如果成为会员的话,还会享受比普通客户更多的优惠。

(3) 满赠商品。叮咚买菜 APP 推出购买蔬菜、猪肉、牛肉等商品即可赠送小葱 20g 一份的活动,这对于客户来说是增强好感度的一项举措。另外,最近新推出购买水果满 49 元就送一份约 480g 翡翠水果黄瓜的活动,这无疑也能够促进消费者消费。

(4) 0 配送费,0 起送费。叮咚买菜的一大特色在于它的"0 起送费,0 配送费"的承诺,不管消费金额是多少,配送员都能够准确送达客户手中。

(5) 菜谱推荐。在 APP 首页的正下方点击"吃什么",可以进入到"今日菜单"界面,里面有各式各样的菜单,包括上海菜、私房菜、家常菜等,而且菜单把需要的食材和操作步骤都罗列出来,客户可以线上订购所需要的食材,方便又快捷。

3. 广告宣传

"妈妈帮"的创始人为叮咚小区的创始人梁昌霖,在"妈妈帮"上投放广告精准营销，能够吸引到大批老客户使用 APP 线上订购。另外，叮咚买菜在优酷、爱奇艺上投放创意广告，有针对用户痛点的算账、比快、闪腰等十支片子，使得其宣传面扩大，能够吸引上班族、大学生等潜在客户。

4. APP 地推

前段时间，在很多小区、大学校园、地铁站附近等可以看到叮咚买菜 APP 推广的工作人员，他们在发放关于产品介绍的宣传单页。另外，只要现场扫描二维码下载 APP，完成新用户的注册，工作人员会送上鸡蛋、蔬菜、水果等生鲜产品。

5. 二维码溯源

凡是在叮咚买菜 APP 上下单购买的商品，在商品包装袋上都会附有商品二维码。用 APP 里的扫一扫功能就可以查看商品的验收报告、运输路径、上架销售时间，甚至供应商的地点和资质证书都可以看到。这项功能无疑给消费者打了一针镇定剂，食品来源和质量得到保证，消费者才能够买的放心，吃的安心。图 3-8 是叮咚买菜的二维码溯源示意图。

图 3-8　叮咚买菜二维码溯源示意图

3.4.6　SWOT 分析

1. 优势（Strengths）

（1）前期转型，经验优势。上海壹佰米将前期转型经验总结为三点。一是所有的到家服务必须达到临界生成密度才能商业化，达不到临界生成密度低频的到家服务很难盈利。二是任何用小区里面"闲散人员"的力量辅助进行商业化的到家服务都是不靠谱的。"人"的成本虽然极低，但也是最难控制的，很难规范化。这会使到家服务用户体验差，失去其核心竞争力。三是很多想起来很美好的事情在商业化的过程中很容易变形，这些事情本质都是很好的，但是很难商业化。这些不可复制的经验都是公司宝贵的财富。

（2）采购完善，成本优势。叮咚买菜，其采购模式主要为城批采购＋品牌供应商直供，目前起步阶段为一天一采，其有专门的采购团队每日负责采购。城批采购的优势是品类齐全、质量有保障、运送方便、补货容易，但也有品类趋同化的问题，在进口、有机蔬菜等品类方面缺少价格优势。叮咚买菜之所以选取城批采购的方式，主要是为了保证品类齐全、供应链及价格稳定，在初创期是一种较为稳妥的采购方式。相比于源头直采，城批采购价格波动较低，效率更高，采购效率更高，补货也容易。采购完货品就运送到总加工仓,再由总加工仓运送至各社区前置仓。叮咚买菜采取分布式仓储,而不是集中式仓储,这就为叮咚买菜的高配送效率打下了基础。

(3) 零配送费,服务优势。"最快29分钟新鲜到家,0起送费0配送费"的运送承诺,满足用户即时需求,形成叮咚买菜第一核心竞争力。并且,在配送方面,叮咚团队具有多年的到家服务经验,有自己稳定性较强的配送团队。其拥有一套自己研发的智能调度和末端配送系统,这也为其高效率的配送服务打下了基础。保证高效配送和加快扩张速度两者难兼得,这就使其扩张速度有限。目前叮咚买菜只在上海的部分地区设置配送点,至2018年10月,叮咚买菜一共开设了119个线下服务站。

(4) 数据物流,技术优势。叮咚买菜将大数据技术贯穿于整个产业链,通过订单预测、用户画像、智能推荐、智能调度、路径优化、自助客服等技术,提升用户体验。其有专业的数据团队,是公司的核心部门,因为预测精准度决定了日损耗率、缺货率。叮咚买菜内部统计数据显示,公司的大数据分析使其每日滞销损耗平均低于3%,物流损耗平均为0.3%。较低滞销率和损耗率背后有着强大的数据团队,这个团队由经验丰富的大数据科学家沈方带领,运用BI技术在仓储、物流数据等多方面进行了深入研发。

2. 劣势(Weaknesses)

(1) 渗透期成本高。生鲜电商市场竞争激烈、渗透率有待提升,在渗透期时研发费用和运营费用、物流成本都比较高。叮咚买菜正在自建冷链物流,这是一笔巨大的投入。扩张需要新设置前置仓,无论成本还是人力物力都较高。

(2) 市场占有率不高。中国商情产业院统计显示,2018年2月生鲜电商APP-TOP10榜单中,多点以661.46万活跃用户规模占据榜首,每日优鲜以162.62万活跃用户规模位居第二,盒马以157.14万活跃用户位居第三。两鲜、光明随心订、多点活跃用户环比增速最大。目前叮咚买菜只投资于上海本地市场,整体生鲜电商的市场占有率不高。

3. 机会(Opportunities)

(1) 年轻消费者集聚。随着80后90后真正成为生鲜电商的消费主力军,主要集聚于北京、上海、广州、深圳等一线发达城市,用户在透明的互联网时代,握有极为强势的消费主权,消费内容变化巨大,消费者的需求越来越细分并且个性化。

(2) 新零售获投资青睐。从生鲜电商平台融资情况也可看出,新零售将是引领生鲜电商发展的风向标。2017年12月,每日优鲜宣布旗下的无人零售业务"便利购"已经拆分出来,独立运营,并获得了2亿美元的A+B轮融资,其中腾讯领投A轮的5300万美元,这也是腾讯第三次投资每日优鲜,此前每日优鲜已经完成了5轮融资。而叮咚买菜也在2018年5月获得高榕资本领投的pre-A轮融资。

4. 威胁(Threats)

(1) 竞争对手多。生鲜电商行业目前已经进入最危险的洗牌淘汰阶段,2018年或将是生鲜电商转亏为盈的黄金年代。同时,从2017年资本脉络来分析,生鲜巨头成为资本青睐的对象,不具规模的生鲜创业者将会被巨头整合。盒马、京东、本来生活、每日优鲜等已经逐渐走向寡头垄断趋势。

(2) 同质化趋势。生鲜食品易变质、难保存,而且保质期受季节和气候因素的影响,口感和新鲜度难以保证,供应链不稳定,对于生鲜电商来说,面临的同一难题就是生鲜产品的品类趋于一致,有同质化的趋势,会使得顾客失去对生鲜产品的品牌忠诚度。

(3)冷链物流风险。生鲜产品具有季节性、保鲜难和损耗高等显著特点,冷链物流体系的发达与否直接决定了运营成本和利润分配。我国冷链物流发展起步较晚,物流技术落后,国内仓储数量少、质量差,管理方法和仓储设施同与日俱增的市场需求之间存在着较大差距:仓储环节未形成规模效应,缺乏大型龙头生鲜电商和农超、农批的支撑和带动;服务功能比较单一,仍以常温或自然存储方式为主,鲜活产品的存储时间短、损耗率高。

将上海壹佰米网络科技有限公司的SWOT分析整理成表3-6,形成策略矩阵。

表3-6 叮咚买菜SWOT策略矩阵

外部 \ 内部	优势S 1. 前期转型,经验优势 2. 采购完善,成本优势 3. 零配送费,服务优势 4. 数据物流,技术优势	劣势W 1. 渗透期成本高 2. 市场占有率不高
机会O 1. 年轻消费者集聚 2. 新零售获投资青睐	SO策略 1. 细分用户群体,开发不同内容的品类分区 2. 加强自主品牌建设 3. 坚持精品品质 4. 吸纳技术人才	WO策略 1. 改良购买模式,使产品呈现不同时期的魅力 2. 挖掘公司内部资源优势,适才必用 3. 提高客服水平
威胁T 1. 同质化严重,创新能力不足 2. 竞争对手多 3. 冷链物流风险	ST策略 1. 促进行业标准系统建立 2. 强调产品的新鲜健康 3. 与上游供应商加强合作 4. 重视客户反馈,提升产品品质	WT策略 1. 内部建立竞争激励机制 2. 严格遵守法律法规 3. 调整开发宣传运营成本结构

根据行业环境和内部环境分析,叮咚买菜正面临着产业内竞争者不断增多,冷链物流成本高、产品趋于同质化和市场占有率不高的局面。叮咚买菜凭借着主打上海及周边地区的明确理念、包装精美的产品和清晰进取的发展理念,成功进行5轮融资,逐步走向稳定发展,正在不断提高市场占有率。叮咚买菜应该在坚持已有的专属前置仓优势和精美的产品品质基础上,细分用户群体,开发不同内容的品类分区,调整开发宣传运营成本结构,改进产品差异化,改良购买模式,使产品呈现不同时期的魅力,外部促进行业标准系统建立,严格遵守法律法规,相应调整公司结构,争取提升公司在整个行业的市场地位。

3.5 叮咚买菜发展中的问题

除生鲜电商行业运营模式中存在的普遍问题外,通过调研我们小组认为在叮咚买菜的发展中还存在着以下需进一步改善的问题。

3.5.1 社会知名度低

叮咚买菜前身为叮咚小区。正如前文介绍，叮咚小区从 2014 年到 2017 年，用了近 3 年、斥资近 1 亿元尝试了各种社区 O2O 服务发展，在总结经验教训后，于 2017 年 5 月正式上线，成为了一款主要解决用户买菜难和买菜麻烦的生鲜新零售 APP。但是与此同时，生鲜电商平台中已经有天猫及京东商城这些企业凭借雄厚的实力占据了大多数份额，沱沱工社、天天果园、每日优鲜等生鲜零售电商也先于其发展起来。

叮咚买菜在上海上线至今也还未到两年，所以目前还是有很多人对于叮咚买菜没有太多的关注。为此我们小组特意组织了问卷调查来辅助研究，调查显示，25.37% 的人没有听说过叮咚买菜这款生鲜零售 APP，33.41% 的人听说过但没有在这款 APP 中购买过产品，29.62% 的人感觉这款 APP 中的很多商品老是出现断货导致的购买受限情况影响其购买体验，仅有 11.60% 的人多次在叮咚买菜 APP 中购买商品（如图 3-9 所示）。

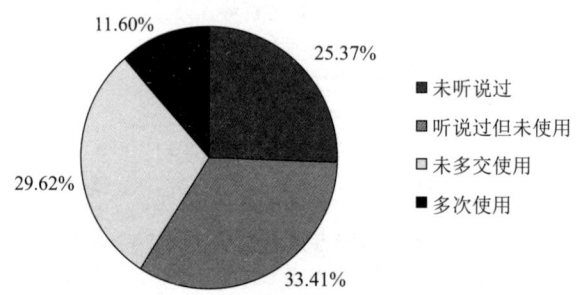

图 3-9　消费者对叮咚买菜 APP 的使用情况

3.5.2 产品种类缺乏，折扣力度低

叮咚买菜与每日优鲜、淘鲜达、盒马鲜生等生鲜电商平台相比，产品种类少，并且经常出现因量不足导致产品下架的情况。调查问卷还显示，在最希望叮咚买菜改进的选项中，希望商品不会出现下架情况占比 25.61%，希望折扣力度更大占比 47.42%，希望商品种类更多占比 16.64%，希望能尽快发展到全国其他省市占比 10.33%（参见图 3-10）。

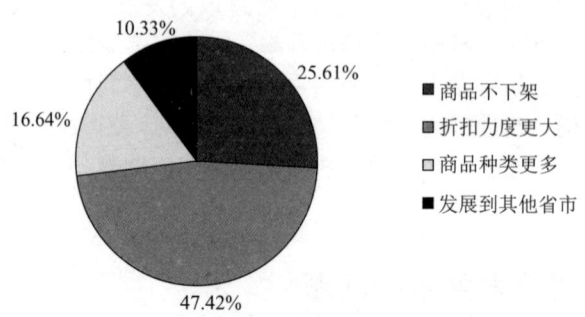

图 3-10　消费者对叮咚买菜 APP 的建议

3.5.3 地推人员素质良莠不齐

地推作为获取新顾客最直接有效的营销推广方式，很大程度决定了顾客对叮咚买菜 APP 的第一印象。地推人员的基本素质代表着公司的形象，是顾客了解叮咚买菜 APP 的小窗口。目前，叮咚买菜的 APP 地推人员素质良莠不齐，少部分素质不达标的地推人员（如过度纠缠、产品介绍不清晰、互相"争抢"顾客等）对企业形象造成了一定损害，影响了顾客的选择与忠诚度。

3.5.4 获客成本过高

根据实地考察，我们发现叮咚买菜 APP 的地推获客方式主要包括新用户 30 元无门槛优惠券与赠送生鲜类小礼物两类。同时，APP 经常自动发放 4~10 元不等优惠券，邀请新用户使用叮咚买菜 APP 也会获得相应不等额优惠券。虽然这样的促销手段可以快速获取新顾客，但是新顾客的潜在价值难以衡量。叮咚买菜主打的"0 起送费，0 配送费"服务也存在着同样的问题。

3.5.5 过度密集的营销

叮咚买菜 APP 的目标客户群主要集中在小区、大学校园，故营销活动分布不均的现象时有发生，即较短的时间路程内集中了过多的营销活动。从消费者的角度出发，过度密集的营销会引起厌烦、抗拒的情绪，从而导致营销投入的重复与浪费，甚至产生负作用。

3.6 调研建议

根据调研中发现的问题，我们小组提出相关建议如下。

3.6.1 升级产品包装创意，开展特色推荐

伴随着消费升级，消费者对产品、体验以及服务有了更高的要求，生鲜产品面临同质化趋势，为了追求差异化竞争，叮咚买菜可以对产品进行特色设计，从来源上，产品可全部增添特色二维码，用户扫二维码除了获知产品来源，回顾产品的"诞生"过程之外，针对不同食品，推荐不同食用方法，搭配其他工具共同销售，激励顾客开发上传新的食用方法，经筛选合理方式，让食物有新的创意消费途径。针对高端产品包装运用新的工艺创意。

另外，还可针对不同的用户，进行产品特色推荐。比如针对成长中的婴幼儿推出婴幼儿全面营养食谱，针对健身人士推出低脂低热量健身食谱，针对老年人群推出高钙纤维养生食谱等，并定期更换食谱。同时，还要保证对应于每一食谱的所需食材均可在叮咚买菜中购买得到，这样不仅便利了不同用户的购买需求，还可根据产品制作方法，搭配其他工具共同销售，进而丰富销售品类。

3.6.2 丰富促销方式，提高用户的价格满意度

叮咚买菜 APP 中现有促销方式主要是以限时抢购为主，叮咚买菜还可在很大程度上开展丰富多样的促销活动，例如折价促销：通过商品降价以吸引消费者增加购买；有奖促销：购物满一定金额后返还一定金额的优惠券；会员优惠促销：对平台用户进行实名身份登记并在生日当天返送顾客大额优惠券等。通过新颖的营销方式，提升用户对产品价格及服务的满意度，进而更好地为各个层面的用户提供全方位的生鲜产品。

3.6.3 合理分配营销活动，优化 4I 原则营销推广策略

1. 趣味性：产品挖掘娱乐元素

传递信息和提供娱乐是大众生活中不可或缺的需求，随着生活水平的提高和生活节奏的加快，生鲜产品也需要从娱乐上下工夫，增加产品的鲜活效果。可以考虑在APP 上开辟新栏目，周一至周日每天安排不同的参与者向用户推出一道家常菜，选取不同领域如专业厨师、家庭主妇、学生、模特、明星等介绍拿手美食，制作好的美食也可以放到体验服务点让用户亲临现场品尝。深入挖掘各类娱乐元素，拿捏住当下用户最想克服的问题解决，让生鲜产品以一种平民性、互动性和娱乐性的姿态出现，有助于信息的主动传达和顾客的主动接受。

2. 利益性：动态议价

与生鲜商品生产性有直接关系的就是生鲜商品的回转率和商品的毛利，当生鲜产品刚上市时，品质尚未成熟，价格高，陈列量少，当应季时大量上市，销售量提高，容易造成缺货，叮咚买菜可以试用生鲜产品动态议价，公开上游供应链即水果、蔬菜、海产等不同厂商的定价，让消费者议价采购，根据消费需求和上游供应链进行采购。平衡不同时期季节性水果、蔬菜、海产品高峰期需求，彻底执行比价、议价工作，立足于消费者的个人利益，联系完善采购流程与成本结构。

3. 互动性：体验购买

目前叮咚买菜只在上海的部分地区设置配送点，共 119 个线下服务站，每家门店覆盖的配送范围大约在周边 3 公里，小区域不仅可以让配送更高效，还能覆盖到更多用户。这样的订单多，范围小，是一个良性生长过程。总体覆盖范围广，可以采用进社区、进校园、进商场，设立各个区域的果蔬水产体验店，做到有了叮咚买菜的覆盖即能体会享受到高质量的生鲜购物体验。可以试点筛选出 200 户家庭作为惠民蔬菜赠送对象，为困难群体提供实实在在利民服务更好地回馈社区居民，逐步推广，让所有分区域的消费者不断积聚，形成更好的口碑传播。

4. 个性化：立体式智能推荐

叮咚买菜的产品定位核心在"品质高＋快速配送＋品类丰富，满足家庭厨房所需"等方面，那么一个消费者的购买需求不止是单一品类下的独立购买，而是一种引流联动购买。叮咚买菜可以从水果、豆制品、火锅食材、乳品、干货等 20 个大品类联合为不同消费者提供购买建议，利用大数据技术进行立体式的智能推荐，让消费者"五行都不缺"，面面俱到，提供立体式的服务。

3.6.4 提升地推水平，充分利用大数据减少获客成本

针对地推人员素质不齐的问题，我们建议企业在选择 APP 地推人员时可以加大对其个人综合素质的考察和评判，重点关注个人形象、语言表达能力及对 APP 产品的理解深度等。由于叮咚买菜 APP 学校、小区的目标客户群体，可以优先选择寻找兼职的在校大学生。策划线下营销活动时，应充分考虑时间、地点的合理性，保证活动的均匀覆盖，重点投入，避免在实际运行过程中，不同的活动集中在校园或小区的同一地点，造成资源浪费与场面混乱。

叮咚买菜高昂的获客成本需在今后的实践过程中利用大数据平台，分析描绘用户画像，有针对性地投放优惠，如根据不同人群的消费特点定制专属的优惠活动，不断改善与完善以达到顾客质量与获客成本的平衡。不同类型的客户需求是不同的，想让不同的客户对同一企业都感到满意，就要求企业提供有针对性的符合客户需求的产品和服务，而为了满足这种多样化的异质性的需求，就需要对客户群体按照不同的标准进行客户细分，满足消费者需求是生鲜电商的出发点和最终落脚点。更细分客户群体，运用大数据获取叮咚买菜最有价值的客户，哪些是叮咚买菜的忠诚客户，哪些是叮咚买菜的潜在客户，哪些客户的成长性最好，哪些客户最容易流失，有针对性的对不同地区、不同人群，为各个层面的用户提供全方位的生鲜产品服务。

3.7 总结与展望

本团队以上海壹佰米网络科技有限公司为调研对象，重点研究旗下主要产品叮咚买菜 APP，其秉持"决不把不好的菜卖给用户"理念，提出了"最快 29 分钟新鲜到家，0 起送费 0 配送费"的运送承诺，为解决忙碌的都市家庭的食用难题而服务，通过智能＋算法智能推荐，提升用户体验，叮咚买菜一共开设了 200 个前置仓，每个前置仓服务附近 1 公里范围，辐射范围覆盖了上海大部分社区。

叮咚买菜的现有运营模式主要包括：独特的 7＋1 模式品控流程；采购货品被运输至城市分选中心，加工处理后运送至各社区、街道的前置仓，再配送到客户；大数据驱动的大后台，贯穿于供应链的每一个环节，提高着供应链运行的效率和用户满意度。

叮咚买菜在进口、有机等高消费产品品类中竞争力较弱，这和其创业初期拓展品类成本高、消费群体相比普通家庭比例更小、议价能力相对较低有关系。但是进口、有机等高消费产品品类在中国中高收入家庭越来越多，消费升级的浪潮下无疑是一个巨大并不断增长的市场。作为垂直类生鲜电商的叮咚买菜模式较重，保证高效配送和加快扩张速度两者难兼得，这就使其扩张速度有限。扩张需要新设置前置仓，无论成本还是人力物力都较高，为了保证快速配送优势，必须是设置前置仓较重的模式。不过其优势在于，随着规模的扩张，因为规模效应，成本和损耗率会越来越低，效率会越来越高。叮咚买菜较早切入买菜这一细分领域，这相较于水果竞争更低，抢占早期市场。并且，其到家服务发展较早，团队较为专业，建立了小成本买菜领域的行业壁垒。

对于叮咚买菜而言，应该在坚持已有的专属前置仓优势和精美的产品品质基础上，

细分用户群体，开发不同内容的品类分区，调整开发宣传运营成本结构，改进产品差异化，改良购买模式，使产品呈现不同时期的魅力，外部促进行业标准系统建立，严格遵守法律法规，相应调整公司结构，争取提升公司在整个行业的市场地位。通过优化商品的分类目录开展特色推荐，以及丰富促销方式提高用户的价格满意度，加强平台优化设计。

4. 超级物种的全渠道营销模式

参赛团队：调研者联盟
参赛队员：谢思媚　刘娅娴　刘珊珊　王萌　魏晨
指导教师：陈庆杰
获奖情况：特等奖
关键词：超级物种　新零售　商业画布　SWOT 分析

新零售的出现使得许多电商平台以及线下门店纷纷开始进行线上线下的双渠道融合互通，生鲜新零售作为一个蓝海市场，也通过互联网渠道得到了快速发展。永辉作为一家传统的生鲜超市也搭上了新零售的快车——创办超级物种。它通过线下宣传引流线上，发展线上业务，形成了 O2O 的新零售模式。本文通过 SWOT 分析、实地考察、与高层人员的深度交流等方式对超级物种进行深入的探究，对其发展历程、盈利模式、未来规划有了进一步的了解，同时通过对永辉的消费者通过发放问卷等形式进行了实地调查，从而对其消费市场有了深入的了解，并在此基础上对其经营提出几点建议。

4.1　调研的背景与意义

4.1.1　选题的背景

在"互联网＋"的催化下，传统零售业市场遭到了强烈冲击。在这种形势下，超级物种应运而生——在精品超市的基础上主打性价比较高的加工、半加工进口食材，并增加了中高端餐饮的堂食区域，以"餐饮＋超市＋互联网"业态的商业模式阐释了线上、线下的深度融合与创新。

4.1.2　研究的意义

本次调研的主要意义在于探究永辉孵化打造超级物种这一行业新坐标背后的市场环境，以及其模式的创新之处，挖掘企业在发展过程中遇到的主要问题并提出相应的对策建议，并且通过对超级物种的调研，研究业务扩展和与互联网融合后的生鲜商超的盈利模式，以期对相关进行升级和转型的企业有所启发。

4.2　公司简介

超级物种是永辉云创孵化的项目，2017 年 1 月 1 日首店正式落地。超级物种采用

"线上电商+线下门店"的经营模式,即我们常说的O2O全渠道,门店承载的功能较传统零售有所增加,线上主要通过永辉生活APP链接消费者,集"生鲜超市+餐饮体验+线上业务仓储"为一体。首家门店在福州广场开业之后,超级物种陆续进驻厦门、南京、深圳、北京、上海、杭州、成都、重庆等一二线城市。2017至2018年,超级物种在上海的门店已经达到6家(参见图4-1)。

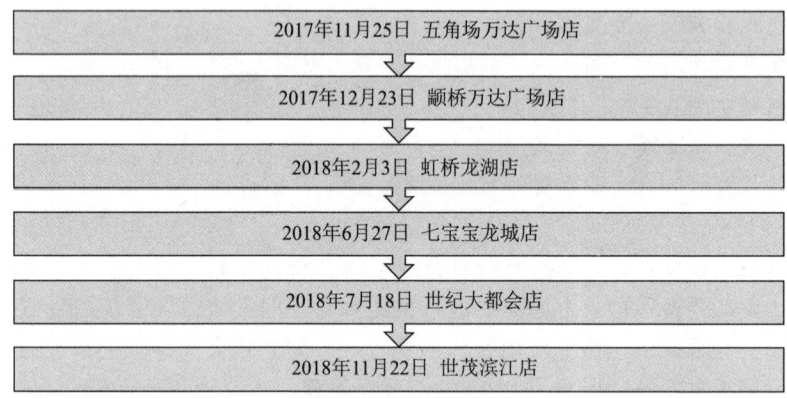

图4-1 超级物种在上海的门店

至2018年年底,超级物种已经在全国开出了73家门店。这个快速扩张的新业态,在创始人兼董事长张轩松口中担"未来引流,实现公司网络化"之重任,是永辉未来发展的重要布局和竞争手段。

超级物种门店单品数量超过1000种,汇集了鲑鱼工坊、波龙工坊、盒牛工坊、麦子工坊、咏悦汇、生活厨房、健康生活有机馆和静候花开花艺馆等物种,消费者可以选择通过永辉生活的APP、微信小程序等多种支付方式自助付款。顾客通过网络购买的超级物种的商品,30分钟内即可送达。

4.3 超级物种STP战略分析

4.3.1 市场细分(Segmenting)

市场细分的标准有地理因素、人口因素、心理因素和行为因素等。

(1) 按地理因素细分。在店面选址方面,上海的超级物种门店主要分布在城市的CBD商业区。以上海世纪大道旗舰店为例,世纪大都会一直是上海金融中心、甲级高端办公楼宇集聚地,连接着浦东金融中心与行政中心,这样的地区所聚集的人群大多注重时间成本,会更偏向于利用线上购物节省时间。因此,将门店设置在这样的位置可以为超级物种的线上发展提供良好的先决条件。

(2) 按人口因素细分。在年龄方面,超级物种将主要的消费群体定位于80后、90后青年。同时,超级物种将消费者重心定位于有一定收入基础的白领和年轻家庭人群。因此,超级物种门店内的装修、设计风格都偏向年轻化与高雅化;线上APP、微信小程序的页面设计更加符合青年人的审美要求；此外，APP、小程序和扫码购等应用既充分考虑了现代青年在家点餐的消费习惯，也极大地提高了他们到店消费的付款效率，有利于将线下顾客向线上引流，形成超级物种与消费者之间的商业闭环。

（3）按心理因素细分。青年相较于老年人更加富有创造性和冒险心理，对于新物种的认同感更加强烈，特别是白领阶层的个人或者家庭，他们对于生活质量的要求相对较高，属于"轻奢型"消费者群体。

（4）按行为因素细分。都市白领平时工作繁忙，购买多依赖于线上，双休日则更多选择线下的门店体验。因此，超级物种可通过线上通道，在工作日提供打折商品，增加消费者消费频率；在周末加大门店促销力度，采取更加优惠的价格、更加新颖的形式，以通过线下强体验、门店背书、支付引导等将线下流量引导到线上；鉴于他们对产品的质量要求比较高，因此这些人群成为了生鲜产品的中、大量用户，购买的频率基本处于"一般购买"到"经常购买"的范围之内；此外，微信是都市白领主要的社交工具，超级物种充分利用与腾讯集团的合作，整合微信小程序、微信广告、公众号、微信群等通道，将品牌理念渗透到消费者的日常生活中，有利于提高顾客对品牌的忠诚度。

4.3.2 目标市场（Targeting）

超级物种作为一种新业态，将整体市场分割成为若干细分市场后，选择80后、90后白领和年轻家庭人群为目标市场，运用企业生产、技术、销售和资金的力量开发相应的市场营销组合，以自主孵化的八大工坊为基础，多方面涵盖了生鲜、酒水饮料、零食等产品种类，实行集中制营销战略。

4.3.3 市场定位（Positioning）

超级物种是一种新的零售模式，针对特定商圈的人群有不同的"物种"组合，以实现市场专业化。

（1）形象差异化战略。超级物种在精标店基础上再次升级，组合工坊系列，实现多重餐厅的结合模式。它提供多样优质商品，打造现代舒适购物空间、利用线上渠道链接消费者，满足了消费者多样化的餐饮服务和互动性需求。

（2）服务差异化战略。超级物种在服务上追求极致，与普通精品超市简单引入各类商品不同，超级物种注重对商品品质服务的挖掘。例如，在商品的陈列处介绍商品的最佳食用方法，挑选要点等。

4.4 实地调研

2019年3月，本团队全体成员到位于闵行区七宝居民区以及虹桥商业区的超级物种进行实地调研，通过门店亲身购物体验、APP、小程序的使用体验，以及对超级物种总经理的采访，深入了解超级物种的商业模式，以及其从线下到线上的转换过程、仓储和供应链的情况、品牌宣传等情况。

4.4.1 商业模式画布

根据调研结果，结合前人研究成果，我们整理出超级物种商业模式如下（参见图 4-2）。

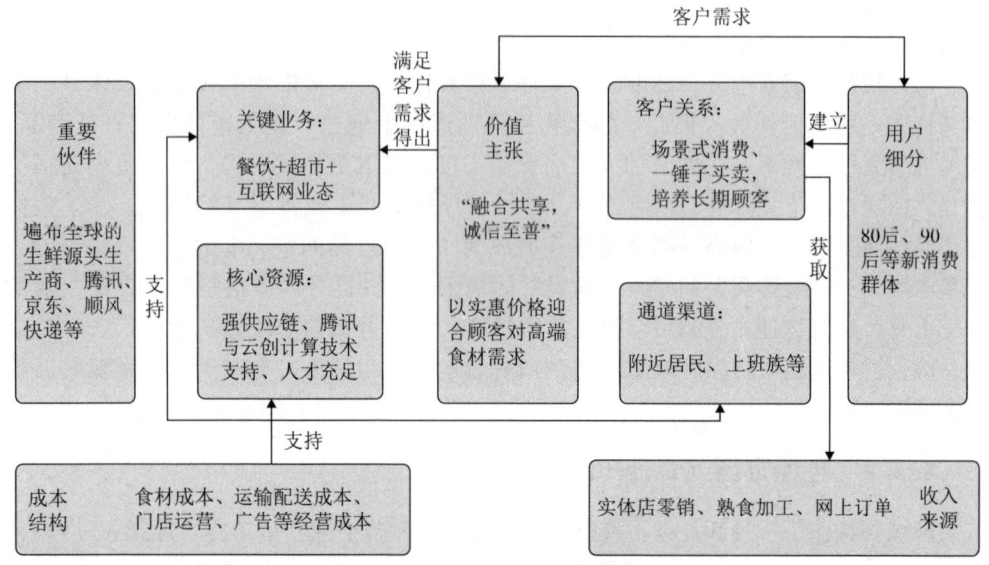

图 4-2　超级物种商业模式画布

4.4.2 超级物种"线上＋线下＝全渠道营销模式"现状

超级物种全面接入了腾讯智慧零售的七大工具，包括永辉生活小程序、扫码购、微信支付、腾讯社交广告、泛娱乐 IP 等，通过新技术应用的不断加持，逐渐描绘出自身全场景、全链路的"数字化版图"，并逐步落地应用到门店端、用户端、运营端。以下为超级物种线下客户流量向线上转化的流程（见图 4-3）。

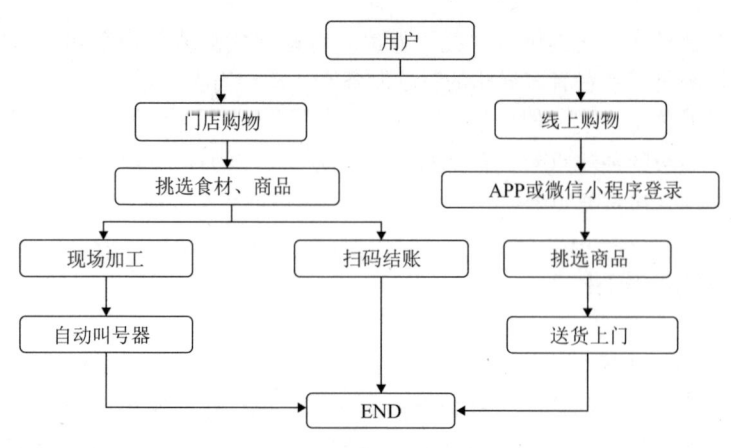

图 4-3　全渠道营销模式

由图 4-3 可知，超级物种旨在打造场景式消费，消费者既可以直接购买新鲜食材回家烹饪，也可以选择加工堂食，同时标签完全数字化，辅以"扫码购"入口，顾客门店选购后可随时扫码，使用移动支付、人脸支付等多种方式支付，无需排队等待，大大简化、缩短了购买流程。线上以永辉生活 APP 为主，并配备微信小程序，顾客可根据需要自行选择利用线上技术提高线下运行效率，进一步接近线上线下一体化目标。

4.4.3 仓储管理

超级物种虽于 2018 年脱离永辉超市，但仍与永辉超市共享供应链资源，海外商品直采强化了其国际供应链竞争实力，并且强大的买手团队保证了农商对接的实现。超级物种保证所有食品均不过夜，且其通过对商品进、销、存、出四大环节的全链路数字化预测商品的销售量，并根据销售情况实时反馈供应链，进行按需生产及订货，大大降低了生鲜等低储藏期限食材的报废率以及仓储库存风险。

4.4.4 规模发展

超级物种自 2017 年 1 月在福州开业以来，不断扩大门店数量以及范围，2017 年年底达到 17 家门店，2018 年年底已经在全国十多个城市布局 73 家门店。超级物种所属公司近两年来一直努力拓宽全球供应链，努力提高线上线下的转换率（参见图 4-4）。

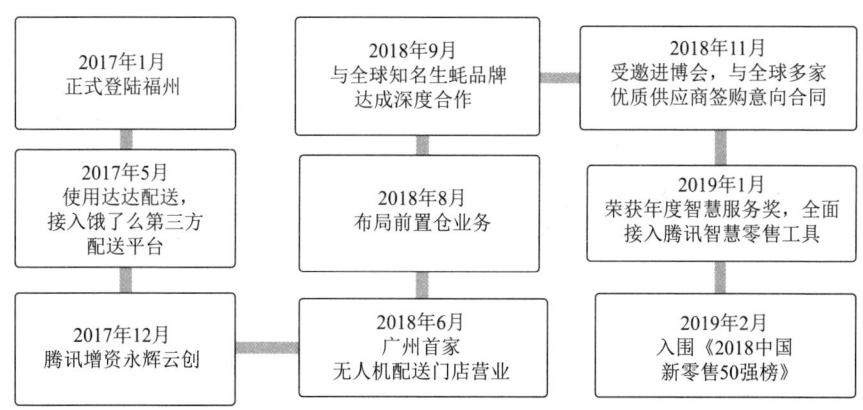

图 4-4　超级物种全球供应链的拓展

由图 4-4 可知，超级物种在深耕规模扩大的过程中，与法国吉娜朵、澳大利亚优质肉类供应商 KilcoyGlobal、Cargill 等深度合作，打造高端食品加工服务，使高端、优质生鲜成为自己的招牌特点。此外，除了与腾讯合作，永辉云创也组建了自己的科技组，推进 O2O 计划，推进线上－线下一体化发展的智慧零售进程，利用 APP、微信小程序、扫码购、人脸支付等科技增强线上服务，提高线下效率。

4.4.5 品牌宣传

2018 年 9 月，超级物种与《影》达成战略合作，开设主题门店，并打通线上线下进行多场景的营销联动，用户可以通过"永辉生活 APP"活动专区参与到此次活动中。

除了热门电影，超级物种也先后与电竞、二次元、流行社交 APP 合作，通过微博、微信朋友圈、社交首页推送等手段扩大品牌效应和外围影响，以巧用 IP 的方式来拉近与用户的距离，并最终将品牌年轻化、娱乐化、内容化，以此来吸引 80、90 后等目标客户。

此外，超级物种用自己的官方微博以及微信公众号推送活动消息，利用云计算，针对不同业态的不同消费者提供更加个性化和有价值的信息。超级物种通过建立粉丝群进行粉丝运营，及时推送门店内各项活动和促销，积极与顾客互动，增加顾客黏性，使得简单的购买行为成为与用户持续互动的开始。

4.5 未来规划

本团队通过实地考察及与主要负责人进行深入的交流后，了解到超级物种有如下几条规划。

4.5.1 线上线下均衡发展

与传统零售相比，超级物种需进一步加强线上平台的发展。超级物种可通过完善线下极致的消费体验，合理引导线上订单，提升转化率，最终做到线下为线上引流，线上与线下的双向流量紧密整合，相互增值。除此之外，它可以借助永辉到家平台，在全国布局做试点，进行线上运营的发展。

4.5.2 改善配送团队

目前，超级物种线上购物还存在一些超时和定位混乱等情况，因此未来可通过跟良好的配送团队合作建立精准的物流模式，同时建设智能分拣系统，使线上订单包裹通过门店上方移动轨道从仓储区送到外送员手里，整合仓储、配送和售后各种资源，有效降低影响顾客体验感的情况，提升企业运营效率，让消费者享受线上购物的极度便利。

4.5.3 结合新技术

由于主流消费群体的不断变化，其需要借助大数据、云计算等新技术对消费者进行顾客画像，充分了解客户需求。借助于互联网的线上与线下强大融合功能，把分散的需求进行平台聚合形成数据池，运用大数据库科学分析精准定位营销，借以实现消费方式逆向牵引生产变革，充分迎合互联网一代的消费差异化诉求。

4.5.4 降低成本

由于超级物种门店的扩张以及线上的发展需要前期投入大量的仓储管理成本，物流配送成本等，因此需要通过多种方式降低成本。例如，在需要特别重视的采购问题上，可以建立完善的供应链渠道，并深度参与产品的管理，以此来把控品质，降低成本。

4.6 顾客网购情况调查

加速开店与频推新物种，未能让新兴的超级物种摆脱发展窘境。在连亏三年后，永辉超市毅然决然把它"剥离"。为了了解在此背景下超级物种的运作模式，发展现状及其前景，本团队以"超级物种线上购物意愿"和"超级物种线上购物满意度"为主题，设计了两份问卷调查，并专门走访了位于上海虹桥和七宝的超级物种线下店，分别对未使用过永辉生活超级物种模块而只在线下进行消费的人员和使用过该模块的人员进行针对性调查，并针对调查结果进行相应分析。

本团队将问卷随机发给不同年龄、不同职业的人群进行填写，本次调查有效问卷328份，其中超级物种线上购物意愿调查问卷212份，超级物种线上购物满意度调查问卷116份，我们根据两个问卷从不同角度进行分析，通过整理部分统计数据对其分析如下。

4.6.1 超级物种线上购物意愿调查

1. 问卷基本情况介绍

填写该问卷的212位人员中，男性占35.38%，女性占64.62%，年龄主要集中在19至40岁，占83.02%，其中26至40岁占53.77%，19至25岁占29.25%，职业中事业单位人员占49.53%，学生占24.53%，自由职业者占12.26%，其他职业占13.68%，51.42%家庭月收入水平在10000元及其以上，其余收入略低于该水平。

2. 超级物种线下购物体验

对超级物种线下购物的吸引点的调查表明，70.28%的顾客表示产品很新鲜，69.34%的顾客认为其选择多样，46.7%的顾客反映购物流程快捷，37.74%的顾客提到了超级物种的海鲜优势，认为海鲜现加工处理很好，34.91%的顾客表示门店距离家、学校、办公地点很近，很方便，25.94%的顾客认为价格低廉，22.17%的顾客称赞了其良好的服务态度，19.81%的顾客表示其售后服务很好（参见图4-5）。

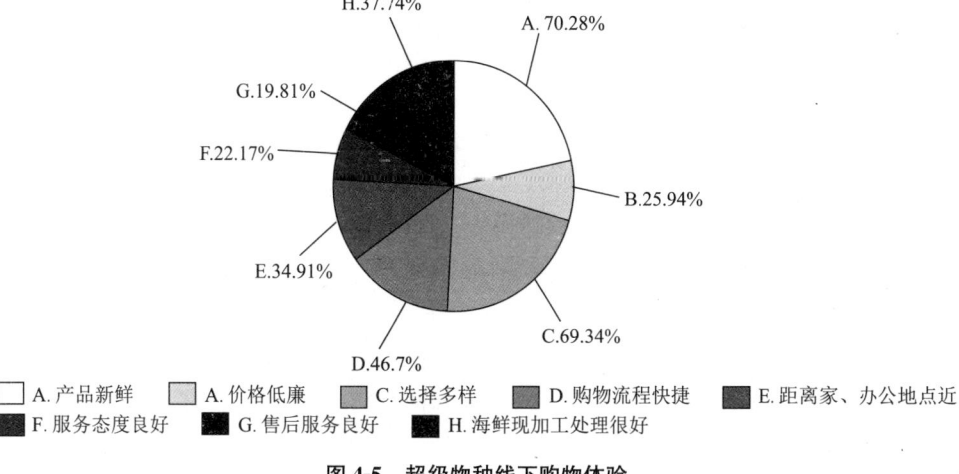

图4-5 超级物种线下购物体验

从顾客的消费体验可知，超级物种门店在其一直推崇的高品质，多选择等方面得到了受众的认可，但超级物种当前要做的不仅是吸引顾客，更要留住顾客，生鲜市场竞争激烈，超级物种的高品质、多选择是其基础，但在此基础上一要有其他商家无法企及的特色，比如海鲜方面。二是要提高服务质量，给来门店消费的顾客以家的体验，在门店布置、店员服务方面，要善于揣摩顾客心理，营造自然温馨的消费氛围。

3. 超级物种付款方式

超级物种门店支付方式多样，可以现金，更方便的是可以微信扫码，直接支付自己要买的商品，无需排队，更加方便便捷。经调查得知，23.7%的顾客并没有使用过微信扫码的方式（参见图4-6）。

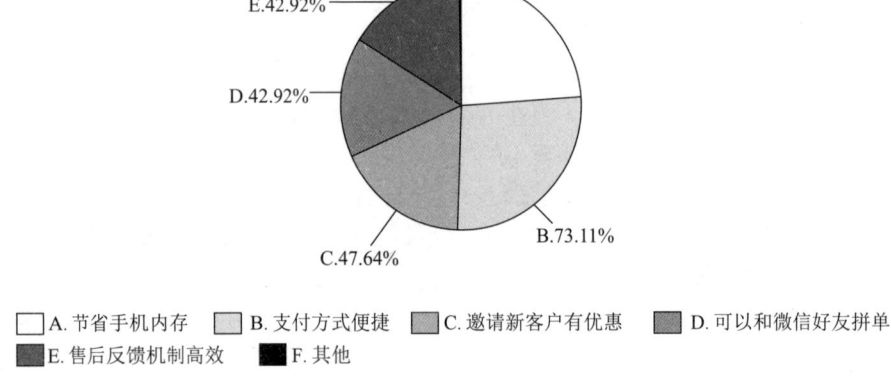

图4-6 超级物种门店支付方式

为提高付款效率，超级物种应增加用户对微信小程序的了解程度，鼓励其使用小程序、扫码购等方式进行付款。对于能够吸引大家使用小程序付款的理由调查得知，73.11%的顾客认为这种支付方式很便捷，64.15%的顾客认为小程序相对于要下载相应APP而言，更节省手机内存，47.64%的顾客表示，如果有邀请新用户有优惠这样的活动，他们会更乐于使用小程序付款，42.92%的顾客推荐可以有相好友拼单这一形式，42.92%的顾客认为使用小程序付款，其售后反馈机会更高效。通过调查，可以得知顾客对于这一支付方式潜意识是认可的，但因门店标识不够醒目、没有人员提醒顾客用更为便捷的方式付款等原因导致这项技术没有发挥它应有的作用。

4. 没有线上消费过超级物种的相关原因分析

由于超级物种板块隶属于永辉生活APP，本团队对永辉生活APP的使用情况进行调查，发现51.89%的顾客并没有听说过永辉生活APP，38.68%的顾客表示听过但并没有用过或者是没有用过其中超级物种板块，对于没有过超级物种线上购物体验的原因，78.3%的顾客表示不了解相关信息，24.53%的顾客反应其他生鲜APP体验更好，22.17%的顾客反映不需要，习惯线下购物，22.17%的顾客表示太多不常用APP会占手机内存，15.09%的顾客怕商品配送出现问题，12.26%的顾客不信任网上产品质量（参见图4-7）。图4-7表明，超级物种的重心并不在线上推广，大多数去门店购物的顾客并不了解还可以在永辉生活APP超级物种板块直接购买这一途径，一部分顾客是对网上产品的不信任，另外还有相当一部分顾客被其他生鲜品牌分流。

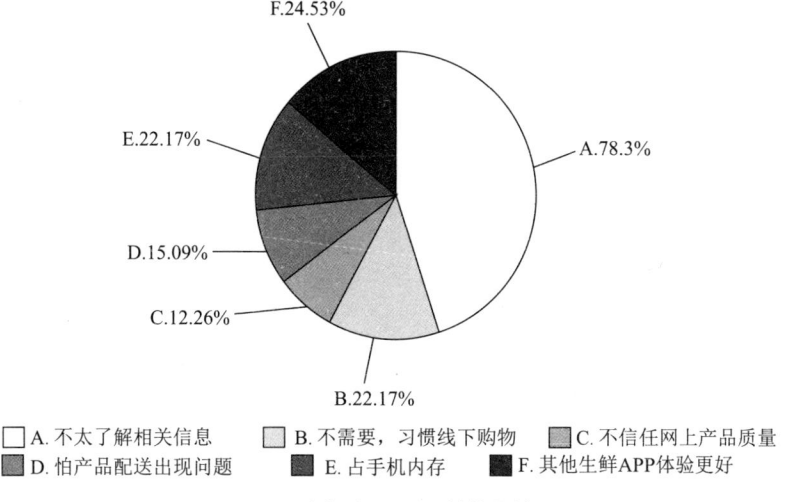

图 4-7　永辉生活 APP 的使用情况

由图4-8可以看到，35.85%的顾客表示没有用过其他生鲜APP，但在剩余约64%的顾客中，近一半的顾客使用过盒马鲜生，其他生鲜APP，例如每日优鲜、京东到家、叮咚买菜等，也都有相应受众，给超级物种造成了一定程度的竞争压力。线上市场有着相当大的市场潜力及利润空间，超级物种在这一板块还有待改进。

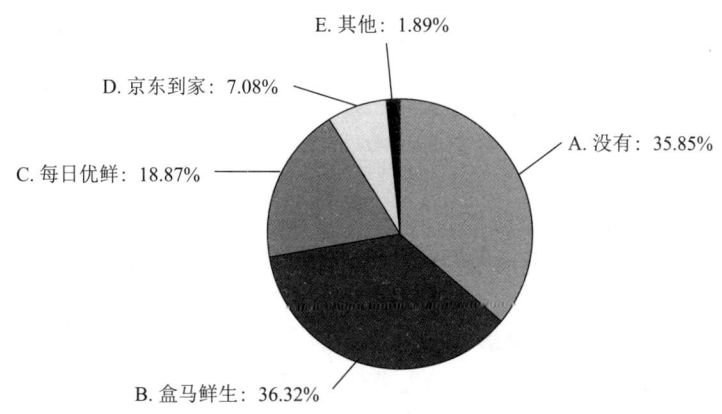

图 4-8　超级物种面临的竞争压力

5. 对超级物种线上购物的态度

由图4-9数据可以看到什么样的因素会促使顾客进行超级物种线上购物。其中61.79%要求其进口产品质量好；55.6%希望APP上产品品种多样，更新及时；

51.89%希望在价格上可以有一些相应的优惠措施；44.81%希望网上购买的产品包装严密，物流配送快，不要出现不准时情况；32.55%反映网上购物应该有较好的售后服务，对于一些反馈与投诉可以及时得到处理；25.94%希望其支付方式多样，更加方便。从数据还可以看出，更多的人是对质量，选择以及价格方面提出了要求，只要网上购物各个方面符合顾客期待，并且做好宣传工作，利用线下的好口碑，就能够及时竞争线上广阔的市场空间。

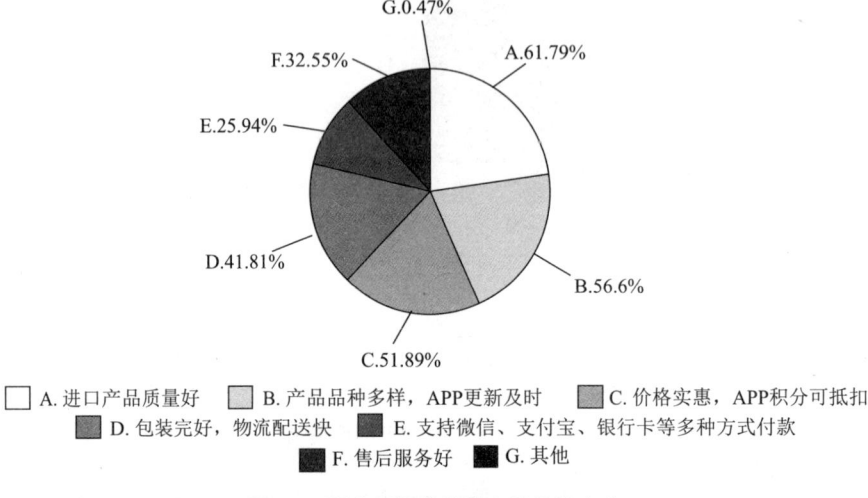

□ A.进口产品质量好　□ B.产品品种多样，APP更新及时　□ C.价格实惠，APP积分可抵扣　□ D.包装完好，物流配送快　□ E.支持微信、支付宝、银行卡等多种方式付款　□ F.售后服务好　■ G.其他

图 4-9　顾客超级物种线上购物的态度

4.6.2　超级物种线上购物满意度调查

1. 问卷基本情况介绍

填写该问卷的人员中，男性占 55.17%，女性占 44.83%，年龄主要集中在 19 至 40 岁，占 89.66%，其中 26 至 40 岁占 57.76%，19 至 25 岁占 31.9%，职业没有集中趋势，其中事业单位人员占 32.76%，学生占 30.17%，自由职业者占 18.1%，其他职业占 18.97%，家庭月收入水平集中在 10000 元及其以上，其余收入略低于该水平。

2. 平均每月线上线下消费频率

调查显示，每月通过线上消费三次及以下的人员占了 85.34%，代表超级物种的线上业务尚有很大的拓展空间。

3. 超级物种线上 APP 的优势

由调查问卷分析可知，80.17%的人员认为超级物种线上付款便捷，54.31%的顾客认为产品新鲜，50.86%的顾客觉得选择多样，45.69%的顾客反映物流配送快，33.62%的顾客认为其价格低廉，30.17%的顾客觉得其售后服务很好，由此可以看出，线上购物的顾客更多的把焦点放在便捷、质量等选择上，这也是超级物种开拓生鲜市场的初衷，多样化选择、供应链一条龙模式确保产品新鲜度、注重顾客体验感以及符合大众期待（参见图 4-10）。

4. 超级物种的全渠道营销模式

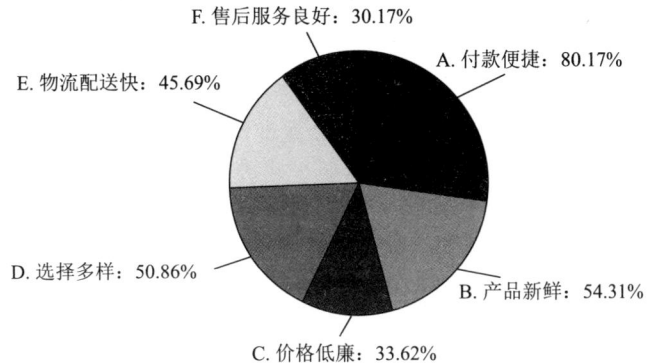

图 4-10 超级物种线上 APP 的优势

4. 超级物种线上购物体验

关于线上下单后送达的产品，55.17%的顾客认为非常新鲜，41.38%的顾客认为产品一般，34.48%的顾客表示配送一直很准时，56.9%的顾客反映偶尔有不准时的情况，对于线上产品与门店产品品质与价格的差别，72.41%的顾客表示没有差别，关于线上超级物种购物反馈，只有17.24%的顾客表示收到过反馈调查。以上结果表明，超级物种的线上线下产品质量存在不一致现象，且配送延迟情况较为严重，对于线上消极反馈不够重视。

5. 超级物种线上购物改进建议

由图 4-11 可知，关于线上购物的改进，76.72%的顾客认为应该增加更多的促销活动，74.14%的顾客认为应该提升产品品质，虽然线上购物顾客无法亲自挑选，但本着顾客为上的原则，商家应该对产品品质做出更多的保证，67.24%的顾客认为应该增加产品选择及提升配送效率，一些顾客反映线上产品更新不够及时，导致产品选择有限，并且配送效率不够高，偶尔会出现不准时情况，57.76%的顾客表示应该扩大配送范围，40.52%的顾客反映售后服务应该提升，这些结果表明超级物种在改良线上平台方面还有很大的空间。

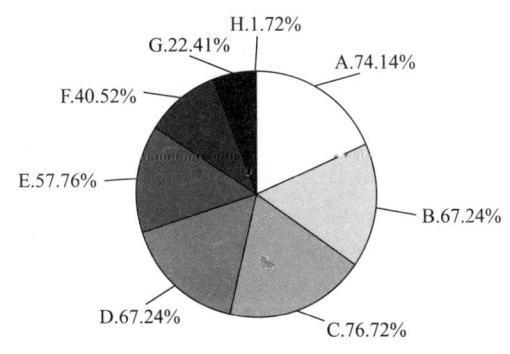

图 4-11 超级物种线上购物改进的着眼点

4.6.3 调查小结

通过这次问卷调查,我们了解到,超级物种线下发展迅速,口碑良好,但与之相对的是线上发展的停滞不前;并且,328 位受调查者中,使用过线上购物的只占三分之一,但在当前市场上,线上购物是大势所趋,也是各个品牌竞争的关键之处。因此,超级物种若想在生鲜市场站稳脚跟,必须在保证质量的前提下,大力拓展线上市场,利用线下门店优势,在线上吸引更多消费者,安排专门人员对其线上消费进行大力宣传,同时引进更多技术人员和售后服务人员,对顾客线上消费体验做出更好的保证。

4.7 公司 SWOT 分析

4.7.1 优势（Strengths）

(1) 种类较多,模式创新。超级物种的门店单品数量超过 1000 种,业态和模式较为新颖,自营餐饮品牌鲑鱼工坊、麦子工坊和盒牛工坊在不同业态的成功推广表明,"超市＋餐饮"成为锁定消费者、提升消费体验的一张"王牌"。超级物种在精标店基础上再次升级,组合工坊系列,实现多重餐厅的结合模式。其在提供多样优质商品,打造现代舒适购物空间的同时,满足了消费者多样化的餐饮服务和互动性需求。

(2) 地理位置优越、购物环境舒适。选址一般首选在写字楼、CBD 商业中心,其优越的地理位置为超级物种带来了巨大的客流量,并且超级物种地处高档小区附近,天然锁定了中高端消费人群;店内布局简约时尚,通过设计通体 LED 灯照明、大红灯笼点缀、开放式玻璃展架等现代化的陈列与布局,力求自然舒适的购物环境。

(3) 线上线下同步发力。在国家大力支持"互联网＋"发展的背景下,超级物种在继承自己传统零售基因的同时,结合"餐饮＋零售"能够迎合新零售浪潮,在线下通过堂食为门店引流,依托永辉供应链和生熟食材联动等特性,提升门店综合毛利率。在线上则发力到家服务,并借助生鲜、餐饮等高频品类,通过线上专属价、满 18 元三公里内免费配送等服务,进一步推动门店落地线上线下一体化。

(4) 供应链管理优势。以零售终端作为流通供应链的主导者,其通过对供应链采购管理、物流管理和销售管理三大核心环节的建设、整合与优化,实现生鲜产品流通全过程的高效率和低成本。在供应链上游,超级物种进一步扩大直采,不断需求优势、低价货源,采取"以销定采"战略,使供应链的采购环节和销售环节之间形成很好的衔接,有利于采购的准确性和商品的销售速度,并且能够提升整个供应链的效率,直接切入生鲜种植基地;在供应链下游,超级物种提升产品的研发能力,在终端推出生鲜品牌,构建利益共同体,形成下游的规模采购,反过来消化了上游的产品,提高生鲜品类的周转率。

(5) 独立团队,自负盈亏,合伙人模式有效激励。永辉扮演孵化者,每个品牌店背后都有相对独立的运营团队,并自负盈亏,团队的员工考核通过即可晋升合伙人,合伙人可以分走品牌店相应比例的利润，利润分成的激励进一步带动员工积极性，助力超级物种各品牌店业绩提升。

4.7.2　劣势（Weaknesses）

（1）线上发展欠佳，推广成本较高。现阶段超级物种线上订单占比大约为 10%，远远落后于线下订单成交量，线上 APP 的下载量不多，物流配送服务满意度还无法达到用户预期，目前的线上小程序基本依靠于到店顾客的扫码获取流量，APP 的便利红利没有得到明显释放。

（2）用户口碑和知名度有待进一步提高。目前做生鲜配送服务的盒马鲜生和叮咚买菜的知名度较高，消费群体的占比相对较大，线上线下的同步性较强，订单的配送体系更为成熟。

4.7.3　机会（Opportunities）

（1）消费升级助力新零售的快速发展。消费层次的升级，也进一步提高了消费者对于消费体验和消费质量的要求，消费者的关注重心从物美价廉转向了个性化和注重服务体验的消费方式。超级物种的诞生，恰恰满足了消费者的需求，通过"餐饮＋零售"的经营模式，打造不同主题风格的工坊，使得消费者购物的场景更为丰富，这不仅增强了品牌认知度，还能聚集和沉淀客户。超级物种可以借助新零售的发展契机，通过不断迭代优化产品与服务，盘活线上线下的客户存量，获得更多的客户流量，增加重复购买率，进一步深耕客户，打造智慧零售行业新标杆。

（2）引入战略投资，优化供应链结构，打通技术闭环。超级物种的母公司永辉超市在 2017 年相继引入国联水产与腾讯两家战略投资，进一步提升供应链质量以及线上反应能力。国联水产为国内对虾龙头，具备雄厚的产业基础及技术优势，通过与国联水产强强联合可以提升公司重点单品的差异化竞争力；而电商巨头腾讯的入股，也有助于永辉超市从传统的零售公司向科技型、平台型零售企业探索与转型升级。其可以通过成立的专业技术团队来链接在线会员与潜在客群，逐步突破现有技术瓶颈，通过人工智能等前沿技术实现场景消费体验的最优化。

4.7.4　威胁（Threats）

（1）流量红利期结束，获客成本逐步提高。互联网的流量红利期已不复存在，流量入口已从门户网站转向了社交媒体，且流量成本越来越高；同时，通过补贴或折扣等"烧钱"形式获取的客户资源也会因为"烧钱"模式难以持久而大批流失。

（2）资本密集加持，市场竞争激烈。伴随着电商生鲜行业的高增长，越来越多的竞争者与资本竞相涌入该领域，生鲜电商的竞争正在不断加剧：2017 年新零售超市门店普遍开花，带有"堂食"模式的生鲜超市更是在 2017 年大规模爆发，阿里巴巴投资的"盒马鲜生"，作为电商新兴势力，正利用各种渠道与资源进行扩张，推出半年内即实现盈利；京东到家旗下的"7 FRESH"电商平台虽然也有传统生鲜电商的缺陷，但由于其线上客户众多，引流效果显著，且物流网络发达、服务系统完善，竞争力较强。

这些企业对超级物种而言,是不可忽视的威胁与挑战。

4.8 思考与建议

通过本次对超级物种的深入调研,本团队对当前新零售行业有了以下认知:新零售模式正逐步取代红利逐渐消退、增长乏力的电商行业;生鲜新零售超市将线下的情景式体验巧妙引流至线上消费,形成一套闭环式的商业逻辑。超级物种进驻上海以来取得的较大发展,一方面得益于永辉集团的大力支持,另一方面也与公司的管理团队息息相关。然而,超级物种的快速成长也伴随着一些问题,线上推广、物流配送、顾客黏性等难题亟需解决。

结合本次调研结果,本团队给予永辉超级物种以下几点建议。

(1) 加强线上购物宣传。我们对超级物种进行实地深入走访之后,发现消费者对其线上购物模式和流程并没有很了解。超级物种应当建立更多的宣传渠道,比如在设置一定的线上购物优惠措施,促进消费者选择线上购买并培养良好的购买习惯,同时提高配送团队的效率,形成一定的客户和口碑,从而更好地整合线上和线下的客户资源。

(2) 改善线上购物体验。根据超级物种线上平台的实际使用体验,本调研认为,第一,超级物种要完善线上平台的产品信息,至少保证对于所需的商品信息,消费者同样可以在超级物种的线上平台上获取,还可以增加产品信息的趣味性,以讲故事的形式介绍产品的来源和食用方法等;第二,进行线上平台的功能整合,使消费者对于不同功能的需求可以在一个应用或程序内完成,尽量减少使用时的界面跳转与响应时长,为消费者提供更多的便利;第三,协调线上客服的服务时间与商品的配送时间,至少做到商品配送一小时内如果出现问题,消费者可以得到来自超级物种的售后服务。对于热衷于使用线上点餐系统的 90 后上班族,可发挥线上平台的即时性优势,提升其线上消费体验,从而提升其忠诚度。

(3) 增加差异性。由于目前生鲜电商市场竞争激烈,超级物种若想在这种环境下脱颖而出,需要增加自身的差异性。增加差异性的关键在于两点:一是增加超级物种与永辉旗下其他业态零售店的差异性,二是增加超级物种与类似商业模式的差异性。超级物种是永辉继红标店、绿标店、精标店、会员店之后的第五个业态,因此需要提高超级物种在消费者心中的辨识度,强化其独特性和差异性,避免与其他业态的竞争。在与其他餐饮超市竞争时,更需提高超级物种的产品差异化和店面差异化程度,吸引更多消费者。

4.9 结语

通过本次电子商务调研,我们更加了解了当前零售行业的 O2O 模式。在生鲜产品领域,永辉超级物种将供应链和物流链进行创新,以实体店为依托,引导消费者到线下进行实体店体验销售环境,再将线下的电子商务机会与互联网有效的结合,让互联网成为线下消费者和商家的交易平台，营造良好的电商氛围，带动超级物种的发展。除此之外，如何在整合企业自身资源的同时吸引外部供应商的加入，提高全渠道运营的效率，提升消费者线上购物的满意度等都是超级物种要考虑的问题。只有解决了这些问题，永辉超级物种才能真正实现发展壮大。

5. 小红书的 UGC 社区模式

参赛团队：不二队
参赛队员：汪雯琦　储柳柳　周于琦　崔芸芸　王鑫
指导教师：倪静
获奖情况：一等奖
关键词：社区电商　小红书　PEST 模型　波特五力模型　SPSS 问卷分析　SWOT 组合策略

随着国内经济与信息技术的快速发展，跨境社区电商逐渐蓬勃发展起来。小红书作为一款跨境社区电商领域风口上的产品，引起了广泛关注。本文主要通过宏观、中观、微观来分析小红书这一企业。此次调研以小红书为目标企业，通过企业走访、宏观 PEST 分析、中观波特五力模型分析、微观 SPSS 问卷分析、微观优劣势分析等方式了解小红书的整体运营和用户反馈，从而发现小红书在其发展过程中存在的问题，最后提出 SWOT 组合策略建议（参见图 5-1）。

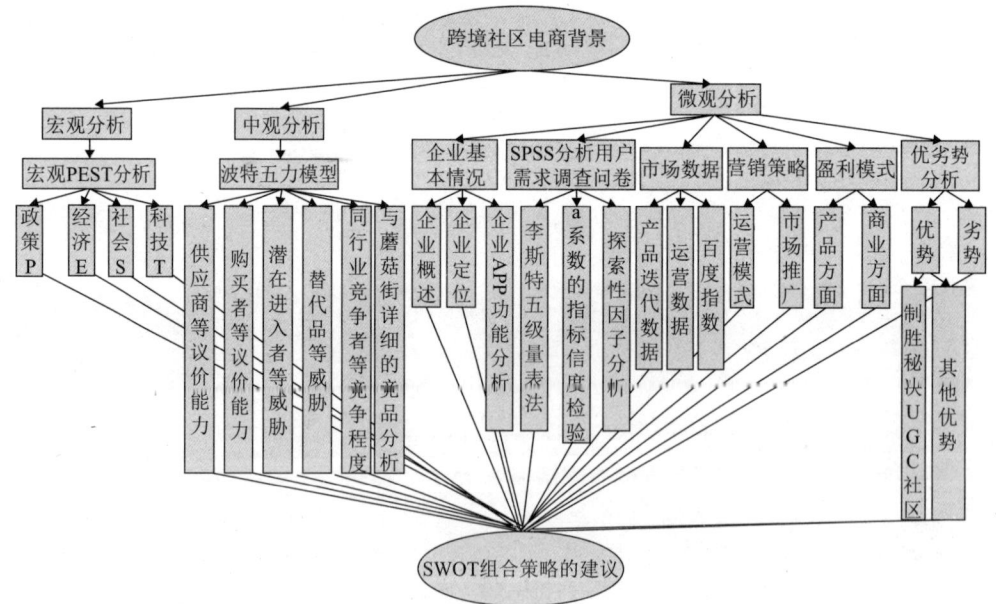

图 5-1　调研报告思维导图

本文的创新之处在于，第一，从宏观、中观、微观三个角度进行深入分析；第二，着重分析了小红书的制胜秘诀——UGC 社区；第三，不同于传统的提出建议，本文运用 SWOT 分析法从组合策略的角度提出了更加理性的建议。

5.1 调研背景与基本情况

5.1.1 选题的背景

随着富裕人群不断扩大,人们对生活方式有着超越传统认知的新诉求,由此产生了更高的消费需求。而就目前国内企业的产品生产理念能力而言,很难满足中高端消费群体的高层次需要,因此这一部分人群将目光投向商品市场更为成熟的海外。

随着互联网和移动互联网的快速发展,网络购物成为了人们日常的购物方式,根据全球互联网使用量的最新预测,中国是全球最大的互联网市场。2018 年,12 到 55 岁人口的网络普及率达到 90%,并且所有年龄段覆盖率都在增长,用户的消费观念也从"跟风购买"和"冲动消费"逐渐转变为"理性消费"和"参考消费"。同样,用户消费观念的转变,开始带动社区电商的发展。社区电商进一步通过大量的粉丝贡献出高优、高质的内容,吸引和沉淀了大量的用户,聚集成更大的社区,促成更多的交易。

5.1.2 研究的意义

跨境社区电商作为推动经济一体化贸易全球化的技术基础,具有非常重要的战略意义,同时也正在引起世界经济贸易的巨大变革,突破了国家间商品信息流通的障碍。此次调研的政策建议,对于小红书用户而言,有利于其用户取得价格合理、到货快速等方面的利益;对于小红书企业,有利于其通过电商平台推动更多的产品销往各地以及各个收入层的人群;对于跨境社区电商产业,有利于其在全国率先打造跨境电子商务全产业链条。

5.1.3 调研基本情况

1. 时间

2018 年 12 月、2019 年 3 月。

2. 地点

上海市黄浦区复兴中路与马当路交叉口西南角 SOHO 复兴广场 D 座 2 层(总部)、上海市静安区西藏北路 166 号上海大悦城北座 L5 层 N505&506(线下体验店)。

3. 方式过程

(1) 对小红书总部进行实地走访,切实了解企业的实际情况,深入了解企业的基本经营状况、人员结构、管理政策等方面等一手数据。

(2) 对小红书实体体验店进行考察,切实了解产品的细节,以便进行产品的详细分析,并与实体店员工进行直接交流,获得小红书产品信息的主观感受数据。

(3) 深入探究小红书企业在经营中遇到的实际困难,并了解其自身在破难解困、转型升级过程中较好的举措。

5.2 基于 PEST 模型的环境分析

5.2.1 宏观 PEST 分析

1. 政策

（1）驱动因素：国家在税收、物流、网络各方面鼓励互联网电子商务行业的发展。

（2）阻碍因素：2019 年开始政策紧缩，加强了电子商务在品质、税收方面的监管力度。

2. 经济

（1）驱动因素：经济发展使人均支配收入持续增长，国民开始注重购物体验。

（2）阻碍因素：很多一线城市出现了一些消费降级情况。

3. 社会

（1）驱动因素：随着时代社会的发展变化，人们乐于分享个人生活并渴望了解不同的生活方式。

（2）阻碍因素：信息万变的同时，市场良莠不齐，致使山寨行业有机可乘，假货丛生。

4. 科技

（1）驱动因素：全球范围的科技进步和发展让用户随时随处使用智能设备进行购物、交友以及分享个人生活动态。

（2）阻碍因素：越来越多的道德伦理问题的出现，如大数据"杀熟"。

（3）发展方向的选择：定制推荐。

宏观 PEST 分析图参见图 5-2。

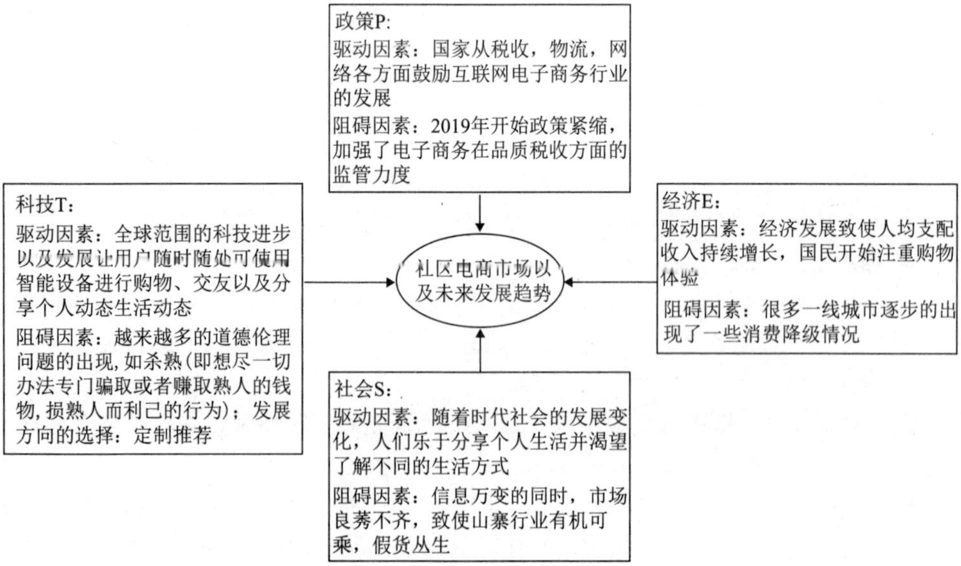

图 5-2 宏观 PEST 分析图

5.2.2 市场现状

移动支付和通信技术的发展促使移动端电商日渐成熟，随着用户群体的不断扩大，消费者已经养成了随时随地网购的习惯；而中国电子商务通过这 20 年的发展，已逐渐从卖方市场转向买方市场；中国电商行业的发展客观上为社交电商奠定了基础与方向。

社交电商是人与人直接接触联系的一种电商模式，它以人为纽带，灵活性强，在增加老用户的黏性的同时，也减少了获取新用户的成本。而微商最终的商业模式（人带货，货带人，人再去带货）不仅削弱了原本朋友圈内人与人之间的强关联性，并且广告模式让人厌烦，失去了社交电商的核心优势。

社交电商正处于用户裂变下沉，多模式共存的快速发展时期。传统电商行业寡头格局已然根深蒂固，淘宝和京东等巨头形势在短时间内几乎无法改变。因此电商下半场的核心便在于维持并放大现有优势，深挖细分领域并积极探索全新变现模式。

5.3 基于波特五力模型的行业竞争分析

5.3.1 供应商的议价能力

对于平台来说，拥有大量的用户数据是与供应商进行博弈的一大优势。大量的用户数据意味着平台将更加了解用户的需求，从而准确地选择货品。对于供应商来说，其生产需求量来源于平台，也就意味着平台掌握着主动权。由于信息的不对称性，供应商的议价能力将随之减小。

但是，平台所提供的商品来源于消费品市场，消费品其独特性决定了该行业的产品都具有一定的特点，例如品牌的知名度、专利等，导致其难以找到可以替代的产品，其转化成本偏高，也就意味着供应商的议价能力将会提高。此外，一部分供应商收购或新建电商平台，对于供应商来说其转化为平台的成本较低，也进一步提升了供应商的议价能力。

5.3.2 购买者的议价能力

该行业的消费者是个人消费者，具有购买数量小、人数庞大、所占卖方的销售比例小等特点，导致购买者的议价能力不高。此外，个人消费者占主体比例小意味着购买者不具备向后整合的特性，以及年轻的消费者更加愿意从信任的渠道以较高价格买到心仪的产品，这都使得购买者的议价能力降低。

但是产品的多样性，以及购买渠道的多元化，使得购买者有多种方式得到同样的产品，这就意味着平台会为了留住顾客从而在定价方面尽量满足顾客的期望，提高了购买者的议价能力。

5.3.3 潜在进入者的威胁

该行业的进入成本较低，对于传统电商以及内容制造电商而言，转型为社区电商较为容易。此外该行业并没有存在较高的行业壁垒，例如规模经济或者新型的科学技术，使得任何企业都有进入该行业的能力。另一方面，以较低的成本获得大量的用户数据是吸引外围者进入的其中一个原因，而且该行业的企业众多，并不能形成行业联盟抵制新的进入者。但还需考虑的是，社区的氛围和用户是需要时间的累计，这是不可复制的，虽然成本较低但时间成本较高，使得获利的时间较长，这在一定程度上阻碍了一部分外围者的进入。

5.3.4 替代品的威胁

对于社区电商而言，微商便是其替代品。但目前由于微商过度消耗朋友圈的资源，且其商品质量得不到保证，以及存在先交钱未收到货的情况，使得微商的信用度不断下降，成为人们口中的广告商，其威胁力不断下降。

5.3.5 同行业竞争者的竞争程度

对于该行业的企业而言，其市场的占有率都较小，市场的前景良好且市场的增长率较高，其竞争的激烈程度不高。但该行业并没有什么龙头企业，加上每个企业的市场占有率相差无几，从一定程度上来说其竞争较为激烈。

5.3.6 与蘑菇街详细的竞争分析

1. 企业定位

表5-1反映了小红书与蘑菇街产品定位的对比。

表5-1 产品定位对比表

产品名称	产品定位	用户人群
小红书	UGC全球好物分享+跨境电商	注重生活品质、对海淘有需求且具有一定消费能力，相对中高端人群
蘑菇街	时尚导购+社会化电商平台	对时尚有需求，用户人群相对中低端

2. 主要功能对比

1) 主要功能结构对比

小红书的产品功能结构比蘑菇街更简约、直接，它的六个功能其实都只围绕"用户测评""海淘.福利社"两个核心功能进行的展开。小红书利用用户的浏览记录等信息与精密算法相结合，将用户最感兴趣的内容推荐到首页，让用户对产品分享的内容产生了很大的黏性（参见图5-3）。而蘑菇街从结构图上看虽然比小红书要少一项主功能，但每一个主功能之下的子功能却"繁衍颇多"，且各个内容框之间还会穿插系统推荐的内容，难免让用户看的眼花缭乱，找不到重点（参见图5-4）。

2) 隐藏功能对比

小红书将一些用户不常用到的功能，例如会员中心、心愿单、优惠券等，隐藏在左侧的"更多"菜单栏，这样的设计不仅节省空间，呼应产品本来营造出的简约感觉，同时因为左侧菜单栏会固定在每项功能页面的左上角，用户即时需要就能点开马上使

5. 小红书的 UGC 社区模式

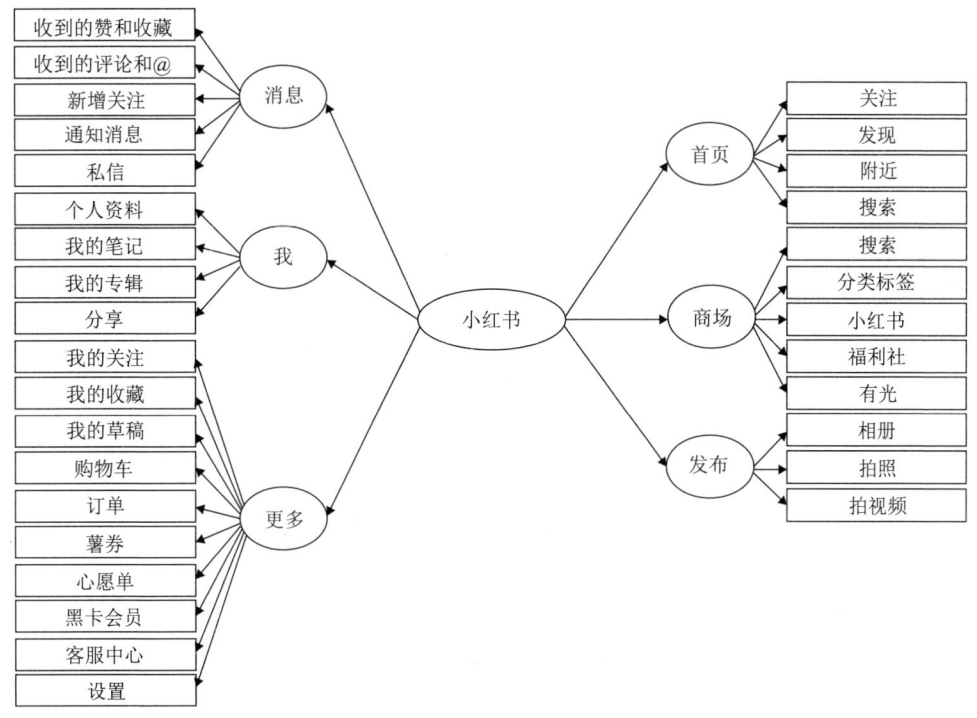

图 5-3　小红书功能结构

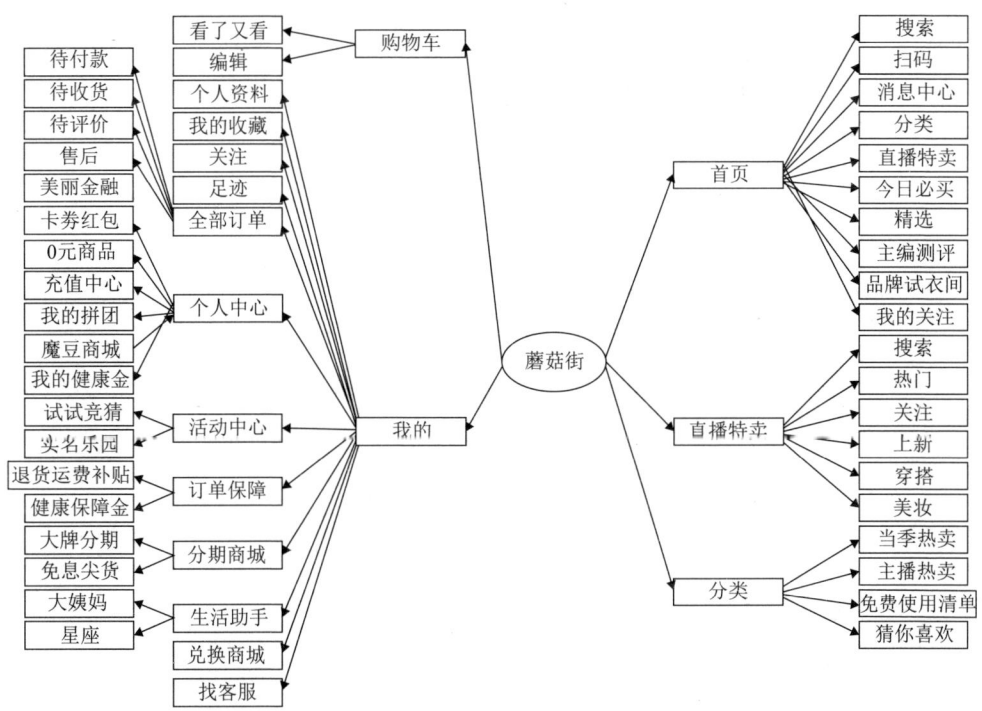

图 5-4　蘑菇街功能结构

用，既快捷又方便。而蘑菇街的功能都十分集中，每一项主功能内有许多的子功能，页面变的十分繁杂，这样的设计必然会浪费用户很多不必要的搜索时间，用户在体验上也会大打折扣。

3）社区内容对比

小红书上的测评内容都来自它的基础用户，内容覆盖十分广泛：其中包含美妆护肤、穿衣搭配、宠物生活、生活周边等。且商品推荐和测评报告都是真实的 UGC 内容，如果内容里含有广告或代购信息都会被系统尽量剔除干净。用户在分享测评内容时设置的标签将被系统后台生成数据，方便推荐给其他用户的同时也为平台提供了更加精准的用户数据。蘑菇街内的测评内容和分享帖主要是以蘑菇街达人和蘑菇街编辑所呈现，分享内容主要以"穿衣搭配""美妆护肤"为主，与小红书有所不同的是，蘑菇街在分享页内加入了商品链接入口，大部分链接入口基本流向淘宝，虽方便了用户购买商品，但也因此流失了很多用户。后期蘑菇街在转型社会化电商后，开设了只有针对等级高的用户才可直接打开链接入口、而新手用户需要分享内容至其他平台后才可打开链接。这一举措虽为产品增强用户黏性、减少了用户的流失，但此功能易给新手用户在使用过程中造成反感情绪。

4）商城对比

小红书商城主要分成三个部分，分别为主打小红书自营的"小红店"，针对海外商品的"福利社"，以及 2018 年 3 月上线的自有品牌"有光"。"福利社"不仅出售的商品种类颇多，还与多个海外大型品牌达成了战略合作，开启品牌授权和品牌直营模式并存，大大提高了用户在小红书上买海外正品几率。"有光"主推卧室、厨房及出行场景的相关用品，品类在 50 个左右。通过流程再造，直连工厂和消费者，同时严控品质，可以给消费者提供质优价廉商品。蘑菇街商城主营内容为服装、配饰类。入驻的品牌商家较少，用户个人店铺较多，为了让用户看到更真实的商品实物，蘑菇街在 9.4.3 版本新加入了直播模块，吸引了更多用户前来开店和购买商品。商品团购一直是蘑菇街的一大特色，平台定期举办的商品团购，吸引了许多的用户前来购买打折低价商品。

3. 电商功能对比

1）商品购买流程对比

图 5-5 是小红书商品购买流程图，图 5-6 是小红书的网上商品。

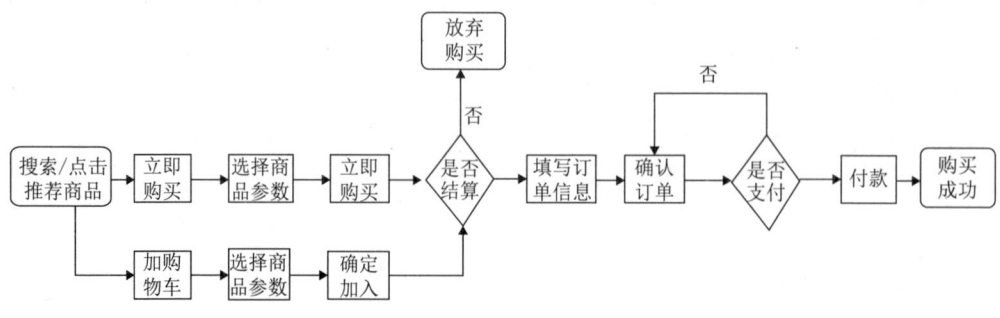

图 5-5 小红书商品购买流程图

5. 小红书的 UGC 社区模式

图 5-6　小红书网上商品

小红书商城中有两种商品：一种不需要选择产品参数的商品，用户可直接加入购物车或立即购买；另一种是需要选择产品参数的商品，在用户选择商品参数确认之后，商品将自动加入购物车，此时页面会弹出"成功加入购物车""去结算"选择框供给用户选择。

与小红书有所不同的是，蘑菇街除了正常的商品购买流程以外，还有一种由店主开通的商品团购流程，如果商品有开通团购，用户可选择"单独购买"或者"拼团购买"两种商品购买方式（参见图5-7）。

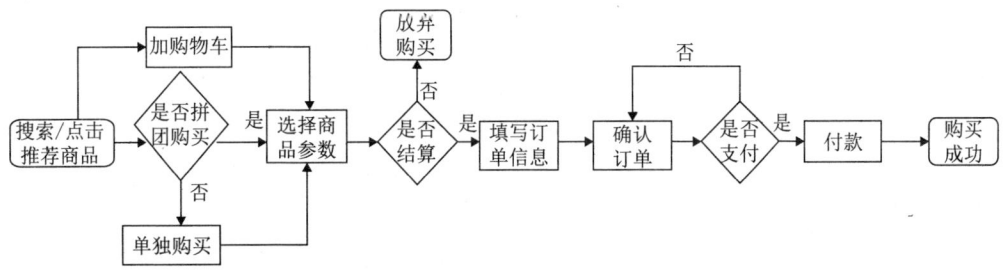

图 5-7　蘑菇街商品购买流程图

图 5-8 是蘑菇街的网上商品。

图 5-8 蘑菇街的网上商品

2) 购物车与结算页面对比

进入小红书购物车页面时，系统会自动默认勾选购物车内所有商品内容，如直接在商品页面点击"立即购买"在进行商品结算时，支付按钮上会显示支付倒计时，给用户带来紧迫感的同时又用委婉的方式催促用户及时付款。如在购物车页面进行商品结算，在页面下方会弹出支付框进行支付，考虑到用户收货不方便，用户还可自行选择收货时间（参见图 5-9）。

与小红书将购物车内商品数量标注在商品首页有所不同的是，蘑菇街将购物车内商品数量标注在购物车首页内。用户在付款时还可通过"蘑豆"抵用现金和"白付美"进行分期付款，为用户付款提供了很多的方便（参见图 5-10）。

5. 小红书的 UGC 社区模式

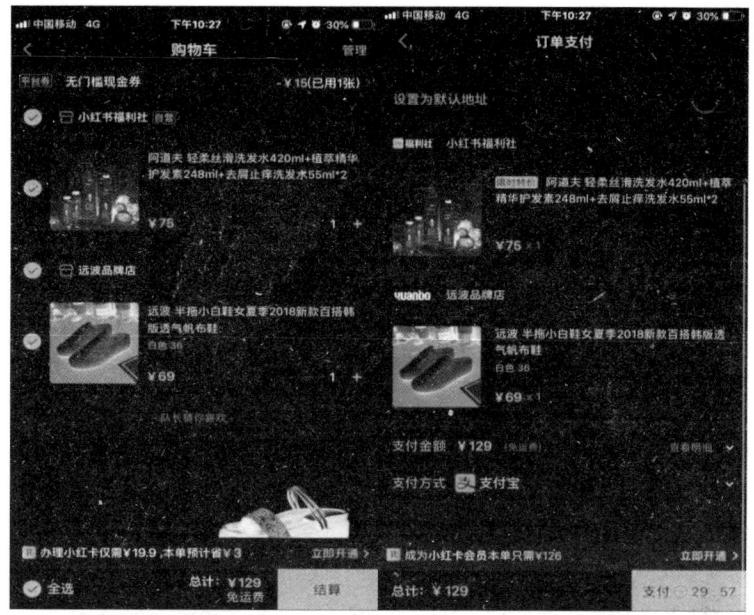

图 5-9 小红书购物车、商品结算页

图 5-10 蘑菇街购物车、商品结算页

3) 商品评价对比

与蘑菇街的普通评价相比,小红书取消了商品打分制度,评价的内容呈现形式是其他用户对此商品的使用笔记,购买了此商品的用户如要评价则只能通过"晒单"的形式编写笔记作为评价。蘑菇街为了符合用户的操作习惯,延续了普通评价的方式(参见图 5-11)。

图 5-11　小红书（左）、蘑菇街（右）商品评价页面对比

4. 竞争力对比

1）小红书

（1）优势：UI 的交互设计简约、产品体验、用户口碑好，目标用户定位明确、核心功能突出。利用强大的用户数据和人工智能将社区中的内容精准匹配到每一位用户，创造了用户黏性的同时给用户带来了完美的体验。优质的 UGC 分享社区与电商相辅相成，避免与其他产品同质化的同时为产品创造了强大的壁垒。

（2）劣势："适合种草，不适合拔草"是大部分用户对小红书的评价之一，言外之意是小红书电商其实做的并不好，只适合用来作为需要购买商品的参考，却并不适合在上面购买商品。产品少的同时因更加侧重于社区，所以电商内某些交互功能还有待完善。电商的不完善导致售后服务体系没有跟上，用户对其的信任大打折扣。

2）蘑菇街

（1）优势：从准确抓住年轻用户"对时尚敏感、极强的展现欲"的心理特征将产品定位为"导购型社区平台"，到后来随着用户需求的改变加入了"电商"功能，如果前期是告诉用户"怎么买、去哪买"，那后期就是"买时尚、来这买"。在自己的平台上同时进行展示和销售，让产品形成了一个完美的闭环。

（2）劣势：产品理念没有完全跟上女性用户群体，蘑菇街似乎忘记随着用户年龄的增长，用户对商品的需求和定位的心理也会随之改变，这一点从"导购社区"内容的分层就可以看出来，大量的用户开始追求商品的质感和美感，但蘑菇街的商城却还停留在"低价批量走货"的原地，将自己"栽培"的用户拱手让给了其他的平台。

5.4 企业微观分析

5.4.1 企业基本情况

1. 企业概述

目前小红书从攻略性质的"小红书出境购物攻略"转型到社区性质的"小红书购物笔记",而"福祉社"板块上线后,小红书已经从社区升级为社区型电商,致力于帮助85后、90后用户追求更好的生活品质。

2. 企业定位

小红书的口号是"找到国外的好东西",关注于如何提升用户的生活品质。其目前的定位相对十分明确,通过UGC的形式为想购买国外商品的用户提供实时的购物信息以及使用心得,然后借助上线以来的数据沉淀精选出独特选品以跨境社区电商的身份进行网上销售。总之,小红书目前将自己定位为一个新时代的社区电商。

3. 企业 APP 功能分析

早期小红书提供的是购买攻略。攻略包括不同国家的退税打折信息、品牌特色商品推荐、购物场所、地图索引和当地实用信息。这样的攻略类似于工具书,可以满足如购物欲望并不强烈的男性等轻度用户的需求。而工具书上的信息是静态的,不利于分享和实时信息的更新。小红书必须弥补攻略在信息流动性上的不足,因此,"小红书购物笔记"应运而生,在苹果应用商店上线,它是一个垂直类社区,用户以具有境外购物习惯的女性为主。作为小红书最重要的核心功能——社区功能,购物笔记鼓励用户分享出用钱买出来的购物经验。

小红书采用UGC社区形式为想购买国外商品的用户提供实时的购物信息及使用心得。同时小红书通过将大量分享的数据结构化,来为用户提供基于目的地、品牌、品类等多维度的购物参考信息。随着"福利社"板块的上线,小红书从社区升级为社区电商,新的购物功能被开发出来。福利社的推出是为了解决用户"看得到却买不到"的问题的第一步,商品都属于社区内口碑最佳的商品精选。选定某款商品后,小红书直接联络国外品牌方或一级供应商进行采购。目前商品品类较少,采购、物流也存在问题,还有很多改进的空间。

5.4.2 基于SPSS问卷调查法的用户需求分析

我们采用问卷调查法,并基于SPSS统计分析,对小红书用户满意度的影响因素进行分析,得出影响小红书用户满意度的因素依次是商品种类、评论质量、优惠程度、页面设计及退换货制度,并在此基础上提出了提高小红书用户满意度的对策建议。

1. 基于李斯特五级量表法的问卷设计、样本及数据采集

满意度的调查方法主要是问卷调查法。本问卷包括2个部分:用户基本情况调查和小红书用户满意度影响因素调查。其中用户满意度调查采用李斯特五级量表法来设计问卷（问卷内容见附件 1）。

本次研究的用户满意度以尽可能不同的年龄、地位、层次的消费者为调查对象，共发放问卷 1200 份，并于 2018 年 12 月至 2019 年 4 月期间通过发放纸质问卷或电子问卷相结合的形式，对上海理工大学的教师、研究生及本科生随机进行了调查，也走出校园对上海市不同区的市民进行了街头调查，同时发动家人、亲戚、朋友、同学填写并扩散电子问卷。共回收有效问卷 1032 份，问卷有效率高达 86%，其中电子问卷 398 份，占 38.6%，纸质问卷 634 份，占 61.4%。

2. 基于 α 系数的指标信度（可靠性）检验

本文采用 L. J. Cronbach 所创的 a 系数作为衡量信度的指标，通过 SPSS 软件中的 Reliability Analysis 得出。一般认为 0.8 以上说明指标设置的效果非常好，0.7 左右说明指标设置的效果较好。我们的信度检验结果如表 5-2。

表 5-2　信度检验结果汇总表

变量	指标组合	系数	删除该变量后的系数
产品种类	X1	0.8161	0.7945
	X2		0.7632
	X3		0.7608
	X4		0.7967
	X5		0.7839
评论质量	X11	0.8581	0.8065
	X12		0.8256
	X13		0.8375
	X14		0.8053
优惠程度	X15	0.7864	0.7246
	X16		0.7503
	X17		0.7741
	X18		0.7426
	X19		0.7110
APP 页面设计	X6	0.7989	0.7280
	X7		0.7749
	X8		0.7512
	X9		0.7596
	X10		0.7852
退换货制度	X20	0.5769	——
	X21		——

从表 5-2 可以看出，评论质量这一指标组合的系数比较高，而且删除各变量后的系数也都比较高，说明这一组问卷项目设计得比较合理。商品种类、优惠程度、页面设计这些指标组合的信度系数次之，均为 0.8 左右，也达到了可以接受的范围。信度系数比较低的是退换货制度，仅为 0.5769，原因是这一影响因素涵盖的范围比较广，二指标设置较少，指标之间不太相关，从而导致其信度系数值偏低。

3. 基于探索性因子分析的指标效度检验

我们对架构效度用来检验量表是否可以真正度量出我们想要的结果。因此，我们采用探索性因子分析对小红书问卷的架构效度进行检验。由 SPSS 软件得出效度检验指标 KMO 值为 0.835。一般当量表 KMO 值大于 0.6 时，则表明问卷的效度是可接受的。

根据用户对小红书满意度的影响因素调查问卷结果，运用 SPSS 软件对问卷中的 21 个变量进行因子分析，得到相关矩阵的特征值、方差贡献率等数据，结果见表 5-3。

表 5-3 特征值及贡献率

主因子	旋转前			旋转后		
	特征值	贡献率%	累计方差贡献率%	特征值	贡献率%	累计方差贡献率%
1	7.277	34.652	34.652	3.078	14.657	14.657
2	1.901	9.051	43.703	3.046	14.505	29.162
3	1.549	7.376	51.079	2.906	13.840	43.002
4	1.478	7.036	58.115	2.734	13.020	56.022
5	1.247	5.940	64.055	1.687	8.033	64.055
6	0.987	4.699	68.754			

由结果可知，前 5 个公因子的特征值均大于 1，从第 6 个公因子开始特征值开始小于 1。根据公因子选取原则，选取 5 个公因子，其累计贡献率达到 64.06%，能基本概括和解释整个数据的大部分信息。由于初始因子载荷矩阵的 5 个公因子的含义不是很明确，为了使各类因子尽可能的向两级转化，采用方差最大正交旋转法座因子载荷旋转，使 5 个公因子的含义更加明确，得到旋转后的因子载荷矩阵如表 5-4。

表 5-4 旋转后因子载荷矩阵

	Factor1	Factor2	Factor3	Factor4	Factor5
X1	0.663	8.477E−02	−3.15E−02	0.189	0.349
X2	0.748	0.181	0.104	0.256	0.112
X3	0.803	0.110	0.287	−4.16E−02	−8.07E−03
X4	0.565	3.973E−02	0.306	0.316	7.893E−02
X5	0.657	0.320	0.149	0.175	−1.64E−02
X6	0.259	0.197	9.979E−02	0.782	0.116
X7	−2.96E−02	0.177	0.184	0.681	0.403

续表

	Factor1	Factor2	Factor3	Factor4	Factor5
X8	0.295	0.215	0.121	0.705	−0.119
X9	0.329	5.813E−02	0.393	0.541	−0.189
X10	0.259	0.184	0.396	0.440	−0.112
X11	0.214	0.811	0.235	7.397E−02	−8.38E−02
X12	0.130	0.795	9.104E−02	0.100	0.108
X13	3.073E−02	0.781	9.542E−02	0.251	0.118
X14	0.222	0.766	0.298	8.294E−02	−1.13E−02
X15	0.173	0.190	0.739	0.153	9.591E−02
X16	0.304	5.062E−02	0.720	−0.60E−02	0.200
X17	−2.33E−02	5.296E−02	0.411	0.398	0.185
X18	0.119	0.276	0.617	0.289	−0.144
X19	8.925E−02	0.356	0.717	0.251	−6.99E−03
X20	4.908E−02	7.776E−02	0.175	0.106	0.748
X21	0.187	−1.25E−02	−7.81E−02	−3.71E−02	0.781

从旋转后因子载荷矩阵可以看到，旋转后的因子载荷矩阵中各公因子较高的载荷都很有规律的分布在若干个关键评价指标上，说明它们与评价指标之间具有明确的结构关系。按各主因子中载荷量较高的变量所具有的共同特征，进行主因子命名，因子F1为商品种类，因子F2为评论质量，因子F3为优惠程度，因子F4为页面设计，因子F5为退换货制度。

（1）小红书商品种类对小红书用户满意度的影响。"小红书商品种类"对用户满意度的影响最大，贡献率高达14.657%。小红书的商品种类，能够促进小红书层次的提高，销售额的增加以及提高发展需求，满足不同用户的需求，进而提高用户的满意度。在小红书商品种类上，"海外美妆产品和海外鞋包类产品是否能满足用户的需求"对用户满意度起到了很大的作用，系数高达0.803和0.748。其次，"商品是否足够琳琅满目""分类目录能否满足用户需求"以及"索引是否能提供准确的商品信息"对用户满意度的影响也较大。

（2）用户评论对小红书用户满意度的影响。小红书用户满意度另外一个比较重要的影响因素就是用户评论，贡献率高达14.505。用户对于小红书产品的回馈对小红书用户满意度的影响尤其重要。本次调查所选的4个指标对满意度的影响没有太大差异。用户评论的字数、是否附有真实图片、互动问答的回复效率、评论的数量这4个指标的因子载荷值均比较高，均在0.8左右。

（3）优惠程度对小红书用户满意度的影响。小红书提供的优惠券以及会员优惠政策等对用户的满意度也起着一定的作用，通过"薯券"、限时特价以及会员价等优惠活动给用户带来了诸多优惠。在优惠程度的诸多指标中，"方便、快捷获得优惠券""大多数产品都有优惠券"以及"价格大多低于其他同类APP"这三个指标的因子载荷值比较高，达到了 0.7 以上，"7 天保价"等也对用户满意度起到了较大作用。而"满减活动"可能由于门槛较高对用户满意度的影响还不是很大。

（4）页面设计对用户满意度的影响。小红书页面设计度用户满意度也产生较大的影响。其中，"笔记在首页"相对比较重压迫，而"页面颜色为活力红"方面的影响则不是特别大，因为现在的人们都喜欢换各种 APP 皮肤。

（5）退换货制度对小红书用户满意度的影响。小红书退换货制度也是影响用户满意度的一个不可忽视的因素。退换货制度的合理性在很大程度上决定着用户的满意程度。"七天无理由退货"和"退货需要审核时间"对用户满意度的影响相差不大，因子载荷值分别为 0.781 和 0.748，均较大。

5.4.3 市场数据

1. 产品迭代数据

2013 年 10 月，毛文超和他的创业团队推出了第一款产品"小红书出境购物攻略"APP，在苹果应用商店上线三个月后，小红书出境购物攻略 APP 的下载量已达数十万。

购物笔记于 2014 年 12 月 4 日上线，其实质是一个境外购物者的移动垂直社区，鼓励用户分享和交流境外购物心得。据 App Store 2 月 7 日的数据，小红书当日在免费旅行类 APP 的排名为 26，这对一个才上线两月的应用来说是一个相当不错的成绩。

2. 运营数据

（1）现在购物笔记每天的新内容上线，其互动率能达到 20%以上。

（2）小红书于 2014 年初上线，目前的用户数到千万以上。截至 2019 年 5 月，2018 年 12 月上线的福利社（限时特惠），在零广告投入下创造出超过 2 亿元的电商销售额。

（3）目前在福利社中，化妆品、保健品、进口零食、家居日用是最火爆的四个品类。依靠用户自发产生的口碑和数据，福利社虽然只卖过几千个 SKU（库存量单位），却产生了上亿销售额。

（4）目前小红书的用户平均一个月打开应用超过 50 次。

（5）小红书每天十点上新，90%的商品都立即售罄。

（6）截至 2015 年 5 月份，小红书在广告零投入的情况下完成了 2 个多亿的销售额，购买转化率，复购率都极高，充分体现了社区高黏性用户在电商接入后的极高购买力。

（7）社区推动着的小红书电商，转化率最高时一度达到了 8%。

（8）小红书的用户中有 40%来自北上广深，其余大部分来自二三线城市。

3. 百度指数

（1）最近 30 天搜索指数整体 5341，移动 3191。

（2）需求分布：搜索最多的有买东西，正品，客服，福利社。

（3）新闻监测：假货，运营最受关注。

（4）地域分布：上海、北京两地搜索频次最多，江苏、浙江、广东分居其后，但整体上主要分布在东部。

（5）人群属性：年龄在 20~29 岁的占 50%；年龄 30~39 岁，占 25%；年龄 40~49 岁占 10%。

5.4.4 营销策略

1. 运营模式

1) 内容运营

（1）海外购物是要回答"买什么""哪里买""多少钱"三个问题。在小红书里，一张图加三个标签就可以解疑释惑。

（2）发帖方面，新增了滤镜功能，帮助用户创造更美的图片。搜索版块则集中地区和达人的分类信息，保持了其旅游购物查阅的工具性。用户发布的分享内容即一条购物笔记通常包括晒物图、品牌便签以及价格和地点便签。在具体笔记页面，还可以看到楼主撰写的购物或使用心得。

（3）内容的高转化率，极具商业价值。例如，坏球监联联手小红书综合了187万年轻人的意见，告诉你投票排名前十的欧洲最值得购买好物。每件好物都有超过20万来自购物达人们的投票。

2) 产品运营

（1）产品框架设置。将"每日精选"和"我的关注"放置首页，而把原先的"地区"入口收到第二个tab之下，使视觉呈现更为清晰，方便用户快速接触到最新的精华信息。

（2）后台会把数据结构化。基于大量的用户分享数据，团队也做了数据结构化的工作，将购物笔记按目的地、品类、品牌分类，形成一个数据库，方便轻度用户查询。

（3）产品内容展示形式。小红书里的这些商品推荐都是真实的UGC内容，与厂商无关，甚至广告和代购信息也会被尽量剔除干净。

（4）除了真实用户的口碑推荐外，小红书还在社区内的内容上打上了标签，用户每点开或者收藏了一个帖子，都将成为该用户的数据，为平台的精准推荐提供依据。

（5）小红书福利社的每一款产品内容都会不断浮现出最新订单，鼓励消费者进行购买。在页面展示上，包括用户的购物笔记（如在哪买的、多少钱、怎么样）＋小红薯的介绍评论＋薯队长说（如小贴士、使用指南）＋小红书的质量凭证。

3) 用户运营

（1）用户需求。适合爱护肤爱美丽的女性朋友，各类信息很齐全，从护肤到彩妆到数码电子产品、奢侈品等应有尽有，用户也可在小红书"种草"和"拔草"不少宝贝。

（2）每天用户可以刷新福利社，方便了怕买到假货的人，并且福利社推荐的东西都有口碑，不定期还有抽奖活动。

（3）用户营销。小红书有很强的用户互动营销方式，如6月6日小红书周年庆活动首日，24小时内的销售额超过5月份整月的销量，并持续攀升中。小红书还第一次投放了视频广告，这是精心策划好的，用户可以在轻松的环境下开放地接受新信息，换言之，视频广告有着非常容易转化的场景。这造成的效果就是撒播更多种子，让更多人知道小红书这个APP，最终使得iOS和安卓上的新用户共计增加了300万。另外小红书并不是6月6日一夜蹿红的，而在广告投放之前，前5个月的销售额已经有2亿多元。

4) 社区运营

购物笔记鼓励用户分享购物经验，为此，社区里有购物达人榜，每个达人会有类似皇冠、勋章等代表达人级别的虚拟头衔,在内容上有贡献的用户会得到积分奖励,用户可以关注自己感兴趣的达人,及时查看达人们分享的信息。如果有更多疑问,可以通过评论和楼主互动。对于还没有到达目的地的用户来说,它设置了一个具有收藏功能的"心愿单",能方便用户下次出行时照单购物。在一些重要的节日,小红书还考虑将其心愿单透露给自己的亲朋好友,帮他们完成某个购物心愿。

5) 制度运营

小红书的社区有着严格的管理制度,避免了产生大量广告垃圾信息,保证分享的信息都是有效的。购物笔记新版本增加了用户举报功能,编辑会关注用户举报的帖子,让用户来监督内容的纯净性。就算水军在购物笔记平台发软文,也是不容易推广的,社交媒体的用户关注功能是很好的过滤机制。

为了打击商业广告的入侵,小红书设立了编辑审核和用户举报机制,有广告嫌疑的商品信息会被"雪藏",用户将无法从页面看到。

6) 商家运营

(1) 产品与商家的运营。品牌商可以直观地在社区中看到收藏和喜爱自己产品的真实用户,小红书的榜单都出自群众,公信力的价值也基于UGC。因此,用户对社区的口碑是第一位的,而简单的广告模式是小红书力所避免的。社区型的运作模式为小红书积累了很有参考价值的购买前数据,包含用户的浏览数据、心愿单数据、分享和点赞数据等,为福利社选品和备货提供了大数据指导。

(2) 供应链上的参与方运营。小红书跟海外品牌商或大型经销商建立直接的联系,实现海外直采,并在国内保税区仓库进行备货,从而保证真品和发货速度。小红书在这方面做了很多部署,包括跟海外的品牌商直接的战略合作、大型供应商的开发,供应链的搭建等。

2. 市场推广

1) 冷启动

小红书早期经历过一轮爆发式的用户增长。测试版上线时正值圣诞与新年消费季的出境高峰期,在"境外购物"的场景里,小红书快速积累了第一批用户和内容。

在对的时间切入痛点。小红书社区UGC是从出境时的购物场景开始做切入的,因为这批人就是生活方式的先行者,所以分享都是高质量的内容。而在海外时又是高频率购物时间,大多数女性都是1个空箱子去,2个满箱子回。此外,社区一旦跑起来门槛是很高的,因为沉淀的除了内容,更多是一批黏性高的用户,他们不断产生新的内容和互动。

2) 口碑传播

产品上线3个月之内,用户全靠毛文超与团队在网上推广获取。攻略被一部分用户熟悉之后,用户的口口相传和各种热情洋溢的留言扩大了小红书的影响力。

因为小红书最早提供的是一个海外购物攻略,所以小红书很快积累了一批对生活品质有要求的85后、90后核心用户,并开始发酵。

5.4.5 盈利模式

1. 产品方面

小红书主导的新型社区电商模式以信息驱动,用户生产内容,通过真正的社交信息流方式，将线下逛商场时的冲动消费场景搬到了线上，告别了互联网电商比价场景，而代之以口碑营销的新模式。信息平台会注重优质内容的累积，适合新入品牌，然后通过搭建供应链完成产品闭环。同时，小红书福利社的数据帮助用户更好地选择商品。个性化推荐，小红书APP通过用户大量点赞，收藏，关注，分享等行为形成用户自身特征属性，而这正是社区性电商的天然优势。

2. 商业方面

跟海外品牌商或大型经销商建立直接的联系，实现海外直采，并在国内保税区仓库进行备货，从而保证真品和发货速度。

除了广告模式，小红书在商业模式的发展上，还能衍生出很多可能：成为目的地商家的电子优惠券分发平台；为出境购物的人群提供退税服务，甚至可以为想购买外国商品但暂时没有出国计划的消费者提供海淘服务。当然，这些商业模式需要投入巨大的市场运营人力，小红书可以与第三方公司合作，向这些领域延伸拓展。

5.4.6 优劣势分析

1. 企业优势分析

1）小红书制胜秘诀分析——UGC社区

小红书的制胜法宝，就是小红书专注构建的UGC生态。小红书的APP的一级分类，你会发现以突出UGC内容为主，人和地理为辅，仿佛一个微博式的UGC（User Generated Content）内容分享，这些内容帮助小红书留住了用户。

专注UGC生态构建，小红书APP呈现微博式UGC内容分享。用户发布的内容均被称之为"笔记"，内容囊括晒物图、品牌、价格以及楼主撰写的购物或使用心得。针对感兴趣的创作者或者内容，用户可以选择关注、点赞或评论（参见图5-12）。

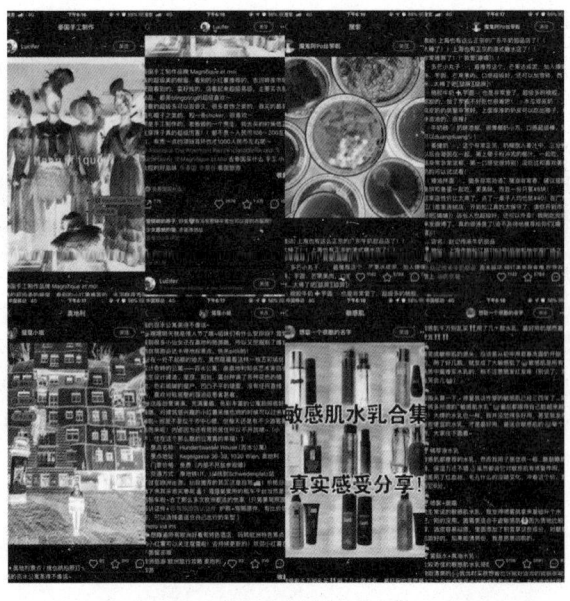

图 5-12　小红书部分笔记

5. 小红书的UGC社区模式

（1）主要功能架构及首页布局如图5-13。

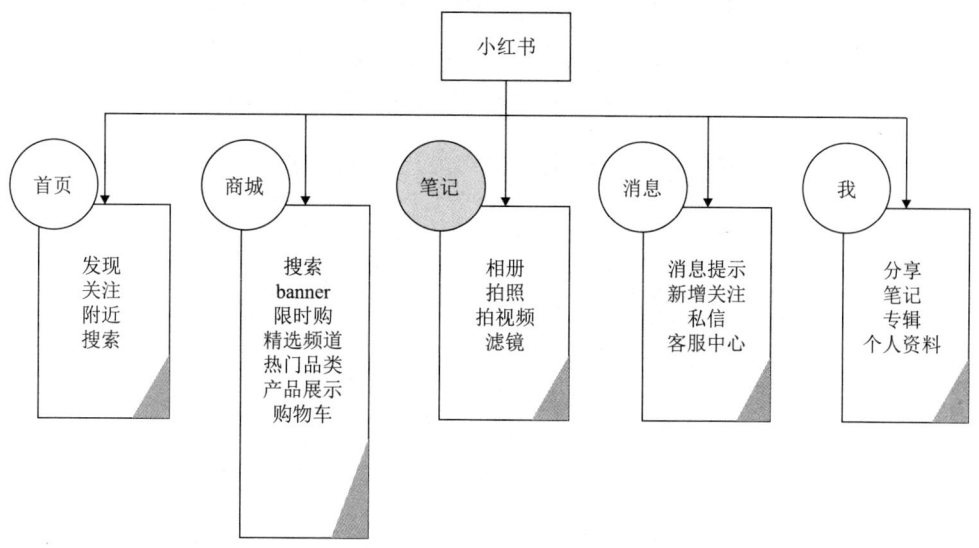

图5-13 小红书主要功能架构及首页布局

（2）从解决购物痛点，到满足晒物需求。从2013年开始就有大量的消费者开始对代购产生浓厚的兴趣，这本身就是富裕人群对于更高品质生活的追求，小红书就是从这时切入了市场，解决海外购物"难"的问题，让用户自主分享购物经验，从而更多用户获得最真实的海外购物"攻略"。

（3）扩大定位，满足晒物需求。小红书的早期用户多数为"白富美"，这一部分用户喜欢分享自己精致的生活，而当社区这种晒生活的氛围越来越浓的时候，所有用户的购买潜能便自然而然的被激发了出来（参见表5-5）。

表5-5 社区、社群特征

	社区	社群
人群特征	综合人群，弱关系 人群范围广，紧密度较低，基数大	共性人群，强关系 人群层次差异小，共同追求一样事物
用户形式	由于基数大，会筛选精华内容，发展出意见领袖	扁平化，去中心化，用户归属感强，活跃度、互动频率高，UGC输出质量高，数量多
构建类型	选择性，管理集权化	需要制定规则管理
传播速度	内容传播速度慢，用户关注度低	内容传播速度快，用户较精准
最终目的	由于物以类聚关系，找到适合自己的环境	共同追求人物、事件、知识，打发业余时间

（4）"海淘顾问"成功转型"国民种草机"。很多自媒体平台对于用户上传的内容，都是给予激励的，而小红书却没有任何用户激励制度，其原因在于小红书"注重用户提供的内容质量，而不完全依赖内容达人生产"的策略（参见图5-14）。

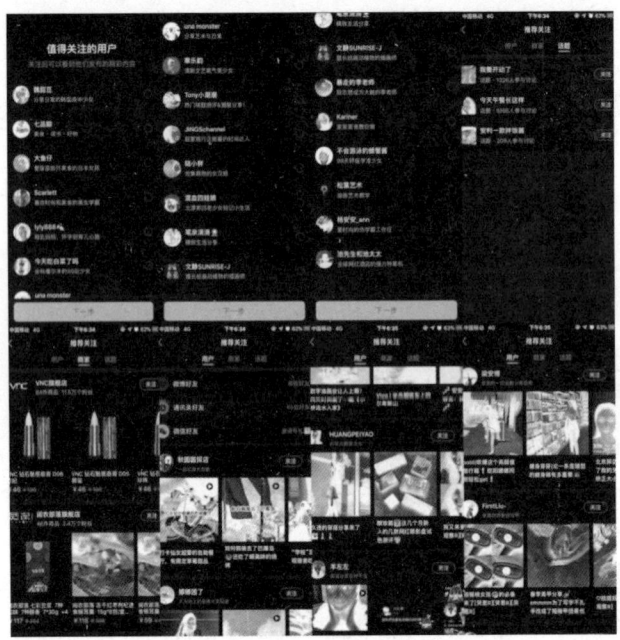

图 5-14 小红书用户标签选择及推荐

每个普通用户只要发布优质的内容，就有可能成为"网红"，这就促使了普通用户在内容被点赞的时候，会满足自己的优越感，而愿意持续分享。小红书去中心化的社区模式使用户意愿成为了社区主导，让用户产生了依赖心理。因此，小红书也有不少男性以及一些年龄较大的用户。

2）小红书的社群特点

小而精且垂直化程度深是小红书的用户黏性极高的原因，第一次应用小红书的用户需在小红书选择自己感兴趣的内容标签，小红书将主动匹配相应社群的内容。小红书还会根据新用户所选择的标签，引荐匹配高质量博主，这样用户在第一时间就接收到自己喜爱的高质量内容。

3）小红书的用户特点

（1）性别分布：2019 年 3 月小红书 APP 用户男女比例达 1∶9，相较于上年的 1∶15，男性比例有所上升（参见图 5-15、表 5-6）。

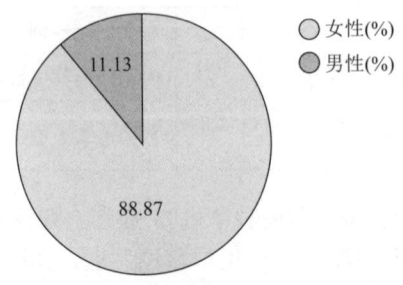

图 5-15 小红书男女用户比例（2019 年 3 月）

5. 小红书的 UGC 社区模式

表 5-6　小红书用户画像

	Alice，在英国读书等小美女	Lauren，生活小资等魔都外企白领	Peggle，职场精英女性
基本属性	22岁海外留学，追求名牌，绝不会错过打折	28岁，生活小资追求品质，平常工作繁忙，周末空闲	35岁，收入较高，极其繁忙
购物习惯	多在当地折扣季从购物中心购买奢侈品或高品质商品	倾向于高性价比产品，偶尔购买奢侈品线下，逛街和线上网购并重	多买高端商品，大多在购物中心
产品行为	乐于分享购物笔记，渴望分享的商品被认同，耐心回复评论，由于身处国外不大会购买福利社商品	乐于写高质量商品评价，关注小而美的商品，但时间有限，福利社的购买主力军，关注价格，偶尔冲动性购买	不会频繁分享购物笔记，会收藏高端购物笔记，偶尔逛福利社，价格敏感度低

（2）年龄分布：95后成为消费主力，跨境网购的消费者正在向低龄化发展。据企业数据了解到，63.81%的用户介于25～35岁之间，这一批用户的特征是，收入稳定，消费能力强，购物需求大。24岁以下的用户占比21.29%（参见图5-16）。

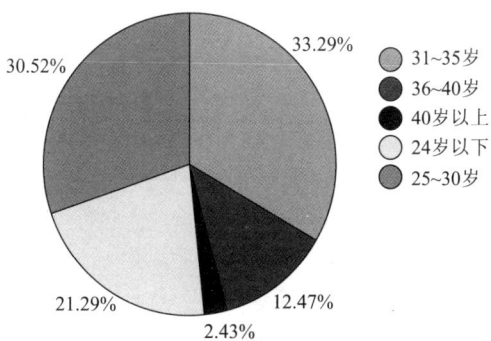

图 5-16　小红书用户年龄分布（2019年3月）

（3）地区分布：据企业数据了解到，省会城市及北上广深占据用户分布排行榜前十，与此同时，广东、山东、江苏、浙江四省用户合计占比30.22%，二三线城市的用户占比则逐年攀升，从2016年6月的26.6%提升至2018年1月的37.5%（参见图5-17、图5-18）。

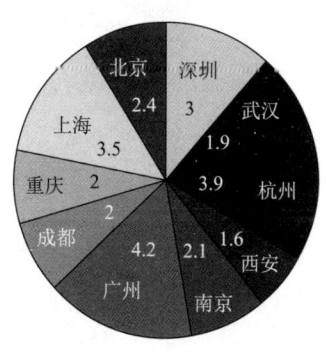

5-17　小红书用户前十地区分布（2019年3月）（单位：%）

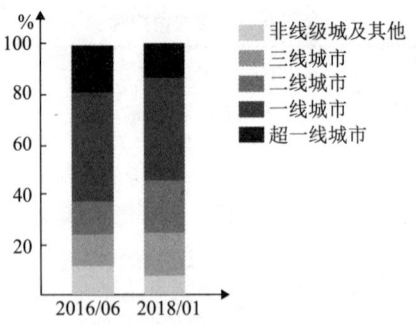

图 5-18 小红书用户地区分布变化

（4）消费阶级：据企业数据了解到，从 2016 年 6 月—2018 年 1 月开始，小红书用户数据产生了波动，首先，高消费与中高消费合计占比从 94.3% 下降至 53.1%，其次中等消费占比由 5.7% 提升至 36%，中等消费成为小红书第一大主力用户（参见图 5-19、图 5-20）。

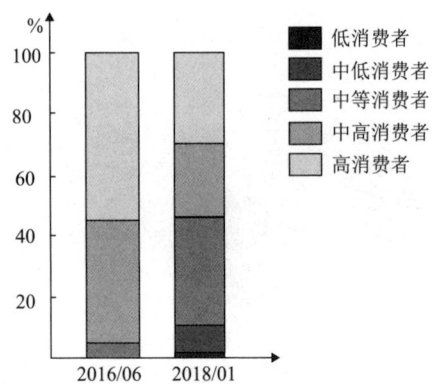

图 5-19 小红书用户消费能力分布变化

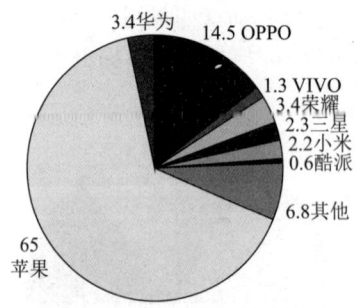

图 5-20 小红书用户使用设备（2019 年 3 月）（单位：%）

从企业数据了解到，目前每天申请审核的品牌商约有几千家，而通过审核的商家越来越多，申请入驻的 MCN 机构也越来越多，这意味着小红书的品牌宣传对 MCN 机构而言都蕴含着巨大的商机，同时，自媒体也必然会获取与其价值匹配的收益。小红书的宣传成本已然越来越高，这意味着在社交电商达到成熟以前，内容电商将占据用户绝大多数的时间与注意力。

4）小红书的其他优势

小红书的目标用户是具有中高端消费能力的年轻女性，其定位明确，同时这一部分人群的收入水平使其消费能力和消费意愿极高，良好的商业运作可以将之转化为极高的商业价值。其瞄准的市场是海外中高档女性商品的销售领域，市场细分，竞争对手较少，明星网红入驻，也带来了粉丝流量。小红书的核心是其购物心得分享社区，去中心化的社区有利于培养用户的参与度。同时由于用户主体为具有中高端消费能力和海外购物经验丰富的女性，其发帖质量远高于其他同类型产品的评论晒物版块，使得其社区的用户黏性极高，高质量的内容带动的是极高的转化率。当小红书升级为社区电商时，其产品的挑选采用用户帖子的精选内容，商品的精准度极高，这种从用户自身出发的商品挑选模式使得商品更容易击中用户的痛点。

2. 企业劣势分析

（1）社区监控薄弱。小红书主要靠其高质量的分享笔记吸引大众的目光，但是随着其产品知名度的提升，在可预见的未来一定会有大量水军进入，商家为推广自身产品也会以各种形式发布越来越多的广告、推广软文。目前对这些内容的监控小红书还是采用编辑管理和用户举报的形式进行，从产品机制上没有对这些内容进行筛选，一旦软文广告泛滥将会严重影响其产品社区的形象，降低用户黏性。

（2）产品主要针对女性群体，缺乏男性相关的产品。小红书目前商城中的产品主要还是以女性群体为主，虽然无论产品的数量还是产品的种类已经非常丰富，但由于定位转向多元化发展，而目前产品的多元性不足，无法吸引相当数量的男性群体。

（3）未建立自己的物流体系。小红书采用第三方物流体系，这对其来说将会失去对物流的控制权，虽然已经建立保税区和国外品牌的合作和直购，但仍然无法掌握产品到达用户手中的时间，以及快递员的态度。这将严重影响用户的购物体验，同时无法根据用户的反馈从而及时完善其服务。这进一步会减少用户使用 APP 的频率，从而使得用户仅仅只在小红书上产生购买意愿，而使用其他的购物软件进行购买行为。

（4）假货泛滥，产品正品率低。通过用户的反馈，小红书非自营用户较多，且评分较低，产品质量低，有假货嫌疑。这严重影响笔记的"带货"能力，致使很多用户只是通过小红书查看适宜自己的产品，而在其他平台购买。有很多品牌，小红书未能获取其代理权，为了满足用户需要，不得不引进第三方，使得小红书难以有效监管到第三方产品渠道来源。

5.5 基于 SWOT 组合策略的建议与心得体会

5.5.1 基于 SWOT 组合策略的建议

表 5-7 是通过 SWOT 分析后给出的组合策略建议表。

表 5-7 SWOT 组合策略建议表

	S	W
O	①进一步完善个性化推荐算法机制，满足用户的需求； ②继续提高用户的体验感，完善社区功能； ③举办各项活动，鼓励用户在社区中发布自己的使用心得笔记，从而扩大社区的规模； ④关注前沿科技，及时更新完善 APP 的功能性和兼容性，使其更加智能化和人性化	⑤增加产品的种类，进一步满足男性用户的需求； ⑥利用科技对社区笔记进行进一步的筛选，尽量剔除包含软广告的笔记，增加其真实性
T	⑦通过对笔记的筛选，为用户提供更加实用的购物建议； ⑧巩固用户基础，进一步提高用户的体验感，增加用户黏性，减少用户流失； ⑨采用多元化的购物模式，例如团购机制，为用户提供多种选择方案	⑩在资金富余的情况下，建立自己的物流体系，进一步保障用户的购物体验； ⑪建立完善并严格的产品质量控制流程，提高产品的正品率； ⑫提高企业的核心竞争力，增加行业的壁垒

5.5.2 心得体会

第一，这次调研活动以团队形式开展，活动分工明确，队员之间配合密切，使调查活动能成功完成并趋于完善。这次调研使我们认识到了团队和协作精神的巨大潜力和作用。通过小组成员的交流，领略到了不同的思维方式带给我们的全新感觉：对事物的认识更加全面、客观、科学。第二，我们实地调研深入了解了电子商务的发展现状以及社区化电商的发展模式，从理论到实践再到理论的飞跃，增强了认识问题、分析问题、解决问题的能力。最后，这次调研活动不仅为我们今后社会实践奠定基础，而且我们每个人还将以本次实践为点，多多总结经验与不足，为以后实践创造更多机会。

6.1 药网的生态闭环服务模式

参赛团队：药药切克闹队
参赛队员：郝宇辰、卢天兰、黄皓、施韵
指导教师：陈荔
获奖情况：三等奖
关键词：互联网＋；医药电商；B2C；问卷调查；1药网

近年来，随着国内医药电商格局发展日趋完善，涌现了一大批的医药电商，其中B2C电商模式占据了医药电商的绝大份额，如何实现在大规模医药电商潮流中盈利成为每个B2C医药电商最终战略目标。

本文针对医药电商中典型的自营B2C电商——1药网进行调研，采取问卷调查、实地调查等方法，从用户角度分析1药网发展现状及难题，并根据调研数据得出结果。从数据结果深入分析其根源，由此针对性地提出一些改进建议和措施，期望在1药网战略决策和营销发展方面起到帮助作用，由此实现医药电商行业更好的发展。

6.1 引言

6.1.1 研究背景

"互联网＋"掀起了一股电商热，许多传统行业开始涉及电商行列中。现阶段大数据、"互联网＋"等多项领域技术与医药行业相融合形成了的移动医药电商也逐渐渗透到人们的日常生活中。从2013年的兴起，到2016年的衰落，经过试错、整合，2018年医药电商重新起航，进入中兴期，实现微盈利。

1. 医药电商发展现状

发展初期，医药电商（Medicine E-commerce）是指医药相关机构和企业以盈利为目的，以互联网及移动互联网为基础进行药品、保健品、器械等商品交易且不包括医疗咨询等服务的商务活动。但该模式只单纯进行药品交易，服务形式单一。随着人们需求的改变和医药电商的日渐发展，医药电商转型成为以药品销售服务为基础，延伸SaaS服务、金融服务、诊疗服务、健康管理服务等系列增值服务，构建药品流通服务的产业生态和"医＋药"医疗健康服务闭环生态。

中国医药电商市场销售规模逐年壮大。2012年中国医药电商市场销售规模仅仅为133亿元，至2015年接近600亿元，同比增长51.7%。2017年销售规模增长突破1000亿元，2018年超1600亿元，达到了1610亿元，同比增长32.9%，如图6-1所示。

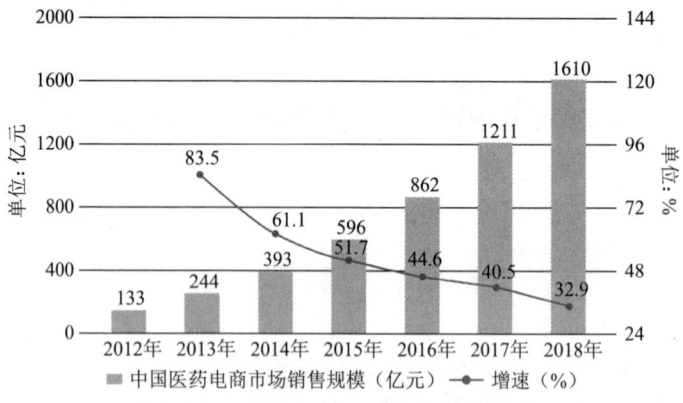

图 6-1　中国医药电商市场销售规模

近年来，医药行业相关政策壁垒陆续破除，我国医药电商发展迅速，其产业生态格局基本形成。由专业医护人员、医疗机构和药品生产批发企业组成的资源方为首，再通过由众多医药电商组成的运营方和第三方服务商合作的渠道，最后将医疗、医药服务于患者和客户。

2. B2C 医药电商发展现状

目前，我国医药电商市场包括 B2B、B2C 和 O2O 三种运营模式，其中 B2B、B2C 两种模式为主要组成部分。在医药电商发展初期，市场份额主要由 B2B 模式所占据，其主要是服务于各个医药机构，例如医院、基层医疗机构、终端药店等。但随着互联网的普及和物流体系的完善，单个消费者的需求日益凸显，B2C 医药电商模式作为传统医药产业结合线上互联网技术和线下物流渠道的新型营销模式，其客户端主要针对单个的用户，为其提供药品购买等服务，采取 B2C 模式既提高了医药企业在药品采购仓储、物流配送、生产营销及售后服务等各个环节的效率和降低医药企业的运营成本，又满足了单个用户的需求。医药电商中 B2C 模式占比逐年提高。B2B 和 B2C 市场占比如图 6-2 所示。

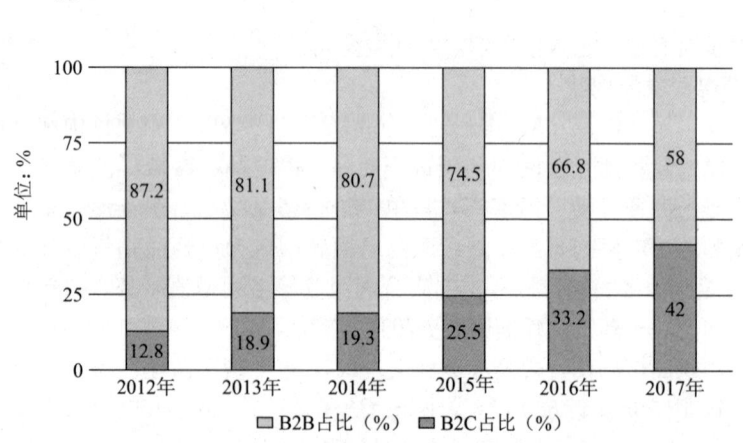

图 6-2　2012—2017 年中国医药电商销售结构占比情况

6.1.2 公司简介

1. 基本情况

1药网（原名壹药网）的前身"1号药网"成立于2010年7月，隶属于111集团，是拥有海量用户的医药平台，也是中国第一批获得国家食品药品监督管理局颁发《互联网药品交易许可证》的合法网上药店。1药网连续多年为国内互联网医药健康行业的领军企业，公司正在打造以科技为动力的"线上＋线下"的医药健康平台。

2. 发展历程

2013年，壹药网上线了医药电商行业最早的移动端应用。

2013年9月完成A轮数千万元融资，2013年12月完成B轮数千万元融资，2015年1月成为中国首家完成C轮融资的自营医药B2C企业。

2015年8月，壹药网销售额首次破亿，为当月医药电商销售桂冠。

2016年8月18日，1药网宣布与阿里云达成战略协议，二者将在云计算、大数据服务等方面展开合作。除了基础云计算能力外，阿里云还将为1药网提供系列产品——云服务器ECS、云数据库RDS版、OpenSearch、EDAS、图片存储等，能大大提升开发效率，快速搭建业务、部署应用。

2017年8月，1药网宣布与国内民营医药流通巨头"九州通"达成深度战略合作，通过合作，提高采购渠道、互联网联合营销、物流配送等方面的工作效率。

2018年9月12日，1药网登陆美国资本市场，成为国内第一家在美国上市的独立医药电商平台。

3. 运营现状

1药网作为国内最大的自营B2C网上药店，平台注册用户已经超过1500万。1药网目前拥有自聘和第三方医疗专业人员超过2000人，可以为用户提供在线诊疗、开电子处方、转诊等服务。为了全力聚焦以客户体验为中心，以用户需求为导向，111集团将1药网B2C业务板块划分为4个事业部，分别为慢病、大健康、普病和隐私事业部。1药网主要盈利方式是依靠向销售差价、平台商家服务并抽取佣金、为药企提供品牌推广、数据支持等营销服务。2018年国内权威媒体动脉网发布的《医药电商行业竞争力报告》显示，通过对15家B2C医药电商在产品经营规模、融资能力、线上服务能力、附加服务能力等四项指标做出竞争力评价，1药网以综合实力位居第一。

尽管1药网发展迅速，但是1药网仍然处于盈利困境中。111集团2017年营收为9.59亿元，运营亏损2.54亿元，净亏损为2.49亿元；2018第二季度，111集团营收达到4亿元，运营亏损为9608万元，净亏损为8700万元。盈利趋势虽然是向好的方向发展，但仍有较长的路要走。

6.2 企业战略分析

6.2.1 PEST分析

1. 政策环境

国家大力推进"互联网＋医疗健康"的发展，不断破除相关医药电商政策壁垒。

从最初的禁止网上售卖药品，到 2014 年《互联网食品药品经营监督管理方法（征求意见稿）》初步放开处方药网上售卖、允许第三方物流配送等。2016 年《健康中国 2030 规划纲要》提出把医疗健康提升到国家战略层面，开始构建"互联网＋医疗健康"雏形，纲要完善了医药保障体系，提升医药产业发展水平，带来了更高效、更透明、更专业的医药销售通路和市场。《关于促进"互联网＋医疗健康"发展的意见》等相关文件的发布，鼓励医疗机构或企业利用互联网等信息技术拓展医疗服务内容和空间。这些政策都将更加利好医药电商的发展。

2. 经济环境

当今时代，相较于传统实体店，网购占据了市场销售的较大份额。B2C 电商作为移动电商主流模式，更符合电商用户对服务质量和商品保障的期望。在移动电商发展渐趋稳定的环境下，B2C 电商的覆盖率也将进一步提升。2017 年，在消费升级和技术驱动下，中国网上 B2C 市场交易规模实现稳步增长，交易规模达到 38284 亿元，同比增长 39.8%，增速同比上年提升 3.8 个百分点。2018 年上半年中国网上 B2C 市场交易规模为 22053 亿元，同比增长 33.4%。

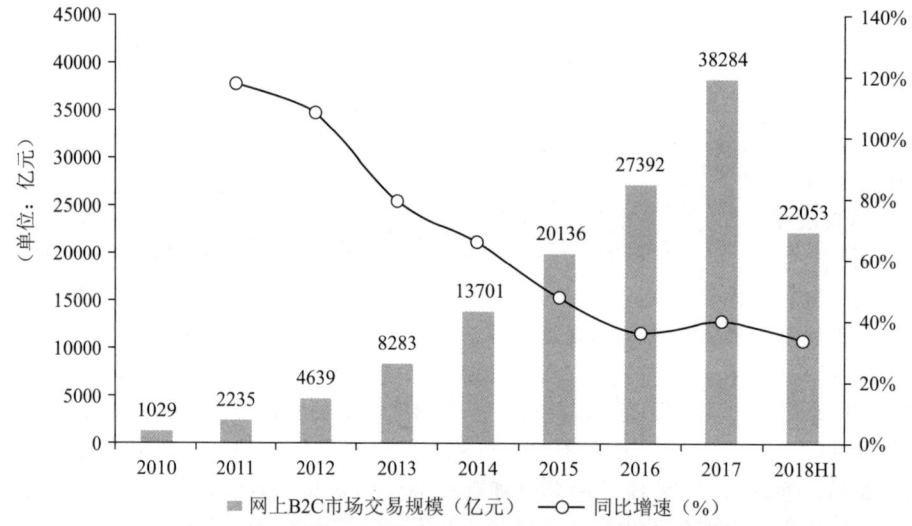

图 6-3　2010—2018 年中国网上 B2C 市场交易规模

同时，我国医药行业药品流通量逐年增加。据统计，2018 年药品流通销售额达 21660 亿元，同比增长 8.2%，虽然增长趋势略低于 2017 年，但整体药品流通量增加，这表明人们网购药品的需求量日益增加，这对医药电商的发展起到重要作用。

3. 社会环境

1) 网民结构逐渐年长化，医疗消费需求增加

据国家统计局 2018 年发布的中国人口统计数据，我国 60 周岁及以上人口 24949 万人，占总人口的 17.9%，其中 65 周岁及以上人口 16658 万人，占总人口的 11.9%。我国现阶段老龄化呈现加速发展的趋势，未来对于医疗的需求将会呈指数增长，而在医疗服务中医药销售作为其中的重要部分，必将推动医药电商稳步发展。

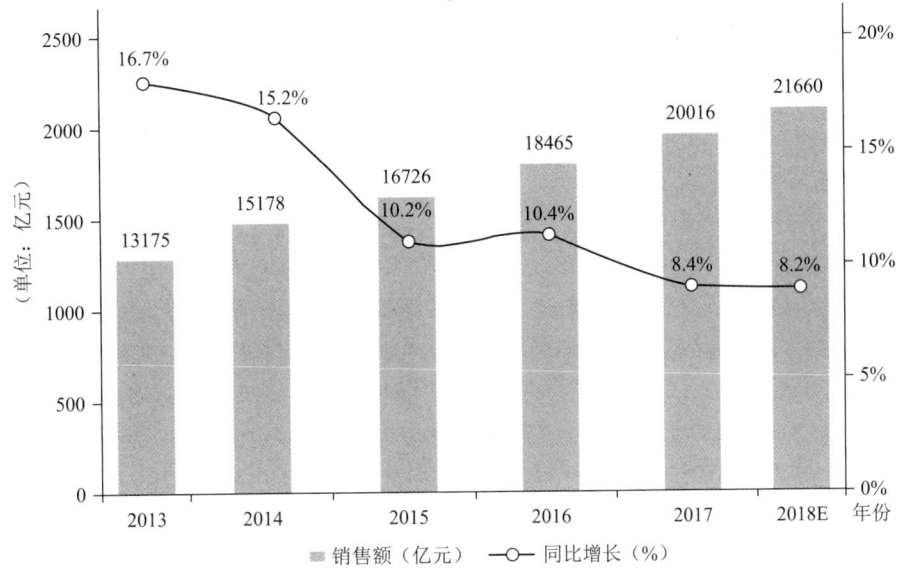

图 6-4 2013—2018 年中国药品流通行业销售

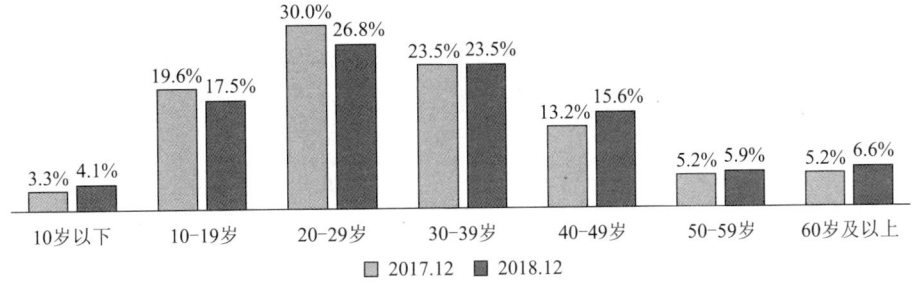

图 6-5 2018 年中国网民年龄结构统计

2) 药品网购渗透率低，未来发展空间大

目前，从我国医药电商市场发展看，网购占比不断提高，近 6 年销售规模的年均复合增长率达到 50% 以上，尽管如此，我国药品网购的占比仍低于 10%。相较于美国 33.3% 的药品网购渗透率，中国药品网购渗透率仅仅占比 7.4%，足见医药电商在中国的普及程度还较低。国内医药电商市场还有巨大的增长空间。而且，随着医药分开的逐步实施，处方外流，未来网售处方药的解禁，将为医药电商创造新的增长点。

4. 技术环境

"互联网+"、大数据、人工智能等新兴技术的发展，为医药电商发展更加专业化、智能化提供了技术支持。可以利用大数据，建立客户个人的健康档案，根据客户的消费习惯和医院的医疗诊断信息，向用户推荐其可能用到的药品，从而提高客户健康水平，增加企业销售收入。随着处方药网售的开闸，医药电商与大数据的结合，一方面能够实现处方药网售的可追溯、政府的可监管，另一方面能通过对大数据的分析制定线上营销及线下活动方案。

6.2.2 竞争对手分析

选取医药电商 B2C 平台中较具影响力的"健客网""好药师""康爱多"三家,从产品运营规模、融资能力、在线诊疗服务和附加服务能力四个方面进行竞争力分析。

1. 产品运营规模

1 药网平台在线销售药品种类齐全,包括各科中西药品、滋补保健品、维生素钙、隐型眼镜、医疗器械、成人用品等,药物达数万种之多。由此可以看出,1 药网合作厂家多,直供药品保证价格,品类齐全,满足了消费者各种购药需求。健客网药品种类齐全,囊括了多个药品科目,例如男科用药、心血管科、呼吸科药、妇科用药、儿科用药、日常用药、成人用品、时尚美妆等。好药师网上药店主要经营医药互联网零售业务,目前产品涵盖药品、保健品、医疗器械、日用化妆、计生用品等,品规数超过 8000 多种。康爱多品种全包括中西药品、保健养生、医疗器械等。相比较其他平台,经营品种数目较少。

2. 融资能力

融资能力的强弱可以说明资本市场或投资机构对电商企业发展前景的认可程度,融资轮次越靠后,说明企业发展越好。2013 年 9 月和 12 月,1 药网先后完成了 A 轮融资与 B 轮融资,成为业界目前已知的医药电商融资破冰企业。2015 年完成 4.5 亿元 C 轮融资,刷新了医药电商单笔融资金额纪录,成为金额最大的一笔医药电商投融资,也是首家完成 C 轮融资的医药电商。2015 年,医药电商"健客网"CEO 谢方敏宣布健客网已经获得了来自美元基金"凯欣资本"的 1 亿美元 A 轮融资。2017 年健客网获得 A+轮 5000 万美元融资。好药师目前两大股东分别为九州通和京东,依靠于两大企业的雄厚实力,是上市公司下属 B2C 电商平台。康爱多于 2014 年 9 月被太安堂收购,通过累计增发的方式为康安多注入 10 亿元资金。由此可看出,1 药网目前融资能力较强,企业发展较好。

3. 线上服务能力

医药电商线上提供的服务越多,越能提高患者的便利性。药师咨询主要解决购药问题,已成为各大 B2C 医药电商平台基础服务。康爱多目前仍以提供药师咨询服务为主。在线问诊及开方服务主要解决看病问题,只有少数 B2C 电商能够提供此项服务,1 药网、健客网以及好药师网都能提供在线问诊服务,满足患者就医问诊的需求。

4. 附加服务能力

药品配送作为线上购药配套服务,1 药网、健客网、好药师和康爱多这些 B2C 平台都能提供。但对于慢病管理、健康体检、健康保险服务作为延伸服务,1 药网、健客网、康爱多能够实现。自建或合建医院,打通"医+药",解决看病和购药问题,除了健客网目前能够实现,其余三家电商还处于探索规划阶段。

从以上 B2C 医药电商的竞争力评价看出,大部分企业处于药品服务阶段,对诊疗服务、慢病管理、健康保险业务涉足很少。B2C 医药平台代表企业 1 药网,在网售药品的基础上,发力在线问诊、健康管理等医疗服务,率先打造"医+药"服务闭环,向医药电商 2.0 发展。1 药网目前拥有自聘和三方医疗专业人员超过 2000 人,可以为用户提供在线诊疗、开电子处方、转诊等服务。通过 1 药网官网和移动客户端，用户可以拥有足不出户的一站式的"医＋药"便捷体验。

6.3 1 药网现存问题分析

6.3.1 研究对象和时间

本次调研对象为医药电商自营 B2C 平台 1 药网，其前身 1 号药网成立于 2010 年 7 月，经过多年的用心经营和迅速发展，已成为中国网上药店的领导企业。本团队于 2018 年 3 月 10 日——2018 年 3 月 24 日期间前往位于上海浦东张江高科技园的 1 药网总部。

6.3.2 研究目的和方法

本次调研目的主要分为下面两个方面：

（1）以 1 药网为例，了解电子商务医药网络平台的发展现状，包括平台普及程度、药品质量、配送服务等方面的情况。

（2）通过问卷调查，了解用户对 1 药网的满意程度，进而从用户角度出发，通过对调研结果的概括和分析，挖掘 1 药网现阶段存在的问题，并提出可行的解决方案。

本文主要研究方法如下：

（1）问卷调查法。主要是通过网络平台发放电子问卷，有效问卷共计 272 份。

（2）图表解释法。对问卷数据分析采用图标解释法，更加直观形象，便于理解。

（3）文献查询法。对医药电商和 1 药网相关信息查询相关文献资料，主要从中国知网、万方等数据源获取资料。

6.3.3 研究过程

1. 前期准备阶段

（1）统筹人员和工作分工，团队共有 4 名学生和 1 名指导教师参与此次调研活动，进行相关任务分配。

（2）确定实践主题：团队内部讨论，查找相关资料并咨询各方面意见后确定此次调研电商行业为医药行业，并确定调研对象为位于上海张江高科技园的 1 药网。

（3）确定研究方法：团队进行了反复讨论，结合各方建议，确定了调研的形式，主要以问卷调查为主，并讨论了调研中需要注意的问题和事项以及调研过程中队员们的行程以及调研内容。

（4）阅读相关文献及数据材料，梳理相关的理论基础。

2. 调研阶段

（1）前往 1 药网企业实地走访。

（2）根据实地走访所得和文献资料查询，设计问卷，问卷发布在网络平台。总计回收 272 份有效问卷。

3. 整合汇总阶段

汇总前一阶段调研结果，队员分工进行资料整理，并积极思考形成调研书面报告，最终汇总形成书面调研报告。

6.3.4 调研结果分析

1. 问卷结果数据

1）调查人群统计

如图6-6所示，在填写问卷的人群中25岁以下占比52.22%，26～35岁人群占比36.67%，36～45岁人群占比7.78%，45岁以上人群占比仅为3.33%。调查人群女性占比66.56%，男性占比34.44%。数据表明，调查人群主要分布在35岁以下的中青年人，调查男女性别比例约为1∶2。

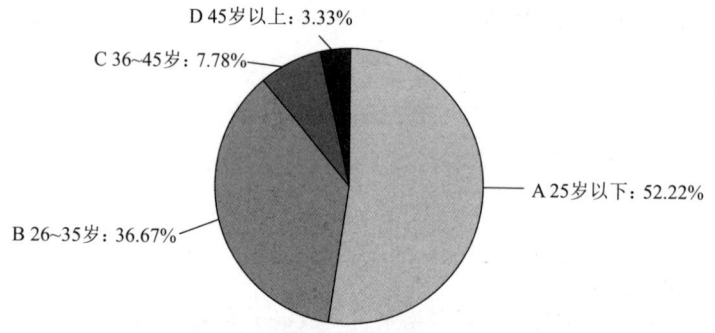

图6-6 调查人员年龄分布百分比

2）医药电商行业格局统计

如图6-7所示，针对"您是否了解医药电商的现状"的数据统计可知，对医药电商现状非常了解的人群占比为15.56%，略微了解的人群占比58.89%，不了解的人群占比25.56%。这表明，大多数问卷填写者对于医药电商现状不是很了解。

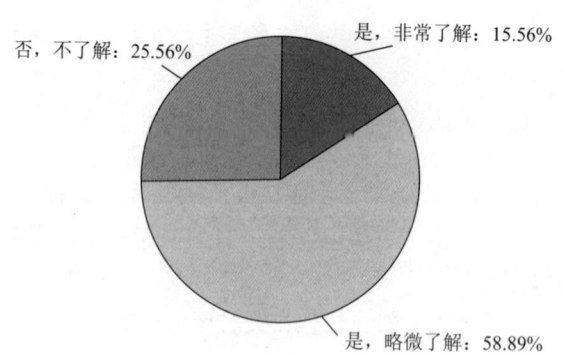

图6-7 医药电商了解度百分比

3）1药网用户购买率统计

如图6-8所示，针对问题"您在1药网有采购过药品吗"统计数据可知，经常通过

1药网采购药品的人群占比为15.56%,偶尔通过1药网购买药品的占比为48.89%,从未在1药网上采购药品的人群占比为35.56%。数据表明,尽管有64.44%的受访者使用过1药网购买,但仍有35.56%的用户从来没有在1药网上购买过药品,用户渗透率还有很大的提升空间。

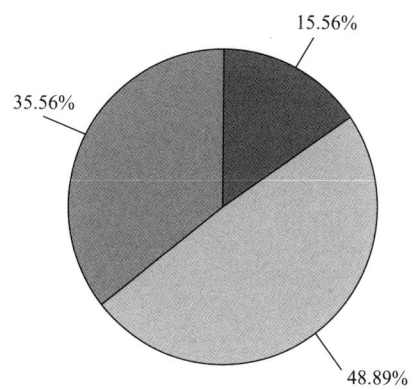

■ 有,经常通过网站采购药品　■ 有,偶尔通过网站采购药品
■ 没,从来没有在电商网站采购,只是通过网站看一下价格

图 6-8　1药网用户购买率分布图

4) 了解1药网渠道统计

如图6-9所示,针对问题"您是从什么渠道了解到1药网"统计数据可知,25.56%的调查者是通过朋友推荐了解到1药网,通过异业合作了解到1药网的占比为16.67%,通过户外或线上广告了解到1药网的人群占比27.78%,通过微博、微信等社交媒体了解到1药网的占比14.44%,通过其他方式了解到1药网的占比为15.56%。数据表明,通过朋友推荐和广告推销了解的用户占比较大。

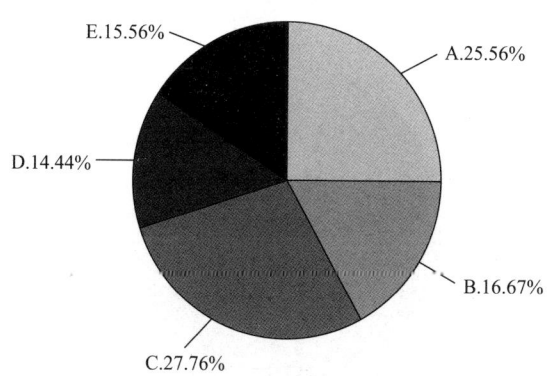

■ A.朋友推荐　■ B.异业合作　■ C.广告(户外、线上)　■ D.微博、微信　■ E.其他

图 6-9　了解1药网渠道分布百分比

5) 1药网APP用户体验统计

如图6-10所示,针对问题"您认为1药网APP首页搜索功能如何"数据统计可

知，认为1药网APP首页搜索功能非常好、能快速搜索到所需商品的用户占比17.78%，认为能搜索到所需药品但速度不够快的占比58.89%，认为搜索功能一般的用户占比为23.33%。数据表明，大部分1药网APP使用者认为APP使用方便，用户体验感觉良好。这反映了1药网APP设计是合理的，能满足绝大多数用户搜索需求。

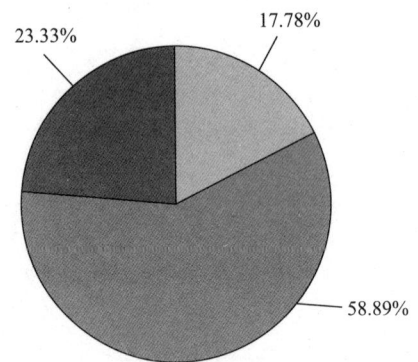

图 6-10　1药网APP用户体验分布百分比

6) 1药网优势统计

如图6-11所示，针对问题"您认为1药网对于快方送药，叮当快药，健客网的优势"统计数据可知，相较于其他医药电商平台，认为其优势为配送速度快的的占比32.22%，其优势为价格便宜的占比41.11%，认为其优势为药企联盟，药品直供的占比61.11%，认为其售后服务好的占比35.56%，26.67%的用户认为其优势为可保证药品质量。这说明，相较于其他医药电商平台，实现药企联盟、药品直供是目前1药网较为突出的一大优势，其余方面有待提高。

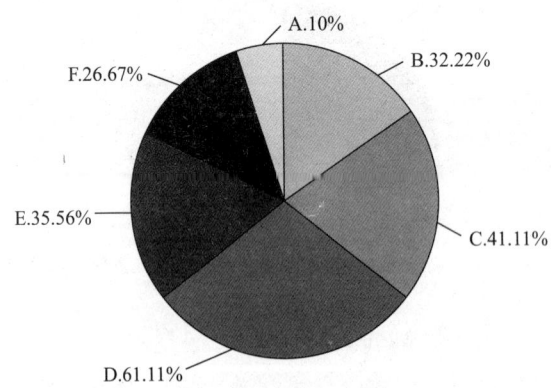

图 6-11　1药网优势分布百分比

7) 用户网上采购药品考虑因素统计

由于 1 药网属于网络医药平台,而药品区别于食品等其他生活必需品直接关乎到使用者的生命健康。因此涉及医药的购买行为由线下转入线上必然会有一定的壁垒。为了探究具体影响用户选择网上购药的因素,本次调研设计了问题"您因为哪种原因不在医药网站下单,而通过线下采购",如图 6-12 所示。由该问题统计数据可知,用户网上购买药品的最重要因素为药品质量问题,占比 67.78%,其次影响线上购买药品的因素为用户认为个人信息保密度不高,占比 38.89%,商家信誉问题是用户考虑的第三个购买因素,在调查人群中占比 33.33%,有占比 31.11% 的用户在线上购买药品时优先考虑价格问题,20% 的用户将药品配送问题列为最重要的考虑因素。

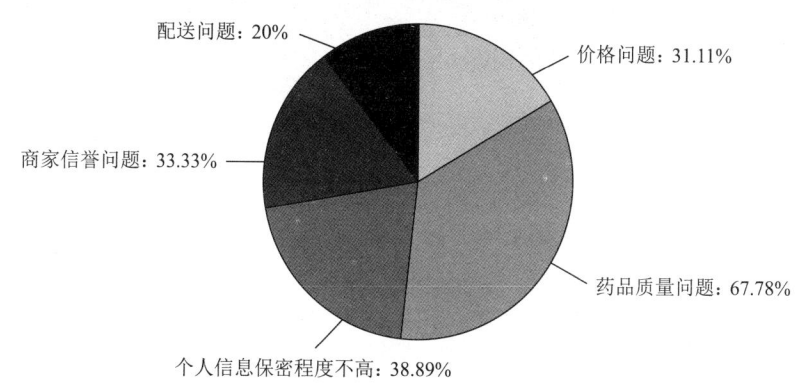

图 6-12 线上购买药品影响因素分布百分比

8) 用户 1 药网购买影响因素统计

如图 6-13 所示,针对问题"您认为 1 药网如何能吸引您关注呢?(多选)"统计数据可知,用户在 1 药网购买药品时,最为关注的、最能吸引用户的因素依次是"药师专业指导""药企直供、正品有保障""配送服务好""价格合理""APP 使用方便",依次占比为 64.44%、61.11%、45.56%、40%、25.56%。

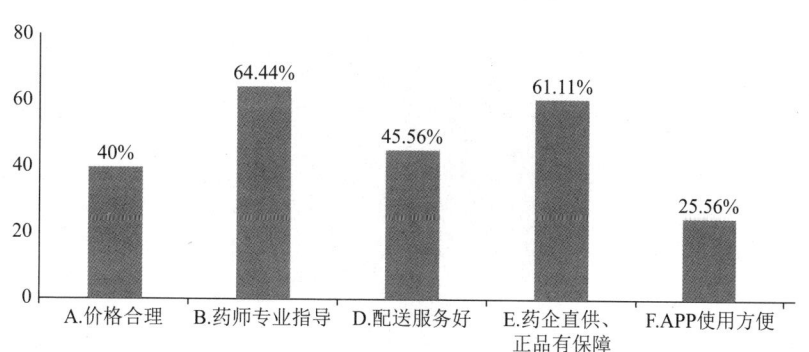

图 6-13 1 药网吸引用户因素分布百分比

9) 1 药网专业服务现状调查统计

如图 6-14 所示,针对问题"您觉得 1 药网的专业服务怎么样?"统计数据可知,

54.44%的用户认为1药网的专业服务一般化,没有什么不同,仅有24.44%的用户认为1药网服务专业,值得信赖和令人满意,13.33%的用户认为1药网的专业服务比其他网站差,5.56%的问卷填写者认为其服务非常不专业。这说明,1药网目前的专业服务不能满足大部分用户,这是亟待解决的问题。

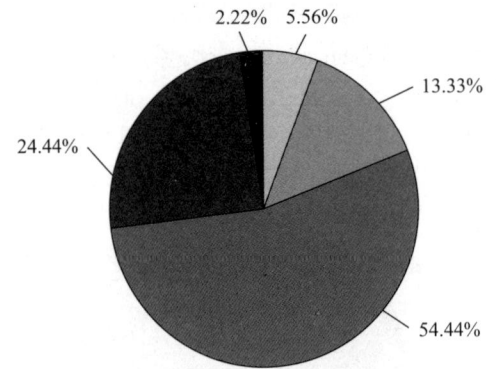

图 6-14　1药网专业服务统计百分比

10) 1药网药品定价调查

如图 6-15 所示,针对问题"您觉得1药网的价格合理吗"统计数据可知,认为1药网价格基本合理、一部分药品比同类网站和线下药店价格低的用户占比最高,为46.67%,40%的用户认为1药网的定价合理,大部分药品比同类网站和线下药店价格低,11.11%的用户认为其药品定价非常合理,仅有2.22%的受访者认为"药品价格比同类网站和线下价格高"。数据说明,绝大多数用户认为1药网的药品定价是合理的,这是1药网的优势之处。

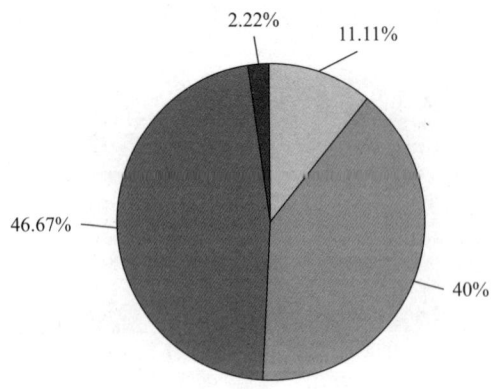

图 6-15　1药网定价分析百分比

11）1 药网配送服务现状调查分析

如图 6-16 所示，针对问题"您觉得 1 药网的配送时效怎么样？"统计结果可知，67.78%的问卷填写者选择了时效一般，可以接受，24.44%的问卷填写者认为 1 药网配送时效快，比较满意，仅有 4.44%的受调查者选择了"非常满意"，有 3.33 的受调查者%选择了"很不满意"。这一数据表明，超过半数的用户对于 1 药网当前配送服务认为一般，较少的用户满意 1 药网的配送服务。

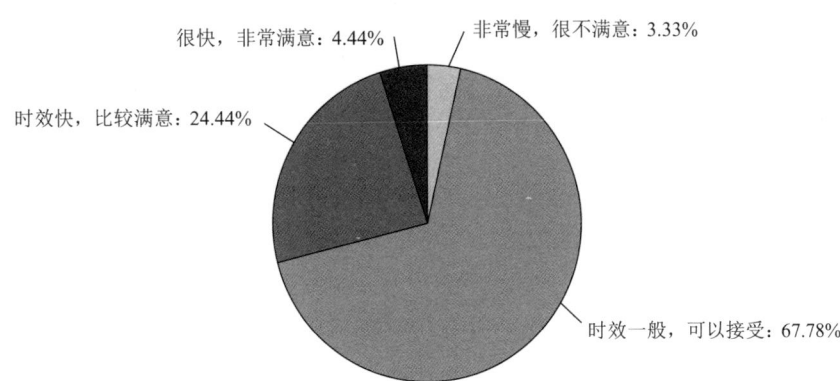

图 6-16　1 药网配送质量调查图

为更好地分析用户对于配送服务满意度，本次调研设计了问题"如果在网上药店购药，由你附近药店送货上门，你认为应该多少分钟送货上门？"。如图 6-17 所示，有 84.44%的受访者选择了"30 分钟内"或"4～5 小时"药品送达是满意的，6.67%的用户选择"15 分钟内"送达是可接受的、8.89%选择"2～4 天"送达。这表明，当前社会中大部分用户对于药品在 30 分钟至 1 小时内送达是较容易接受和满意的。

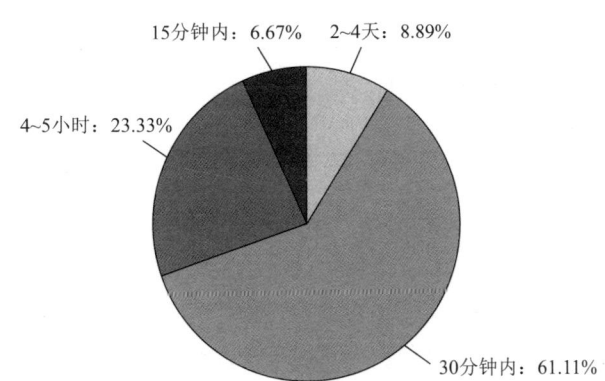

图 6-17　用户可接受配送时长调查百分比

由于用户对于 1 药网配送时效满意程度与其心理预期本身存在关联，心理预期较高可能会导致满意程度降低。因此本文对上述两个问题进行了交叉分析，结果如表 6-1。

表 6-1 心理预期时间与满意程度交叉分析

心理预期 满意程度	15 分钟内	30 分钟内	4~5 小时	4~5 天
非常慢,很不满意	2	4	0	0
时效一般,可以接受	10	84	22	6
时效快,比较满意	2	22	16	6
很慢,非常满意	2	2	4	0

通过数据可以看出,心理预期在"15 分钟内""30 分钟"内的受访者出现"很不满意"的比例更高。但事实上,即使心理预期选择"1 小时内"的受访者体验到的配送服务也多数处于"可以接受"的程度。以上数据充分说明,1 药网在配送服务方面还有很大的提升空间。

12) 1 药网药品质量

如图 6-18 所示,针对问题"您觉得 1 药网药品质量如何?"统计结果可知,超过 40%的消费者认为 1 药网上的药品质量很好是正品,36%的用户认为药品质量一般,但有超过 15%的用户认为药品质量时好时坏。数据表明,药品质量是用户的重要关注点,保证药品质量是十分重要的,1 药网的药品质量需要作为重点关注环节。

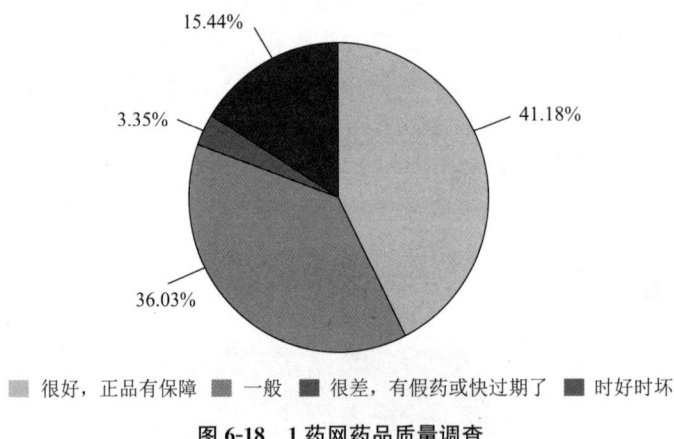

■ 很好,正品有保障 ■ 一般 ■ 很差,有假药或快过期了 ■ 时好时坏

图 6-18 1 药网药品质量调查

2. 现存问题分析

根据以上的调研数据结果分析,1 药网在发展过程中遇到了诸多问题。为了扭转持续难以盈利的局面,1 药网需要及时对运营发展中存在的问题做出详细分析。只有了解自身平台所存在的问题,才能"对症下药"。由以上数据结果进一步分析可知,1 药网目前存在几个问题如下。

1) 用户渗透率低

调查结果表明,超过 65%的用户会在 1 药网上购买药品,但是仍有将近 35%的用户从未在 1 药网上购买过,并且 65%的的购买用户中 50%的用户只是偶尔会在 1 药网上购买药品，这表明，目前1药网的用户渗透率较低。用户渗透率较低首先与C端消费者购买药品的场景有关。人们通常比较偏好于在线下实体医院或诊所就诊后，根据医生所开处方或建议买药，或根据自己对自身身体情况的判断购买相应的药品。其次，1药网对于自身的推销力度较弱。由调研数据可知，真正通过企业广告了解到1药网的人群占比少于30%，这表明企业的广告营销力度不足，给1药网带来的C端用户优先，占领的市场份额并不是很大。

2）配送质量提升空间大

配送质量和其他类型的网络购物平台相似，线下的配送服务也是顾客关注的重要问题。由调研数据可知，用户购买率低的一个原因是由于1药网配送时效不高。超过65%的用户认为1药网的效率一般，速度和效率方面不能满足急需用户的心理预期。在上面购买的药品只能通过第三方快递物流配送的方式被用户接收，存在时滞性问题。这对于许多需要在短时间内急需药品治疗的患者来说，比较难以满足其需求。传统药店只需要入驻类似于饿了么等第三方平台，药品就可以通过平台快速配送到用户手中，这就为药店带来了巨大的流量优势。目前1药网的配送体系提升空间较大，需要针对区域配送制定合理的配送体系。

3）医药电商格局发展不成熟

由调研数据可知，超过80%的人群不了解或只是略微了解当前医药电商发展现状，这表明整个互联网医药行业的格局形成不够全面完善，普及面不广，总体的规模不够。人们对互联网医药的接受程度不够高，仍然更加偏向于信任传统的实体药店、医院和诊所。医药对于人们来说至关重要，其重要性导致医药电商的发展不能像零售行业电商发展快速，而国家对于医药的监管制度严格，这也使得众多医药电商的发展受到了一定程度的制约。医药电商行业需要建立全面的产业格局。

4）药品质量难以保证

顾客最为关注的问题是"药品质量问题"，这一结果充分强调了医药平台最重要的、最需要保证的是药品质量，这也是由医药直接关乎生命健康的大前提决定的。消费者首先会将药品质量作为最重要的考虑因素，但事实上在进行网上购药时，用户只能通过浏览网页、阅读商家发布的药品信息，以及难辨真假的评价来对药品进行判断，本质上消费者根本无法确定线上药店所售的药品是否为正品。即使消费者确定购买药品，点击下单后和药品送达之前，还需经过物流配送。目前，多数第三方快递公司尚未取得药品经营质量管理规范（GSP）认证资格，药品的储运安全难以获得保障，更无法获取消费者的信任。

5）在线药师服务质量参差不齐

由调研数据可知，50%左右的用户认为1药网的专业服务质量一般，甚至有13%的用户不满意1药网当前的专业服务。专业服务不到位，这在很大程度上导致了客户满意度低，使得客户黏性差。根据统计分析，互联网药店在线药师服务问题具体表现在以下几个方面：部分网上药店并没有提供在线药师咨询服务；无法查询执业药师的资质；在线咨询服务时间限制严重，无法提供24小时实时咨询服务；大部分网上药店只对注册会员提供服务，服务效率较低。

6）售后服务得不到保障

近年来，1药网被投诉、客户反映售后服务不及时等事情时常发生。消费者在网上药店购药时面临着收到过期药、药不对症、与描述不符以及药品质量问题等风险。而且药品配送多为第三方物流公司，明显增加了售后退换货或所导致的问题解决的难度。目前，我国对开展网上药店业务的企业进行现场验收时，只规定了企业应与其客户签署明确的法律合同文书范本，但对于由于药品质量所产生的一系列问题并没有明确规定如何调解和赔偿。

7）互联网医药信任危机

从调查结果来看，另一导致用户不愿意网上购买药品的原因是"个人信息保密程度不高"。造成这一结果的原因可能是由于通过网络购买药物，在购物过程中不仅会透露姓名、电话、住址等基本配送信息，还可能在购药咨询过程中透露出更多的家庭成员年龄、身体状况。

6.4 总结与建议

6.4.1 未来发展建议

综上所述，当前1药网的发展遇到了诸多阻扰，1药网需要根据这些瓶颈提出针对性解决方案。根据调研结果分析，对推动1药网更好的发展提出了几点建议，希望能帮助1药网更好地实现自身战略目标和打破难盈利困局。

1. 完善医药健康生态圈

111集团旗下已经形成B2C平台1药网、B2B平台1药城和互联网医院1诊"三驾马车"的业务格局，企业必须运用科学技术，将三个平台的业务紧密协同起来，打破渠道单一模式，整合各业务活动，从而将药店、药企、医疗专业人员、消费者多个环节整合在一起，构建从预防、寻医、问药、购药和售后服务的"互联网＋医疗健康"的生态闭环服务体系，进一步完善线上线下的一体化健康生态圈。

1药网作为医药电商企业，其从单一医药电商开始，逐步扩展到1药网（B2C）、1诊（移动医疗）、1号药城（B2B）、华中药交所四大核心业务，在医药电商、移动医疗、医药流通领域都有布局，其愿景"互联网＋医药健康生态圈"亦在一步步丰满当中。

1药网：APP专注官网、专注药品、专注移动端。延伸了线上提交需求，线下购药的模式。配合正品联盟提供的保证，扩大市场规模，树立了良好的品牌形象。

1诊：利用互联网医院为电商导流。与贵州省共同建立的西南互联网医院正式上线。服务贵州、覆盖西南、面向全国，通过组建完整的分级诊疗体系，旨在最终实现"让人人享受体面医疗"的愿景。

1号药城：B2B互联网供应链服务平台。1号药城平台通过B2B的方式，为上游的品牌商、制造商、渠道商以及下游的医院、诊所、药房搭建交易平台，做到透明、公平、公正，让消费者看病买药更便捷更实惠。

华中药交所：发力医药流通3.0。通过平台的搭建，为制药企业和医疗终端提供了联系的纽带，获取产品销售和供应链等情况，提升基层医疗的议价能力。

医疗作为打开医药电商的重要渠道，也是企业综合实力的集中体现，这也是111集团在打造自身健康医疗生态圈应该重视的环节。提高1诊的医疗业务渗透率，可以扩展1药网的交易场景，从而带动B2C业务增长。提高服务质量，满足用户多样化的需要，以此提高1药网的知名度，拓宽市场规模，增加用户数量和增强用户的忠诚度。1药网作为"互联网＋医药健康生态圈"中的重要一环，将依托生态圈提供的有力支持发挥出更大的优势。

2. 持续加强供应链优势

为了进一步提升产品的配送效率和客户体验，111集团进一步完善了华北、华东、华南、西南四大药品仓的战略布局，构建了辐射全国的药品配送网络。与此同时，利用强大的技术优势，不断优化升级供应链管理系统，通过精细化运营，降低成本提升效率，年物流成本占净收入从5.8%下降到4.1%。强大的供应链管理提高了1药网的采购、配送、仓储效率，降低成本。为更好地推动1药网发展，可采取技术驱动效率战略，增加与第三方服务商的合作，运用更为智能的采购系统、价格智能系统、库存优化系统，以更低的成本、更快的速度、更优质的品质进一步加强线上用户购买的意愿。同时1药网可以利用药品直供的方式，一方面可以确保药品质量；另一方面有利于减少药品流通的中间环节，降低药品的虚高价格，有助于企业提高效率、降低成本。但是要保证药品质量，对于非自营的药店应提高门槛，并对其药品，应当定期排查、加强监管。

3. 在线药师精细化管理

1药网需要提升网站执业医药人才质量及数目，为消费者提供可信赖的专业服务。药品区别于一般的消费产品，在购买时往往需要专业意见指导，但是目前提供的药师服务与其他类别电商的客服差异不大，缺乏可信赖的职业凭证。因此，建议提供真实有效、可查询的执业认证以获取用户的信任，提升其专业服务的可信度。在保证药师基础上，要强调企业药师的职业道德和职业操守，对于客户隐私做到不泄露，满足客户隐私保护的需求。对于执业资格不够、专业知识不足和私自泄露客户信息的药师要做到责任追究，职责明确。

4. 打开"医药新零售"局面

新零售作为当前的一个热门形式，未来B2C医药电商发展需要与新零售紧密结合起来。困扰1药网发展的一大难题在于药品配送环节，通过快递发货的效率相对于现今的类似于外卖配送平台来说确实较低。因此，要解决同城医药配送效率问题，与同城第三方配送平台合作不失为一种有效的策略。通过与同城配送平台的合作，对于急需用药的患者来说，可以满足他们规定时间送达的要求，这是十分有益的。因此采取与配送平台合作这一模式对1药网和用户来说都具有极大的益处和吸引力。因此1药网需要构建全国各大城市的药品仓库网络，以线下仓库点满足线上用户需求。

5. 紧抓大数据技术

21世纪是大数据的时代，1药网作为医药企业更应紧抓大数据技术。在用户层面，大数据可以积累用户的医疗和医药消费信息，基于此建立相应的个人健康答案，定期向用户合理地推荐改善健康的药品，从而提高个人的健康水平。医药电商和药店层面，随着处方药网售的开闸，医药电商与大数据结合，一方面实现处方药网售的可追溯、政府的可监管，另一方面也能通过对大数据的分析制定线上营销和线下活动方案；医疗服务平台层面，医药行业在药品服务过程中积累了数量庞大复杂的客户群数据，如日常销售数据、医患沟通数据、病人病历数据等。通过对这些数据的应用，医院等医疗服务平台可以把握消费者需求，与消费者建立良性互动，并可提供个性化的智慧医疗服务；医药企业层面：通过医药电商和医疗平台的数据积累，可获取健康数据、药品的流向、销售信息等的数据，根据顾客需求变化，实现个性化药品研发、调整商品种类和数量，实现智慧生产和药品管理。

6.4.2 总结及体会

本次调研以团队形式开展，每次任务做到分工明确，团队成员紧密协作才能保证调研顺利完成。其次，对于一个调研活动说，提前做好准备工作和调研计划安排是至关重要的，并且对于在调研中出现的突发问题要做到灵活处理。调研也锻炼了成员个人能力，比如如何合理设计问卷调查和数据的统计及深入分析等。本次调研为今后社会实践奠定基础，而且团队中的每个人还将以本次实践调研为基础，总结调研中不足之处，考虑解决问题需要多方面考虑，为以后实践创造更多机会。

第2篇 企业电商篇

随着智能终端迅速兴起，云计算和大数据普遍使用，由宽带网络和移动网络所带来的体验改善逐渐加强，消费互联网"眼球经济"正在快速地转向产业互联网"价值经济"，企业电子商务模式不断涌现。本篇介绍了网易严选、阿里巴巴、上海钢联、西门子在模式创新中的一些典型做法。

7. 网易严选的ODM（原始设计制造商）模式

参赛团队：走路带风队
参赛队员：李利　赵赞　钱文秀　张明珠　杨昌澎
指导教师：陈进
获奖情况：三等奖
关键词：网易严选　ODM模式　精品电商

随着互联网的快速发展，电子商务行业也顺势而起，电子商务的运行模式也在发生变化，从刚开始的B2B、B2C到现在的ODM、OEM。而随着中国互联网市场的过去近20年的极速发展，电商市场被几大巨头瓜分，网易严选却在这个时间节点进入电商市场并取得了亮眼的财报成绩，这是驱动我们去调研网易严选最重要的原因。

网易严选是ODM运营模式的代表，其运营模式正好契合了人们对生活品质追求的生活理念。本报告就是以网易严选的ODM模式为研究对象，通过实地走访、访谈、问卷调查等方式对其运营模式的创新进行了解和分析，重点分析了这种运行模式存在的优劣势及其存在的问题；在此基础上，提出了相应建议。这为网易以后的发展及电商行业的模式创新能提供有益参考和借鉴。

7.1 导论

近年来，电子商务在我国迅速发展，竞争异常激烈，市场趋于饱和，增长放缓。究其原因，在于中国的市场和消费者进入了消费升级的转型期，高端消费开始承压，消费者开始在原先价格的基础上更加注重品质消费，精品电商市场方兴未艾。图7-1是电商消费转型期示意图。

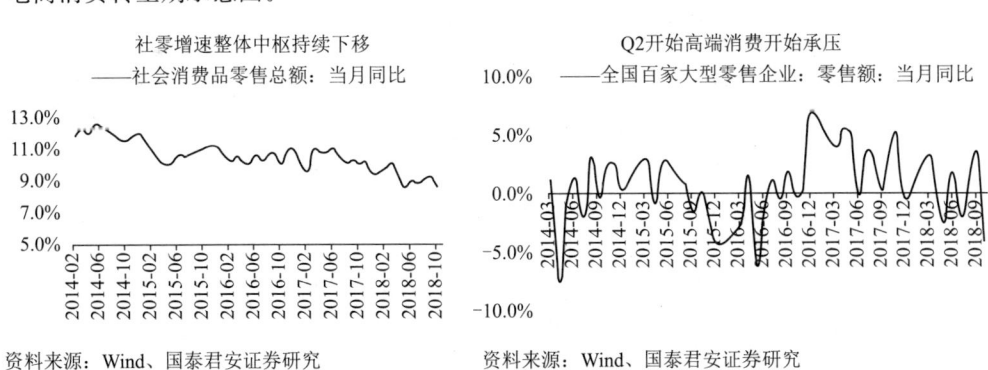

图7-1　电商消费转型期示意图

7.1.1 调研目的

在对比若干电商平台后，本小组选择网易严选及其在国内首创的 ODM 运营模式为切入点而展开深入调研。希望通过对网易严选的实地调研与问卷调查，找出其在短时间内成长壮大的原因，从而发现网易严选存在的问题与面临的挑战，为其未来发展提供有效建议。

7.1.2 调研内容

时间：2019 年 1 月 19 日
地点：浙江省杭州市上城区解放路 251 号解百购物广场 B 座一楼
方式：实地走访（线下）、问卷调查（线上）、数据分析（线上）
过程：

（1）前往网易严选首家实体店实地调研，通过观察的方式粗略统计门店人流量，从而直观了解严选品牌的门店效应（30 分钟）。

（2）采访门店经理，了解网易严选发展线下门店的战略意义，线下延展对于线上发展的作用，以及严选未来在上海发展旗舰店的规划等。

（3）整理访谈内容，搜集严选和电商市场的数据和信息，分析、整理、思考、总结。

7.2 公司简介

网易严选，网易旗下原创生活类自营电商品牌，于 2016 年 4 月正式面世，是国内首家 ODM（原始设计制造商）模式的电商，以"好的生活，没那么贵"为品牌理念，主打品质生活类电商，精准定位精品电商这一细分市场，主要目标用户为 40 岁以下年轻群体，也就是网易严选所定义的"新中产"，目的在于为目标用户提供具有性价比的好产品，降低用户选择和购买商品的时间成本，并最大限度地满足用户对品质生活的追求。

7.2.1 网易严选发展历史

网易严选源于网易邮箱事业部的内部商品折扣促销，之后经过近一年时间的酝酿，于 2016 年 4 月正式面世。在网易严选发展的短短三年时间内，淘宝心选、小米有品等一系列精品电商进入市场，但网易严选依靠先发优势，通过网易系产品获得大量种子用户流量，在该市场一骑绝尘。2018 年全年，严选成交额达到 192.35 亿元，并在 2019 年年初，网易严选脱离邮箱事业部，从二级部门成为一级部门，旗下十几个项目部也整合为产品技术、商品、供应链、营销、客服五大架构，与网易考拉一起成为网易电商之路的双动力引擎。图 7-2 是网易严选发展历史梳理，图 7-3 是网易严选升级后的架构。

7. 网易严选的ODM（原始设计制造商）模式

图 7-2　网易严选发展历史梳理

2016年4月	2016年6月	2016年12月	2017年	2018年	2018年12月	2019年
经过前期近一年的酝酿，网易严选正式面世	"三件生活美学"获得巨大口碑，流水翻了20倍	网易严选获得4000万用户，GMV达到4亿	全年GMV 67.45亿，成为网易电商重要引擎	全年GMV 192.35亿，未达丁磊预期200亿，增速放缓，外界质疑	网易严选首家线下门店在杭州落地，获得媒体广泛关注与报道	升级为一级事业部，架构重组，裁员风波

图 7-3　网易严选升级后的架构

7.2.2　网易严选特点

（1）采用ODM模式，和知名品牌制造商合作，剔除品牌溢价和层层中间商环节；

（2）网易自营，严格把控从原料采购，到生产质检等各个环节，为用户甄选高品质好物；

（3）所有商品遵循"成本价＋增值税＋邮费"售价规则，为用户提供极具性价比的产品。

7.3　网易严选的模式创新

7.3.1　ODM模式

网易严选，国内首家ODM模式的电商，ODM是指某制造商设计出某产品后，在某些情况下可能会被另外一些企业看中，要求配上后者的品牌名称来进行生产，或者稍微修改一下设计来生产。其中，承接设计制造业务的制造商被称为ODM厂商，其生产出来的产品就是ODM产品（如图7-4所示）。

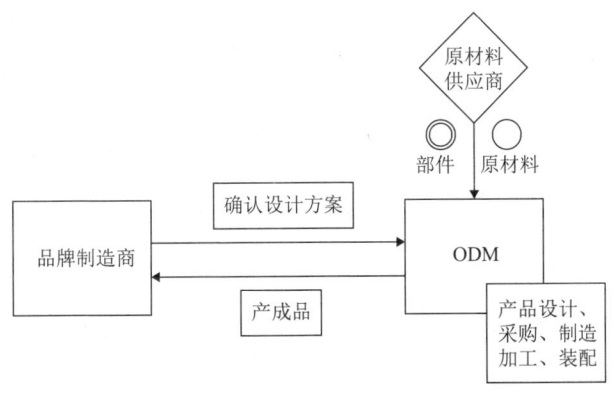

图 7-4　ODM模式详解图

ODM模式的优势在于：

（1）短途经济，价格优势。与传统品牌相比，ODM模式可以剔除品牌溢价、去除各级经销商、商场转轨产生的中间环节；与传统电商相比，网易严选依托网易公司大平台海量用户资源，可以省去巨额流量购买的成本。

（2）直达工厂，品质保证。与传统电商还有区别的是，网易严选自建团队，亲自把控选品、原料采购、生产、销售、物流、售后等各个环节，为的就是做到在经济的目标下实现对品质的最大化把控。网易严选表示，所有供应商都要符合中国CCC认证、英国UL认证、欧洲CE认证等，所有商品至少通过SGS、BV、ITS等全球TOP第三方质检机构检验，这是网易严选的承诺，更是网易严选的底气。

7.3.2 网易严选与主流电商的不同

1. 网易严选是一个品牌

认识网易严选的逻辑顺序应该是，网易严选首先不是一个平台，而是一个品牌，而且是一个将触角直达上游制造工程，与制造业深度融合的一个电商品牌。

随着新零售时代的到来，网易严选电商平台开始深度介入到用户需求调研、产品设计、产品制造、品控、采购、供应链这些传统制造业的领域中。其目的就是打通工厂与严选用户之间的信息通道，并加上严选对供应链的管理与优化，在尽可能降低成本的基础上，最大限度保证产品设计与质量，增强用户体验，赢得用户口碑，培养消费者心智，最终达到树立网易严选品牌的目的。

2. 网易严选直连工厂与用户

复合性是网易严选等新零售有别于主流电商的突出特点。传统电商平台只是承担为商家导流的作用，并不会涉及其他的一些业务。这让传统电商平台仅仅停留在导流的层面上，等到用户维权、商品调换时，电商平台还要重新找到卖家来解决。新零售的另外一个特征就是深度介入。传统的电商逻辑中，以阿里、京东为代表的互联网巨头可能仅仅只是提供了一个平台而已，对于平台上所销售的商品，它们并没有进行过多的介入。

而网易严选等新零售电商平台不再仅仅承担导流的角色，它们更多地承担的是提升用户体验的任务。严选在引导用户的基础上，通过增加平台的功能来促成用户新需求的实现，并通过获得的用户反馈，直接及时地反馈到工厂，进而从设计制造等环节进行优化，迅速适应市场的反馈。

同时，网易严选还开设门店，将线下门店看作是一个线上商品体验的"补给站"，让很多线上用户能够在线下门店中获得更加全面的体验。并且也将线下门店看做是一个用户与工厂之间的信息交换处，将一线的用户反馈直达工厂，进而从设计制造等环节进行优化，直接反馈回客户。

7.3.3 网易严选的慢与重

1. 为何又"慢"又"重"

在2019年初，网易严选因GMV（成交总额）遭受到了外界质疑，但是网易本身就是一家"慢"公司,严选背靠网易,追求极致的 GMV 并非难事,但是严选如果这样做,就一定会带来质量下滑,口碑下降,品牌自毁的困境。从用户对品质的要求出发,网易严选就是应该"慢下来",更注重体验、质量,而不是一味地追求扩张和速度。

此外,由于网易严选和制造业进行了深度融合,如果传统制造业遇到问题,网易严选也一定会遇到,比如库存带来的仓储和现金流的压力,并且严选还需要帮助上游工厂改造,优化供应链,所以它甚至比传统零售还要更重。但是制造业的优化升级本身就是需要时间和耐心的,网易选择重模式的意义就在于保护供应链厂商,这样做可以与供应链厂商建立深度信任,最终达到保证用户体验的效果。

2. 蒙代尔三角与网易六角均衡

1963 年,美国经济学家蒙代尔就开放经济下的政策选择问题提出了"蒙代尔三角"理论,也成为三难选择,既三个选项中只能同时满足两个。众多电商其实面临着这样两个"蒙代尔三角":一个是成本、效率和体验,另一个是 GMV、品控和库存。而网易严选通过重模式和慢模式,尽最大努力通过优化上游制造业来确保用户体验,从而在两个蒙代尔三角中达到均衡,我们在调研中将其总结为网易严选六角均衡。

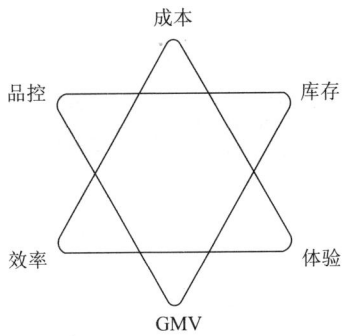

图 7-5 网易严选六角均衡

7.4 网易严选竞争分析

7.4.1 国内竞争对手分析

在网易严选被市场验证成功以后,中国电商纷纷开始向"品质"发力,比如小米的"米家有品"、淘宝的"淘宝心选"、聚美优品的"聚美优选"、当当的"当当优品"以及京东的"京东精选"(非自营品牌)等。

紧随网易严选之后,脱胎于小米生态链的"米家有品"致力于打造一个小米旗下的精品电商生活平台。不同于严选的 ODM 模式,有品采用"平台+投资"模式,吸引品牌入驻。有品负责选品、品控把关以及平台运营,搭建物流仓储和客户,但是费用和成本压力由品牌方承担。

同样是 2017 年 5 月才开始试运营的淘宝心选,则采用的是平台模式做自营,供货商的商品会冠上"淘宝心选"的品牌,但是库存、物流成本都由供应商承担。

近两年上线的还有必要商城，主打 C2M 模式（用户直连制造），帮助顾客直接面对厂商，省却中间过程，用大牌制造商来吸引用户。

表 7-1 反映了各电商功能的对比表。图 7-6 显示了网易严选的主要优势。

表 7-1　各电商功能对比表

	运营模式	是否有线下店	有无独立 APP	产品设计	品牌
网易严选	ODM	有	有	供应商	自有品牌
米家有品	平台＋投资	无	有	供应商	品牌入驻
淘宝心选	平台自营	有	无	自主设计	自有品牌
必要商城	C2M	无	有	供应商	大牌制造

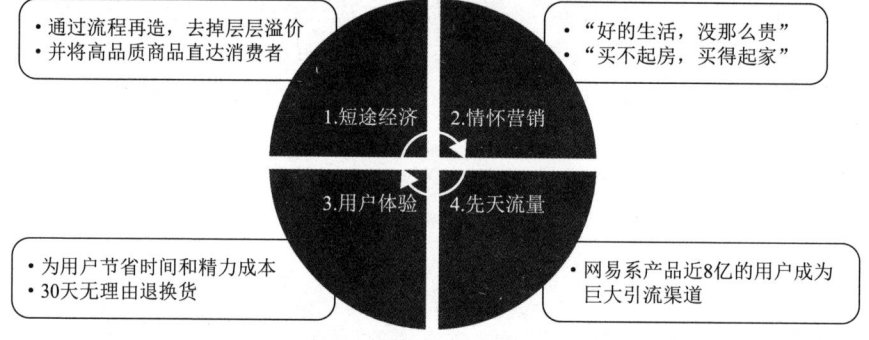

图 7-6　网易严选优势分析

7.4.2　IFE 和 EFE 矩阵分析

表 7-2 是对网易关键内部因素的分析。

表 7-2　网易关键内部因素分析

关键内部因素	权重	评分	加权分数
内部优势			
创新的 ODM 模式，构建短途经济，直连消费者与工厂	0.11	4	0.44
"网易出品，必属精品"的消费者心智	0.10	3	0.30
网易系产品为严选带来丰富的先天流量资源	0.05	4	0.20
"好的生活，真的不贵"的独特营销方式	0.03	3	0.09
构建异业联盟，跨界合作实现流量共享	0.05	3	0.15
打造场景体验生态链，布局 To B 业务	0.04	3	0.12
目标用户定位精准	0.10	4	0.40
网易严选不仅是电商平台，更是一个自营品牌	0.05	3	0.15
同样品质的产品价格大大降低，极具冲击力	0.10	4	0.40

7. 网易严选的ODM（原始设计制造商）模式

续 表

关键内部因素	权重	评分	加权分数
与顺丰物流及京东物流深度合作	0.03	3	0.09
网易将电商确定为核心业务，意味着优质资源的集中	0.03	4	0.12
内部劣势			
因触及供应链，品控团队压力大	0.08	2	0.16
原创设计力不足，知识产权受到诟病	0.10	2	0.20
由于模式本身导致无法提供巨大的商品体量	0.03	1	0.03
参与供应商、生产、仓储等环节，采购成本高	0.05	2	0.10
产品质量与品牌形象直接挂钩，存在一定风险	0.03	2	0.06
轻量级平台转向重资产模式，回本周期长，资金链压力大	0.02	1	0.02
总计	1		3.03

表7-3是对网易关键外部因素的分析。

表7-3 网易关键外部因素分析

关键外部因素	权重	评分	加权分数
机遇			
随着经济的发展，消费升级已成趋势	0.08	4	0.32
中国制造业的升级将为严选模式提供基础保障	0.06	4	0.24
政策扶持，中国（杭州）网上自贸区成立	0.05	2	0.10
目标群体的极速增长为严选模式提供用户基数保障	0.06	3	0.18
品质电商目前网易一家独大，先发优势明显	0.07	4	0.28
国产品质电商攻占MUJI市场的势头愈演愈烈	0.08	3	0.24
线上线下融合，整个精品电商产业积极拥抱新零售	0.03	3	0.09
是传统电商的重要空白补充而不是替代	0.10	4	0.40
威胁			
来自传统电商品牌巨头的压力	0.10	3	0.30
客户对巨头电商平台的黏性	0.14	3	0.42
电商用户红利持续消失，互联网战场已经进入下半场	0.06	2	0.12
消费者开始趋于理性，市场蛋糕总量趋于收敛	0.04	1	0.04
互联网公司面对巨大且复杂的传统制造业所面临的挑战	0.08	3	0.24
生活家具类行业壁垒低，消费者品牌忠诚度不足	0.05	2	0.10
总计	1		3.07

结论：网易严选内部外部矩阵总加权分数均远高于平均加权分数 2.5，说明严选模式在目前的发展情况下，较好地顺应了现有的消费升级的趋势，并利用网易公司现有的优质资源以及其他有利机会充分发展；面对威胁，有一些较小的威胁也是可以避开的。但是在面对巨头布局精选电商的情况下，今后网易严选若要继续保持先发优势，则需要在客户引流、忠诚度提高以及作为核心的产品品质等方面投入更多的人力、物力、财力、智力。

7.5 发现的问题及思考

7.5.1 擦边球宣传的法律风险

从产品角度而言，ODM 模式下，产品制造商与品牌商之间签署的 ODM 合同中会就知识产权归属作出约定，若无特殊协议，在此种情况下，网易严选不涉及侵权问题。若品牌商获得了制造商的独家排他授权，则网易严选在市场上销售同样含有版权产品的行为就构成著作权侵权。从宣传手段上来看，网易严选在其官网页面上大量使用"××制造厂商"等宣传语，本质上属于攀附其他知名品牌商誉的行为。网易严选片面强调同厂产品，以大牌背书，来模糊背后的产品质量区别，也有虚假广告之嫌疑。

7.5.2 好工厂一定等于好品质？

知名品牌从设计、材质选择、打样到成品，可能有几十道严格的工序，对制造商有严格的要求，确保其每一道工序都达到知名品牌设定的标准。但制造商产品能够以知名品牌商品 1/3 甚至 1/10 的价格销售，除了"品牌"的价值，两者在设计、材质到生产工艺标准上，可能都存在不小的差距。

7.5.3 品控与资金链双重压力

ODM 需占用大量的资金，网易要在原料采购、生产、质检、销售和售后等环节严格把控，承担整个过程里的风险。同时，严选还需要把控商品的整个生产过程，当销售规模扩展到一定程度，对于商品的把控也会越来越难，自己采购、自营的模式，意味着要承担每一件商品的库存压力，因此严选随着规模越来越大，所面临的挑战也将越来越大。

7.6 网易严选的未来发展和建议

ODM 模式品质电商的出现，既迎合了追求品质的中层消费群体的需求，又助力供给侧改革与产业升级。网易严选的出现正顺应了消费升级趋势，短短三年的时间，网易严选的迅猛发展足以说明它的成功。严选模式大获成功后，也引来了众多同行跟随，甚至在电商以外的行业也纷纷效仿，各行各业的"严选模式"已经在涌现。在以效率和服务取胜的阶段，未来在面临风格化和生态理念的竞争时，怎样继续吸引消费者、抢占更大的份额，如何保持竞争优势、长期健康的发展，成为严选亟需解决的问题。

7.6.1 品控管理

作为精品电商的引领者，是继续保持小而美的体量还是扩大生产追求规模化？这是摆在网易严选面前的选择题。事实上，对走精致主义路线的网易严选而言，快速扩张并不是好事。就如广告语所宣称的"以严谨的态度，为中国消费者甄选天下优品"，消费者既然选择网易严选，必然是相信每一件商品都是精挑细选，高质量高性价比的。若商品出现问题，"严选"二字也就失去了意义，整个品牌也失去了存在的价值。

为了避免出现类似欧式压铸炒锅的质量事件，网易严选应要求每一个产品的负责人，都要成为该产品领域的行家，严格把控好商品设计、生产、质检等每一个环节，确保每一件商品是匠心出品，真正做到为消费者甄选优品。电商平台已发展到如今的庞大规模，产品的种类日益丰富，可以通过成立专门的品质监控中心的方式，消除部门间的隔阂，打破产品间的限制，对所有产品的品质进行统一管理，从全局的角度统一管理整个供应链，以此保证产品的品质能够达到优秀水平。

7.6.2 打磨原创设计

网易严选电商平台主要是以知名品牌制造商代工为宣传点对产品进行宣传，从而让消费者认可该平台商品的质量。换句话说，即网易严选利用了大品牌的光环，这种行为极易让网易严选陷入知识产权和不正当竞争的法律风波。为了促使网易严选实现健康发展，就必须加强和加快自营品牌的建设力度和步伐，因为品牌是产品核心价值的最好体现。网易的经营者也在媒体采访过程中明确指出：严选是一个品牌，但是一个品牌的建立并非一朝一夕间就能完成的。因此，为了能够切实增强网易严选的市场竞争力，长期立于不败之地，实现可持续发展，网易严选在加强商品筛选的同时，也要积极采取措施塑造自有品牌，从而减少对大品牌的依赖性，真正实现自己的品牌影响力。另一方面，网易严选应坚持继续扩大设计团队，逐步增大原创设计的比重，以此摆脱可能的侵权争议。

7.7 结束语

在过于饱和的电商市场中，尽管面临着来自电商巨头和众多同行的压力，网易严选另辟市场，精准定位到精品电商这一细分领域，通过创新，使用ODM模式，并依托网易强大的资源和网易系产品巨大的流量培养了大量种子用户，在精品电商这一领域取得先发优势，一骑绝尘。但是随着国内消费升级的浪潮，淘宝心选、小米有品、京东京造等众多精品电商开始抢占市场。如何面对行业巨头的高压和其他觊觎者的竞争？如何在互联网这样一个"快"文化的行业中克制快速扩张的欲望？这是网易严选现在应该思考的问题。放慢速度，通过与上游制造业厂商建立深度信任，从而抓住产品质量这一核心，打造真正的严选品牌，是网易严选眼下最重要的事情。

8. 阿里巴巴的横向与纵向发展模式

参赛团队：红鲤鱼与绿鲤鱼与驴战队
参赛队员：吴景　王萌萌　杨红　李文杰
指导教师：张青龙
获奖情况：二等奖
关键词：新零售　SWOT 模型　发展战略

在互联网时代，电子商务成为我国经济的主要推动力量。近几年，我国政府大力推动"互联网＋"，主张将传统产业链与电子商务相融合。伴随着网络购物行业的崛起，电商企业积极发展跨境网购，拓展购物渠道，发展农村电商，丰富服务类型，提高物流以及售后服务的质量。尽管如此，我国电子商务发展仍然存在很多问题，例如商业模式缺乏创新，社会信用体系不完备，电子商务优秀人才缺失等。

阿里巴巴网络技术有限公司是我国电子商务企业的代表，已经在电子商务行业耕耘了 20 年。本报告详细介绍了阿里在发展过程中遇到的问题和解决办法，探究了其发展过程中碰到的瓶颈及未来的机遇，以及在新零售和云计算等方面的布局。通过宏观环境分析方法和 SWOT 模型，分析了阿里的外部环境和所处行业的竞争情况。最后结合实地调研的结果提出一些可行性建议，以便企业未来能更好地发展。

8.1　绪论

8.1.1　调研背景

近年来，随着经济的快速稳健发展，电子商务经济以其开放性、全球化、低成本、高效率的优势，广泛渗透到生产、流通、消费及民生等领域，在培育新业态、创造新需求、拓展新市场、促进传统产业转型升级、推动公共服务创新等方面的作用日渐凸显，成为国民经济和社会发展新动力，是推动"互联网＋"发展的重要力量，是新经济的主要组成部分。

凭借着无可比拟的便利性，在 2018 年电子商务行业呈现快速增长的趋势下，月独立设备数在 2018 年 11 月达全年最高为 9.7 亿台，是 2017 年的 1.12 倍。社交电商、新零售和深耕下沉市场等降低获客成本的策略也成为电子商务行业持续增长的助推力，行业渗透率则在 70%上下波动（参见图 8-1）。

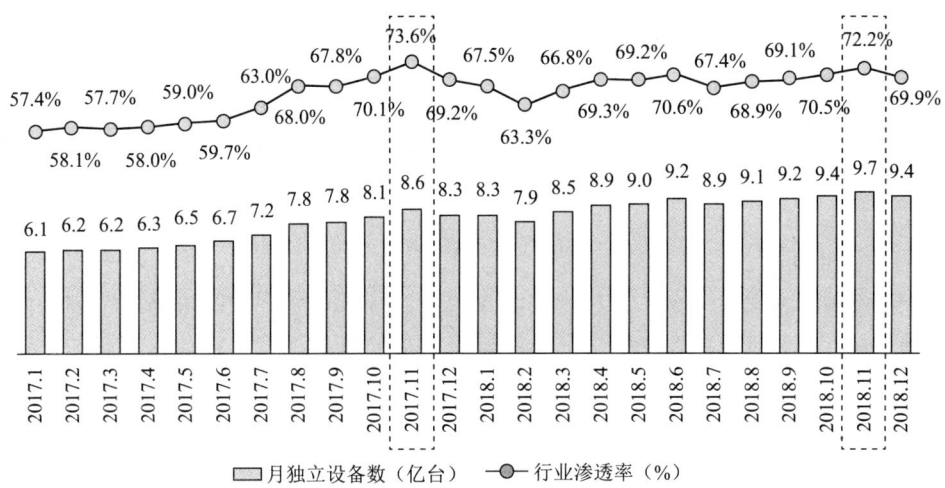

图 8-1　2017 年 1 月—2018 年 12 月中国移动互联网电子商务行业月独立设备数和行业渗透率

数据来源：艾瑞咨询 2018 中国互联网流量年度数据报告。

8.1.2　调研意义

阿里巴巴网络技术有限公司是我国电子商务的龙头企业，其独创的"双 11"购物狂欢节已成为中国电子商务行业的年度盛事，并且逐渐影响到国际电子商务行业。其成交额呈现几何级的增长，从 2009 年总销售额 0.52 亿元到 2018 年 2135 亿元的总销售额（参见图 8-2）。

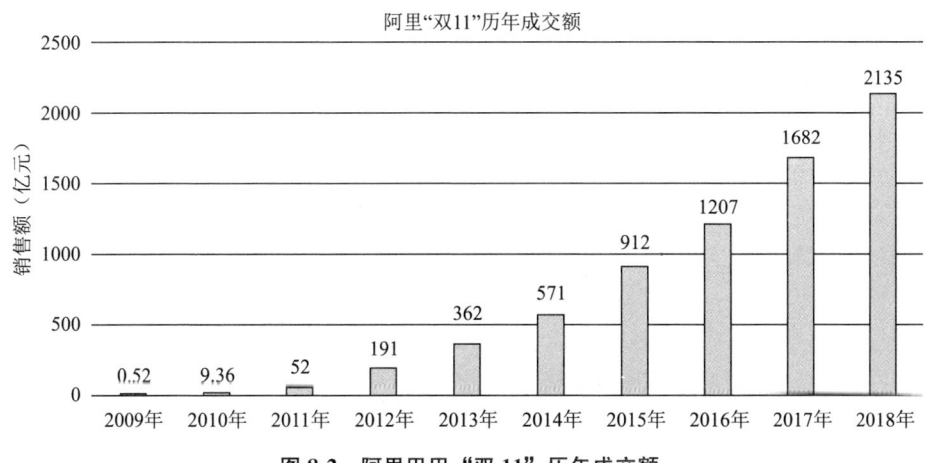

图 8-2　阿里巴巴"双 11"历年成交额

因此，通过调研分析阿里巴巴的成长历程，商业模式创新，运营情况以及发展战略，可以更好的把握整个电子商务行业未来的发展趋势，给我国其他电子商务企业的发展提供帮助。

8.1.3 团队调研基本情况

调研时间：2018 年 11 月 7 日
调研地点：杭州市文一西路 969 号阿里巴巴总部西溪园区
调研方式：实地走访
调研过程：

1. 调研前准备

团队组建并报名成功后，开始预约阿里巴巴总部的参观，和阿里确认了到访的时间、地点，并按照阿里的要求提交了前往调研队员的身份信息。在前往调研前，团队通过网络收集了一些阿里巴巴的资料，制作了访谈提纲。

2. 实地调研过程

首先参观了阿里的宣传墙，了解了阿里的成长历程和企业文化（武侠文化）。随后本团队与工作人员进行相关访谈，工作人员向我们详细地讲解了阿里的企业文化背后的意义，阿里为何要布局新零售以及大数据对整个电子商务行业的颠覆性影响等。通过这次访谈，团队对阿里巴巴的企业文化、电子商务战略布局等有了更清晰的认识，这为日后撰写调研报告打下了基础。

8.2 阿里巴巴简介

8.2.1 阿里的业务板块

阿里巴巴是国内最大的电商平台。从 2017 年起，阿里将其业务分为四大板块（参见图 8-3）：

（1）核心电商业务（由国内外的零售、批发电商平台以及营销平台构成）；
（2）云计算业务（阿里云）；
（3）数字媒体与娱乐业务（优酷土豆、UC 网页等）；
（4）创新及其他方面业务（包括 YunOS、高德地图、钉钉等）。

通过四大板块协同发展，2018 年财年（2017.03—2018.03）收入已达到 2502.66 亿元，同比增长 58%，其中核心电商收入 2140.20 亿元，同比增长 60%，占总营收的 85.5%（2017 财年占比 85%，2015、2016 财年占比均在 90% 以上）；数字媒体和娱乐收入 195.64 亿元，占总营收的 7.8%；云计算业务收入 133.90 亿元，同比增长 101%，占总营业收入的 5.4%；创新和其他方面业务收入 32.92 亿元，占总营收的 1.3%（参见图 8-4）。由此可见阿里是典型的生态型公司，核心电商业务目前仍是阿里的主要收入来源，给未盈利的业务提供资金支持，同时另外三大业务增长潜力较大，是阿里生态的重要环节，不仅可以服务于阿里核心电商业务，也有望成为阿里未来收入增长的新引擎。

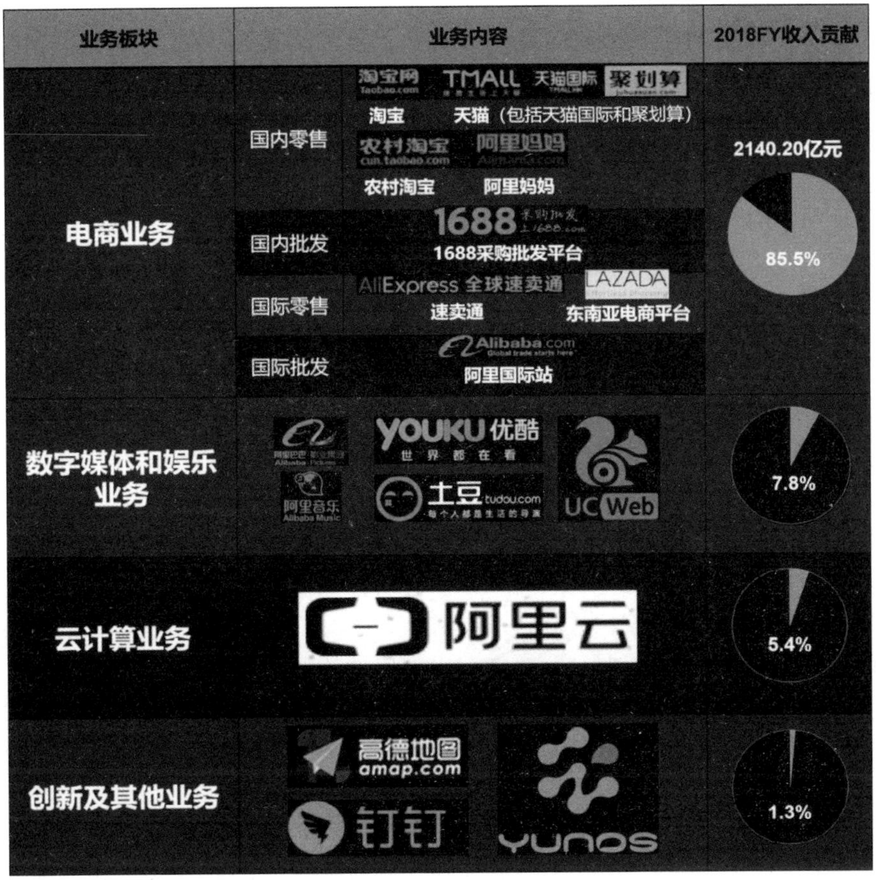

8. 阿里巴巴的横向与纵向发展模式

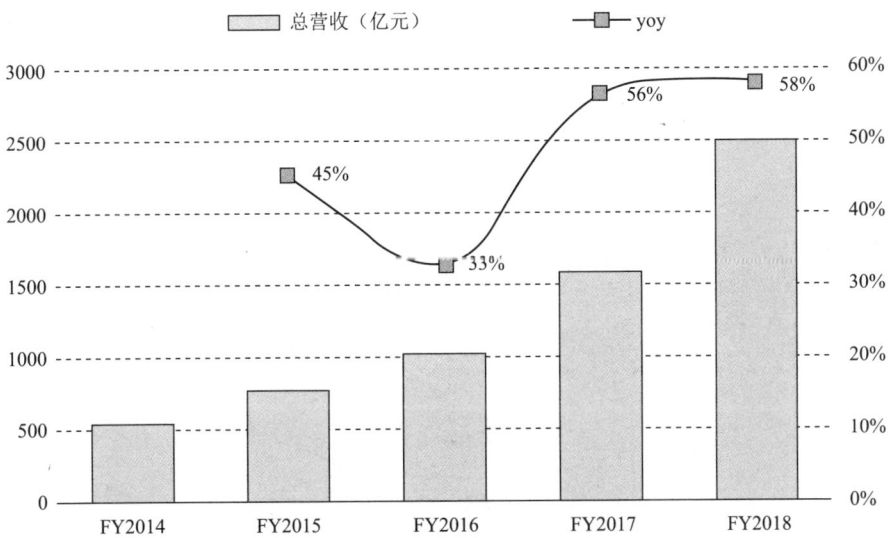

图 8-3 阿里四大业务板块

图 8-4 阿里历年营收及增长

8.2.2 阿里的电商业务

阿里自1999年成立以来，建立的第一个网站是全球贸易网站阿里巴巴；2003年5月，推出淘宝网；2004年4月，为了帮助买卖双方更好地进行有关贸易的沟通，推出了具有即时文字、语音和视频通信能力的阿里旺旺；2004年12月，为了给贸易双方提供支付便利，推出了第三方支付业务支付宝；2008年4月，淘宝网推出B2C业务淘宝商城；2010年3月，淘宝网推出团购聚划算；2011年6月，对淘宝网进行拆分，拆为导购资讯网站—淘网、C2C业务淘宝网和B2C业务淘宝商城；2011年10月，聚划算也从淘宝网分拆出来，成为独立的团购平台。随着阿里巴巴的发展和规模逐渐壮大，从最初的B2B阿里巴巴贸易市场，到后来的C2C淘宝网、B2C天猫和团购聚划算分别成立独立交易平台，其商品交易层面的业务逐步清晰起来，所有的商品交易主体都可以在阿里集团的平台上完成交易。此外，阿里还建立了垂直电商的阿里旅行、淘票票等，商品交易电商平台构建完善。

1. 阿里电商业务的构成

阿里电商业务构成的核心是商品交易，包含产品发布、产品目录、交易匹配、对比、甄选。阿里电商业务架构从内到外包括三个层次：商品交易层次、功能应用层次和基础服务层次。在商品交易层，买方和卖方通过阿里巴巴的平台完成交易，信用评估、网络支付和物流与交易密切相关，配合完成商品交易和商品发货。功能应用层，是阿里为了帮助卖方提供良好的经营水平和买方体验而开发的功能应用工具，包括交易统计、市场营销、市场调查。

通过多样性的市场渠道影响消费者购买决定；整个价值链条最外层的基础服务包括电子商务基础设施及组成部分，包括云端部署阿里云、云端计算聚石塔、商业分析御膳房、客户运营聚星台。还包括第三方服务提供商，为淘宝卖家提供个性定制化服务（参见图8-5）。

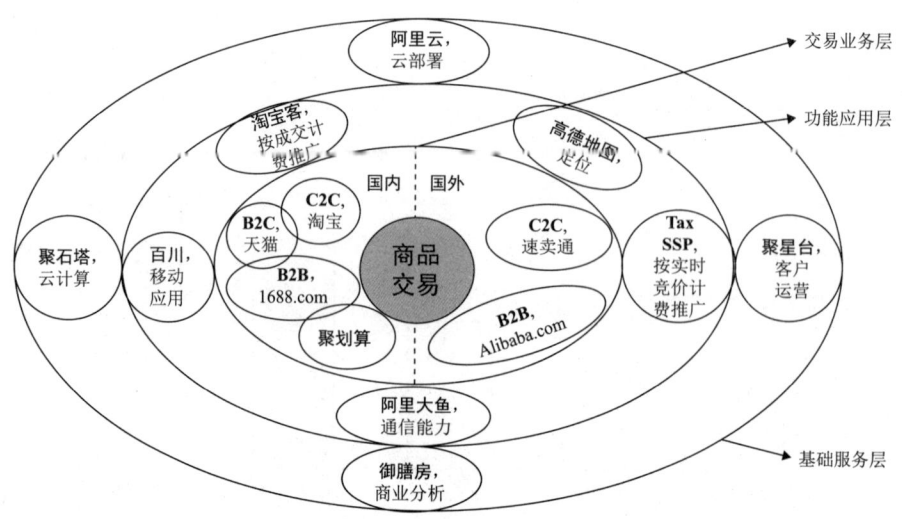

图8-5　阿里电商业务框架

2. 阿里的电商平台（以淘宝商城为例）

消费者可以通过网站 www.taobao.com 和淘宝 APP 进入淘宝商城，消费者在淘宝商城可以享受到经过阿里大数据分析优化后的个性化购物体验。通过商家发布的高度相关、引人入胜的内容和实时更新状态，消费者可以了解产品和新趋势。同时，消费者可以在淘宝上相互交流，与他们喜爱的商家和品牌进行互动。淘宝商城有直播、聊天、短视频等广泛的互动功能，已经成为一个成熟的社交商务平台。

淘宝商城提供一个顶级的流量通道，引导用户进入阿里生态系统中的各种市场、渠道和功能。例如淘宝市场的搜索结果不仅显示淘宝商家的商品，还显示天猫商家的商品，从而给天猫商城带来流量。淘宝商城拥有庞大的消费群体，包括大城市及更远地区的消费者，而绝大多数用户是通过移动设备（淘宝 APP）进入淘宝商城的。淘宝 APP 通过高度相关的内容、个性化的购物推荐和社交活动机会，提供了独特的社交购物体验。

淘宝 APP 会根据不同的消费者呈现出不同的内容，从而达到个性化购物体验的效果。接下来，我们团队通过实例来证明其差异性：淘宝用户 1，男性，25 岁在校学生（参见图 8-6）；淘宝用户 2，女性，24 岁在校学生（参见图 8-7）。

淘宝 APP 首页下面有一个"猜你喜欢"，"猜你喜欢"下的商品都是消费者最近浏览过或者加入购物车过或者购买过而产生关联度的商品，是系统通过大数据计算分析了解消费者想要什么东西。在我们团队实地调研访谈的过程中，阿里的工作人员告诉我们 2018 年"猜你喜欢"这个入口的流量增加特别快，基本上接近搜索流量。这意味着很多用户在淘宝购物的时候不再去直接搜索自己要买什么东西，而是直接去看"猜你喜欢"，也就是说你自己想买什么你未必知道，但是手机淘宝知道。而"猜你喜欢"这个功能的实现是通过后台的技术手段，把消费者的数据一步一步沉淀下来之后的结果，人工智能慢慢知道你是什么样的人，你会买什么样的东西，什么消费水平等。

图 8-6 用户 1 手机淘宝首页、搜索和猜你喜欢的页面

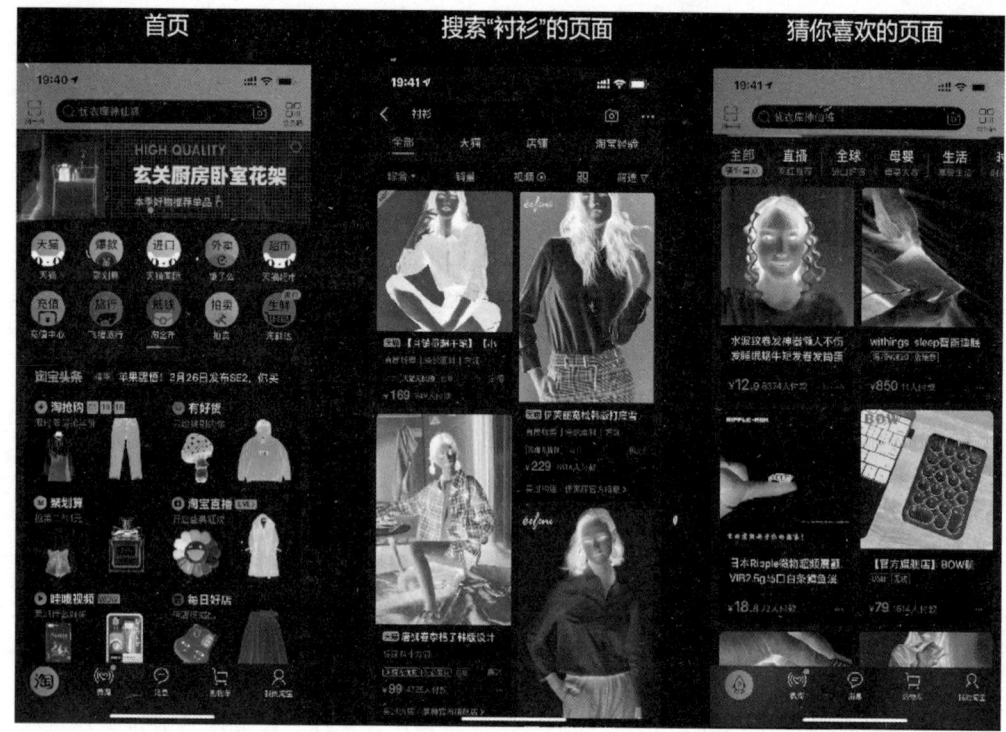

图 8-7 用户 2 手机淘宝首页、搜索和猜你喜欢的页面

8.3 阿里巴巴经营外部环境

8.3.1 宏观环境分析

1. 政策环境

2016 年 12 月 24 日,商务部、中央网信办、发展改革委三部门联合发布《电子商务"十三五"发展规划》。规划指出要遵循中央建设网络强国目标和《国民经济的社会发展第十三个五年规划纲要》总体要求,以适应经济发展新常态壮大电子商务新动能、围绕全面建成小康社会目标创新电子商务民生事业为主线,对于推进我国电子商务领域政策环境创新,指导电子商务健康有序快速发展,引领电子商务全面服务国民经济和社会发展具有重要意义。

2018 年 3 月,国务院总理李克强做政府工作报告时提出:"增强消费对经济发展的基础性作用。推进消费升级,发展消费新业态新模式"。中华人民共和国第十三届全国人民代表大会常务委员会第五次会议于 2018 年 8 月 31 日通过《中华人民共和国电子商务法》,一共 89 条,该法于 2019 年 1 月 1 日起施行。其对科学合理界定电子商务法调整对象、规范电子商务经营主体权利、责任和义务、完善电子商务交易与服务、强化电子商务交易保障、促进和规范,境电子商务发展、加强监督管理,实现社会共治等若干重大问题加以规定(参见图 8-8)。

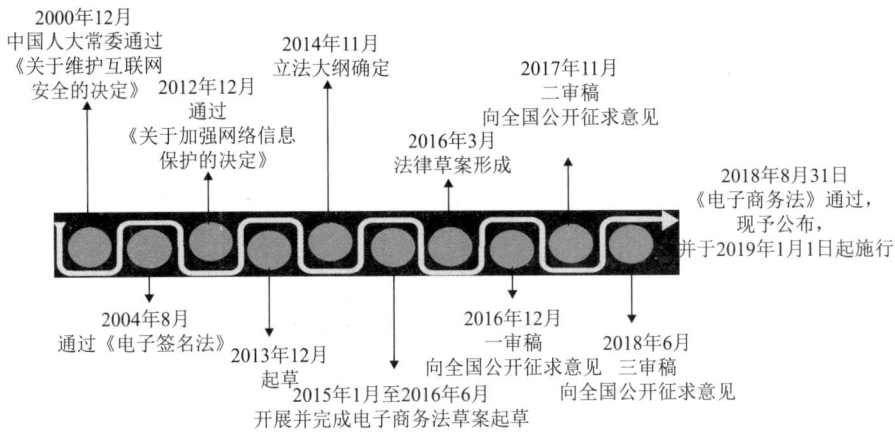

图 8-8　《电子商务法》立法历程

随着我国电子商务市场的发展，国家将继续加强对电子商务相关领域和主体的立法，中国电子商务发展将迎来更为完善、规范的政策和法律环境。

2. 经济环境

"一带一路"合作框架宗旨是促进沿线国家基础设施、投资规模与能源资源等全面发展，不断推进区域内新经济秩序的构建。在"一带一路"倡议背景下，我国跨境电商这一外贸新兴业态迅速崛起并以较快的贸易增长速度发展，以阿里巴巴、京东、苏宁等为代表的企业跨境电商业务发展势头迅猛，线上商品贸易总额逐年增加。商务部官网统计数据显示，2008—2017 年，我国跨境电商整体交易额增长率都保持在 30% 左右（参见表 8-1）。

表 8-1　2010—2017 年我国进出口贸易及电商交易规模

	进出口交易规模（万亿元）	跨境电商交易规模（万亿元）	跨境电商占进出口比重（%）	跨境电商交易规模增长率（%）
2010 年	20.2	1.2	5.9	—
2011 年	23.6	1.6	6.8	33.3
2012 年	24.4	2.1	8.6	35.1
2013 年	25.8	2.7	10.4	35.0
2014 年	26.4	3.8	14.4	38.9
2015 年	30.7	5.4	17.6	42.1
2016 年	32.1	6.3	19.6	16.7
2017 年	34.6	7.6	21.9	20.6

数据来源：海关总署

从数据中我们可以看出，"一带一路"倡议实施扩大了我国进出口贸易规模，我国跨境进出口电商交易规模也随之增长。总之，"一带一路"建设带动我国经济发展模式的良好转型和沿线各国的巨大市场潜力都给电子商务行业提供了良好的经济环境。

3. 社会环境

尽管中国是一个发展中国家，但其在互联网领域实现了充分发展。CNNIC 第 42 次《中国互联网络发展状况统计报告》显示，至 2018 年 6 月，中国互联网用户总数达 8.02 亿，位居全球网民数量首位，超过印度（排名第二）和美国（排名第三）网民总和，中国已成为全球最大的互联网市场之一。互联网女皇玛丽·米克尔在 2018 年发布的《互联网报告》中显示，在 TOP20 全球互联网公司中，中国几乎包揽半数，独占 9 席（阿里巴巴、腾讯、蚂蚁金服、百度、小米、滴滴、京东、美团、今日头条）。中国互联网在国际形象上趋近于发达国家的互联网。

在中国互联网发展的初期，网民多倾向于娱乐休闲活动，如玩游戏、看视频等。随着中国政府对互联网基础设施建设方面的鼓励和推进，互联网日渐成为中国消费者日常工作和生活中不可或缺的组成部分，网络行为已从单纯的娱乐活动向更多元化的方向发展，涉及领域包括但不仅限于泛娱乐、社交、购物、教育、出行、理财等。其中，网络购物一直保持稳定发展，尤其近两年来，电子商务与社交应用相互融合，社交裂变效应明显，社交电商更是同比增长接近 70%。截至 2018 年 12 月，电子商务行业月独立设备数达 9.42 亿台，同比增长 14%。热门细分行业中，社交电商、生鲜电商增速迅猛，月独立设备数分别达 3.17 亿台、942 万台，同比增长率分别为 69.6%、65.7%。

4. 技术环境

随着 5G、人工智能、云计算、物联网、移动互联网、大数据、VR 等新一代信息技术的日益成熟，新兴技术的应用门槛大幅降低。在云（云计算、大数据）、网（互联网、物联网）、端（PC 终端、移动终端、智能穿戴、传感器等）构建起"互联网+"下的新社会基础设施下，消费者收获了更优质的体验，移动支付、大数据、物联网在新零售领域加速实现场景落地，同时也衍生出智慧商场、无人便利店、自动售货机等新型零售业态。

在支付技术方面，可以通过手机射频（NFC）、红外、蓝牙等技术实现近场支付，以及通过短信、GPRS 等空中接口，和后台支付系统建立连接，实现支付功能，如发送支付指令、借助支付工具等形式实现远程支付。远程支付是利用移动支付小额高频、便捷、操作简单和无需携带现金或银行卡的特点，其支付规模在第三方支付中比例逐渐上升。2017 我国移动支付规模达到 203 万亿元，较 2016 年增长 30%。随着移动支付的普及及消费者支付观念的转变，预计这一规模还将继续增加。与互联网支付规模相比，移动支付规模近年来逐渐增加，预计 2019 年支付规模占比有望达到 85.2%。

8.3.2 行业竞争环境分析

1. 国内同行业竞争对手分析

在国内的电商行业，阿里、京东双寡头格局日渐形成，拼多多异军突起。电子商务研究中心发布的数据显示，以 2017 年中国在线零售市场份额计（包含 B2C 和 C2C），阿里、京东合计 75.7%；仅考虑 B2C 市场（B2C 约占线上零售 50%），天猫、京东合计 85.2%，占据着垄断地位。其中阿里巴巴淘宝致力于 C2C 电商、天猫致力于 B2C 电商，用户黏性强，品类聚焦于服装及其他用品，每单单价较低（120 元/单）；京东属于

B2C电商（自营：第三方约57：43），品类聚焦于消费电子产品及其他，每单单价较高（约600元/单），物流以自建为主（58%）。相较于传统电商巨头，近年来拼多多异军突起，凭借着"社交电商"模式，活跃买家数量迅速超过京东位列电商第二，达4.19亿。从电商形态上看，拼多多更像淘宝，用户黏性强，品类聚焦于服装及快消品等，每单单价较低（约42元/单），采用第三方物流及仓储（参见表8-2）。

表8-2 中国电商巨头数据比较

电商企业	阿里巴巴		京东	拼多多
市值（亿美元）	4729亿美元		436亿美元	285亿美元
	淘宝	天猫	京东	拼多多
中国在线零食市场份额（2018）	34.4%	27.8%	17.8%	5.2%
GMV（2018）	3.1万亿	2.5万亿	1.6万亿	4716亿
每单单价（2018）	100~200元		600元	42元
商业模式	C2C	B2C	B2C自营（57%GMV）B2C非自营（43%GMV）	团购
仓储模式	控股菜鸟网络（51%）、参股苏宁、参股苏宁、圆通等		控股京东物流（81%）、千万平方仓储能力	第三方

根据Questmobile发布的数据，从用户重合度角度看，淘宝与拼多多和京东的重合用户数占比在逐渐增长。淘宝和拼多多的重合用户比例较高，与京东的重合用户比例则较小，因此在用户群体方面淘宝与拼多多的相似度更高，竞争更为激烈（参见图8-9）。

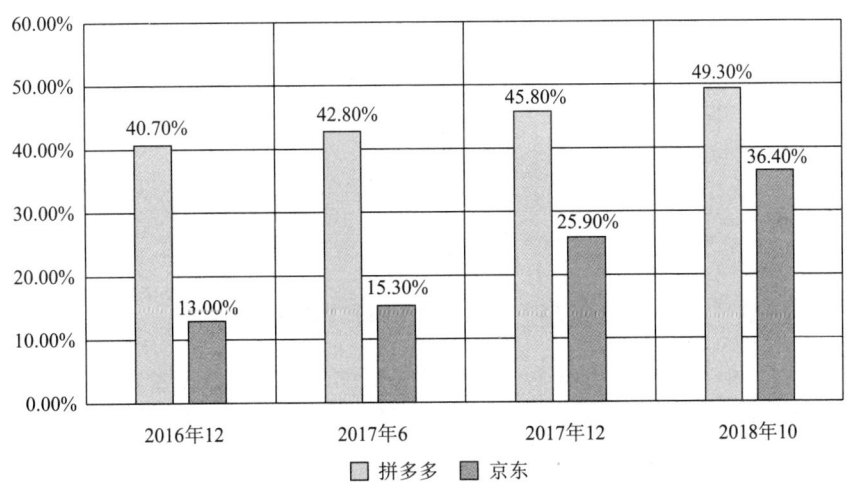

图8-9 淘宝分别与拼多多和京东的重合用户数占比

在用户使用习惯方面，淘宝APP每日时长约26分钟，与拼多多每日时长23分钟非常相近，京东则与天猫的相同，均为 19 分钟，淘宝与拼多多在用户使用习惯上较为相似（参见图 8-10）。

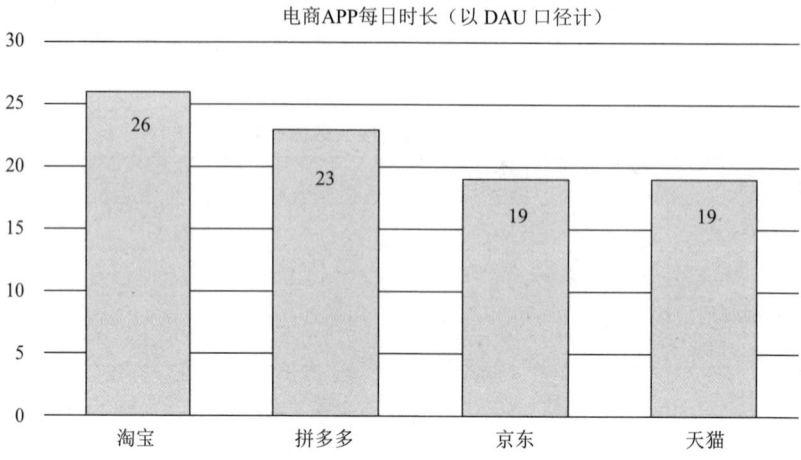

图 8-10　电商 APP 的用户每日使用时长

在用户黏性方面，淘宝、拼多多 DAU/MAU 均高于 40%，显著高于京东的 18% 和天猫的 10%。可以看出拼多多的社群电商模式在用户黏性方面更占优势（参见图 8-11）。

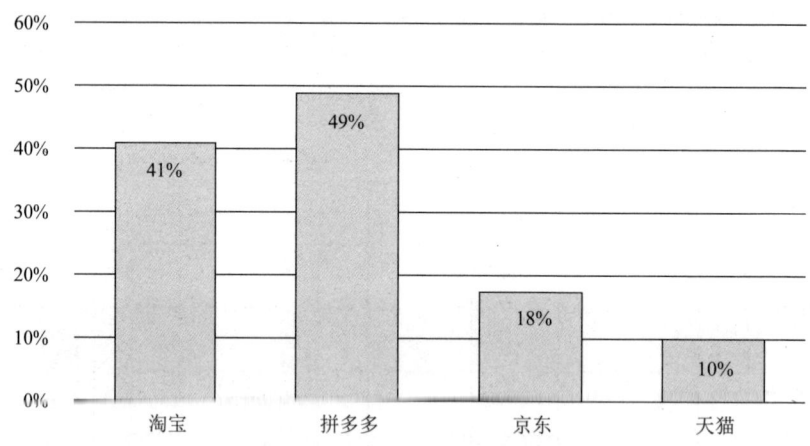

图 8-11　电商 APP 的用户黏性

综上所述，阿里、京东占据国内电商垄断地位，拼多多迅速发展。拼多多在用户重合度、用户使用习惯等方面均与淘宝极为相似，竞争也较为激烈。可以看出，在国内，阿里巴巴面对与京东争霸的同时，同时也要与拼多多展开激烈的竞争。

2. 国际同行业竞争对手分析

阿里巴巴注重国内投资的同时，还积极拓展海外市场，在国际市场中最大的竞争对手是亚马逊，双方在拓展国外市场时面临着激烈的竞争。

(1) 在业务的多元化发展方面。亚马逊目前提供的产品和服务一是在线零售商店服务；二是云计算业务（AWS）；三是数字媒体；四是物流。阿里的发展路径与其则较为类似，除了发展 B2B，B2C 业务之外，阿里也积极发展数字媒体与娱乐业务，同时在云计算上进行布局，并从支付宝中孵化出了蚂蚁金服，在金融领域不断深入。由此可见，在业务布局上阿里巴巴比亚马逊更广。目前，亚马逊云服务在全球范围内已经处于领先地位，亚马逊 2018 年度财报显示，亚马逊云计算 AWS 总营收的 11%，而阿里 2018 财年云计算业务仅占总营收的 5.4%，处于初步发展阶段。

(2) 在国内外市场销售占比方面。阿里巴巴发布的 2018 财报显示，阿里巴巴国内零售额为 1765.59 亿元，国内批发是 71.64 亿元，国际零售为 142.16 亿元，国际批发是 66.25 亿元，国际销售额占总销售额的 7.19%。而亚马逊 2018 年公布的财报显示，亚马逊国际市场销售额在国内外总体销售额中所占的比重高达 31.47%，可见其国际化程度较高（参见图 8-12）。

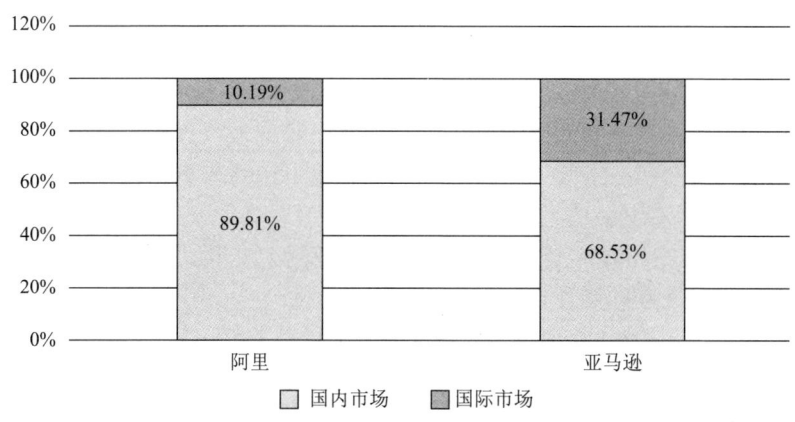

图 8-12 2018 财年阿里和亚马逊销售额国内外占比

(3) 在经营模式方面。亚马逊主要采用的是自营方式，并经过不断积累形成企业的三大发展支柱，具体为：一是亚马逊提供的选择非常丰富；二是亚马逊提供的服务非常便利；三是在亚马逊售卖的产品价格较低。同时，公司获得快速发展，还离不开其技术能力、实现数据化运营能力方面的支持。此外，在开拓海外市场时，执着于以本体进入海外市场，在一定程度上加强了其品牌建设，使各市场间的协同效应更强。而阿里采用的是开放平台模式，使数以百万计的买家和卖家可以通过此平台来进行交易。其海外品牌有阿里巴巴国际交易市场、淘宝全球购、全球速卖通、天猫国际等，品牌较多，使得各品牌间协同作用较小，不利于其加强国际化品牌的影响力。

(4) 在物流资源储备方面。亚马逊有自己专业的物流且在全球设立了 123 个运营中心，拥有自己的仓库。并且通过使用条形码、云计算、GPRS 定位系统等一系列先进的物流设施，不仅提高了效率、降低了成本，还大大提升了客户的满意度。而阿里巴巴在 2013 年成立了菜鸟网络，并与多国邮政合作来布局国际物流。但由于菜鸟网络的本质是平台整合物流资源，即物流由其他公司承担，产品商业由商家解决，阿里巴巴在其中充当平台的角色,提供交易的场所,在此模式下,其服务质量与亚马逊相比仍然会有一定的差距。

综上所述,在广度方面,阿里巴巴的布局比亚马逊要更加多元化,从电商到物流,到云服务、数字文娱,再到蚂蚁金融,阿里巴巴不断扩展着自己的电商生态圈。然而,在深度层面阿里还存在较大劣势,与亚马逊之间的差距还较大。具体有以下几个方面:一是阿里巴巴的国际化程度仍然处于初级阶段,其国际化主要集中在俄罗斯,巴西,印度等新兴市场国家,而在欧美国家渗透率较低,一方面是因为欧美国家本身零售体系已经较为成熟,另一方面是阿里巴巴在欧美国家的品牌影响力较低,且假货问题的存在使消费者对其信任度降低。二是云服务方面,阿里云海外技术竞争力较弱,目前阿里云全球化还处于初级阶段,与亚马逊 AWS 相比还有较大差距,同时,在全球市场,阿里云服务品牌影响力仍然较低。

8.3.3 SWOT 分析

1. S—优势分析

(1) 阿里巴巴的偿债能力、营运能力等方面均比较稳定。

(2) 阿里巴巴率在业内第一个推出第三方支付平台——支付宝。

(3) 阿里巴巴根据消费水平区分成淘宝网、天猫商城、聚划算和闲鱼等多层次购物平台,最大限度覆盖所有收入水平和不同购物偏好消费者的需求,以及不同销售规模和销售方针的商户的偏好。

(4) 阿里巴巴于 2001 年建立"诚信通",实现网上交互式信用管理体系与传统认证服务及网络实时互动的结合。

(5) 阿里巴巴于 2014 年在纽约交易所上市,相对来讲,阿里的经营风险比同行业其他企业小很多。

2. W—劣势分析

淘宝平台的产品质量参差不齐且难以保障。阿里巴巴的平台上有很多商户并不是正规的官方店,以及监管力度不严谨等问题,难以保证产品质量,更不能保障售后服务。

3. O—机会分析

(1) 政府对发展跨境电子商务提供了大量的政策支持。我国政府为发展跨境电子商务在一些主要城市设立了跨境电商通关服务的试点,紧接着成立"跨境通",并出台了一些政策引导和规范跨境电子商务的发展。这对推动阿里巴巴开展跨境电子商务的发展具有重要的作用。

(2) "一带一路"新形势下,阿里巴巴可以利用其在世界上的知名度和影响力参与到我国"引进来和走出去"战略中,开拓当前企业市场。

4. T—威胁分析

(1) 同行业之间的竞争激烈。越来越多的企业开始介入电子商务这一领域,因此市场竞争日趋激烈。在国内,阿里巴巴面临着京东商城、当当网以及拼多多等电商企业的挑战,在国外面临着亚马逊、eBay 等电商巨头的强势竞争。

(2) 产品同质化严重。品种繁多的商品是电子商务发展的关键,不能仅凭价格优势来吸引消费者，更多的需要在商品的差异化、商品质量上下工夫。

8.4 阿里巴巴的发展模式创新

8.4.1 横向发展模式创新

1. 建立信息搜集系统，提升电商平台的货币化率

从收入模式上看，阿里电商平台收入主要有广告营销费用、交易佣金、会员费、增值服务等，其中广告营销费用和交易佣金占了总营收的 80%；从收入构成上看，电商平台的收入绝大多数来自国内（国内收入占比近 5 年维持在 90% 左右），而国内收入中，零售平台的收入又占了大头。因此国内零售平台的广告营销费用和交易佣金是阿里电商最重要的收入来源。

阿里的广告营销服务可以分为四种：(1) P4P 直通车；(2) 广告展示位；(3) 淘宝客；(4) 聚划算展示位。主要的商业模式是商户在阿里的平台上开设店铺，使用阿里的营销广告服务，阿里收取广告费用，广告营销收入约占国内零售收入的 65%~70%；而交易佣金则是针对天猫商户及聚划算平台上销售的卖家，淘宝还会根据交易额提取一定比例的佣金，佣金率大约为 0.4%~5%，佣金收入的占比电商业务约为 30%（参见表 8-3）。

表 8-3　阿里巴巴电商平台的收费模式

平台	收费项目		收费模式
国内零售	广告收入	P4P 直通车	在淘宝搜索页的竞价排名，按照 CPC 计费
		广告展示费	按照固定价格或竞价 CPM 收取广告展示费用
		淘宝客项目	按照交易额的一定比例向淘宝和天猫的卖家收取佣金
		聚划算位置费	卖家购买聚划算的促销页面费用
	交易佣金		天猫和聚划算的卖家，对于通过支付宝的每一笔交易，需要支付交易额的 0.4%~5% 的佣金
	淘宝旺铺使用费		每月收取固定费用，同时店铺软件业提供收费工具以帮助店铺升级
国内批发	会员费和增值服务费		阿里巴巴诚信通会员年费 6688/年，可以给会员提供品牌建设、引流、引用认证等服务
	广告费用		P4P 广告费用
国际零售	交易佣金		佣金率为 5%~8%
	广告费用		第三方联盟营销广告费和 P4P 广告费
	商品销售收入		主要来自 LAZADA 平台的自营商品销售
国际批发	会员费和广告费用		Gold Supplier 会员年费
	广告费用		P4P 广告费
	增值服务费		提供出口/进口相关服务，包括清关、退税

阿里巴巴2018财年的广告营销收入为1198.22亿元，同比增长47%（2017财年为835.81亿元），占核心电商业务的58%，而佣金收入的提升比较有限。因此，广告营销收入将是未来阿里电商平台收入的主要增长来源（参见图8-13）。

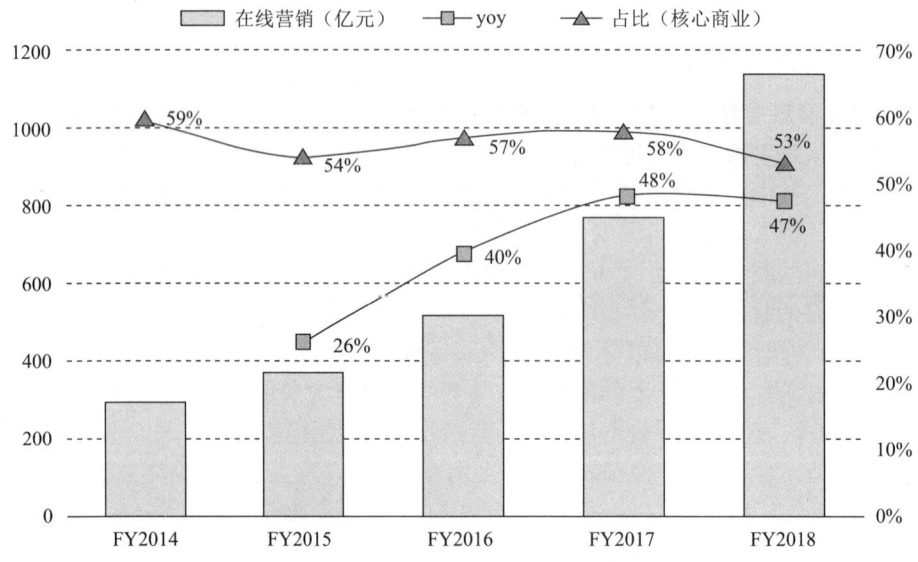

图8-13 阿里历年广告收入、增长率以及在核心电商业务的占比情况

总的来看，广告营销收入的影响因素有两方面：一是买家流量（如买家的浏览量、点击量等），这与买家消费需求和习惯相关；二个是卖家愿意为单位流量承担的费用（例如单次点击费用、千人展示成本等），这与商户的类型及广告营销的效果有关。而买家的浏览量和点击量与网络购物的人数及需求是成正比的，用户流量红利在逐步消退，因此增长空间有限。所以卖家为单位流量支付费用的提升是广告收入增长的主要驱动力。

而在流量的存量博弈时代，商户对广告的效果有更高要求，广告的精准度越高则转换率越高，商户支付意愿更高。因此阿里巴巴通过建立全平台的用户信息搜集系统Uni Marketing，可以让品牌和用户在阿里系统里建立全生命周期的联系，让用户在合适的时间、地点接触到适合自己的品牌。并且阿里的业务布局横跨消费、社交、媒体娱乐、搜索引擎、金融、医疗健康等多个领域，可获得用户在各个场景下的信息。在数据算法的配合下，对消费者行为、喜好的预测也更为准确，有能力继续提升商品与消费者的匹配效率。此外，阿里系统里的多类型媒体平台，不仅可以作为用户信息的采集渠道，也可以作为广告的投放渠道，可针对不同企业的诉求选择合适的品牌广告传播手段，提高广告的传播效率（参见图8-14）。

2. 布局新零售

虽然此前电商对线下实体门店造成了很大冲击，但是当电商渗透率达到一定程度，流量增长遇到瓶颈之时，线上线下融合的趋势开始显现。

新零售是一种捕捉未来的消费模式，以互联网为依托，通过运用大数据、云计算、

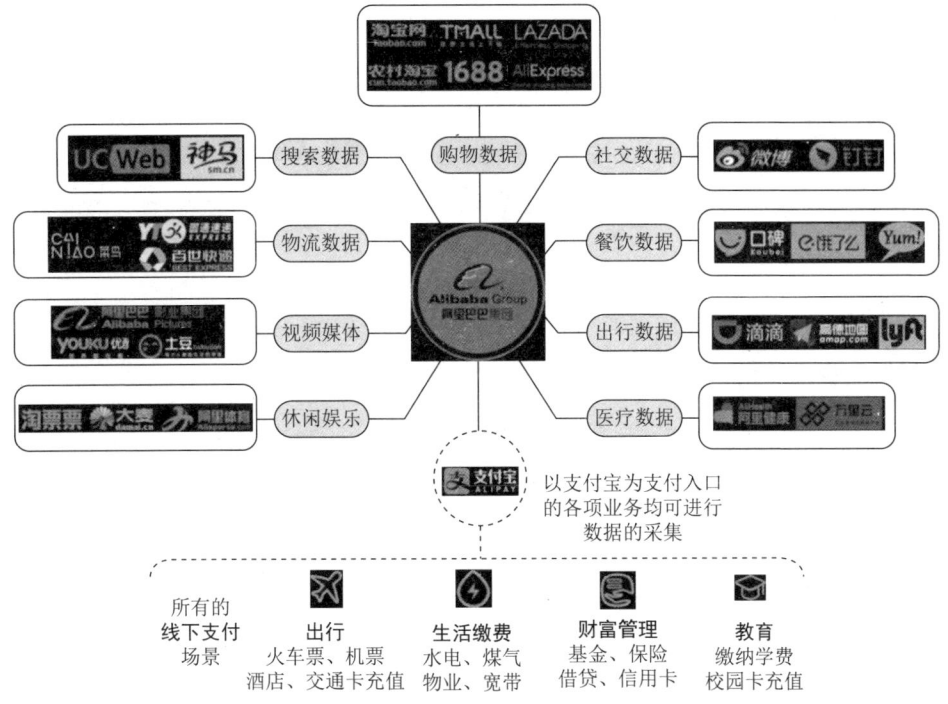

图 8-14　阿里巴巴的数据网络覆盖购物、餐饮、社交、娱乐、出行等多领域

物联网、人工智能等技术手段,基于线上+线下+物流数据打通,其核心是以消费者为中心的会员、支付、库存、服务等数据的全面共享,从而实现线上线下深层次融合,对商品的生产、流通、展示、销售、售后等全过程进行升级,进而重塑业态结构与生态圈,即通过培育新概念和新技术以及战略联盟,塑造消费者的行为并为线上线下市场的整合提供有效数据。整个过程集中在实体店技术、数字化库存和供应链系统寻求突破,提高消费者洞察力和移动支付能力。因此,也被称为"第五次零售业革命"。

阿里在新零售领域的布局主要通过内部和外部并行的方式进行,并以自己的方式对企业进行改造,最终使旗下企业形成一个生态圈。内部主要是对盒马、银泰、零售通等项目的探索和开展。2014 年,阿里以 53.7 亿港元入股银泰,成为单一最大股东。2016 年,阿里以 1.5 亿美元投资盒马鲜生,试图开创线上线下全渠道的商业模式,完全重构线下超市的业态。截至目前,盒马鲜生已在全国 15 个城市开设 107 家分店。外部入股了三江购物、联华超市、新华都、高鑫零售等上市企业,依托淘鲜达改造探索三江门店,并与三江、新华都联营特定区域的盒马鲜生。2017 年 11 月,阿里巴巴集团投入约 224 亿港币,直接和间接持有高鑫零售 36.16% 的股份,成为高鑫零售第二大股东。2018 年,阿里以 54.5 亿元入股居然之家 15% 的股份,成功进入家装家居行业,这是阿里巴巴在进入服饰百货、快消商超、餐饮美食、家电数码领域后的又一举措。这些企业拥有遍布全国的实体门店、物流仓储系统(参见图 8-15)。

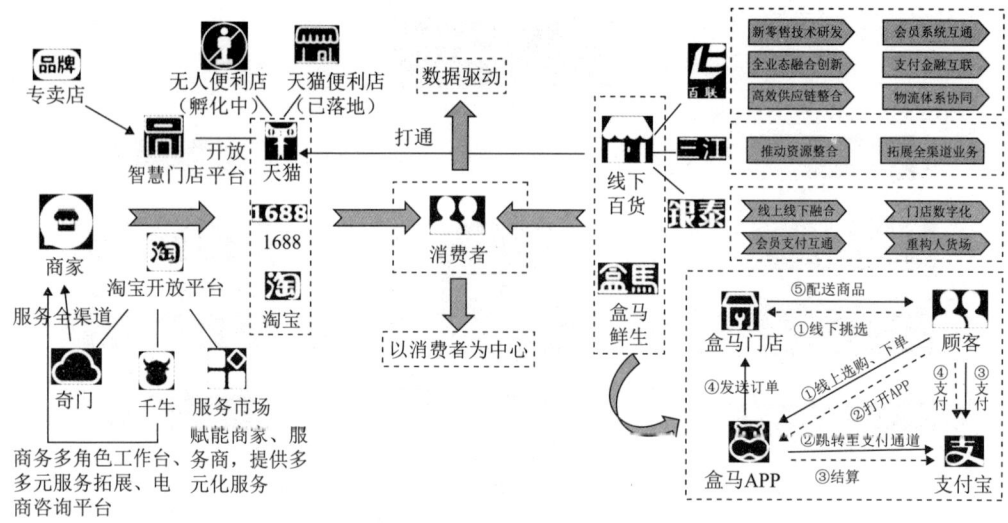

图 8-15　阿里新零售领域布局图

8.4.2　纵向发展模式创新

1. 奠定中国云计算龙头地位

"在云端"是企业未来的发展趋势。云计算服务相对传统的 IT 服务，不需要企业对硬件设施进行大规模的投入，而且客户可以按时、按需进行灵活购买，整体来说资源利用率更高且成本更低。而阿里云作为国内云计算行业代表企业，2015—2018 财年云业务收入快速增长，反应出我国云计算业务已经进入了快速成长期，市场潜力巨大。

阿里云正式成立于 2009 年，初期主要是支持阿里商户的日常运营及数亿买家的访问，以及每年"双 11"期间的交易和支付高峰。2011 年，阿里云开始向第三方客户售卖云服务，形成了以公有云为主体服务的业务体系。2019 年 1 月 30 日，阿里巴巴公布 2019 财年第三季度财报。阿里云营收规模为 213.6 亿元，4 年间增长约 20 倍，成为亚洲最大的云服务公司。但与国际市场上的云计算巨头（微软、亚马逊等）相比，还有一定的差距，阿里还在加速追赶中（参见图 8-16）。

近两年，阿里巴巴继续加码对云业务的战略投入。2018 年 11 月 26 日，阿里宣布将阿里云升级为阿里云智能事业群，整合全集团技术团队，将集团中台和达摩院的技术与阿里云技术结合，目标是构建数字经济时代基于云计算的智能化基础设施。

根据阿里云官方数据，目前 40% 的中国 500 强企业、近一半中国上市公司、80% 中国科技类公司在使用阿里云。Gartner 数据显示，2018 年全球公共云市场整体增长为 21.4%，以亚马逊 AWS、微软 Azure 和阿里云为首的全球云计算"3A"阵营占据了超过七成市场份额。IDC 数据显示，在中国市场上，阿里云市场份额相当于第 2 到 9 名的总和。

2. 自建物流体系

阿里早期没有自建物流系统，物流环节由"三通一达"等第三方快递公司承担。与京东、1 号店、苏宁等自建物流的电商相比，阿里在物流方面给顾客的体验相对较

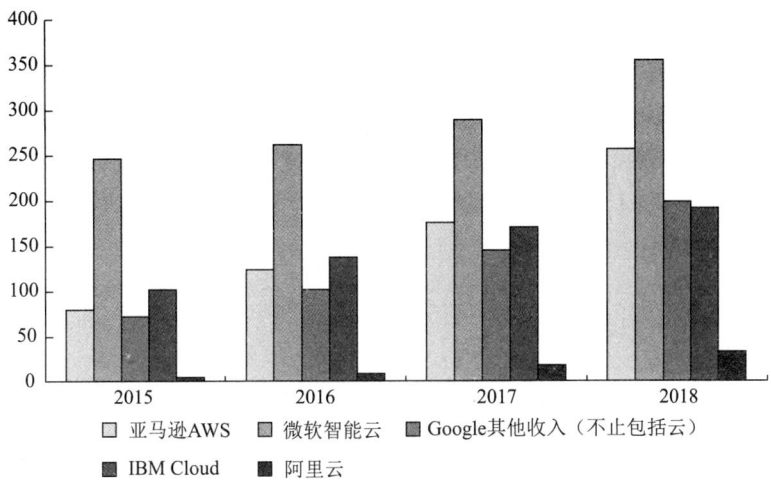

图 8-16 2015—2018 年全球重点云计算公司收入（亿美元）

差，例如京东可以依赖自身遍布全国的仓储物流网络做到次日达，但阿里依赖第三方物流就很难做到。2013 年阿里与银泰集团、复星集团、富春集团、三通一达和顺丰共同投资设立了菜鸟网络，目标是利用 8~10 年时间，以 3000 亿元的代价在全国建立起一张能够支持日均 300 亿元网络零售额的中国智能物流骨干网络，从成立之初的股权结构上看，菜鸟网络整合了大数据、仓储和供应链、地产、物流配送等多方面资源。2016 年 3 月，菜鸟网络完成了首轮对外融资，融资金额 100 亿元。菜鸟网络定位并非物流商，而是物流网络平台，菜鸟网络主要是提供标准，扮演平台的角色，仓储、干线、配送，甚至铁路、公路、航空等社会资源可自由接入菜鸟平台，菜鸟利用大数据来进行资源的统一调配和管理，实现物流效率的最大化。

目前菜鸟网络提供的服务可以分为两大类，一类是纯粹的物流数据和技术服务，菜鸟网络不参与实体的仓储配送环节，是菜鸟网络未来的核心盈利业务；另一类则是仓储管理和配送服务，是目前菜鸟的主要收入来源，其中很大一部分的仓储物流服务是向天猫超市提供的。

根据菜鸟网络官网的信息，其仓储面积峰值时可达 500 万平方米，当日达、次日达覆盖的城市分别为 32、122 个。此外，仓配服务还根据商品细分品类选择合作方，例如家电、美妆、家装、快消品、生鲜等品类的合作方有所区分（参见表 8-4）。

表 8-4 菜鸟不同品类的仓配服务及合作伙伴

品类	服务能力	合作伙伴
小电数码行业	25 个当日达城市 150 个次日达城市	
生鲜行业	全国 6 城 7 个冷链分仓 服务范围 38 个城市	万象物流、晟邦物流、安鲜达、恒孚物流、东骏快捷物流、中诺配送
美妆行业	全国 7 个中心仓库 18 个当日达城市 120 个次日达城市	

续 表

品类	服务能力	合作伙伴
快消行业	全国5个中心仓库 45个次日必达城市	万象物流、如风达、黄马甲、中通快递、韵达、越海全球物流
大电行业	5个中心仓库 31个配送仓库 32个当日达城市 150个次日达城市	日日顺、准时达、苏宁
家装行业		居家通、日日顺、中铁物流集团、天地华宇

3. 配套金融服务

蚂蚁金服业务板块包括支付、理财、借贷、保险等。蚂蚁金服旗下有支付宝、芝麻信用、蚂蚁聚宝、网商银行、蚂蚁小贷、余额宝、招财宝、蚂蚁花呗、蚂蚁金融云九大业务，向消费者和商户提供网络支付服务及其他金融服务，包括财富管理、借贷、保险和信用体系等；此外蚂蚁金服还投资了天弘基金（公募基金，股权51%）、朝阳永续（私募数据库，股权20%）、恒生聚源（金融证券为核心的数据库，股权19.1%），和海外支付平台Paytm与Ascend Money。其中蚂蚁金服旗下的支付宝渗透生活各方面，是阿里用户信息采集的重要来源。

目前，支付宝是线上、线下第三方支付的龙头企业，在第三方移动支付市场中的市场份额大约为55%，可运用在人们日常生活的方方面面，包括购物、出行、娱乐、投资、教育等，从这些场景数据的搜集，可以立体刻画出用户的喜好与行为习惯，对阿里的数据帝国有重要贡献。

2019年3月27日，研究机构易观发布的《中国第三方支付移动支付市场季度监测报告2018年第4季度》数据显示，2018年第四季度，中国第三方支付移动支付市场交易规模达47.2万亿元，环比升高7.78%。其中，支付宝以53.78%的市场份额排名第一，腾讯金融（含微信支付）以38.87%的份额排名第二，两者合计占据整个市场的92.65%（参见图8-17）。

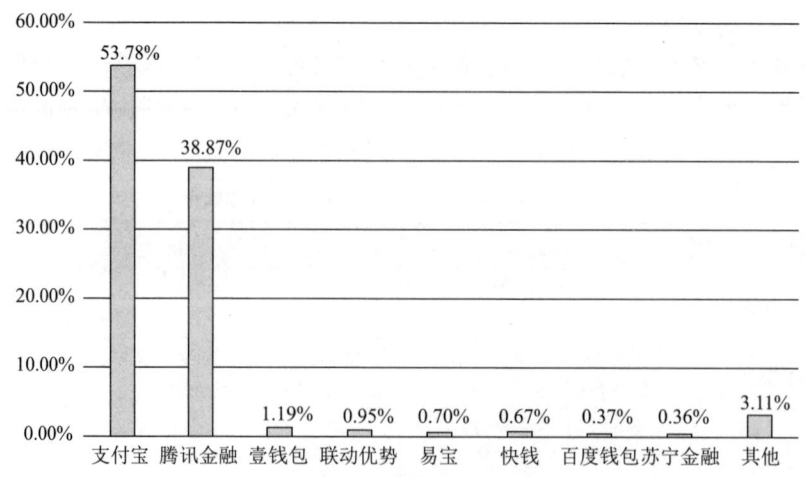

图8-17 2018年第四季度中国第三方移动支付市场交易份额

8.5 收获和建议

8.5.1 调研收获

通过调研，我们切身感受了阿里巴巴的企业文化。

1. 侠客精神

任何一家优秀的企业背后势必有着很好的企业文化，阿里的企业文化是侠客精神，参观的过程随处可见武侠的影子。光明顶、桃花岛、黑木崖等在武侠小说中耳熟能详的名字出现在了公司的办公室、会议室等的大门上。而公司的许多活动皆与武侠概念有关，如每年一届的互联网群英会"西湖论剑"，又如中国网络工程师大会"网侠会"等。这里每位员工都有自己的花名，比如马云的花名是风清扬，张勇的花名是逍遥子，员工到了公司也是称呼彼此的花名，一下就拉近了距离，接待我们调研团队的工作人员都谦称自己是"小二"（店小二），仿佛我们是来到了一间客栈，而店小二的称呼也反映了阿里人会倾听访客的声音，尽全力满足访客的需求。他们身上的侠客精神促使他们更多的为社会服务，而不仅仅是为了自身和企业的利益，这同时也符合了阿里的企业定位：致力于成为中国企业的代表，帮助更多的小微企业成长起来。

2. 阿里日

每年的 5 月 10 日被阿里人称作阿里日，这一天所有阿里人可以带上自己的家人，穿任何风格的衣服来庆祝这一天，如同过年的时候家人都会团聚欢庆，所有的员工就像家人一样，我相信每一位员工不得不被这种企业文化所深深吸引。

3. 厕所文化

厕所也是企业文化的一部分，每天放一些公司的奇闻趣事，甚至可以在留言板上留言，不仅让员工能得到精神上的放松，也增加彼此的互动，更是让阿里精神无处不在，深入骨髓。

8.5.2 发展建议

1. 紧密结合国家发展规划，加大海外物流模式的创新

近年来，我国积极打造陆上及海上丝绸之路，使得亚太经济圈及欧洲经济圈实现连接，为我国跨境电商物流提供发展新机遇，如跨境电商设立有海外仓。因此，进行适当囤货，进而能有效降低运输成本，对降低物流风险也极为有益。同时，海外仓还能为境外的客户提供"一体化"服务。当企业建立海外仓之后，就可以预测订单量，在这基础上提前运送商品到海外仓，这对节省物流时间非常有利。此外，海外仓还具有能高效处理海外假货问题的优势，如当地对购买的货品不满意，就可以退回到海外仓，而无需将商品返回国内。这样不仅可以节约时间，降低成本，也可以有效提高消费者满意度。

2. 精确把握消费分级下的需求

目前中国仍有乡村人口 5.76 亿，中国庞大的农村人口基数决定了消费升级不仅是白领的事。消费升级不等于价格提高，由于用户消费升级步伐不一，消费需求存在层次性和不均衡性，中等收入人群对品质化生活的追求并不是消费升级的完全体现。低线市场对于高性价比产品有着旺盛的需求。

3. 加强国际营销投入，打造跨境电商的国际品牌

首先，阿里应结合当前市场发展情况树立全球化的营销意识，并在投入上给予支持。同时，还需要结合企业的实际情况制定中长期营销战略，努力提升产品的知名度。在进行国际营销的过程中，要注重收集消费者信息，并对这些信息进行分析，结合不同国家和地区情况做到具体问题具体落实，在这基础上制定有效的国际营销战略。其次，树立企业品牌意识。消费者对品牌企业的产品较为青睐，这是由于品牌往往与质量联系在一起，品牌就是质量获得保证的代名词。为此，阿里电商应该强化品牌意识，并逐步打造具有一定影响力的品牌，在这过程中可加入中国特色元素，从而提高品牌文化效应。

4. 加大国际化人才培养力度

跨境电商与国内电子商务不同，其对人才方面的要求较高，当前行业人才不足问题已经非常凸显，为解决该方面的问题，可以采取多渠道人才培养模式。其一，发挥高等院校培养人才方面的作用，根据跨境电商市场需求培养出复合型人才。其二，企业开展人才培训活动，帮助员工提升其综合技能等。其三，采取校企联合培养人才模式，为在校大学生创建实践平台，为跨境电商从业人员提升其总体水平提供支持。其四，进一步引入国外的这些高质量人才。此外，还可以开展人才交流等活动，从中吸取优秀人才的先进理念等，通过这种方式来实现我国跨境电商人才专业水平的提高。

9. 上海钢联的"撮合＋寄售"模式

参赛团队：平头哥
参赛队员：宋皓、张婷、宋婉婷、郭晓辉、马树钰
指导教师：潘玲颖
获奖情况：三等奖
关键词：钢铁电商　产业互联网　上海钢联　大宗商品

面对国内宏观经济下行，钢铁产业在经历了几年前的大萧条后，催生了钢铁电商平台的兴起，成为了产业互联网的先行者。本报告从钢铁电商角度出发，对上海钢联以及传统钢铁企业电商行业的发展现状、财务状况、竞争对手进行介绍；分析了上海钢联及钢铁电商行业存在的不足及其所做的服务模型创新；最后运用SWOT分析方式对上海钢联进行全面而深入的分析，探讨其所具有的优劣势及其面临的机遇和威胁，旨在为上海钢联的进一步发展提出建议，并指明中国大宗商品电商平台的发展方向。

9.1　导论

中国一直是钢铁的生产和消费大国，自2000年以来，中国钢铁产业以惊人的速度快速增长，高速的增长态势一直持续到2013年到达顶峰。然而，随着钢铁需求量大的固定资产投资增速开始回落，下游市场需求持续低迷，多年来钢铁产业野蛮式生长的弊端开始显现。2015年的我国钢铁产能近12亿吨，而同年国内钢材市场需求量仅为7亿吨，产能利用率不足67%，失衡的产业结构造成了严重的产能过剩，更导致钢价下跌，我国钢铁行业遭受了严重的打击。

传统的钢铁产销体系中主要存在三个问题，一是信息不对称，传统的钢铁贸易商只了解部分供给和需求端信息，厂商的生产活动无法根据需求变动及时调整，造成产能过剩。二是由于及时物流，仓储、加工和配送服务的缺失，钢铁贸易的交易费用极高。三是中小规模钢铁贸易企业融资难，资金压力大。图9-1反映了我国历年钢铁产业规模发展情况。

9.1.1　调研内容

(1) 了解钢铁企业电商行业的发展现状；
(2) 了解钢铁企业电商行业的财务状况、竞争对手、服务模型创新；
(3) 分析上海钢联及钢铁电商行业存在的不足；
(4) 探讨上海钢联所具有的优劣势及其面临的机遇和威胁。

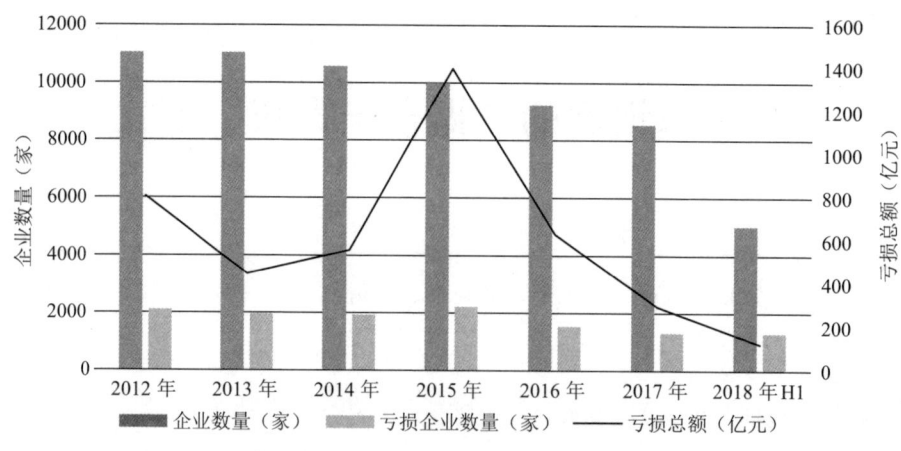

图 9-1 我国历年钢铁产业规模发展情况

9.1.2 调研思路

通过对上海钢联、上海钢铁企业、上海钢联客户进行多种方式调研，了解企业的发展历程、运营状况、电商行业的发展现状、财务状况、竞争对手、竞争优势和面临的问题等，探究适合钢铁电商发展的方式，寻找钢铁电商与传统钢铁企业间存在的问题，为上海钢联的进一步发展提出建议，同时也为我国其他大宗商品产销模式（如农产品、化工、原油、煤炭等）的变革提供参照。

9.1.3 调研地点

上海钢联电子商务有限公司、上海新沪办钢材交易市场。

9.1.4 调研方式

本次调研采用了多种方式：
（1）与上海钢联的员工取得联系并进行沟通，了解上海钢联发展的真实情况。
（2）通过钢联员工对上海钢联客户进行问卷调查，分析上海钢联运营模式的优缺点。
（3）通过在钢材交易市场与钢铁企业进行沟通，了解钢铁企业对钢铁电商的真实看法。
（4）通过对钢铁企业进行问卷调查，分析钢铁电商行业以及上海钢联存在的不足。
本次调研共采访钢铁企业 80 个，收集有效问卷 80 份。其中钢材生产加工企业 57 个，占比 71.2%，钢铁贸易公司 23 家，占比 28.8%。所调查企业中多为中小微企业。

9.2 钢铁电商行业的发展

钢铁电商充分利用互联网、物联网、大数据等新技术，有针对性地化解传统钢铁产销模式中的多种问题，不断提高效率，降低成本，协调钢铁产业链各方的关系，实现钢铁产业的良性发展。

自 2013 年以来，钢铁电商发展极其迅猛，据不完全统计，国内钢铁电商巅峰时超过 300 家，目前仍有百余家在运营。随着 2015 年钢价的大幅下跌，钢铁电商平台全面亏损，大批小型自营电商破产。2016 至 2017 年，电商数量进一步减少并向头部集中，欧冶云商、钢银电商、找钢网"三足鼎立"的态势形成。对于各大钢铁电商平台来说，如何给自己一个更清晰的定位，根据自身优势摸索出适合企业发展的运营模式显得尤为重要（参见图 9-2）。

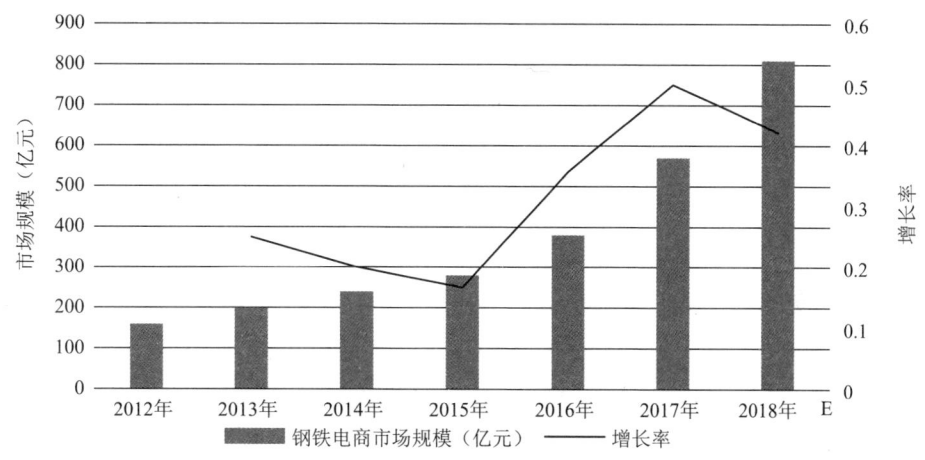

图 9-2 钢铁电商行业市场规模变化情况

9.2.1 钢铁电商平台认可度

在交流过的 80 家钢铁企业中，有 9 家企业表示拒绝使用钢铁平台，占比 6.25%；有 12 家企业表示电商平台对自己没有什么影响，占比 15%；有 22 家企业表示电商发展如何还有待观望，占比 27.5%；有 39 家企业认为钢铁电商平台发展前景较好，占比 48.75%；表示大力支持钢铁电商平台的有 2 家，占比 2.5%。可见，目前大多数钢铁企业对钢铁电商平台的兴起持乐观态度。

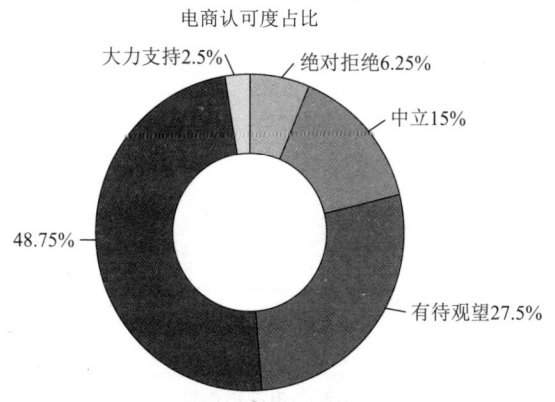

图 9-3 钢铁电商平台认可度占比

9.2.2 钢铁电商平台销售额占比

在所调研的钢铁企业中，通过电商平台的销售额占总销售额比例在 0～5% 的企业有 41 个，占比 21.2%；电商平台销售额占比在 5%～10% 的企业有 27 个，占比 33.7%；电商平台销售额占比在 10%～20% 的企业有 9 个，占比 11.3%；电商平台销售比达 20% 以上有 3 个，占比 3.8%（参见图 6-4）。可以发现，大多数钢铁企业已经开始使用钢铁电商平台，但是销售占比普遍很低，传统产销途径依旧是钢铁企业的首选，不过钢铁电商的优越性已经开始显现，多数企业表示愿意逐渐加大电商平台上的交易量。

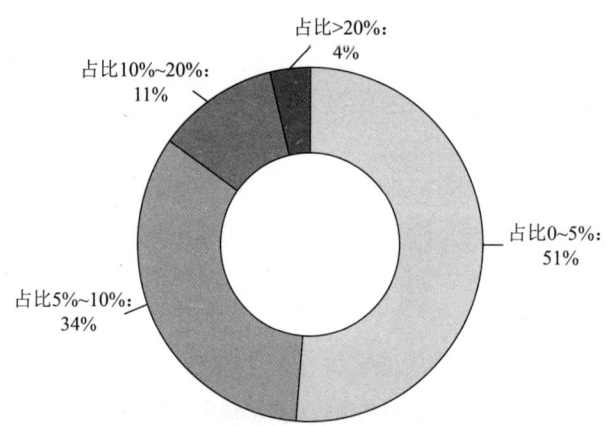

图 9-4　电商平台销售占比分布情况

9.2.3 钢铁企业使用电商平台的原因

通过图 9-5 与图 9-6 可以看出，上游企业使用钢铁电商主要是为了获得更多的客户渠道，销售更多的产品。此外，交易效率高也是上游企业非常关心的因素；下游企业使用钢铁电商平台主要是为了提高交易效率，通过电商平台订货不需要自己花太多精力，电商平台的业务员会帮助进行货物采购。

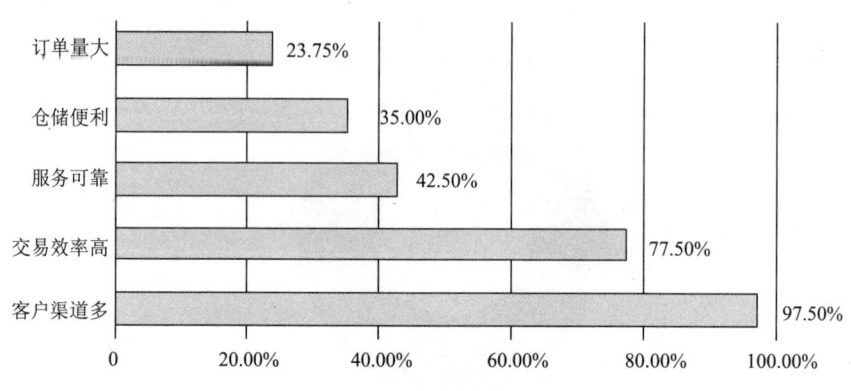

图 9-5　上游企业使用钢铁电商平台的原因

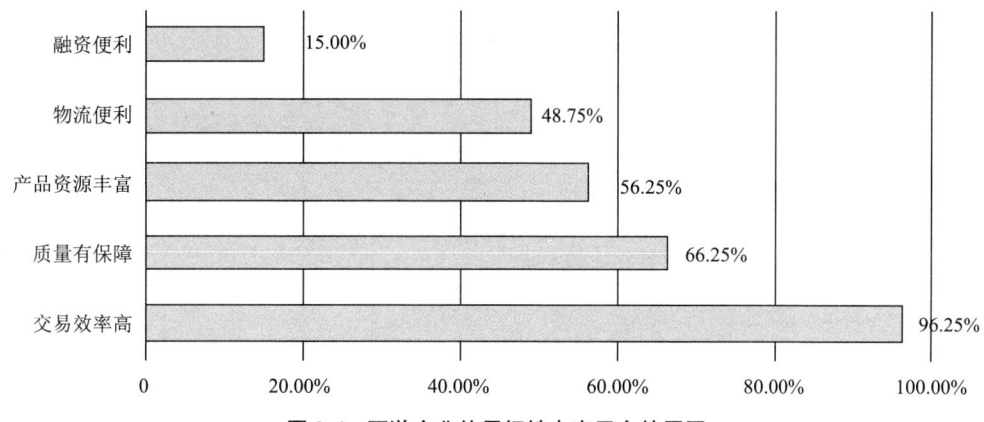

图 9-6　下游企业使用钢铁电商平台的原因

9.2.4　钢铁企业拒绝使用电商平台的原因

从图 9-7 可以发现，上游企业拒绝使用电商平台的主要原因是他们已有熟悉的销售渠道。由于近年来产能不高，原有的销售渠道已能消化大多数产品。下游企业拒绝使用电商平台的主要原因是电商平台的产品质量参差不齐，厂商信誉没有保障，而从熟悉的厂商订货更让人放心（参见图 9-8）。

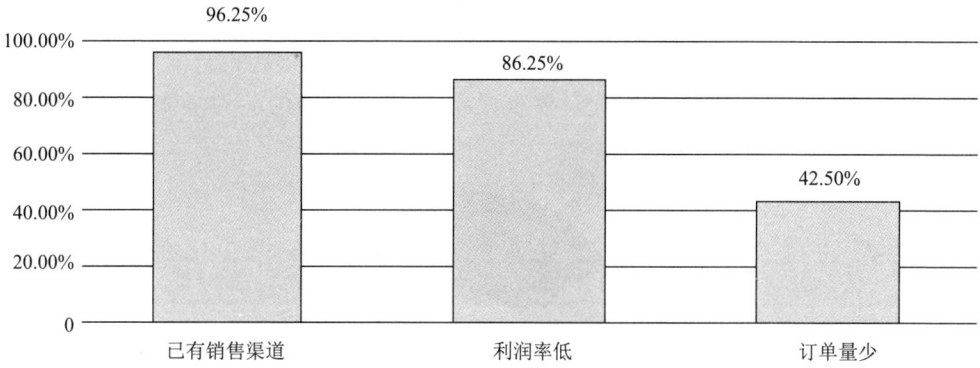

图 9-7　上游企业拒绝使用电商平台的原因

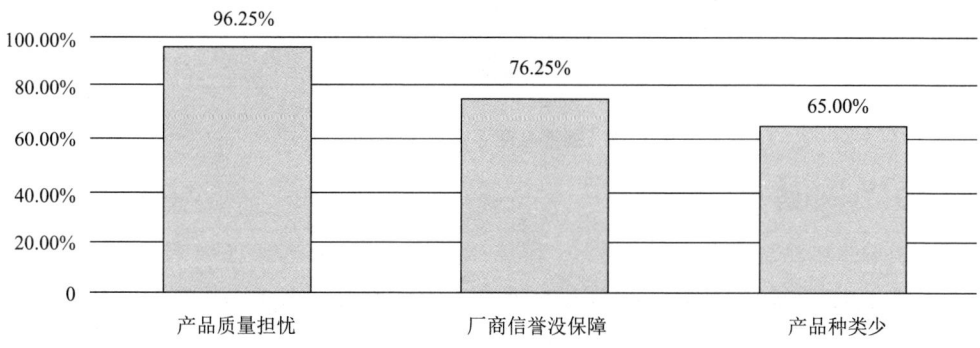

图 9-8　下游企业拒绝使用电商平台的原因

9.2.5 钢铁企业选择电商平台的考虑因素

如图9-9，在调查的企业中，绝大多数企业都认为平台的交易量是他们选择平台的重要因素。此外，货物资金的安全性、货源真实性以及物流便捷性都是企业比较看重的因素。

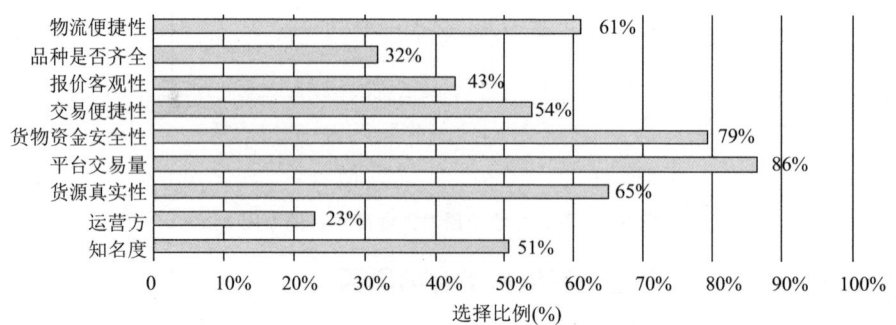

图9-9 企业选择不同电商平台的考虑因素

9.2.6 钢铁电商平台市场集中度

目前，我国钢铁电商企业数量众多。经调查，目前上海钢联的市场占有率为33.76%，为业内最高；找钢网的市场占有率为15.9%，位居第二；欧冶云商市场占有率为14.1%，为业内第三。可见钢铁电商整合已接近尾声，CR3市占率接近65%，未来有望进一步上升。同时，市场壁垒也已形成，新入者的生存空间不大（参见图9-10）。

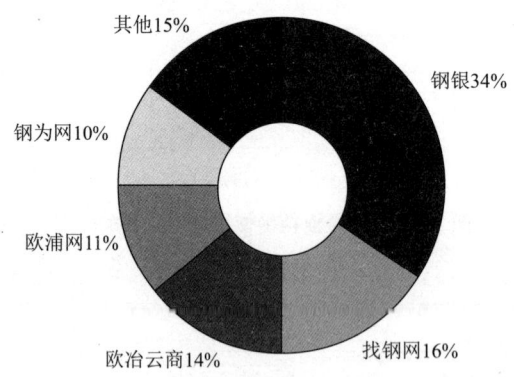

图9-10 钢铁电商平台市场份额占比

9.2.7 小结

通过对上海钢铁企业的调研可以发现，钢铁电商行业整体发展不够完善。不过大多数企业对钢铁电商的接受程度正在变高，钢铁电商平台逐渐可以解决钢铁企业的各种问题，上海钢联的发展经验对我们深入了解钢铁电商行业有着非常大的借鉴价值。

9.3 上海钢联公司概况

上海钢联电子商务股份有限公司成立于 2000 年 4 月 30 日,是集钢铁资讯、电子商务、网络技术服务为一体的全国性大型综合 IT 服务企业,从事钢铁行业及其他大宗商品行业的商业信息服务、数据研究服务、钢铁现货交易电子商务服务及其增值服务。

9.3.1 企业发展历程

上海钢联的发展主要由三个阶段组成。第一阶段是在 2000 年至 2010 年:钢联资讯抢占数据入口。2000 我的钢铁网上线,2008 年钢银电商成立。二阶段是在 2008 年到 2018 年:钢银电商全产业链生态闭环形成。2011 年上海钢联深交所成功上市,2014 年钢联物联网成立,2015 年运钢网成立,完成从钢铁数据到交易再到仓储物流的生态闭圈。第三阶段在 2010 年至 2020 年:2010 年能源化工布局。公司早在钢铁资讯成熟之后,便开始能源化工及农产品的布局,上海钢联完成能源化工行业的拓展,预期 2019 至 2020 年能源化工资讯入口成熟后,将再次复刻钢银电商的发展路径。

9.3.2 企业发展现状

经过不断探索,上海钢联形成了"交易＋供应链服务"和"资讯＋产业大数据"并重的发展战略。十余年来,公司逐步打造了以大数据为基础的网络综合资讯、上下游行业研究、专家团队咨询、电商交易平台、智能化云仓储、信息化物流、供应链金融为一体的互联网大宗商品闭环生态圈,形成了以钢铁、矿石、煤焦为主体的黑色金属产业及有色金属、能源化工、农产品等多元化产品领域的集团产业链。在交易方面,钢银电商进入新三板创新层,位居营收榜首并已实现稳定盈利;在数据与资讯方面,我的钢铁网积累了详细完整的行业价格资讯,是我国钢铁及相关行业商业信息服务页面访问量最大、网站用户量最多、网站访问时间最长的互联网平台。

9.4 公司财务情况分析

上海钢联近年来成功实现了盈利的连续增长,其主要转折点在于 2015 年的战略转型。本部分将主要分析上海钢联 2013 至 2018 年服务模式转型前后的财务状况和公司服务模式转型给公司业绩带来的变化情况,从而验证其服务模式与盈利模式合理性。

9.4.1 收入分析

根据图 9-11 可知,上海钢联 2013 年收入仅为 15.5 亿元,5 年的时间膨胀至 959.6 亿元,规模增长近 6200%。其收入增加主要得益于上海钢联旗下钢银电商 2014 年大力开展的自营交易模式和寄售交易模式,随后钢银又全面转向寄售交易模式。2014 年 6

月至12月，钢银平台的寄售量合计达224.7万吨，在2015年增加至1089万吨，2016年为1800万吨，2017年达2219万吨。由于寄售模式的交易额计入钢银平台的销售收入，仅2014年，上海钢联的营收就由2013年的15.5亿元暴增至75.6亿元，上升近5倍。此后4年上海钢联营收一路跳升。而由于收入计算方式的改变，营收增长率由2013年的62.73％大幅度增长到2014年的386.6％，此后4年逐渐下降。

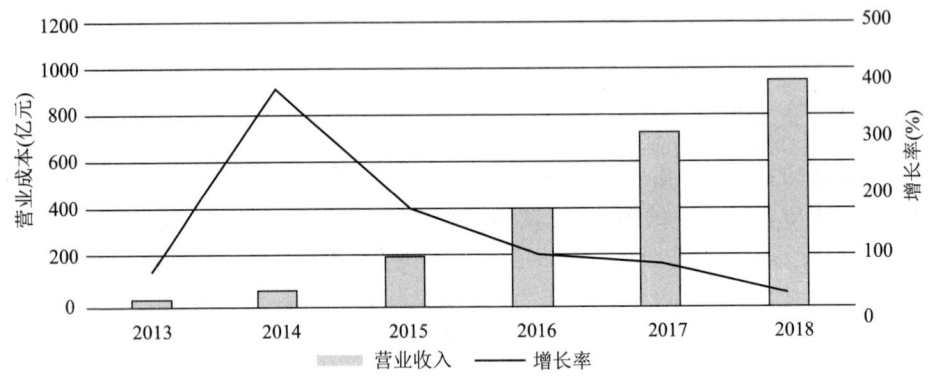

图9-11 上海钢联历年营业收入及增长率

9.4.2 成本分析

由图9-12可知，在营业成本方面，上海钢联从2013至2018年营业成本分别为13.97亿元、73.55亿元、215亿元、409.7亿元、732.5亿元、957.8亿元，增长率分别为66.82％、393.53％、188.64％、89.18％、78.5％、30.8％。

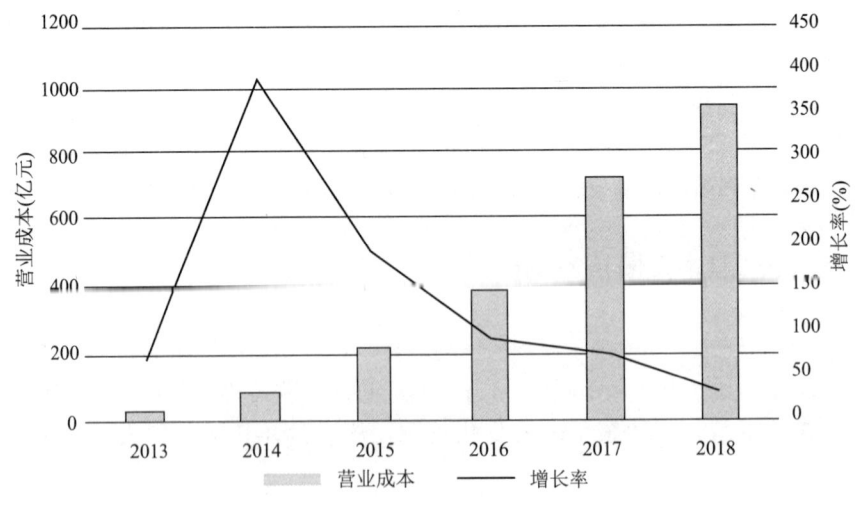

图9-12 上海钢联历年营业成本及增长率

从营业成本走势来看呈现出与营业收入一致的趋势，成本增长率2014大幅度上升，2015年及以后逐步下降，主要原因如下。

（1）2014年为快速提升钢银电商平台的服务水平、提高线上客户的黏性，满足客户对不同产品的需求，公司在全国多个销售区域进行全品类的扩充，抢占市场份额、进一步巩固公司行业领先地位，形成了一定数量的战略性库存，因此营业成本大幅增加。

（2）公司持续致力于大宗商品产业生态链建设，加大对钢银电商钢铁现货交易服务平台的投入，再加上不断引入技术和业务人才，导致营业成本上升。

（3）随着2015年全面执行寄售交易模式，成本的结算方式发生了改变，这也是往后几年其营业成本持续走高的原因。

9.4.3 净利润分析

在净利润方面，上海钢联从2013到2018年分别盈利0.22亿元、0.19亿元、−2.5亿元、0.22亿元、0.48亿元、1.2亿元。可以发现公司在2015年出现了严重亏损，此后便进入稳定的盈利增长阶段（参见图9-13）。

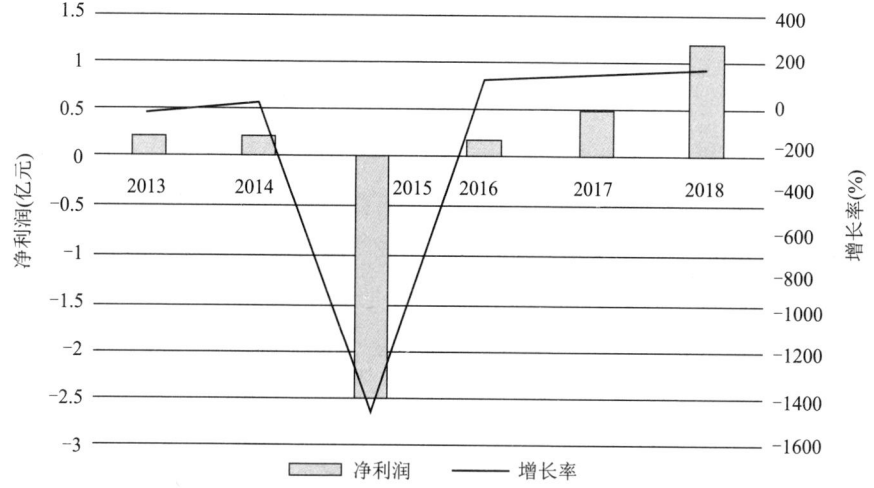

图9-13 上海钢联历年净利润及增长率

在早期，上海钢联采用了撮合交易、自营交易、寄售交易并存的服务模式。由于自营交易可以帮助帮助平台快速实现交易规模扩大，因此在2014年钢银平台较为偏重发展自营业务。然而，2015年的钢铁价格暴跌，使得上海钢联的库存商品出现严重贬值，公司出现了严重亏损。

在意识到自营模式的风险之后，上海钢联及时调整战略，逐渐放弃自营交易模式，转而形成"撮合＋寄售"的交易模式。并且此时上海钢联的供应链也基本形成，运钢网与钢联物联网云仓储也已开始发力，帮助上海钢联在2016年成功转亏为盈，并在此后几年保持利润增长。

9.5 同行业竞争对手分析

通过三年的竞争、探索与整合，钢铁电商行业的第一梯队已基本成型，行业领跑者们已经摸索出了一条适合自己发展的服务模式，而上海钢联和找钢网最具有代表性。

本节将对这两家公司进行全方位的比较。

9.5.1 服务模式对比

在服务模式方面,行业领跑者们逐渐分化成了"撮合+寄售"和"撮合+自营"这两个阵营,上海钢联和找钢网分别是这两个阵营的代表。两家企业在服务模式的基础上又各自进一步对自己的服务进行延伸,如表 9-1 所示。

表 9-1 上海钢联与找钢网服务模式对比

	上海钢联	找钢网
交易模式	撮合+寄售	撮合+自营+联营
物流服务	运钢网+钢银物联网	胖猫物流
金融	钢银钱庄	胖猫金融
风控	供应链金融风控体系	上海市诚信平台

1. 交易模式

目前钢铁电商平台的主要交易模式有 4 种,分别是撮合、寄售、自营和联营交易。撮合交易指电商仅起到中间人作用,提供免费服务。寄售交易是指电商为企业提供平台,在线进行钢铁交易。自营交易是指平台向生产商买进货物后向客户直接销售,并承担钢价波动的风险。联营交易指第三方钢铁产品供应商在电商平台上供应钢铁产品,与寄售类似。

在交易方面,上海钢联坚持"撮合+寄售"模式,钢银先通过撮合交易模式与客户进行初步合作,在用户电商形成习惯之后,钢银便会将服务推进到寄售模式。寄售模式中,钢银将全面参与整个交易链条。而找钢网坚持"撮合+自营+联营"模式,参与到实际的钢铁贸易交易环节中去,抢占市场份额,最大的互联网化钢贸商,取代传统的钢铁贸易流通环节。表 6-2 是上海钢联与找钢网交易模式的对比。

表 9-2 上海钢联与找钢网交易模式对比

	上海钢联	找钢网
模式	撮合+寄售	撮合+自营+联营
盈利方式	手续费	差价
优势	与供应商不存在竞争关系 客户黏性大 库存、资金周转压力小 风险低	有利于扩大交易规模 有利于快速积累客户 有利于提高知名度 赚取差价,盈利较容易
劣势	需要一定的客户基础 初期不利于客户积累	受钢价影响较大 与供应商存在竞争关系 仓库、资金周转压力较大

通过表 9-2 的对比可以发现,这两种模式各有利弊。

（1）找钢网的"撮合＋自营＋联营模式"：作为行业后来者，找钢网通过买断钢材在短期内实现交易规模的扩大，快速积累客户。另外，赚取差价的模式有利于公司实现盈利。然而，自营的弊端在于易受钢价波动影响，当钢价下跌时，存储于仓库以及在物流途中的钢材贬值，带来极大的损失，风险较高。此外，自营会与传统的钢铁企业竞争，不利于行业的发展。

（2）上海钢联的"撮合＋寄售服务"：客户需将货物寄存在钢联的仓库中，钢联代为销售，从而客户会对上海钢联产生极大的黏性，带来稳定的盈利。此外，作为第三方平台，上海钢联不会与卖方客户形成竞争关系，而且也不受钢价波动带来的影响，风险较小。但是寄售模式需要一定的客户基础，否则难以实现产品分销。

2. 物流与仓储服务

在物流与仓储方面，二者均摈弃了传统的行业模式。

（1）找钢网年于2014年成立胖猫物流，利用互联技术整合第三方物流承运商，并在2018年推出胖猫云仓，将平台从单一的无车承运平台升级成为能够提供物流、仓储、加工一体化服务的钢铁供应链平台。

（2）上海钢联2014年成立钢联物联网，通过系统优化，对车辆、线路、往返路程等因素进行统一平台化配置，大大提高了运输效率；2015成立运钢网，利用应用技术，对传统仓储行业进行改造，打造智能仓库。二者都致力于运用先进技术与管理方式，打造一条完整的供应链体系。

3. 金融服务

两家公司均为产业链提供了系列金融服务，以减轻钢厂的资金压力。

（1）找钢网推出了胖猫白条（赊账合作模式）、胖猫票据（支持银行承兑汇票结算）、胖猫易采（帮企业采购，代企业订货）、胖猫支付（大额线上支付平台）等业务。

（2）上海钢联则推出任你花（赊账服务）、帮你采（代理采购服务）、随你押（融资服务）、订单融（保证金交易）。从以上介绍来看，找钢网的金融服务更加全面一些，此类服务有利于缓解客户压力，对营造良好的产业链上下游关系有很大的作用，但两者相似度较高。

9.5.2 市场情况对比

1. 用户数量对比

近年来，两家公司在客户积累方面均取得了不错的成绩（如图9-14所示）。

（1）上海钢联的钢银平台自2015年成立以来，注册用户数量稳定增加。2015至2018年，钢银电商平台注册用户数分别为5万、6.62万、8.13万和9万；2016至2018年，增速分别为32.4%、22.8%、11.9%，处于下降趋势。

（2）找钢网的注册用户数量也处于稳定增长的状态，2017年用户已达到9.4万人，增长率处于下降趋势。由于"撮合＋自营"的交易模式，找钢网客户数量较多，上海钢联用户较少，但由于业务模式的逐渐成熟，客户增长率相对较高。

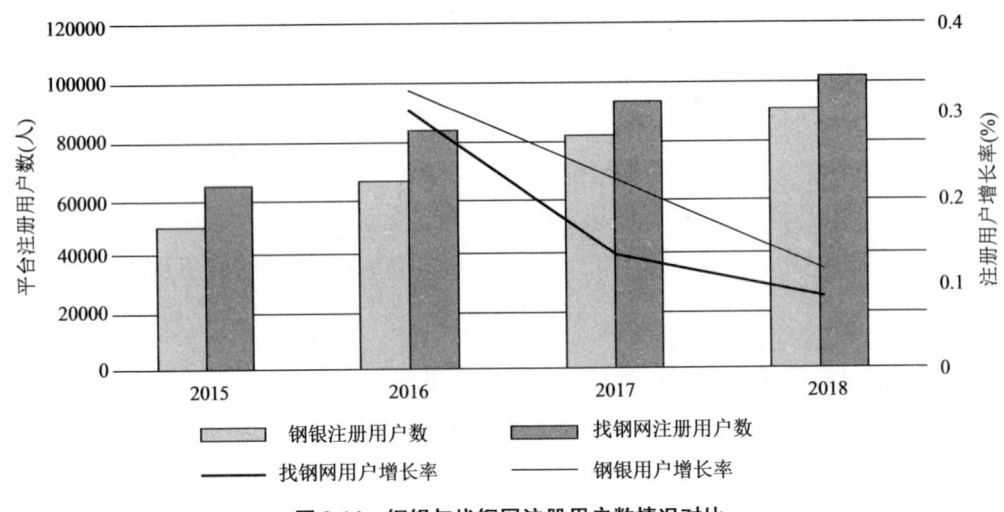

图 9-14 钢银与找钢网注册用户数情况对比

2. 交易量对比

由于两家电商平台的业务模式不同,在交易金额方面也有所区别(参见图 9-15)。

(1) 钢银电商在 2015 年全面转型寄售模式后,实现交易量的稳定增长。2015 至 2017 年,钢银电商平台交易量分别为 2805 万吨、3603 万吨、4797 万吨,2016 年增速为 28.4%,2017 年增速为 33.1%。

(2) 找钢网自营交易量增速较快,2018 年上半年占整体交易量比例已达 40%。2015 至 2017 年,找钢网交易量分别为 821 万吨、1355 万吨和 1652 万吨,由于自营模式的优势,找钢网实现了交易量的猛增,2016 年增速高达 65%,2017 年增速有所下降。或许由于钢银运营更早,积累了大量优质客户,即使找钢网的客户基础更占优势,但上海钢联在交易量方面远胜找钢网。

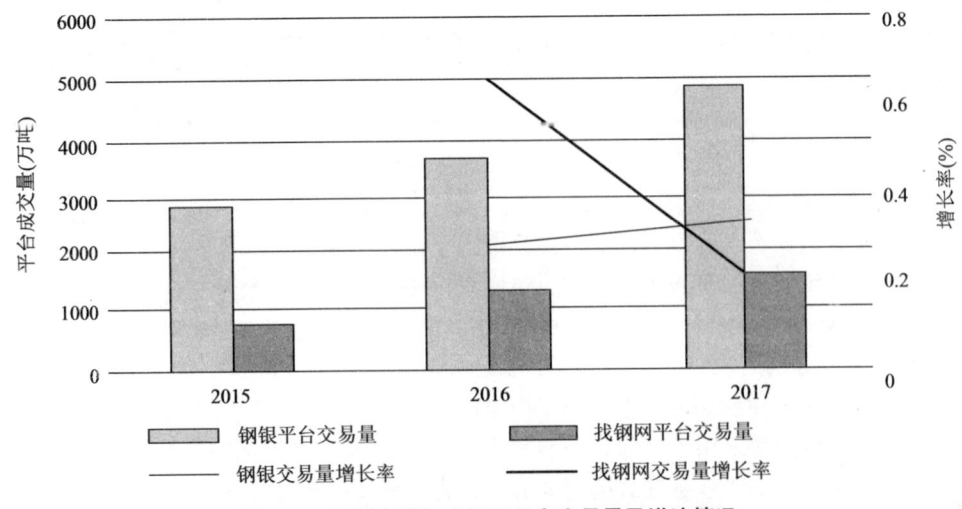

图 9-15 钢银电商与找钢网平台交易量及增速情况

3. 净利润对比

根据图 9-16，最近几年找钢网仍在亏损，但是上海钢联的钢银电商已经进入盈利稳定增长期。

（1）找钢网的报表净利润中包括了按公平值计入损益的金融资产/负债和期货收益。从 2015 年至 2017 年，找钢网的亏损分别为 10 亿元、8.2 亿元、1.24 亿元，在 2018 年上半年大幅度下滑，亏损达到 12.8 亿元。

（2）钢银电商的规模净利润在 2015 年出现了巨额亏损，达 2.5 亿元，从 2016 年至 2018 年上半年，钢银实现了盈利，净利润分别为 2210 万元、4148 万元、6033 万元，2018Q3 实现净利润 1 亿元，已进入盈利快速增长期。

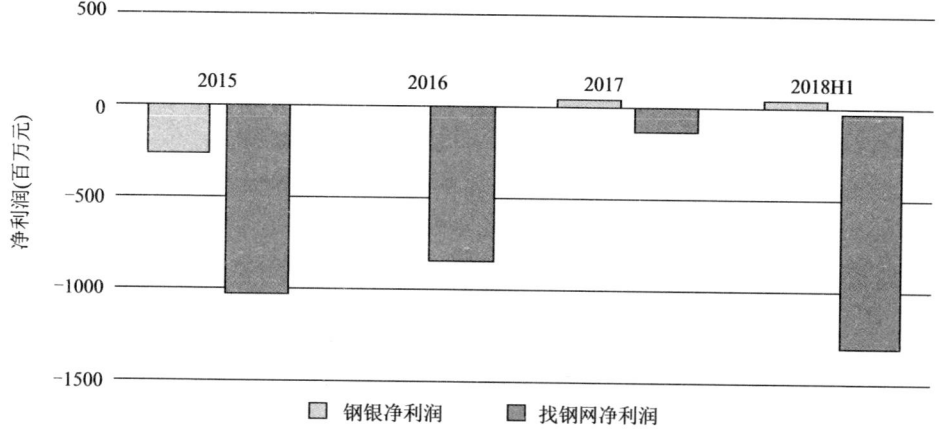

图 9-16　钢银电商与找钢网净利润情况对比

9.5.3　对比情况小结

从以上比较分析中可以发现，上海钢联与找钢网的战略颇有相似之处，只不过正处于两个不同的阶段。

（1）在相似方面：上海钢联与找钢网对于供应链的建设不遗余力，均在物流、仓储、金融服务方面不断推陈出新，力求建设一条高效、全面、多功能服务一体化的供应链平台。

（2）在差异方面：由于处于不同的阶段，上海钢联与找钢网的主要差异在于交易模式的不同。据采访得知，上海钢联在 2014 年与找钢网类似，为了扩大交易量而在自营交易方面投入较多，但是由于期货市场的不稳定，公司在 2015 年出现了严重亏损，自营的风险暴露无遗。在 2015 年下半年寄售交易量提高后，钢银才得以缩减自营交易，全面转向寄售交易。通过盈利情况对比可以发现，自营交易虽然可以扩大交易量，但是风险较大，而寄售交易却可以完全规避这样的风险。找钢网由于起步较晚，在钢铁电商平台出现同质化竞争现象时，只能通过大力推动自营交易来积累客户和扩大交易量。目前找钢网的主要盈利来源于自营和联营两种交易模式，在联营交易未能带来稳定盈利之前，缩减自营交易并不是明智的选择。

9.6 企业运营模式的创新

9.6.1 服务模式的创新

上海钢联从资讯平台做起，随后进入电商领域，形成了"交易＋供应链服务"和"资讯＋产业大数据"双驱动服务模式（参见图9-17）。

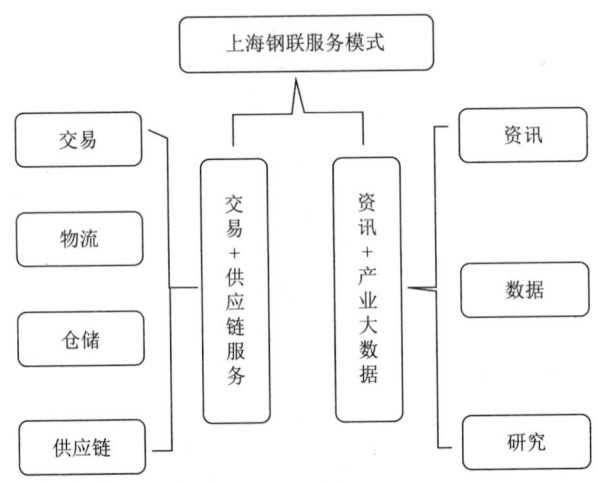

图9-17 上海钢联服务模式

1. 交易＋供应链服务

在交易方面，公司以钢银电商平台为钢铁行业上下游企业提供一揽子电子商务解决方案，包括撮合交易和寄售交易等钢铁现货交易服务，并且通过钢银平台及战略合作伙伴为客户提供支付结算、仓储、物流、加工等一系列增值服务。

（1）钢银电商：钢银电商以平台为基础向客户提供撮合交易服务与寄售交易服务。在撮合交易服务方面，钢银平台扮演经纪人的角色，为供应商、次终端用户和终端用户之间提供居间服务，促成交易。在寄售交易服务方面，生产商或钢贸商在钢银平台开设寄售卖场，通过钢银平台进行在线销售，由平台全程参与货物交易、货款支付、提货、二次结算、开票等环节，公司对部分寄售交易收取服务费。钢银电商的交易模式既为钢铁上游企业提供了更多的销售渠道，也为下游钢铁企业提供了优质的货源。

（2）物流：上海钢联于2015年成立运钢网，作为钢铁第四方物流平台，专业于中国钢铁产业的物流供应链，为生产商、承运商打造诚信、安全、高效、便捷的钢铁物流电商平台。运钢网作为拥有上海市首批"无车承运人"资质的第四方物流交易平台，通过系统优化，对车辆、线路、往返路程等因素进行统一平台化配置，大大提高了运输效率，大幅压缩钢铁物流成本。

（3）仓储：上海钢联物联网成立于2014年，依托云仓储和物联网应用技术，面向大宗商品的仓储、融资等环节，开展货物资源整合，优化货物资源结构，将仓库网络与交易网络、信息网络、物流网络相联，提供库存挂单、信息查询、仓库监管服务、仓库管理外包服务、物流信息化服务及保理等相关供应链信息与金融服务，实现仓储监管网络化，仓储管理智能化。目前，上海钢联物联网已在全国范围进行了战略布局。

（4）供应链金融服务：为了解决传统模式中钢铁企业普遍存在的融资难问题，上海钢联基于钢银电商交易平台巨大的钢材交易量，给予平台上下游客户在钢材采购、销售环节提供供应链服务，主要包括"帮你采""随你押""任你花""订单融"等产品。

● 任你花：在平台有良好交易行为的买家会员通过资质申请，获得平台提供的赊账服务，从而实现先提货后付款。

● 帮你采：钢银平台通过垫付资金的方式帮助有采购需求且交易行为良好的会员进行代理采购的一种服务。

● 随你押：在钢联平台有良好交易行为的商家将货物放入平台指定仓库，从而获得所需资金的一种服务。

● 订单融：基于现货的保证金交易。

2. 资讯＋产业大数据服务

公司围绕着数据、资讯和研究的"资讯＋产业大数据"发展战略。致力于向客户提供钢铁行业及能源、矿业和有色金属等行业的市场基础信息和行业深度研究服务，并在此基础上向客户提供企业宣传推广、商情发布和搜索、会务培训等增值服务（参见图9-18）。

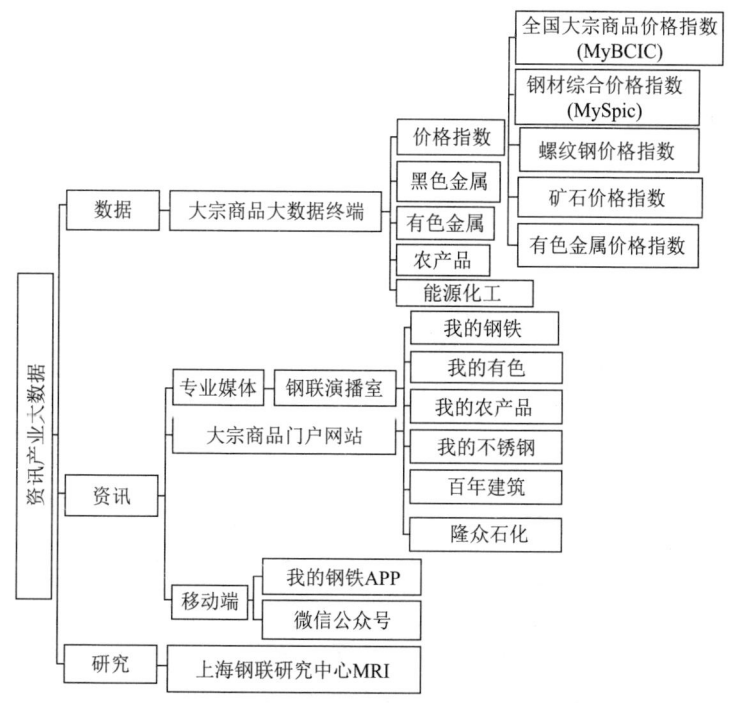

图 9-18　资讯＋产业大数据

(1) 数据。上海钢联深耕大宗商品数据2018年，推出了大宗商品大数据终端，数据来源广泛稳定、发布内容准确及时，基于大数据编制的各项指数权威性较高。其中，数据库终端有钢联数据优势指标百万余条，数据量达2.1亿个，涵盖黑色金属、有色金属、能源化工、建材、农产品等九大板块，内容涉及国内外存储量、产量、销量、运量、库存、消费、价格、进出口、物流、产业调研及国内外宏观经济数据等。

(2) 资讯。资讯平台是上海钢联长期耕耘的领域。PC端，上海钢联运营有大宗商品门户网站6个，分别为"我的钢铁网""我的有色网""我的不锈钢网""我的农产品网""百年建筑网"和"隆众资讯"，对标领域分别为钢铁、有色金属、不锈钢、建材和能源石化商品。移动端上，公司推出我的钢铁HD版APP，以及"我的钢铁网""我的钢铁聚焦"微信公众号等，为客户及时提供市场咨询、宣传推广等增值服务。成熟的资讯平台为上海钢联带来了大量的优质客户，促进钢银交易量稳定增长。

(3) 上海钢联"研究中心"。上海钢联成立了"研究中心"（即MRI, MysteelResearch Institute），针对钢铁及相关大宗商品行业和市场研究咨询服务。经过12年的发展，咨询调研中心团队由70余名来自政府部门、研究机构、钢铁制造业、流通领域、投融资机构的国内外专家和顾问组成，对钢铁等大宗商品行业进行跟踪研究，并形成各类定期报告和专题报告，供会员参考使用。

9.6.2 盈利模式创新

在钢铁电商平台的整合时期，众多的电商平台因无法实现盈利而破产，而上海钢联因独特的服务模式形成了颇有优势的盈利模式。目前其盈利主要来自于资讯服务、交易服务和金融服务。

1. 资讯服务

在资讯服务方面，上海钢联主要通过给客户提供网页链接服务、信息服务、会务服务、咨询服务来获得收入。如图，在2018年上半年，上海钢联的资讯收入中占比最大的是网页链接收入，增速最快的是咨询服务，资讯板块收入总体增速为35%。如今，资讯服务已成为上海钢联收入增长的重要推动力（参见表9-3）。

表9-3 上海钢联资讯板块收入构成变化情况

营业收入	2013	2014	2015	2016	2017	2018H1
网页链接服务（百万）	64.46	63.57	59.71	62.6	89.98	56.18
同比（%）	−16.04%	−1.38%	−6.08%	4.84%	43.75%	31.65%
信息服务（百万）	84.02	73.2	70.05	74.48	80.06	48.21
同比（%）	2.44%	−12.88%	−4.30%	6.31%	9.58%	30.19%
会务培训（百万）	23.56	28.42	14.74	32.13	50.41	28.07
同比（%）	−4.61%	20.61%	−48.12%	81.28%	60.39%	33.37%
咨询收入（百万）	10.55	16.16	10.88	11.82	22.04	16.91
同比（%）	11.13%	53.11%	−32.70%	8.68%	86.45%	73.73%

续　表

营业收入	2013	2014	2015	2016	2017	2018H1
资讯板块合计（百万）	186	192.01	155.31	185.53	245.52	149.37
同比（%）	−5.12%	3.23%	−19.11%	19.46%	32.33%	35.20%

资料来源：wind，浙商证券研究所。

2. 交易服务

上海钢联在交易服务方面的收入主要来自于两个方面：一方面，寄售服务交易佣金组成了其交易收入的主要部分。钢银平台为钢厂和贸易商提供服务，拓宽其销售渠道，降低其销售成本，钢银电商对此向钢厂和贸易商收取合理的交易佣金；另一方面，为交易用户提供物流、仓储、加工等辅助服务。完善的供应链服务解决了传统钢贸商产业链中的订单零散、渠道不畅、采购及周转困难等问题。

3. 供应链金融服务

供应链服务中的金融服务有效地缓解了钢铁企业融资难，资金压力大等问题。通过提供金融服务，钢银平台会从中收取适当的利息。

9.7　公司服务创新模型分析

本部分采用服务创新四维度模型，探究上海钢联创新体系中各个维度对于企业绩效及客户满意度所产生的积极作用。本部分数据来自于对上海钢联客户的问卷调查，通过在钢材交易市场访问企业，收集到上海钢联客户问卷36份，通过钢银员工发放问卷，收集问卷28份，共计64份客户调查问卷。由于调查钢企难度较大，问卷收集数量较少，但是对评估上海钢联的服务模式还是有一定的参考价值。

9.7.1　研究假设

上海钢联电商平台的服务创新能力可归纳为"撮合＋寄售""交易＋供应链服务""资讯＋大数据服务""物流仓储"四个维度。基于此，本文提出以下假设。

H1："撮合＋寄售"对企业创新绩效及盈利的正向调节作用显著。
H2："交易＋供应链服务"对企业创新绩效及盈利的正向调节作用显著。
H3："资讯＋大数据服务"对企业创新绩效及盈利的正向调节作用显著。
H4："物流仓储"对企业创新绩效及盈利的正向调节作用显著。

9.7.2　量表设计

本模型以上海钢联电商平台的服务创新能力为因变量，以"撮合＋寄售""交易＋供应链服务""资讯＋大数据服务""物流仓储"四个维度为自变量，构建方程。基于服务创新四维度模型，分别结合钢铁电商平台发展现状，突出钢铁电商创新活动中基于客户与企业导向进行的调查分析。采用李克特五级量表进行测量，即"非常不同意"为1，"不同意"为2，"不确定"为3，"同意"为4，"非常同意"为5。

具体量表参见表 9-4。

表 9-4　服务创新能力量表

变量	具体测量题项
撮合＋寄售	H1a：钢银寄售服务对交易量有促进作用 H1b：钢银寄售服务使营业利润增加 H1c：钢银寄售服务使交易效率得到提高
交易＋供应链服务	H2a：供应链服务使采购更加具有便利性 H2b：供应链服务有利于渠道的开通 H3b：供应链服务使更容易资金周转
资讯＋大数据服务	H3a：大宗商品大数据终端帮助产业客户、金融和政府机构研判商品价格走势 H3b：资讯平台可为客户及时提供市场咨询、宣传推广等增值服务 H3c：PC端与移动端相互结合可以拓展用户群，保持客户基础优势
物流仓储	H4a：智慧仓储系统可使仓储的效率得到提升 H5b：物流平台对于钢铁运输资源的整合和优化作用

在本模型中，服务创新由四个维度决定，sales 代表"撮合＋寄售"、supply chain 代表交易＋供应链服务、information 代表资讯＋大数据服务 logistics 代表物流仓储，设定模型为：

$$Y = \beta_0 + \beta_1 sal + \beta_2 sup + \beta_3 \inf + \beta_4 \log + \varepsilon$$

限于篇幅，这里直接给出回归结果：

$$Y = 0.109 + 0.312 sal + 0.249 sup + 0.174 \inf + 0.173 \log + \varepsilon$$

决定上海钢联服务创新性的四个维度中：撮合＋寄售的 $\beta_1 = 0.312$，$t = 5.71$；交易＋供应链服务的 $\beta_2 = 0.249$，$t = 7.14$；资讯＋大数据服务 $\beta_3 = 0.174$，$t = 4.24$；物流仓储 $\beta_4 = 0.173$，$t = 4.8$。综上，服务创新的四个变量对企业创新绩效均有显著正向影响。根据统计意义的检验，$R^2 = 0.837$，整体拟合度高。说明企业绩效与客户满意度 83.7% 都可由四个维度来解释。

9.8　SWOT 分析

根据以上对上海钢联各方面的调查与分析，本部分采用 SWOT 分析法对上海钢联的竞争优势、竞争劣势、发展机遇、面临挑战进行梳理，提出发展建议。

9.8.1　竞争优势

1. 成熟的交易模式

上海钢联在交易模式方面有过一段较长的探索期，最终形成了"撮合＋自营"的交易模式。撮合交易有着快速积累客户资源、树立品牌形象的作用，但是这种交易模式积累的客户对平台的黏性较低，而且难以给公司带来收益。寄售交易可以让钢银处于完全第三方的地位，只需尽可能提供优质服务，这种方式可以增加客户对平台的依赖性，并获得稳定收益。两种模式相辅相成。

2. 完善的产业链闭环

对于钢铁电商平台来说，切实有效地解决传统钢厂面临的难题，追求极致化服务，是实现差异化运营、获取优质客户的必要途径。在2008年至2015年间，交易环节的钢银电商成功投入使用并在新三板上市，基于物联网技术的钢联物联网云仓储与运钢网成立并成功接入钢银平台，供应链金融服务逐渐完善解决了无数中小钢企融资难的问题。此外，基于大数据、"云计算技术的资讯+数据服务"也成功发力，为全国钢企提供优质资讯。正是这一条成熟的产业链闭环形成的优质服务，给上海钢联带来了大量优质客户。

3. 愈渐清晰的盈利模式

上海钢联经过多年摸索，形成了独特的盈利模式。一方面，钢银电商在大量优质的客户基础上推出的"撮合+寄售"交易模式，带来了稳定的盈利；另一方面，上海钢联长期耕耘的资讯平台已逐渐成熟，其网页链接服务、咨询服务、信息服务已可以为公司带来可观的利润。另外，钢银平台在交易过程中推出的金融服务，可以收取一定的利息，这也是其净利润的重要来源。

4. 行业领先的资讯门户

基于多年建成的钢联大数据平台，上海钢联编制了全国大宗商品价格指数、钢材综合价格指数等专业指数，为产业客户、金融和政府机构把控宏观经济形势、及时判断商品价格走势提供了详实、有力的依据。专业的行业资讯巩固了上海钢联的龙头地位。

5. 高管专业背景深厚

上海钢联的管理层大多有过钢铁行业的工作背景，如黄坚、张王军等，其中部分人是从一线晋升而来。这些公司高级管理人员深知行业痛点，知道应该如何开展业务可以真正帮助传统钢铁企业走出困境。

9.8.2 竞争劣势

1. 厂商资质评级不够完善，产品参差不齐

上海钢联尚未形成完善的厂商资质评级系统。平台厂商的优劣直接关系到产品的质量保障，在调研的企业中，大多数下游企业均表示货源厂商的信誉是交易的重要考虑因素。从目前来看，上海钢联在厂商信誉资质评级这一块有待加强。

2. 产品规格检验不严格，容易出现问题

由于下游钢铁企业要将购买的钢材产品进行加工和运用，因此产品的规格是否符合标准在很大程度上影响着企业的生产质量。目前上海钢联还无法在产品规格检验方面提供优质服务，这也使得客户更愿意与熟悉的钢厂进行交易。

3. 产品种类不够丰富，不能满足多样化需求

钢材产品多种多样，目前钢银平台的产品还是以规格标准较低的钢材产品为主，比如钢筋、螺纹钢等，但是在一些高定产品方面还没有非常丰富的货源。由于钢银平台目前以寄售交易模式为主，注册厂商生产什么，平台便卖什么，这使得钢银平台难以自主地增加其平台产品的种类，因此钢银平台目前尚不能完全满足下游钢铁企业的

多样化需求。

9.8.3 发展机遇

1. 国内钢厂对第三方平台认可度走升

在钢铁行业陷入严冬，钢铁电商平台兴起初期，大多数钢铁企业对新兴的钢铁电商平台并不十分信任，当时的钢铁电商平台管理混乱，物流仓储效率低下，资金安全性保障有待加强，只有部分苦于没有销售渠道的中小企业会寻求电商帮助。如今，钢铁电商平台已经趋于完善，像上海钢联更是形成了成熟的供应链平台，传统钢铁企业对钢铁电商平台的认可度已经大大提高。

2. 市场空间有待进一步扩大

钢铁电商平台目前还拥有巨大的潜在交易空间。经过调查，大多数钢铁企业并未将电商平台作为其销售的主要方式，而使用钢铁电商平台的钢铁企业只有不到20%的产品是通过电商平台销售。可见钢铁电商平台还拥有很多潜在市场可以挖掘。上海钢联凭借其独有的资讯平台及成熟的运营模式，吸引更多客户，扩大交易量的空间。

9.8.4 面临挑战

1. 在位竞争者与潜在竞争者较多

虽然在多方面都具有优势，上海钢联依旧存在许多竞争者。一方面，经过多年的竞争与整合，存活下来的钢铁电商平台大多已经形成了自己的生存方式，比如找钢网、欧冶云商等。这些已进入竞争者不断完善自己服务体系，获取更多优质客户，从而增加产品交易量，提高盈利。另一方面，部分大型钢企以较大的产业规模与市场规模为基础，会创建自己的电子商务平台。这些潜在竞争者在产品质量保障方面优势较大。

2. 钢企对传统销售渠道的依赖程度很高

根据调研，虽然钢铁电商平台在物流、仓储、分销渠道方面有较大优势，但大多钢铁企业对电商平台交易的信任度依旧不高，这些企业更倾向于通过自己熟悉的销售渠道去采购钢材或销售商品。一方面，从熟悉的上游钢企订购的钢材，在产品质量方面更有保障，与厂商沟通也更加方便，而从电商平台购买的产品由于缺乏信用基础，很有可能出现质量参差不齐的现象。另一方面，向熟悉的下游厂商销售商品，获取的利润空间更大，对于大多数公司而言，已有的销售渠道已经足以消化自己的产品。

3. 钢铁"红利期"后将迎来新的挑战

近年来，钢铁电商平台的高速发展很大程度上是得益于稳定的钢铁市场环境。自2013年至2015年出现严重的产能过剩以来，政府加大了对钢铁行业的管制，压缩钢铁产量，使得钢铁行业的供给与需求处在一个较为平衡的位置，钢价也出现了较为强势的上涨，再加上政府的支持，这几年既是钢铁"红利期"，更是钢铁电商平台的"黄金发展期"。可是随着钢铁市场的持续稳定，政府管制会逐渐放松，待钢铁市场红利期一过，如何面对新的市场形态是上海钢联需要认真思考的问题。

9.9 未来发展建议

9.9.1 对上海钢联发展的建议

1. 完善厂家资质评级,提高产品质量

目前的钢铁行业下游企业更愿意从熟悉的厂商中订购钢材,主要是基于双方长期以来建立起的信任关系。而电商平台上的厂商由于没有任何了解,其生产的钢材产品的质量很难保障,这也是大多数下游企业不愿意使用电商平台的原因。为了消除下游企业的顾虑,上海钢联应该完善入驻厂商的资质评级系统,确保厂商发布产品的质量,增加产品检验工序,打消下游企业采购商品的后顾之忧。

2. 吸引更多厂商入驻,增加产品种类

钢材产品种类繁多,部分下游企业表示并不能在电商平台上找到自己需要的产品,尤其是一些高定产品。因此上海钢联可以充分发挥撮合交易的优势,获取更多的钢铁厂商资源,邀请更多钢铁厂商入驻,提高钢银平台上产品的种类,并据此吸引更多的客户。

3. 制定产品规格标准,增强客户信任

钢材产品由于其特殊性,对规格的要求较高,所购买产品规格是否符合要求,是下游钢业企业重点关注的问题。部分钢企反应现在的钢材产品规格检验普遍不严格,上海钢联可以基于自己的专业优势,根据国家标准提供产品规格检验方面的服务,丰富其供应链平台,彻底破除客户对产品规格质量的担忧。

4. 加强大型钢企合作,实现合作共赢

国内大型钢企由于其雄厚的产业基础、丰富的销售渠道、成熟的物流系统,对钢铁电商的需求并不是很高,甚至会成为钢铁电商平台的竞争对手。上海钢联可以与大型钢企形成战略性合作,利用自己仓储、物流系统的优势,为大型钢企减轻仓储物流等供应链方面的压力,减少运营成本。通过这种方式,大型钢企可以为上海钢联提供更多的优质货源,从而吸引更多的客户。

9.9.2 对钢铁电商行业发展的建议

1. 认清企业发展阶段,制定相应战略

各大钢铁电商平台应该认清自己所处的发展阶段,合理地调动资金,采用最适合平台阶段性发展的交易模式与盈利模式。在平台客户较少时,平台可以多采用撮合交易模式,提高企业名气,积累更多的客户;在客户积累到一定程度时,可以采用自营模式,通过自主采购钢材再卖给下游企业的方式实现交易,这样既可以通过赚取差价的模式实现盈利,也可以实现交易量的提高。但是由于该模式存在价格波动的风险,并且存在与钢企争利的现象,因此不适合长期采用;同时,电商平台在一定的客户基础上可以采用寄售模式,此时电商平台作为纯粹的第三方平台提供交易、仓储、物流等一条龙服务,既不存在与钢企争利的问题,也不存在风险问题,但是必须要建立在一定的客户基础上才能开展。最后,在寄售模式能够带来稳定利润时,则可战略性停用自营模式。这是从上海钢联的转型过程中总结的经验，事实证明，这条发展道路确实适合电商平台发展，值得同行借鉴。当然，不同的企业有不同的情况，也应有其他适合电商发展的道路尚未挖掘出来，值得对其进一步探讨。

2. 完善供应链服务，解决企业难题

钢铁电商平台存在的意义就是在于协调钢铁产业链之间的关系，解决企业难题，提高钢铁产业运营效率，改善钢铁产业环境。为了实现这一点，建设完善的供应链服务体系是钢铁电商平台的必由之路：为了降低钢企的存储与运输成本，钢铁电商平台需要充分利用大数据、云计算、物联网等先进技术，建立高效率的仓储与物流系统；为了解决企业的融资困难问题，钢铁电商平台可以为其提供金融服务；为了解决交易双方的信任问题，电商平台可以建设企业信用资质评估系统，消除客户的后顾之忧。只有切实解决钢铁企业存在的问题，钢铁电商平台才能获得长远的发展。

3. 加强客户端经营，追踪客户需求

各大电商平台在面对强有力的竞争环境时，如何留住客户是他们面临的一个问题。首先，电商平台应精耕客户，针对客户在平台上的"脚印"，细分客户，建立每一位客户档案。其次，客服人员应该加强与既有客户的沟通与联系，当平台有适合客户的新产品时，应及时告知且适当说明公司产品和服务的优势。最后，以邮件或微信公众号的方式定期向客户发送行业状况与趋势，为客户预计每年平台产品的价格走向及类别，提醒客户早作存货。只有追踪客户需求，建立客户档案，为每一位客户提供最为便捷的交易条件，才能使钢铁电商平台富有竞争力。

9.9.3 对其他大宗商品电商发展的思考

1. 加强资讯平台建设，洞察市场行情

观察上海钢联在"资讯+产业大数据"方面的尝试，可以发现一个数据精准、信息可靠的资讯平台对于一个产业的发展有着非常大帮助。例如对于农产品，几乎每年都会出现部分地区果农的水果降价也卖不出去，可是其他地区价格却很高的现象，这就是由于信息不对称，供给与需求无法合理匹配引起的。而一个高质量的农产品资讯平台却可以让水果产量、质量、分布等信息得到充分展示，农产品滞销的现象也许会获得很大的改善。

2. 完善物流仓储体系，减少交易成本

从上海钢联的钢联物联网云仓储和运钢网带来的积极效应来看，充分利用物联网等先进技术建立起高效率的物流、仓储系统对于一个产业的发展有着至关重要的作用。大宗商品电商平台若要获得好的发展，建设一条完善的供应链服务显得尤为重要。

3. 探索运营盈利模式，提高交易效率

任何电商平台必须要实现盈利才能生存下去，如何在解决大宗商品企业问题的同时实现盈利，是需要深入探讨的问题。但是，无论对于什么产业，一个电商平台在不同的发展阶段应该使用不同的运营盈利模式，当发展阶段出现改变时，应当及时调整战略。只有这样才能够帮助电商平台更好地生存下去，也能让电商平台在产业链中更好地起到调节作用，为优化国内产业结构，改善企业生存环境提供帮助。

10. 西门子的个性化推荐和精准化营销模式

参赛团队：We Are USSTers
参赛队员：温霏、余强明、尹庆国、谢玉、张文洁
指导教师：张宝明
获奖情况：三等奖
关键词：西门子　个性化推荐　企业精准营销效益　SEM 模型　营销

近年来，云计算、大数据和相关产业的迅速崛起有力地推动了我国经济的发展，深刻地改变了人们的思维、生产和生活方式，我国经济从此进入到了数字经济时代。在此时代下，通过对用户信息进行建模，对互联网上存在的大量数据进行挖掘分析，进行个性化推荐，不仅能够提升用户体验，也能够增强企业效益，这对拥有互联网平台的企业尤有意义。本报告以西门子上海总部为样本，以企业精准营销效益为研究对象，采用层级回归分析与路径分析方法，检验了个性化推荐与企业精准营销效益之间的相互联系，以及在这当中顾客对个人数据收集的抵触度与顾客对网络安全的敏感度的中介效应。研究结果表明：个性化推荐对企业精准营销效益存在显著影响，同时顾客对个人收据收集的抵触度、顾客对网络安全的敏感度两要素在个性化推荐与企业精准营销效益之间存在中介效应，有着显著的负面影响。

10.1　西门子公司现状分析

10.1.1　现状分析

德国西门子自进入中国以来，其家电市场占有率一直飞速增长。2018 年，西门子在家电行业的成就喜人，在品牌销售排行中位居前列，冰箱、洗衣机、抽油烟机等的销售总量排名情况见图 10-1。但是随着电子商务、网上商城的发展，西门子产品的线上零售额和零售量占比，分别是第四和第七，总体表现差强人意。通过分析市场数据，我们发现西门子的定价整体较高，导致客户的流失。其次，面对零售的快速转型，西门子等传统外资品牌不仅没能及时优化原有经销商渠道的布局，而且忽略了消费者群体变化。因此，西门子公司在个性化推荐方面，注重用户数据，利用大数据分析，得出消费者的喜好偏好进而进行精准营销，提高用户体验度和产品销量。

商业新物种：电商模式创新典型案例分析

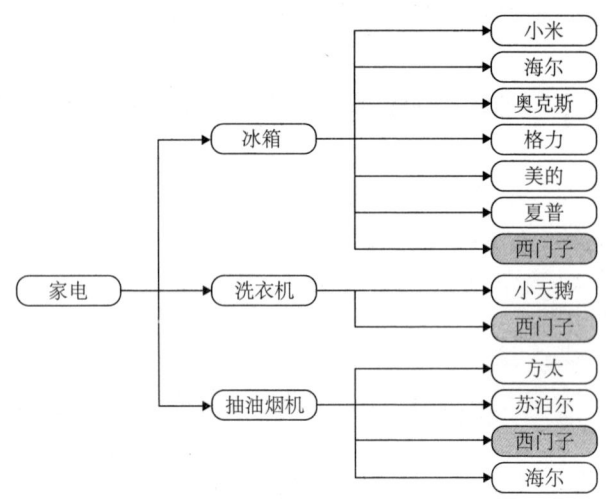

图 10-1　2018 年西门子冰箱、洗衣机等主要家电销售排行

数据来源：根据网络排名整理而得。

10.1.2　西门子企业的 SWOT 分析

1. 优势分析

1）注重广告投放

西门子的产品种类繁多，企业管理者对产品的投放进行了合理规划和划分，以求需求与供给最大程度的契合。西门子把握广告投放的契机得当。其一，西门子加盟了包括京东商城、天猫旗舰店等在内的各大电商平台，在平台举办活动时积极推出品牌优惠活动，积极有效的利用发挥电商平台的广告效应，增强品牌知名度的同时扩大产品销量数据统计，就如"双 11"购物狂欢节，西门子在各大电商平台都有很好的销售成绩。2017 年"双 11"购物狂欢节，西门子在京东平台上销量排行情况如图 10-2 所示。

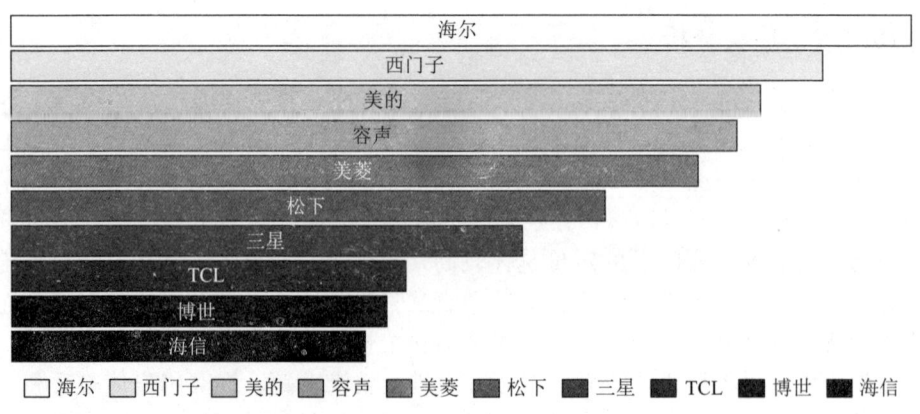

图 10-2　2017 年京东平台家电销量排行榜

数据来源：运营商财经网。

除了加盟平台，为了提高顾客对品牌的认可，西门子参与各大展销会，并在展会上推出新产品，通过产品的讲解，促进消费者对产品性能的了解。"让产品走进生活"，消费者可以进行线下体验，挖掘与激发消费者的口碑效应与广告效应。

2）了解顾客需求

西门子在日常经营中以顾客需求为核心，推出一系列主题活动，如西门子日前举办的"衣服酷爱西门子""真空科技 捕获新鲜"等。利用各大社交平台，让更多的顾客知晓西门子的魅力。活动均以契合数字传播的创意及传播手法，在互联网世界大幅度地提升了西门子家电的美誉度以及消费者的忠诚度。

西门子在产品生产上十分注重顾客需求，近年"双11"西门子冰箱销量情况就很好的证明了这一点。2017年京东家电"双11"冰箱销售额品牌排行榜冠军是海尔，西门子第二，美的冰箱屈居第三。进一步的，我们对比了美的冰箱与西门子冰箱在产品性能与定价之间的差异。调查数据显示，京东平台上销量最好的多为大容量的冰箱，而西门子冰箱主打的就是大容量冰箱，在西门子品牌冰箱销售排行靠前的多为450升以上大容量冰箱产品。相比西门子，美的冰箱主打产品大部分容量在200～450升（参见图10-3）。而消费者对大容量冰箱的需求上升，传统小型迷你的冰箱已无法满足消费者对产品保鲜的需求。西门子正是抓住了消费者在这一点上的消费偏好，才能多年来保持销量领先（参见图10-4）。

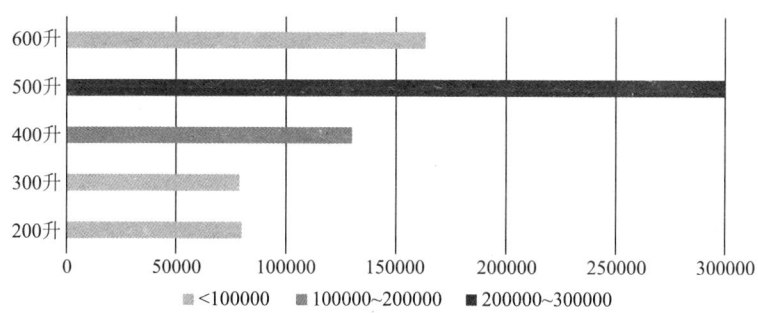

图10-3 2017年京东各式容量冰箱排行情况

数据来源：京东商城。

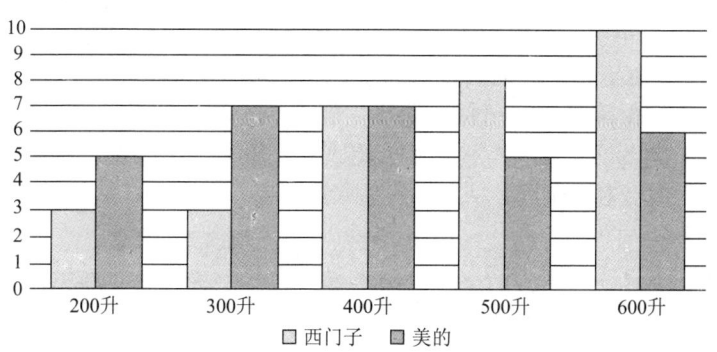

图10-4 西门子与美的各式容量冰箱种类统计

数据来源：京东商城。

3) 重视品牌形象

西门子利用互联网开展跨境公益，走"互联网＋公益"路线，通过加大公益的参与度，塑造企业的正面形象。同时，西门子家电借助淘宝网的平台，跨行业联合 25 家一线服装品牌的淘宝旗舰店推出了"5 折换购双赢推广"特卖，在消费者心中塑造了良好的形象，品牌知名度大大提升。

2. 劣势分析

1) 市场定位模糊

西门子产品具有质量方面的优势，其也一度代表着家电行业中的高端奢侈品，基于国内中等收入水平人群较多的国情，其价格可能过高。在其他方面相差无几的情况下，有些中国消费者可能更偏爱海尔，而不是价格偏高的西门子。我们统计了西门子"双 11"购物狂欢节在各大电商平台的定价情况，可以发现其定价要略高一些。市场定位的偏差，可能也是西门子产品在国内销售情况不如海尔的原因之一（参见图 10-5）。

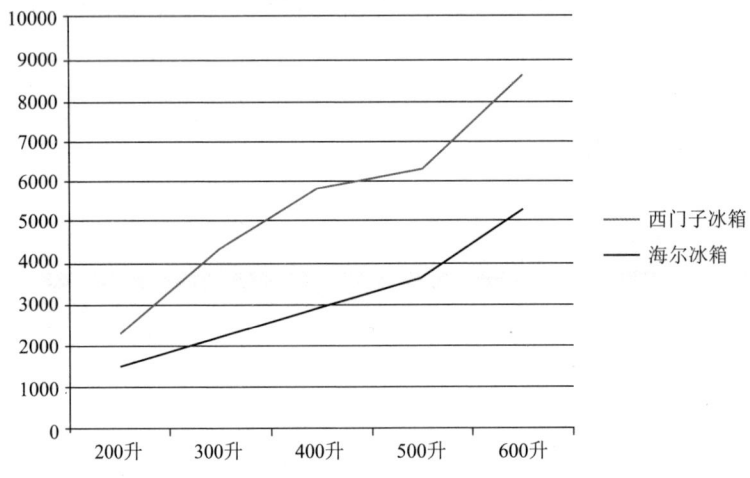

图 10-5　2019 年西门子与海尔冰箱定价对比图

数据来源：根据各大电商平台数据整理而得。

2) 服务沟通不到位

西门子是国际品牌，在进入中国市场时，西门子公司应采取有效的方式与中国消费者进行沟通，比如在售后方面等。西门子的生产标准全球统一，质量有保证，只是一旦出现问题售后保障较差，超保费用高，配件费跟维修费都比其他品牌高。同时，海尔在行业技术也比较成熟，售后服务也比较好，企业一定程度上卖的是服务，海尔是本土企业，售后点遍布全国，从而其售后服务相比西门子而言要占据一定的优势。

3. 机会分析

（1）市场需求巨大。市场需求增加，家电市场发展迅速，尤其是智能家电，面临着很大的发展空间。其次，国内外的家电高端市场需求一直呈增长趋势，消费者对高端家电产品的需求很大。

（2）隐私关注提升。随着个性化推荐的应用，个人信息被大量收集，顾客对于隐私的关注度显著提升。西门子公司在保护个人隐私方面做了大量的工作，这对提升企业竞争力是个难得的机会。

（3）广告投放精准。大数据的发展，是各大商家进行精准营销的极好契机。西门子可以根据消费者需求偏好的不同，有的放矢地进行广告投放，提高广告投放的效率与成功率，降低无效广告造成的高额成本。

4. 威胁分析

（1）个人隐私泄露。电子商务的兴起，电商平台面临越来越严峻的个人隐私问题。西门子公司利用个性化推荐达到精准营销在一定程度上涉及个人信息的收集，顾客享受个性化推荐的同时也感受到了个人隐私问题的严重性，随着个人隐私关注度的提高，西门子公司需要把握一个平衡点，既能达到精准化营销的目的又能保护个人隐私。

（2）网络安全问题。电商兴起之后，很多交易都在网上完成，网络安全成为新的威胁，如何保障交易安全成为企业和顾客共同关心的问题

（3）行业竞争激烈。国内家电企业的低价战略，逐步侵占市场。近年来的冰箱大战、空调大战越演越烈，许多厂商采取降价销售、特价销售等促销活动。西门子公司注重产品质量，这在一定程度上决定了其成本较高，因此在价格战中常常处于不利地位。

上述西门子公司 SWOT 分析可以用图 10-6 表示。

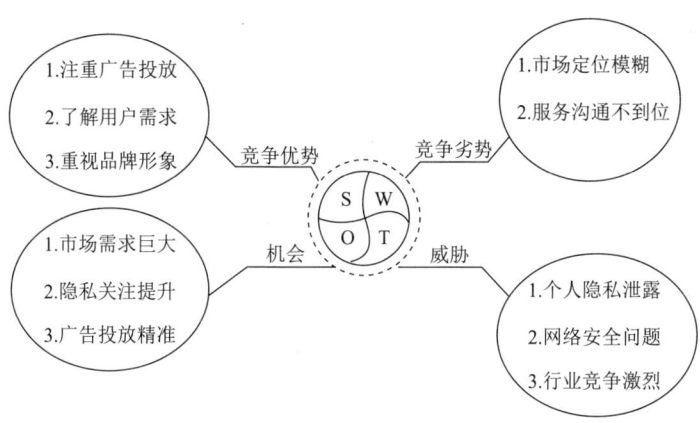

图 10-6　西门子公司 SWOT 分析图

10.2　西门子营销模式现状分析

10.2.1　营销模式的类型

1. 传统营销模式

传统营销模式是绝大部分企业选择的营销模式，也是最普遍的一种营销模式。

1）分类

（1）代理商营销模式：指企业营销主要依赖代理团队。企业在各个地区招聘区域经理或者独家代理，通过这些代理再发展下线经销、分销、零售队伍；企业只需要负责对口联系这些代理商，其他工作不需要介入。

（2）经销商（分销商）营销模式：这是代理商营销模式的进化。为了更好地开拓市场，企业必然会选择"淘汰代理商、重点扶持经销商"的营销策略。

（3）直营模式：采取这种营销模式的企业，主要业绩来源于自我经营，而不是依赖于代理商、经销商等渠道合作伙伴。

2）传统营销模式中存在的问题

（1）营销决策存在主观性，没有良好的科学依据。如今，很多企业在网络营销活动中没有做到与时俱进，仍然采用传统的网络营销模式，通常都是管理者通过以往的经验制定企业营销策略，存在着很大的盲目性和主观性，缺乏良好的数据支持，导致其制定的网络营销方案不能切合实际，致使网络营销的收益很低。

（2）营销沟通存在单向性。目前，有很多企业都在营销沟通上都有着单向性的问题，往往都是采用微信、邮件、短信、微博等方式将营销信息推送给客户，没有接受客户意见的意识，缺乏和客户的良好沟通，导致其并不能够很好地满足客户的实际需要，营销活动无法达到预期效果。

（3）没有有效的分析客户需求，导致客户体验很差。企业在开展网络实施营销时，缺乏对客户需求的分析，这就导致企业营销的策略不能达到预期效果。所以，企业只能够依靠发布大量营销内容给客户的方式进行营销，这样的营销效果很差，客户不仅不能够获得有价值的信息，还会对这种信息"轰炸"产生反感，导致客户体验很差。

2. 基于互联网的营销模式

在"互联网＋"的条件下，由于营销方式的转变，利他主义会成为企业营销与销售的出发点，企业要创造出新型的营销模式，要实现消费者、项目合作者和企业自身共赢的发展模式。由于企业营销方式的变革，消费者对于物质消费方式也发生了改变。在此过程中，消费者在消费过程中更加注重体验上的满足。在互联网条件下，企业需要对消费者的需求进行深层次的分析，以此为消费者提供个性化和差异化的服务。

在"互联网＋"背景下，企业的营销模式会充分借助互联网平台，营销信息的处理会利用互联网。订单信息、发布和处理等方式均发生了改变。企业获得订单后，会根据订单的内容组织营销，通过物流体系配送给客户。"互联网＋"改变了市场营销模式，简化了营销流程，可以降低营销发生的成本，提高营销的准确性，有利于提高市场营销的整体效果。此外，基于互联网的市场营销可以保证实时性，市场营销的交互沟通可以更加高效，客户会转变为市场营销的主导者，会参与到企业的营销行为中，客户需求会影响到产品服务的全过程，成为"互联网＋"条件下营销调研的主体。

3. 基于大数据的精准营销模式

（1）用大数据为客户"画像"。依托大数据的海量数据对顾客的消费习惯、消费偏好等有利于企业进行针对性营销策略制定的方面进行分析，切实把握住消费者的核心需求，以此为基础进行产品的创新与改进，提高用户群体对公司产品的黏度，培养忠诚的顾客，有利于企业在激烈的市场竞争环境中抓住发展的机遇和企业的长远发展。

（2）广告的精准投放。广告可以提高品牌和产品的知名度和赞誉度。当潜在顾客对企业的产品产生需求时，广告就会引导消费者选购企业的相关产品。所以，当企业运用搜集到的数据通过相关性等算法进行分析时，就能将消费者可能有消费欲望的产品推送给他，很大可能满足顾客的刚需，直接刺激了消费者的消费欲望，实现了将潜在客户转化为客户的目标，以此做到精准投放。

（3）满足顾客个性化需求。中国正处于从第三个消费时代向第四个消费时代转变的过程，消费者一方面要求个性化需求得到满足，另一方面追求简约、环保和共享，追求人与自我和所处环境的联系。因为这个时代的大部分消费者是愿意用高价来换取个性化的定制服务的，那么企业可以在营销活动中收集消费者的数据，针对消费者的个性化需求以及消费习惯，制定针对性的、科学性的营销方案，以获得更多的利润。

图 10-7 反映了精准营销与个性化推荐原理。

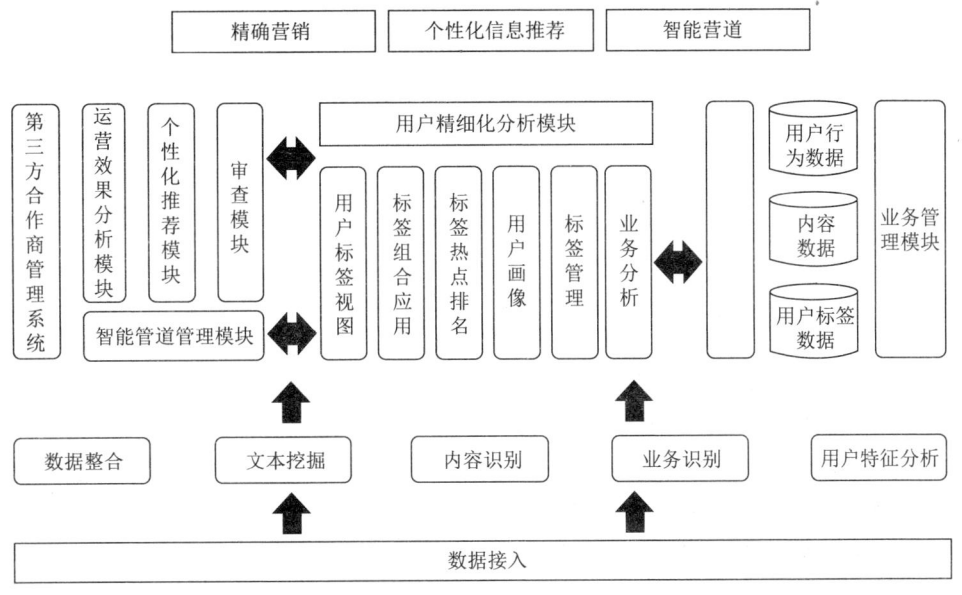

图 10-7　精准营销与个性化推荐原理图

4. 几种营销模式的比较

营销是对客户需求满足的促进，其主要特点是借助大规模的广告、促销手段和庞大的分销系统向目标市场大量倾泻同质型产品，追求较高的市场占有率和规模收益，以达到增加收益和打压竞争对手的目的。随着市场环境的改变，传统营销方式的弊端不断显露出来。

精准营销理念是对数据库营销和网络营销等理念的发展与创新。它综合了数据库营销、网络营销、定制营销的核心思想，以数据库为支撑，充分应用网络技术，通过对客户行为数据的挖掘，找出理想的营销策略。支持精准营销的基础是有大量的相关客户信息，在对这些信息挖掘整理的基础上发现客户特性，进行有效的营销推广，提供个性化的产品和服务。

传统营销模式则主要依靠大面积广告投放，这种"铺天盖地"的营销效果大大提高了电子商务产品推广的成本。而精准营销则在促进电子商务产品宣传力度提高的同时，节省了顾客甄别广告、比较商品质量的时间，使顾客能够主动接受营销信息，使营销过程更有效率。精准营销作为可以贯穿电子商务全过程的营销模式，能够通过自动订货、下单及跟踪等流程，使顾客的不同需求得到更好的满足，能够有效缩短电子商务企业与消费者的距离，可在保证消费者获取完整产品的基础上促进电子商务产品流通环节的减少，在电子商务服务水平方面具有很大促进作用。

表 10-1 对常见的几种营销模式进行了对比。

表 10-1 常见几种营销模式对比

	优势	劣势	途径
传统营销模式	适用于传统的企业以及小公司的营销	没有精准的定量信息依托，较难留住和吸引客户，大面积投放成本高	分销商代理
基于互联网的营销模式	注重消费者的体验，比传统营销模式更为便捷，降低成本	利用网络平台广泛投放信息，不能更好地吸引客户，目标模糊，成本高	网络平台
基于大数据的精准营销模式	能够满足用户的个性化需求，精准推广	在精准采集用户喜好方面，有技术难题	网络平台

10.2.2 西门子营销模式分析

在家电领域，西门子采用的营销模式为传统销售渠道与电商销售渠道并重。随着电子商务的兴起与人们对便捷、性价比模式购物方式的追捧，西门子各地区的市场战略正经历前所未有的大变革，处于战略转型期。在这一阶段企业应当既重视传统销售渠道又重视电商销售渠道，两手都要抓，两手都要硬，通过动态调整和合理的布局使两种销售渠道都得以长久发展。但从总体来看，西门子家电在发展过程中更加重视电商销售渠道，并建立专门团队来单独拓展电商销售渠道。西门子西北地区的市场战略就很好地体现了西门子重电商销售的趋势——目前电商销售渠道在西北地区处于高速发展阶段，销售额度不断上升，传统销售渠道销售额虽占据较大份额，但总体呈下滑态势，具体可参考图 10-8。

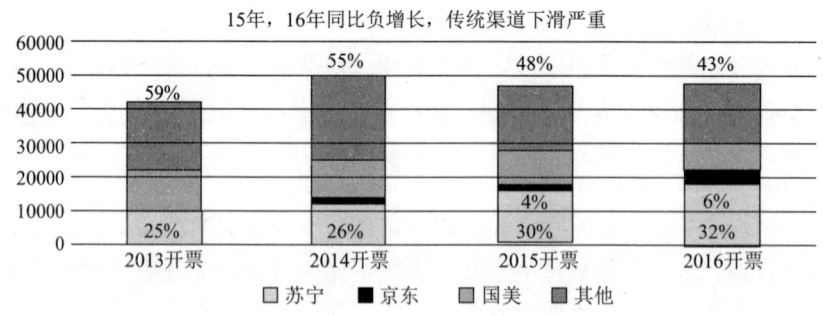

图 10-8 西门子家电各渠道销售份额占比图

资料来源：根据西门子官网公布数据整理而得。

从图 10-8 中西门子家电各个渠道的销售份额来看，目前传统渠道份额仍占据较大比例，但是电商渠道处于高速发展阶段，将逐渐成为主流渠道。从 2013 年至 2016 年，传统渠道销售占比整体成大幅下滑趋势，2013 年传统渠道占比 59％，在各类销售渠道中处于绝对优势；2014年虽然营收增加，同比增长107%，但是其在销售中所占比重下降，为55%；2015年和2016年同比负增长，占比为48%和43%，传统渠道销售下滑严重。

在这种情况下，西门子家电开始减少实体店的数量，并大力发展电商渠道进行精准营销以维护庞大的互联网消费群体。

10.2.3 西门子营销中存在的问题

家电行业是如今开放程度最高、竞争最激烈的行业之一，随着整个行业步入产品生命周期的成熟阶段，产品同质化程度越来越高，渠道创新就成为各品牌走向差异化营销的重要手段。总体而言，西门子目前的营销渠道在中国家电行业具备最完善、最具竞争力的渠道结构，其现有的渠道结构在某些方面还是存在一些不足之处。能否真正满足客户个性化的需求将在很大程度上决定西门子未来的发展，而产品传递到最终用户手中关键在于渠道。

一是电商时代如何打好信息保卫战。西门子企业营销战略目前逐渐由传统销售渠道为主转向传统营销与网络营销并驾齐驱。除了把好产品质量关，加大网络安全系统建设也是西门子网络营销的当务之急。不少消费者反映，网站购买心仪的家电节省了不少实体店购买所必须耗费的时间，但随之而来的各种营销电话、无用信息也使他们烦不胜烦。因此，唯有更好更有效地保护用户的个人信息，减少产品购买给消费者带来的不变，才可增加用户的满意度与用户黏度。

二是加强与用户之间的沟通。调查显示，大部分消费者对购买产品后的售后服务并不满意，其中不乏一些老牌家电行业的企业，如西门子、海尔等。打造出色的售后服务，强调"服务生活、服务消费者"的理念，加强产品售出之后与消费者的沟通，及时有效地解决消费者产品使用过程中出现的问题，是西门子提升服务质量的必经之道。

10.3 理论分析

10.3.1 广告精准投放与企业精准营销的效益

广告投放分为传统渠道的电视广告，和新媒体渠道的互联网广告。在中国广告市场上，互联网广告花费已经超过了电视广告花费。根据艾瑞公司的测算，2016年，中国互联网广告收入达到2902.7亿元。广告主们越来越青睐借助大数据精准营销的互联网广告，大数据技术的应用，使消费者的行为能够被系统追踪和记录，然后通过数据挖掘和分析对目标消费者进行精准定位，即"能准确的找到消费者"。

10.3.2 市场精准定位与企业精准营销的效益

企业要赢得市场，必须向顾客提供具有一定特色的产品，满足顾客的需要和偏好，并使自己的产品区别于竞争者的产品，形成自己的独特优势，才能在目标顾客心目中树立良好的形象。大数据时代，企业应按照自己的发展战略目标，通过挖掘消费者数据库信息来进行精准的市场定位。根据消费者需求精心设计产品，制定合理的价格策略，通过整合营销为客户提供个性化的服务，满足目标市场的需求和偏好，形成自己独特的竞争优势。

10.3.3 有效沟通方式与企业精准营销的效益

受众对于传统线下媒体，如电视、报纸、广播等渠道中所传达的品牌信息，都是以被动接受为主，企业主无法完全明确用户的需求，即使通过大面积的品牌营销覆盖及重复印象冲击激发了用户的购买欲望，同样会面临即时购买不流畅的问题。因此，只有通过精准营销，对接用户需求，才能降低营销沟通成本以提高企业效益。

10.4 模型构建

为了研究西门子在电商平台上的销售状况，团队通过查阅相关文献构建了个性化推荐影响企业精准营销效益的模型，满意度是顾客的主观感受，它与企业的行为相联系并直接影响企业的效益。因此，本章通过模型构建与分析与探讨企业行为如何影响企业精准营销效益，从而提高营销效益，以及顾客对个人隐私和网络安全的关注从中起到的作用。

10.4.1 理论基础和研究假设

广告销售效果是广告的终极目标，却是传统广告最难衡量的环节。大数据能够量化从广告展示到用户点击再到下单购买的数据转化，精准核算出广告投入总量的效果转化率，从而帮助广告主优化广告传播策略，降低广告预算的无效损耗，提升投资回报率（ROI）。另一方面，大数据能够分析用户的喜好并针对性地投放广告，这种个性化定制的广告可有效提升企业精准营销效益，因此提出如下假设。

H1a：广告精准投放与企业精准营销效益之间存在正相关关系。

互联网精准营销飞速发展的同时，消费者个人隐私泄露的问题也层出不穷，因此，如何在定向广告精确传播和保护消费个人隐私问题之间找到一个最佳平衡点，已经成为了大消费者所共同关注的焦点问题之一。由于消费者对隐私保护意识的提高，会对造成其隐私泄露的精准广告投放产生反感态度，对精准广告的抵触情绪也逐渐加强，进而造成营销的有效性有逐渐降低的趋势。因此提出假设。

H2：顾客对个人数据收集抵触度对广告精准投放与企业精准营销效益的关系有负向的调节作用。

网络广告商对消费者网络数据的收集，会使得消费者缺乏对隐私数据的控制感，产生信息安全受到威胁的感知。在网络精准广告情境中，对网络安全的风险感将促使消费者做出减少不确定性出现的行动，就可能对网络精准广告产生负面的行为意愿，其中最为直接的是减少对网络精准广告的点击意愿。综上所述，提出假设。

H5：顾客的网络安全敏感度对广告精准投放与企业精准营销效益的关系有负向调

节作用

精准的市场定位必须首先利用大数据资源对市场进行准确细分，然后通过数据分析选择好适合企业的目标市场，才能保证有效的市场、产品和品牌定位，把握住竞争优势。大数据时代，企业应按照自己的发展战略目标，通过挖掘消费者数据库信息来进行精准的市场定位。根据消费者需求精心设计产品，制定合理的价格策略，通过整合营销为客户提供个性化的服务，满足目标市场的需求和偏好，形成自己独特的竞争优势。因此提出如下假设。

H1b：市场精准定位与企业精准营销效益之间存在正相关关系。

与传统服务模式相比，个性化推荐服务虽然更具有针对性，但仍难以满足不同背景和不同目的消费者在不同时期的个性查询请求。有些用户会认为个性化推荐是企业为吸引用户和获取流量而做的推广，也会认为是企业发布的一些虚假宣传信息，而心存抵触。以上情况说明，尽管有许多消费者在一定程度上认可和使用个性化推荐服务，然而并没有形成完全的信赖，移动个性化推荐系统如果不能在正确的时间、合适的地点为目标用户推荐符合其兴趣和偏好的信息，就会引起用户的心理抗拒。当用户对信息保持心理抗拒时，更容易拒绝移动个性化推荐所提供的商品或服务信息。因此提出如下假设。

H3：顾客对个人数据收集抵触度对市场精准定位投放与企业精准营销效益的关系有负向的调节作用。

在大数据时代，用户的一举一动可能都会被记录着，在线上交易、线上支付、社交互动、移动终端、物流配送等各个环节都会留下痕迹，可以说用户在获得所需产品或者服务的同时，也暴露了自己的信息。企业在利用这些大数据时常常会侵犯用户的个人隐私以及在隐私保密性上做得不到位。现有研究普遍认为隐私关注对消费者购买行为有负面的影响，即决策者对个人信息隐私的关注度越高，越会尽量避免因披露隐私信息而引发的负面后果，从而会降低消费者购买意愿。因此提出如下假设。

H6：顾客对网络安全敏感度与市场精准定位与企业精准营销效益的关系有负向的调节作用。

搜索引擎营销与传统的线上线下营销渠道相比，具有受众更精准，沟通更流畅，效果更明显的特点。信息互联网时代，消费者习惯于将购后想法通过微信、朋友圈等平台与朋友分享，实现消费体验的分享扩散，它与商家广告、媒体推荐等第三方信息渠道相比，排除了利润刺激，较少地受到企业干预，且来源可靠。因此提出如下假设。

H1c：有效沟通方式与企业精准营销效益之间存在正相关关系。

随着互联网技术的推进与发展，消费者对于个人隐私、网络安全等因素的关注度也会日趋上升，势必会影响到消费者对于精准营销的决策行为，进而影响企业进行精准营销的效益。大数据技术的快速发展，用户的隐私忧患一直存在，大数据作为企业精准营销的基础，同时也使用户隐私陷入危机。企业在进行精准营销的过程中，顾客对于个人数据收集的抵触度以及网络安全的敏感度会对精准营销沟通方式的有效性产生一定的影响，因此提出如下假设。

H4：顾客对个人数据收集抵触度对有效沟通方式与企业精准营销效益的关系有负

向的调节作用。

H7：顾客对网络安全敏感度对有效沟通方式与企业精准营销效益的关系有负向的调节作用。

基于上述观念与广告精准投放、市场精准定位、有效沟通方式、企业精准营销效益、顾客对个人数据收集抵触度和顾客对网络安全敏感度六个维度之间关系的总结与思考。本研究将个性化推荐下三个维度作为自变量，顾客对个人数据收集抵触度和顾客对网络安全敏感度作为调节变量，企业企业精准营销效益作为因变量构建了如下的理论模型（如图10-9所示）。

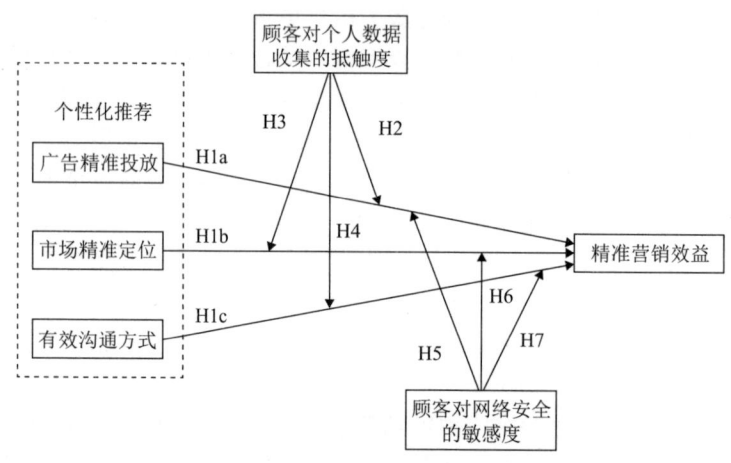

图 10-9　理论模型图

10.4.2　问卷回收

本研究通过问卷将购买过西门子产品的顾客作为调查对象，且这些调查对象需要具有一定时间的网络购物经验，并了解或使用过个性化推荐。问卷共涉及 23 个问题，采用 Likert－5 量表评分。

发放问卷时主要采用线上和线下两个方式，最终问卷发放后的回收情况，线下回收 129 份，线上回收 283 份，合计总共回收 412 份问卷。剔除掉无效的问卷 45 份，最终留下的有效问卷有 367 份，用以进行后续的数据分析。

调查问卷选取了几个常用的网站，即苏宁易购、淘宝网和京东商城，调查对象根据这几个网站的个性化推荐进行问卷答案的填写，能够较确切地体现出现实情况，具有一定的代表性。

本次调查样本中，所处年龄段大多在 20 到 45 岁，在所有调查对象中占比为 92.9%；在受教育程度上，本科及以上学历的受访者占比为 86.1%，说明受访者大多接受过高水平的教育；受访者中 33% 已进行网络购物 2～3 年，46.6% 已进行网络购物 4～6 年，18% 已进行网络购物 6 年以上，进行网络购物的年限在 1 年以下的受访者仅有 9 人，占 11.74%。该分析结果表明本次进行问卷调查得到的样本的组成结构具有一定的合理性。

表 10-2 是本次调查样品人口统计信息。

表 10-2 调查样品人口统计信息

指标	项目	频数（人）	比例（%）
性别	男	118	32.15
	女	249	57.84
年龄	<20 岁	12	3.27
	20～30 岁	221	60.22
	31～45 岁	120	32.70
	>45 岁	14	3.81
学历	高中及以下	18	4.90
	大专	33	8.99
	本科	209	56.95
	硕士及以上	107	29.16
职业	在校学生	260	70.85
	企业职员	72	19.62
	个体经营者	14	3.81
	其他	21	5.72
使用网络购物时间	一年及以下	9	2.45
	2～3 年	121	32.97
	4～6 年	171	46.60
	6 年以上	66	17.98

10.4.3 量表的信效度检验

为了提高量表的准确性与科学性，本文运用 SPSS24.0 将收集的数据进行信度和效度分析，并对个性化推荐的量表进行探索性因子分析。具体的信效度检验结果如表 D-1 所示，各潜变量 KMO 系数值大于 0.7，表示适合做因子分析。各潜变量（广告精准投放、市场精准定位、沟通方式、顾客对个人数据收集抵触度、顾客对网络安全敏感度、精准营销效益）的因子方差累计贡献率除了 "有效沟通方式" 解释方差为 57.239%，其余各潜在变量均大于 60%。总的来说效度检验良好。

此外，本文针对个性化推荐量表下的三个维度进行了收敛效度的检验，具体的检验结果如表 D-2 所示，个性化推荐量表的 11 个测量题项的因子载荷介于 0.63－0.79 之间，满足在 0.50 与 0.95 之间的标准，表明基本适配指标良好。从组合效度分析，组合效度值（CR）介于 0.744～0.831，均大于 0.6 的阈值，表明模型的内在质量良好；平均方差提取值（AVE）满足均大于 0.5 的阈值的条件，表明模型的内在质量理想。综上所述，模型的构建信度良好且个性化推荐的三维度均具有良好的收敛效度。

10.4.4 调节效应检验

本文的调节效应的检验使用 SPSS24.0 软件中的层次回归分析（hierarchical regression analysis）方法检验假设。表 10-3 显示了对企业精准营销效益回归的步骤和结果，模型 1 检验了个性化推荐下三维度［广告精准投放（GG）、市场精准定位（SC）、有效沟通方式（GT）］和企业精准营销效益的影响。模型 2 检验了顾客对个人数据收集抵触度（DCD）对广告精准投放（GG）、市场精准定位（SC）、有效沟通方式（GT）的影响。模型 3 检验了顾客对网络安全敏感度（MGD）对广告精准投放（GG）、市场精准定位（SC）、有效沟通方式（GT）的影响。

表 10-3 顾客对隐私关注度调节效应分析的结果

模型变量	模型1 B	模型1 SE	模型2 B	模型2 SE	模型3 B	模型3 SE
广告精准投放（GG）	0.395**	0.037	0.651**	0.158	0.591**	0.037
市场精准定位（SC）	0.225***	0.037	0.226***	0.037	0.461**	0.117
有效沟通方式（GT）	0.464**	0.037	0.461**	0.037	0.365**	0.037
顾客对个人数据收集抵触度（DCD）			−0.462			
DCD*GG			−0.215**			
DCD*SC			−0.09			
DCD*GT			−0.138**			
顾客对网络安全敏感度（MGD）					−1.162	
MGD*GG					−0.142**	
MGD*SC					−0.166	
MGD*GT					−0.149**	
R^2	0.344		0.376		0.368	
adjusted R^2	0.336		0.359		0.350	
F	30.724		15.396		14.756	

注：* 表示 p<0.05 水平显著；** 表示 p<0.01；*** p<0.001。

从表 10-3 的统计结果可以看出，在模型 1 中，个性化推荐三个维度广告精准投放、市场精准定位、有效沟通方式对企业精准营销效益具有显著的正向影响，H1a、H1b 和 H1c 均得到支持；模型 2 与模型 3 分别纳入了变量顾客对个人数据收集抵触度（DCD）和顾客对网络安全敏感度（MGD））来研究其对个性化推荐与企业精准营销效益之间的调节效应。

模型 2 检验了顾客对个人数据收集抵触度（DCD）的调节作用，统计分析显示顾客对个人数据收集抵触度（DCD）与广告精准投放（GG）和有效沟通方式（GT）的交互项回归系数显著为负,说明顾客对个人数据收集触度(DCD)对广告精准投放(GG)和有效沟通方式(GT)与企业精准营销效益间关系有负向的调节作用,H2 和 H4 得到数据支持。但是顾客对个人数据收集抵触度(DCD)对市场精准定位(SC)与企业企业精准营销效益间关系不显著,H3 没有得到支持。同时还可以看出顾客对个人数据收集抵触度(DCD)对于企业精准营销效益并不直接产生影响,而是通过企业在其业务进行过程中的广告精准投放(GG)和有效沟通方式(GT)方面对精准营销的绩效产生负向的影响。

模型 3 检验了顾客对网络安全敏感度(MGD)的调节作用,统计分析显示顾客对网络安全敏感度(MGD)与广告精准投放(GG)和有效沟通方式(GT)的交互项回归系数显著为负,说明顾客对网络安全敏感度(MGD)对广告精准投放(GG)和有效沟通方式(GT)与企业企业精准营销效益间关系有负向的调节作用,H5 和 H7 得到数据支持。但是顾客对网络安全敏感度(MGD)对市场精准定位(SC)与企业企业精准营销效益关系不显著,H6 没有得到支持。同时还可以看出顾客对网络安全敏感度(MGD)对于企业精准营销效益并不直接产生影响,与模型而得出的检验结果一致,顾客对网络安全敏感度(MGD)是通过企业在其业务进行过程中的广告精准投放(GG)和有效沟通方式(GT)方面对精准营销的绩效产生负向的影响。由此画出本研究模型的路径关系由图 10-10 所示。

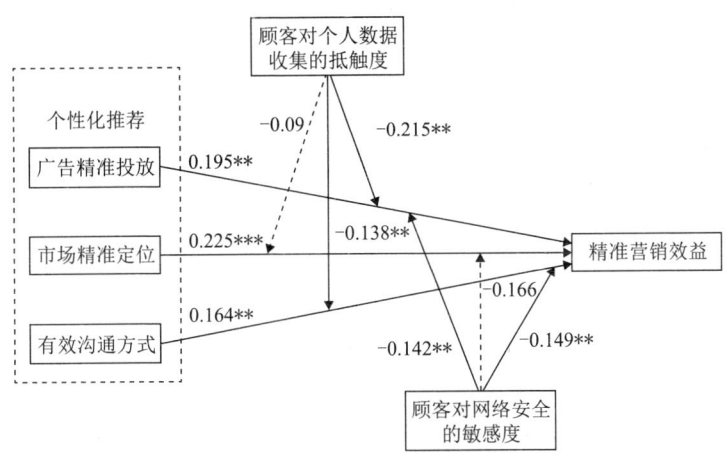

图 10-10 模型路径关系图

10.4.5 模型结论

本文采用层次回归分析进行调节效应检验,结果显示顾客对个人数据收集抵触度(DCD)和网络安全敏感度(MGD)对广告精准投放(GG)和有效沟通方式(GT)与企业精准营销效益之间存在负向的调节作用。而顾客对个人数据收集抵触度(DCD)和网络安全敏感度(MGD)对市场精准定位(SC)与企业精准营销效益之间关系不显著。同时还可以看出,顾客对个人数据收集抵触度(RES)和网络安全敏感度(MGD)对于精准营销绩效并不直接产生影响,而是通过企业在其业务进行过程中的广告精准投放（GG）和有效沟通方式（GT）方面对精准营销的效益产生负向的影响。

10.5 结论及展望

10.5.1 结论

根据上述分析，结合西门子自身来看，顾客对个人数据收集的抵触度一定程度上会抑制个性化推荐对企业精准营销效益的影响。过多的收集顾客的信息，有可能会招致顾客的反感，进而对本公司的营销模式产生一定程度的抵触，从而不利于公司的经营。顾客对网络安全的敏感性一定程度上也会对个性化营销产生抑制作用，所以，只有尽可能地降低个性化推荐和精准化营销的负面影响，发挥其相对与传统营销模式的比较优势，扬长避短，才能真正发挥个性化推荐、精准化营销的优点，从而尽可能地提高公司的经济效益。西门子公司应在广告实现精准投放，精准定位市场的前提下，和顾客进行有效的沟通，尽可能的降低顾客对个人信息的担忧，进而提升本公司的经营效益，最终促进公司的发展。通过营销策划，个性化营销，挖掘西门子企业的优势、挖掘产品的核心卖点，做到"人无我有，人有我精"的营销方式，在消费者面前，展示出产品的的新颖、独特和奇异，这样才能更好的吸引消费者，为公司产生更多的经济效益，进而促进西门子公司的可持续性发展。

10.5.2 建议和对策

1. 企业应细分消费者群体实施精准定位

西门子应该利用大数据技术细分不同消费群体，根据自身优势进行市场精准定位。通过数据挖掘技术有效的掌握客户的工作情况、兴趣爱好以及消费行为等各种信息，然后根据西门子的产品特性匹配客户属性，从而准确地对其产品进行市场定位。

2. 企业应在合适的情境中有针对性地投放广告

西门子可以根据不同客户群体推送相应的广告，针对性更高的广告可以增强消费者的兴趣。也可根据消费者所处不同情境对其推送相应的广告，因为消费情景可以对客户的购物心情产生巨大的影响，在合适的时间投放合适的广告内容，从而对客户的购买行为带来极大的帮助。

3. 企业应对消费者行为进行追踪形成用户画像并进行有效沟通

西门子可以对目标用户群体或者个体进行追踪并形成个性化的用户画像，分析用户在某个时间段的特征和习惯，然后根据不同的客户和情境与其展开灵活的、针对性的沟通，了解用户需求并调整战略，获得顾客信任，提升企业的效用。

4. 企业应加强保密技术和意识

在给用户进行个性化推荐产品的过程中，收集用户个人隐私数据要把握尺度，减少用户的抵触心理。完善匿名技术，西门子在利用客户大数据进行精准营销时，应该隐藏个人重要的信息如姓名、电话号码、家庭地址等。

5. 政府部门要优化网络生态环境，加强网络安全建设

一方面，企业要加大资金投入，不断地完善网络安全技术，及时地采用新技术手段保护客户的个人信息安全,运用大数据技术对网络状况进行实时监控,及时发现并消除安全风险,利用云计算技术提高客户数据存储的安全性和完整性;另一方面,政府部门要优化网络生态环境,加强网络安全建设,进一步规范网络安全市场,同时依法取缔不合法的电商平台,营造良好网络生态环境。

10.5.3 展望

个性化营销、精准化推荐可以增强企业竞争力,提高企业效益,当西门子在第一时间发现顾客的某一特殊需要,若能很快去满足,就能第一时间抓住顾客,占领市场。在企业满足顾客需求的同时,顾客相应地回馈必然使得西门子的竞争力提高,因为其所获效益提高。满足消费者"不一样"的需求,更好地稳定西门子与顾客的关系,得到消费者认可,提高品牌忠诚度。当西门子这种个性化的产品或服务能很好地满足顾客需要时,顾客对企业的认可度也是在提高的。当企业用心去服务消费者的个性化需求并做到使消费者满意时,那么这种个性化的营销对于品牌的建立以及顾客忠诚度的提高都是很有效的。西门子公司通过个性化推荐、精准化营销可以节省宣传成本,针对顾客的个性进行合理的宣传,用较低的成本得到最大的宣传效果,进而促进西门子公司自身的发展。

第 3 篇　服务业电商篇

20 多年来，中国电子商务服务业历经了产业萌芽期、快速发展期和成熟期三个阶段，规模不断壮大，逐步成为现代服务业的重要组成部分。2019 年，电子商务服务业在服务业中的占比达 8.4%，对服务业的拉动作用日趋显著。随着电子商务新一轮发展和电商市场竞争加剧，电子商务服务业也将步入高质量发展阶段，以新模式、新技术助推服务业转型升级为主流，为中国内外贸融合发展提供了新途径。本篇介绍了携程、汽车之家、微信读书、麦朵、爱回收和闲鱼在模式创新中在做法。

11. 携程的六西格玛旅游管理模式

参赛团队：南波万队
参赛队员：毛双庆、郑希杰、包菁清、赖红、柯青红
指导教师：刘宇熹
获奖情况：三等奖
关键词：携程旅行网　旅游电商　战略分析　发展

在旅游业快速发展的大背景下，旅游供给逐渐增加，旅游者的选择也越来越多。从旅游服务的选择来看，现阶段人们出游不仅能够享受到旅行社的专业服务，而且能够根据各大旅游网站提供的信息组织自助游。在线旅游行业成为了旅游业发展的必然趋势。而携程作为中国最老牌的OTA（在线旅游服务提供商）之一，在旅游业中占据重要市场份额。此次调研报告以携程作为目标企业，通过企业走访、问卷调查以及SWOT分析等方法深入了解携程旅行网的整体运营和用户反馈，从而发现携程发展过程中存在的问题，为其后续经营发展提供建议。

11.1　导语

11.1.1　调研背景

随着国家经济的发展，人们生活水平的提高，旅游正逐渐成为人们重要的休闲方式。国家统计局数据显示，2018年中国国内游客出游55.4亿人次，这一数据是2008年17.1亿人次的三倍还要多。2018年中国居民出境人数达1.62亿人次，而在2008年只有4584万人次。

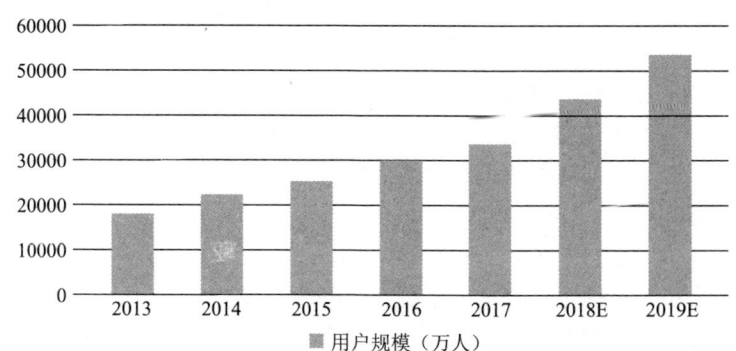

图 11-1　2013—2019年中国在线旅行预订用户市场规模

数据来源：中商产业研究院数据库。

随着人们旅游消费行为日趋成熟,越来越多的人选择跳过旅行社服务环节与家人或者朋友"自由行",这时各大旅游网站成为了旅游者的新宠,在线旅游行业成为了旅游业发展的必然趋势。

在线旅游行业是依托互联网,以满足旅游消费者信息查询、产品预定及服务评价为核心目的,囊括了航空公司、酒店、景区、租车公司、海内外旅游局等旅游服务供应商及搜索引擎、OTA、电信运营商、旅游资讯及社区网站等在线旅游平台的新产业。

11.1.2 调研目的

此次调研是对在线旅游业的深入了解与探究之后,基于小组成员的专业所长以及兴趣,在刘宇熹老师的指导下,通过实地调研和问卷调查,了解携程企业信息,从而深入了解携程旅行网的发展现状及其未来发展方向。

11.1.3 调研意义

在旅游电子商务高速发展的 21 世纪,对携程企业进行调研,了解携程的企业运营状况及市场发展前景,为携程提出合理的建议及优化方案,提升携程的企业竞争力及市场占有率。

11.1.4 调研方法与过程

1. 调研方法

本调研通过走访企业、参与学术讲座,与相关行业从业者及老师进行探讨,了解企业的现状、规划、发展中存在的问题,并使用波特五力分析模型、SWOT 分析方法和问卷调查方法等对调研资料和数据进行分析。

2. 调研过程

团队在刘宇熹老师的指导下,收集资料、制定方案、按计划进行调研、撰写报告,历时五个月,成功完成此次调研活动。

1)确定选题

2018 年 11 月 1 日,成立团队,并取名南波万队。在组内成员提出自己所熟知的相关电商企业,并根据各方面因素权衡之后,我们最终选择携程企业作为我们的调研对象。

2)收集资料

在 2018 年 11 月 21 日组员们听完培训之后,团队开始收集资料工作。此次调研通过文献查阅、参与学术讲座,与相关行业从业者及老师进行探讨等方法来获取有关携程企业的信息,以为后面对携程的各方面的问题分析做准备。

3)走访调研

时间:2019 年 1 月 12 日

地点:上海市长宁区金钟路 968 号凌空 soho8 号楼

方式:实地走访、问卷调查

过程:与携程度假部和平台业务部的负责人进行交流,了解了企业的基本情况和商业模式等。

4）整理分析

根据前期收集的携程的相关资料，我们主要采用宏观环境分析、SWOT 分析法和波特五力模型等方法来对携程企业的现状、规划、发展等相关问题进行分析。

5）撰写报告

团队成员共同协作，撰写调研报告。

11.2　企业基本情况

11.2.1　公司简介

携程旅行网采用 B2C 的电子商务模式，直接面向消费者销售产品和服务商业，以网络零售业为主，主要借助于互联网开展在线销售活动。

携程是一个在线票务服务公司，创立于 1999 年，总部设在中国上海，在国内外拥有六十余万家会员酒店可供预订，是中国领先的酒店预订服务中心。携程旅行网现已在北京、天津、广州、深圳、成都、杭州、厦门、青岛、沈阳、南京、武汉、南通、三亚等 17 个城市设立分公司，员工超过 25000 人。2003 年 12 月，携程旅行网在美国纳斯达克成功上市。

携程旅行网秉持"以客户为中心"的经营原则，以团队间紧密无缝的合作机制，以一丝不苟的敬业精神、真实诚信的合作理念，创造"多赢"伙伴式合作体系，从而共同创造最大价值。同时，网站坚持"取之于社会，用之于社会"的服务理念，以为顾客提供所需要的各类旅游资源作为自己的发展目标（参见表 11-1）。

表 11-1　携程英文名含义

携程英文名含义	
C——Customer	客户（以客户为中心）
T——Teamwork	团队（紧密无缝的合作机制）
R——Respect	敬业（一丝不苟的敬业精神）
I——Integrity	诚信（真实诚信的合作理念）
P——Partner	伙伴（伙伴式共赢合作体系）

2012 年 6 月，携程发布新 LOGO，以海豚图案为主，由海豚轮廓改变成为蓝色实心，加上眼睛和嘴巴的海豚图案，整体尺寸上有所缩小，主色调则保持原来的蓝橙两色。携程解释，新 LOGO 体现了携程在移动互联网的便捷、灵活、智能和创新（参见图 11-2）。

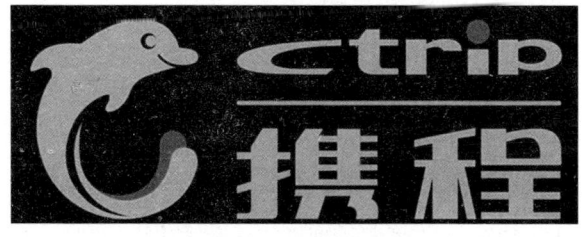

图 11-2　携程 LOGO

自 2006 年起，携程多次获得"中国优秀企业公民奖""年度最佳发展策略企业奖""最具影响力中国海外上市公司"等荣誉，在 2018 年 5 月 9 日发布的"2018 中国品牌价值百强榜"，携程位列第 46。

11.2.2 发展历史

携程自网站开通至今，已走过风风雨雨 20 年，经过并购、上市等操作，现如今已逐渐成为现如今人们出行参考的首选网站（参见图 11-3）。

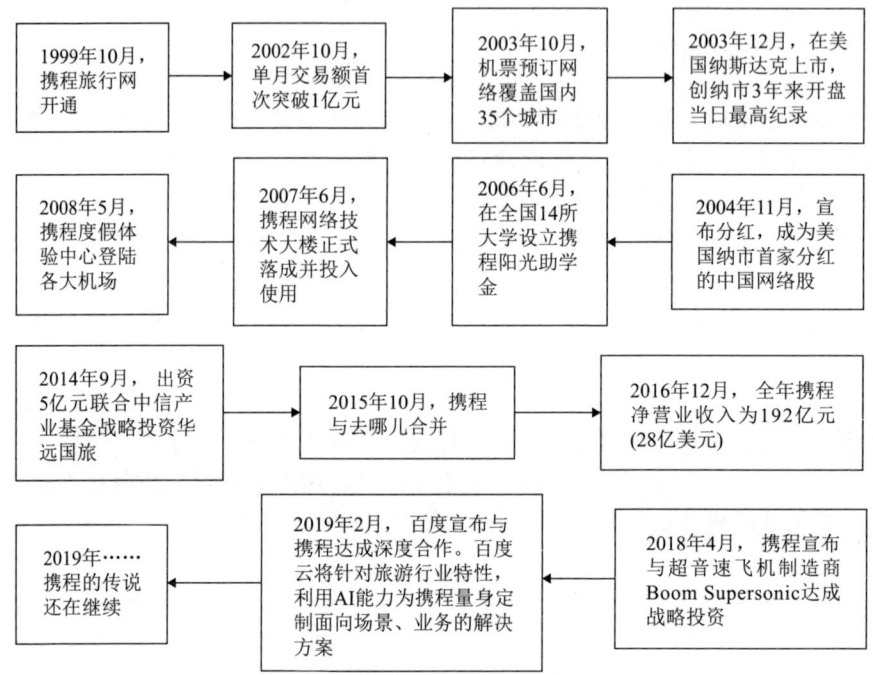

图 11-3 携程发展历史简史

2017 年 8 月 3 日，2017 年"中国互联网企业 100 强"榜单发布，携程排名第九位。2018 年 3 月 21 日，携程发布定制师认证体系，国内首张定制师上岗证出炉。2018 年 10 月，《财富》未来公司 50 强排行榜发布，携程排名第四。

11.2.3 发展现状

2019 年 3 月 5 日，携程公布了 2018 年第四季度及全年的财务业绩。财报显示，2018 年第四季度住宿预订营业收入为 27 亿元，同比增长 22%；全年住宿预订收入为 116 亿元，同比增长 21%，占总收入的 37%。

值得注意的是，携程的国际酒店增速达到行业增速的 3 倍；携程品牌的低星酒店间也在 2018 年第四季度维持 50% 的同比增速。这些数据的背后，是携程通过平台战略赋能酒店合作伙伴、增强国际酒店业务优势、高中低星级酒店发力属首次出现。该功能来源于对用户行为习惯的深入观察，创新性地将机票和火车票放在同一页面进行价格上的对比，改变了传统火车票单一的订票页面模式，解决了因价格选择难的问题。

目前私人向导平台有近500名导游加入，提供包括每天9小时的讲解和向导服务。携程于2016年推出的携程顾问，可以给想要旅游咨询和预订服务的消费者提供更有效的帮助。

2018年9月17日，携程在上海举办以"下一站美好旅行"为主题的发布会。携程APP将上线"高铁游"频道，在实现高铁沿线城市全覆盖的同时，还能提供目的地城市酒店、景点、旅游线路、当地玩乐等一揽子产品预订服务，并一站式地满足消费者"乘着高铁去旅行"的需求。

目前携程的盈利项目就集中于这三点。

(1) 自身平台上发布的价格与供应商提供的产品报价之间的差额。

(2) 供应商给予平台的佣金。

(3) 供应商与平台之间存在的广告费用。

截至目前，携程的主要收入来源仍旧是佣金。

图11-4反映了携程产品的运营模式。

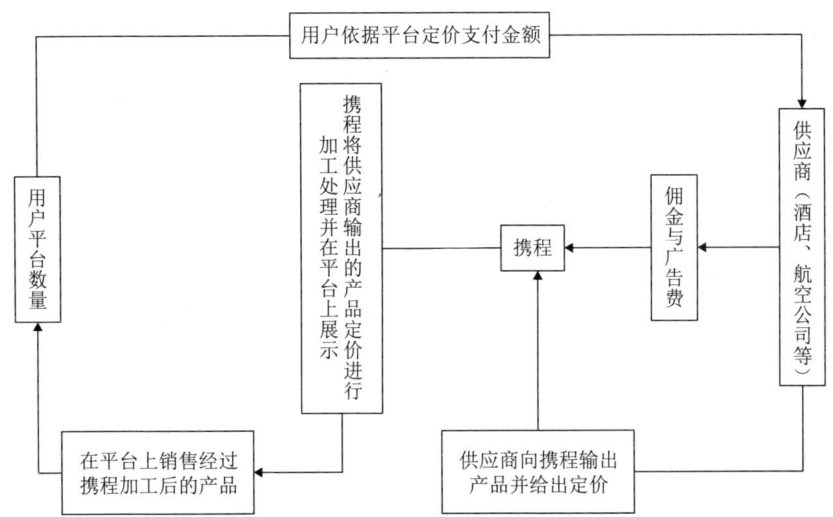

图 11-4　携程产品运营模式图

11.3　调研方案设计

11.3.1　实地调研

2019年1月12日，本团队全体成员来到位于上海市长宁区金钟路968号凌空SOHO8号楼的携程旅行网总部进行调研，由事先联系好的工作人员带领参观了携程的总部大楼和办公环境，了解了公司发展历史和企业文化。随后，全体成员与度假部和平台业务部的负责人在办公室沟通了解了此次的调研内容，包括

(1) 调研企业的发展历史和发展现状；

(2) 调研企业的业务范围和竞争力;
(3) 调研企业负责人对携程旅游业的展望。

11.3.2 问卷调查

除了实地调研,此次调研还设计了一份"携程旅行网调研问卷",问卷分为两个部分,一是信息部分,主要用于获取用户的性别、年龄、受教育程度和职业等信息;二是用于分析携程旅行网的竞争对手、优势和改进建议等。问卷通过问卷星在线方式进行发放,最终回收问卷 246 份,剔除无效问卷,最终筛选出 225 份有效问卷。其中男性 98 人,女性为 127 人,年龄主要分布在 20~29 岁之间,参与者的受教育程度本科生和研究生居多,分别占 26.19% 和 38.67%,多为在校学生。部分问卷结果如下。

图 11-5 显示有 85% 的人表示使用过携程,而只有 15% 的人没有使用过。此数据说明,携程的普及度已经十分广泛。

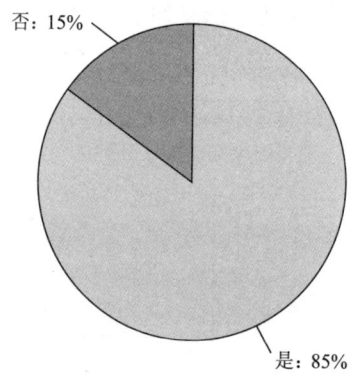

图 11-5 用户是否使用过携程旅行网

图 11-6 结果表明,在众多在线旅游网站中,用户选择携程旅行网的比例最大,高达 82.86%,去哪儿次之,占比 15.71%。由此可见,携程旅行网在行业的主导地位已经日趋明显。

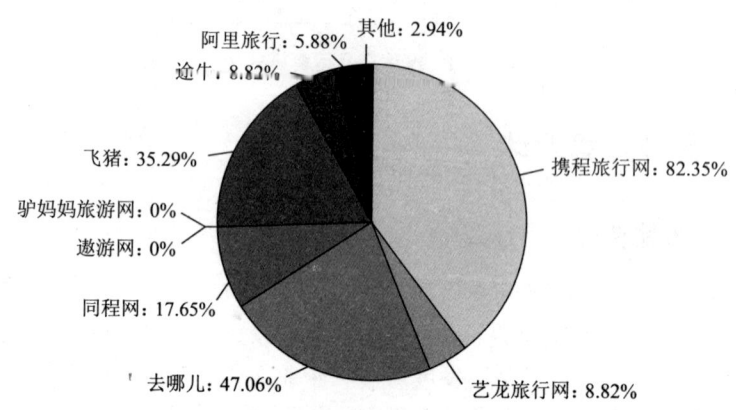

图 11-6 用户常用的在线旅游网站

用户选择携程旅行网的理由如图 11-7 所示。最主要的理由是在线预订方便快捷，步骤简单，占比 79.41%；紧随其后的是在线支付安全，有保障和订单处理速度快，交易情况短信、邮件告知及时等理由。由此可见，携程要想持续保持竞争优势，就必须确保预定购买旅行产品更加便捷、在线支付有安全保障、订单处理速度的提高以及邮件短信通知，让用户产生对携程强大的安全感和忠诚度。

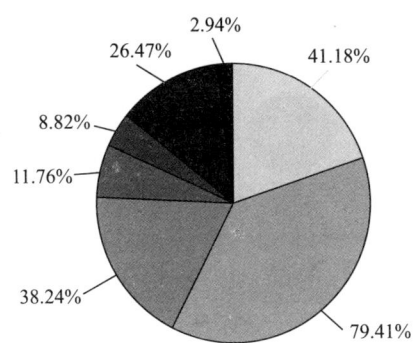

图 11-7　用户选择携程旅行网购买旅游产品的理由

用户对于携程旅行网的改进建议如图 11-8 所示。67.65% 的用户希望携程能够增加更多的优惠策略和奖励政策，可见价格优惠对于用户的吸引程度是相对较大的；44.12% 的用户希望携程能够及时更新相关旅游热点信息；32.35% 的用户希望携程能为用户拓宽寻求在线帮助的渠道；提供更多更可靠的旅游路线、推送和定制个人旅游服务以及订单处理速度更快，预订效率更高也占有一定比例，分别占 29.41%、20.59% 和 17.65%。

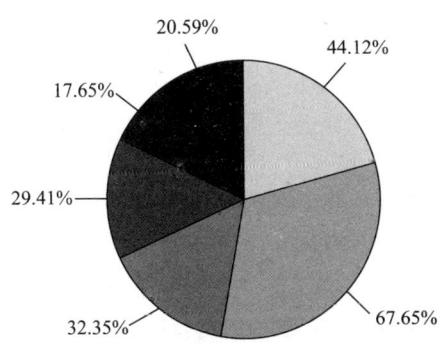

图 11-8　用户对于携程旅行网的改进建议

11.4 企业战略分析

11.4.1 宏观环境分析

本文从政治、经济、社会和技术 4 个方面对携程运营的宏观环境进行分析（参见图 11-9）。

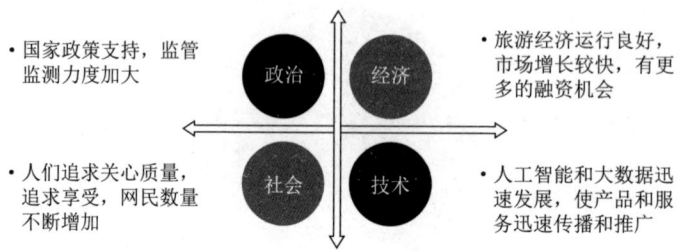

图 11-9 宏观环境分析

1. 政策环境

近年来，国家对于推进旅游行业的稳步发展高度重视。作为第三产业的旅游业，是世界上发展最快的新兴产业之一。《关于实施"旅游＋互联网"行动计划的通知》明确，到 2020 年旅游业与互联网全面融合。互联网成为我国旅游业创新发展的主要动力和重要支撑，在线旅游投资占全国旅游直接投资的 15%，在线旅游消费支出占国民旅游消费支出的 20% 的发展目标。在线旅游网站是"互联网＋"与旅游业结合的产物，得益于国家政策的支持，在线旅游网站发展十分迅速，但其发展的过程中也存在许多问题，如入住酒店要补差价、虚假宣传等，这些问题导致消费者投诉量急剧增加，也成为阻碍旅游业发展的主要原因之一。为了保证消费者的合法权益，国家旅游主管部门推动 OTA 实施旅游投诉先行赔付机制，对 OTA 发布的价格进行实时监测；同时，鼓励经营旅游的电子商务第三方平台建立商品或者服务质量担保机制，保障消费者在旅游过程中的各项权益。

2. 经济环境

2018 年，我国旅游经济运行总体良好，增长动力比较充足，旅游消费保持旺盛，旅游市场增长较快。2018 年，国内旅游人数达 55.4 亿人次，中国公民出境旅游人数达 1.48 亿人次，实现旅游总收入 5.99 万亿元。从以上数据可以看出我国旅游业发展动力依然强劲。此外，随着经济全球化和互联网经济的进一步深化，将给在线旅游企业带来更多的机遇和挑战。与此同时，市场化改革所带来的种种好处，使得在线旅游企业能在市场上获得更多的融资机会以满足其扩张所需的资金需求，企业必须抓住机遇，为消费者提供线上线下全方位的服务，赢得消费者的青睐。

3. 社会环境

在产业结构转型的过程中，人们的价值观也在发生变化，随着生活水平的不断提高，人们开始更多的关心生活质量，根据马斯洛需求层次理论，人们在满足生理需求和安全需求之后，会逐步向社交需求、尊重需求和自我实现需求层次发展，这导致人们更多的追求享受，用于旅游的开支也越来越多。

此外，中国网民数量的不断增加和互联网的普及也为在线旅游业的发展提供了有利条件。根据中国互联网络信息中心发布的第 42 次《中国互联网络发展状况统计报告》，截至 2018 年 6 月 30 日，中国网民达到 8.02 亿，其中手机网民为 7.88 亿。移动互联网的普及、移动设备的智能化和场景多元化使得用户可以随时随地在线了解旅游信息，以便出游。

4. 技术环境

随着人工智能（AI）和大数据的飞速发展，AI 能够根据消费者的个性需求，生成满足消费者心理预期的旅游方案，方便了消费者制定自己的旅游计划；大数据的发展使得优质的产品和服务提供可以迅速传播和推广，吸引更多的消费者，形成马太效应，在促使领先的在线旅游企业保持优势的同时，也督促落后的企业进行自我调整以获得更强的市场竞争力，这样一来，在线旅游行业的竞争将会更加激烈，而消费者则会获得愈加完善的服务体验。

11.4.2 SWOT 分析

本文从优势（Strength）、劣势（Weakness）、机会（Opportunity）和威胁（Threat）4 个方面对携程进行 SWOT 分析（参见图 11-10）。

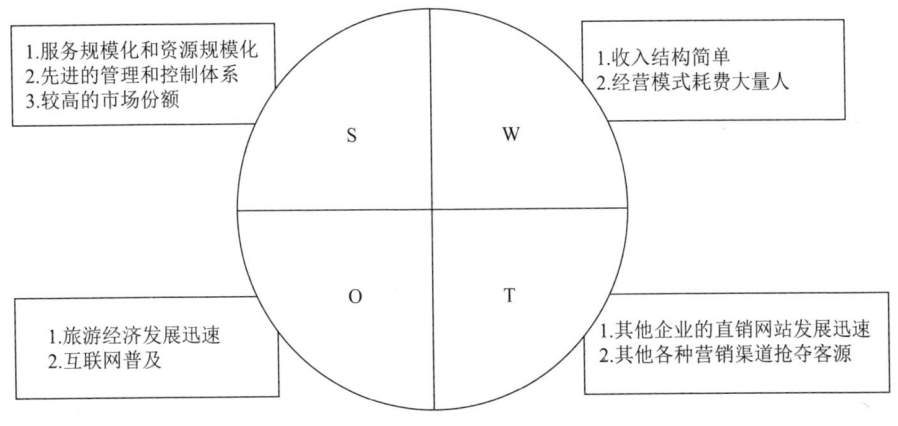

图 11-10 携程 SWOT 分析

1. 优势（Strength）

首先，服务规模化和资源规模化是携程旅行网的核心优势之一。携程拥有亚洲旅行业首屈一指的呼叫中心，其坐席数已近 4000 个。携程同全球 134 个国家和地区的 28000 余家酒店建立了长期稳定的合作关系，其机票预订网络已覆盖国际国内绝大多数航线，送票网络覆盖国内 52 个主要城市。规模化的运营不仅可以为会员提供更多优质的旅行选择，还保障了服务的标准化，进而确保服务质量，并降低运营成本。

其次，携程一直将技术视为企业的活力源泉，在提升研发能力方面不遗余力。携程建立了一整套现代化服务系统，包括客户管理系统、房量管理系统、呼叫排队系统、订单处理系统、E-Booking机票预订系统、服务质量监控系统等。依靠这些先进的服务和管理系统，携程为会员提供更加便捷和高效的服务。

另外，先进的管理和控制体系是携程的又一核心优势。携程将服务过程分割成多个环节，以细化的指标控制不同环节，并建立起一套测评体系。同时，携程还将制造业的质量管理方法——六西格玛体系成功运用于旅行业。目前，携程各项服务指标均已接近国际领先水平，服务质量和客户满意度也随之大幅提升。

最后，携程已收购艺龙和同程两家旅游公司，2015年10月26日，携程与去哪儿合并，合并后携程将拥有45%的去哪儿股份。自此，OTA行业内除阿里旗下的飞猪旅行和美团旗下的美团旅行之外的大型参与者均与携程有关联，对资源段的绝对控制力加之背后错综复杂的资本关系，这一切都使得再无任何力量可以撼动携程的统治地位，行业正式进入如今的携程系时代。

基于以上的优势，携程应继续塑造优质的品牌形象，以网络技术为依托，满足客户的个性化需求，优化服务，保持其在市场的领先地位。

2. 劣势（Weakness）

携程的的本质是一个中介机构，它借助于互联网作为工具，缺少实体产业作为支撑，只有不断地改进自己的产品和优化服务才能改变这种被动的地位。此外，从收入构成来看，其营业收益主要依赖于酒店预订和机票预订。2018年这两项业务分别占携程公司总收入的40%和39%，而度假产品作为携程一直着力研发的种子业务，只占了公司总收入的15%，仍不够显著。

另外，携程希望能像制造业那样把服务流程分割为若干环节，从客服的服务态度、回复速度等诸多因素着手，全面提高服务水平。但是，携程要建立这样的服务，需要投入很多的人力物力。另外，携程的主要经营模式是B2C，这种模式是许多旅游者能够随时随地在线获得网站为不同旅游者提供的种种服务，虽然这能有效地节约人力资本，但这种经营模式在未来不得不面对激烈的竞争。

3. 机会（Opportunity）

我国旅游经济增长势头强劲，文化和旅游部统计数据显示，2018年旅游业对我国GDP的综合贡献占比达11.04%，旅游产业正在成为国民经济的重要增长点，在这个大环境下，携程的市场前景广阔。

此外，随着互联网的普及和技术水平的提高，智能手机成为更多人的选择，智能手机的大批量应用无形中提高了携程网的被使用率。另外，中国即将步入老年化社会，人口老龄化程度加重，中老年人将成为携程的消费主力，他们更倾向于休闲游、自助游和单项服务，所以未来携程需要推出相关产品，进一步抢占中老年人的市场份额。

4. 威胁（Threat）

携程作为在线旅游服务的代理机构，其营业收入主要来源于酒店预订和机票预订。由于携程占据一定的市场份额，所以某些旅游大企业有直销的营业部门同时也会与携程合作，从携程那得到一部分客源，倘若航空公司、酒店等都把直销网站做的相当成熟，占据足够多的市场份额，那么携程的议价能力就越来越小，能得到的佣金就越来越少,最后携程将无利可图。

同时,携程的商业模式单一,个性化服务不足也是一个致命的问题,在信息流通渠道发达的今天,消费者的消费理念、动机和行为都会呈现出多样性,随着诸如淘宝、新浪微博、微信朋友圈公众号营销,都在对携程的客流量造成了影响。这是携程必须重视且要考虑的。

11.4.3 波特五力竞争模型

本部分对携程旅行网所面对的行业竞争进行波特分析,从而可以使企业高层管理者从与这一集团因素相关的各因素中找出需要立即处理的威胁,以便及时采取行动,保证企业的健康、快速发展(参见图11-11)。

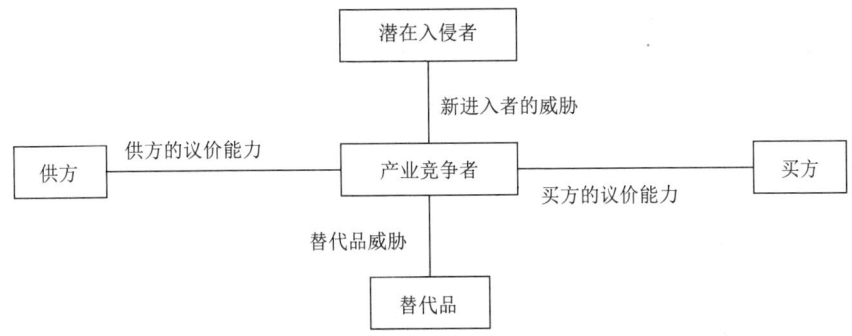

图 11-11 携程旅行波特五力竞争模型示意图

1. 行业内现有竞争者的竞争

随着中国旅游业的蓬勃发展和在线旅游行业的迅速崛起,携程网面临着竞争对手只会增加不会减少的境况;从2018年第一季度来看,在线机票预订市场竞争格局整体稳定,携程依然领跑,前三大厂商携程、去哪儿、飞猪的市场份额之和达到74.4%。其中,携程在线机票预订交易规模达到503.81亿元,市场份额为37.5%;去哪儿在线机票预订交易规模为279.73亿元,市场份额为20.8%;飞猪旅行在线机票预订交易规模为216.58亿元,市场份额为16.1%(参见图11-12)。

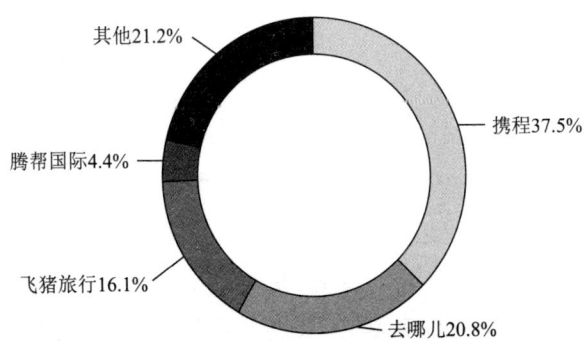

图 11-12 2018年第1季度我国在线机票预定市场交易结构

主要竞争对手的类型（参见表 11-2）：

（1）同质化竞争：分流威胁不大

a. 业务结构和赢利模式基本相似（称为"类携程"）。

b. 失去先机，又无后发优势，因此市场份额很难与携程相提并论（如艺龙网、芒果网）。

（2）差异化竞争：分流较为明显

a. 来自搜索引擎的威胁，用户可以通过"比价搜索"选择服务提供商，垂直搜索引擎直接把用户流引至携程的上游供应商（如去哪儿网、酷讯）。

b. 去中介化竞争，价格低且脱离携程等中介（如 7 天、如家、汉庭、国航、东航等）。

c. 代理平台竞争（如淘宝网）。

d. 传统旅行社的竞争。传统旅行社在度假旅游管理方面的产品优势是携程短期内无法超越的，而携程的线上优势却日益受到传统旅行社的冲击（如港中旅这家传统旅行集团旗下就有芒果网）。

表 11-2 六大在线旅游产品对比

品牌	Slogan	定位	优势
携程	携程在手，说走就走	定位用户为中高端商旅用户，产品定位是大而全	拥有全国 60 万余家会员酒店可供预订等
去哪儿网	总有你要的低价	目标用户大多为计划型旅行者	覆盖绝大多数旅游资源，包括机酒出行等，并通过强大的搜索功能，给用户提供超过 80% 的低价占比和全面丰富的旅行产品
飞猪旅行	比梦想走更远	年轻，目标客群锁定为互联网成长起来的一代，主打境外旅游	阿里传统的电商基因，拥有大数据优势、技术优势、支付保障等
同程旅游	快乐每一程	侧重景点门票及景点周边游管理	中国一流的旅游 B2B 交易平台和 B2C 双平台网站
途牛旅游	让旅游更简单；要旅游，找途牛	包装旅游度假产品，主打跟团游，长线游产品	丰富的社区内容，大量的优质 UGC 资源，更丰富的旅游线路，以及能满足客户不同需求的个性化定制路线
艺龙旅行	订酒店，用艺龙	侧重酒店预订	覆盖全球 32 万家酒店预订

2. 买方的议价能力

（1）由于携程网接受网络个体散客较多，因此买方大批量或集中购买的情况较少，讨价还价变得不是很容易。买方在携程网的购买目的因人而异，且买方的经济实力又有所不同；加之由于其酒店、机票等服务的选择范围广，因此不同收入的人群可以选择到适合自己的订单。但由于作为中介的携程网的客户是商户，而不是个人，这些商户有航空公司、酒店饭店、旅行社等，以及经常性的优惠及携程网主要经营精神层面的服务，使得总体来看，买方在携程网的业务在其购买额中的份额较小，携程网也并非是买方在生产经营过程中的重要投入，讨价还价能力也会由此减弱。由于顾客在携程网订票积累下习惯，再加上会员制度与优质服务，购买转移成本就会相应较大。在这层面，携程网对手的威胁变小，因此买方讨价还价能力较低。对于携程网这类网站，以拼团、自助游、商务游、散客为主，因此买方的讨价还价能力与其消费愿望、支付能力大小、对携程网价格的敏感程度有关。由于其会员制提高会员忠诚度，再加上2～7折的房价，很大程度上节省了费用，利于买方对价格的全盘接受，讨价还价能力随之较弱。

（2）虽然携程网具有价格合理的替代品例如芒果网等，但携程网覆盖面积广、服务更全面，且管理、技术较为成熟，加之携程网的会员优惠政策使其拥有固定客户群。因此要想相较于其他替代品更立于不败之地，携程必须以优质优价吸引顾客，在这方面，买方讨价还价能力有所加强。"后向一体化"是企业通过收购或兼并若干原材料供应商，拥有和控制其供应系统，实行供产一体化。企业利用自己在产品上的优势，把原来属于外购的原材料或零件，改为自行生产的战略。而携程网的"原材料"即各大酒店、航空公司、旅行社等，因此实行"后向一体化"是不可能的。在这一层面上，在优惠服务与自行订票订酒店等差别不大时，会有顾客选择不去携程转而自行解决，因此，买方讨价还价能力较强。携程网的所有服务均在网上明细公开，分类合理，查找方式人性化，因此买方对产品具有充分信息，讨价还价能力较强。

就买方的讨价还价能力方面而言，携程网所处的行业环境是较为优越的。

3. 供应商的议价能力

对于携程网公司来说，主要的供应商包括四大方面：电子设备供应商，航空公司，酒店宾馆，旅行社。

（1）要素供应方行业的集中化程度。携程网的各家供应商集中化程度较低，因为携程网主要是向顾客提供信息咨询、出行预订服务的网站公司，所以对于各种信息的收集十分必要，而要想得到顾客的肯定，就要尽可能多的与不同的供应商合作，来满足顾客的信息需求。但相对于航空公司、酒店宾馆、旅行社，电子设备的供应商就相对集中，携程网对于硬件设备的需求远远不如信息来的多，就能使电子设备的供应商较为固定且单一。但是，先进的电子通讯手段和强大的后台支持对于携程网能否为会员提供快捷灵活、体贴周到和充满个性化的服务至关重要，而隔行如隔山，供应商讨价还价能力就比较难以应对。

（2）要素替代品行业的发展状况。携程网的要素替代品是机票酒店的直接预订服务（即机票直销，酒店直接入住）。就目前而言，对于航空公司，有部分航空公司已经开始实施机票直销，甚至以后航空公司机票代理费会"归零"。所以，携程网面临将要失去一大供应商的威胁。顾客直接入住酒店这一方面的发展状况对于携程的影响不大，原因在于全国有成千上网的酒店宾馆，顾客在出行时的选择是一大难题，而相当一部分顾客都会去比较后再入住，携程正好提供这样的服务。由于要素替代品行业发展的不成熟，供应商讨价还价的能力遭到削弱。

（3）本行业是否是供应集团的主要客户。携程网在国内市场的影响范围之大，使它成为了供应集团的主要客户。供应商讨价还价的能力减弱。

（4）要素是否为该企业的主要投入资源。基于携程网是信息提供网站，主要提供信息咨询与提前预定服务，相当于"中介公司"，所以要素是为携程的主要投入资源，失去了供应商的信息提供携程网也将不复存在。供应商讨价还价的能力增强。

（5）要素是否存在差别化或其转移成本是否低。携程的供应商都会向携程网提供相应的代理费，如2009年国内航空公司的出票总额为2000亿元，按照平均90%的代理份额、一张机票3%的佣金计算，航空公司一年需支付给分销商的代理费总额高达50多亿元。如果供应商想要转移，必定要向携程交付解约金及其他费用，并向目标公司重新支付代理费，所以转移成本高。供应商讨价还价的能力降低。

（6）要素供应者是否采取"前向一体化"的威胁。"前向一体化"就是企业通过收购或兼并若干商业企业，或者拥有和控制其分销系统，实行产销一体化。现在许多要素供应者（如航空公司）已经采取"前向一体化"，使自身得到更广的宣传与扩张，这对于携程是一大威胁。

虽然携程自创立以来，进行了三次大的并购业务，重组了一些传统的旅游服务公司。但在其向客户提供的住宿选择中，多数的酒店或旅行社并不归携程所有。因此，各旅游地的酒店、旅行社等仍是携程的主要供应商。由于提供住宿所必备的建筑物、装修及日常运营需要大量的资金投入，因此目前国内的酒店尚未形成连锁经营模式；国旅等中档旅店虽有连锁性质，但在服务上却没有明显优势。综上所述，携程面临的供应商议价能力有限。同时由于携程在企业发展领域不断向上游扩张，进一步消弱了供应商的议价能力。就此而言，携程网所处的行业环境是较为优越的。

4. 潜在竞争对手的威胁

1) 携程已形成规模经济

携程网同全球134个国家和地区的28000余家酒店建立了长期稳定的合作关系，携程网与国内外超过5000航空公司建立了长期稳定的合作关系，其机票预订网络已覆盖国际国内绝大多数航线，送票网络覆盖国内52个主要城市。拥有亚洲旅行业首屈一指的呼叫中心，其坐席数近4000个。携程网CEO范敏表示："国外旅游业的发展表明，真正的旅游服务大鳄都是综合型的旅游供应商。做旅游服务，没有线下支持是不可能的。"所以携程与许多酒店航空公司合作，并且收购旅行社，形成了规模经济，这不仅可以为会员提供更多优质的旅行选择，还保障了服务的标准化，进而确保服务质量，并降低运营成本。提高了企业在行业内的竞争能力。因而，就此而言携程网的受威胁入侵程度较低。

2) 产品差异化较明显

（1）携程网专业化的经营模式

（2）先进的制度和先进的管理

（3）务实而谦逊的企业文化

（4）先进的后台技术

（5）信息整合建立核心资源优势

（6）顾客忠诚度高

就此而言携程网的受威胁入侵程度较低。

3) 转移购买成本因人而异

由于携程网有许多特色服务，如积分等，所以对于携程网的老顾客而言转移购买成本是较高的；对于新用户或较少使用携程的顾客而言，转移购买成本较低。

4) 资本需求大

对于在线旅游产业，它的资本需求还是很大的，不仅要有互联网方面的支持，还需要与旅游涉及的企业有联系，所以投资是很大的，这就避免了各种小企业进军在线旅游行业，减少了一部分的入侵者。而携程在创业初期由于创业者的能力得到了大笔贷款，使得它有了资金支持。

5) 在位优势逐渐下降

携程网拥有先进的经营理念和强大的互联网支持的技术管理系统，占据中国在线旅游市场份额极大，是绝对的市场领导者，品牌优势明显。但是，随着其他在线旅游网站的进一步发展，携程网的在位优势在进一步减弱，若不采取措施其优势地位难以保持。

6) 政策影响的双面性

我国支持和鼓励旅游产业的发展，这一方面为携程网的发展提供了良好的政策环境，促进其发展壮大；另一方面，其竞争对手也借此迎来了良好的发展机遇，提高了入侵的可能性。

所以，国内入侵者对于携程带来的威胁在进一步加大，而且中国旅游业快速发展，在线旅行服务市场竞争日趋激烈，在线旅行服务市场成为最具活力、增长最快领域，更多的外资企业把目光投向了中国在线旅游市场，他们的技术也很先进并且资金雄厚。

5. 替代产品的威胁

（1）传统线下旅行代理机构：不便捷。对于一部分中老年客户，降低了电子商务带来的经济、产品、信息风险。但是随着传统线下旅行社管理模式的进一步改善，如由于互联网门槛的降低，传统旅行社可以开发自己的网站（如中旅在线），或者可以通过收购一些网站，在度假旅行方面和携程进行差异化竞争，典型的如港中旅集团的芒果网。再加上传统的旅行社在度假旅游管理方面的产品优势是携程短期内无法超越的，因此其对携程网的冲击是巨大的。

（2）机票、酒店等直销优惠渠道：便捷。对于不采购"机票＋酒店"组合产品的客户有一定吸引力。同时航空公司还加大了自己网站的直销力度。"在航空公司的网站上，你可以买到比携程价格低 50%～70% 的机票"，这对携程来说无疑是个巨大的冲击。

所以目前携程网的替代品威胁不大，它拥有的两大优势使其处于一个比较有利的竞争形势下。一是完成了原始资本的积累，拥有充足的资金。二是拥有国内无人能比的庞大用户群体。

11.5 结论建议

11.5.1 调研总结

近几年，随着旅游业的迅猛发展，市面上出现了大量的旅游软件，例如飞猪、携程、艺龙、同程、美团等，在大数据的背景下，如何更好地运用这些移动数据抓住客户，吸引客户对任何一个平台而言，都有重要的发展意义。本次调研通过整合调查问卷、实地调研、文献查阅和数据分析等多种方式的调研方案，旨在了解大数据应用下旅游业电商企业现状以及面临的问题，从而提出具体化的建议和可行性方案，最后作出总结。

就上海而言，上海作为全国经济金融中心，电子商务起步并不算早，上海地区领头的电商企业也屈指可数，以后的挑战和机会也将只增不减，所以携程势必要善于分析利弊，保持自己的领军地位，迎接挑战抢抓机遇。通过这次对携程网的调研，加深了本团队对携程网的认识。一家企业营销要满足顾客的需要，要不断创新，有社会责任感，将自身经济效益与社会效益相结合，才能实现企业的价值。

11.5.2 调研发现的问题和改进建议

1. 调研发现的问题

1）政府的态度

近几年，国家对于推进旅游行业的稳步发展高度重视。《关于实施"旅游＋互联网"行动计划的通知》明确，到2020年旅游业与互联网全面融合，互联网成为我国旅游业创新发展的主要动力和重要支撑，在线旅游投资占全国旅游直接投资的15%，在线旅游消费支出占国民旅游消费支出的20%的发展目标。据了解，美国电子商务比我国发展的早，每年美国网上交易正常流失的税款达十亿美元，但是美国政府为了扶持互联网经济，依然采取网上交易免税措施。从美国政府对待电子商务的态度来看，我国政府也不能操之过急，不然有可能会导致我国电子商务发展停滞不前或者倒退。我国电子商务事业从根本上说发展得并不是非常理想，我国拥有着世界排名第二的互联网用户，可是实际参与电子商务交易的人数比例并不高，这就说明我国政府不但要在政策是大力扶持，而且要花心思在如何打破电子商务发展瓶颈上。

2）直销企业的威胁

携程作为在线旅游服务的代理机构，其营业收入主要来源于酒店预订和机票预订。倘若航空公司、酒店等都把直销网站做得相当成熟，占据足够多的市场份额，那么他们的议价能力就越来越强，携程能得到的佣金就越来越强，最后携程将无利可图。

3）推送热点旅游信息的及时性

小组通过问卷调查的方式，收集到用户对于携程旅行网的改进建议。67.65%的用户希望携程能够增加更多的优惠策略和奖励政策，可见价格优惠对于用户的吸引程度是相对较大的；44.12%的用户希望携程能够及时更新相关旅游热点信息。调查结果显示，及时推送相关旅游热点信息的重要性，在大数据时代，要讲究及时性、准确性、个性化，才能吸引更多的忠实客户。

2. 改进建议

1）个性化服务。

在保障用户信息安全的前提下，及时更新追踪记录客户的个人属性和偏好，并对此不断作出调整，不断将产品和客户匹配，提高客户的满意度。本文第三部分的问卷调查结果显示，有32.35%的用户希望携程能为用户拓宽寻求在线帮助的渠道；希望提供更多更可靠的旅游路线、推送和定制个人旅游服务以及订单处理速度更快，预定效率更高也占有一定比例，分别为29.41%、20.59%和17.65%。第一，根据用户利用碎片时间浏览页面的时间间隔，时间长短，浏览次数频率，结合大数据的分析，可为客户制定个性化的旅游产品。第二，设立专业的旅游指导，根据顾客的旅费要求，以及潜在的美食和商务、导游或驴友需求以及其他需求等提供不同价位的旅游线路，并给予最佳线路，最佳旅游航空时间，实现个性化服务。第三，为满足未来营销中的客户定制营销，可以利用对顾客的主营旅游景点的分析，依受欢迎度在各个景点逐渐布局，设立最经济实惠的旅游酒店。第四，增强与酒店和航空、景区的联合。例如，一张携程会员卡既可以帮助会员享受优惠，又可以给酒店和航空带来客户的爱好、出游信息，一举两得，既可以提高客户满意度，又可以给客户提供更个性化的服务。此外，随着互联网的普及和技术水平的提高，智能手机成为更多人的选择，智能手机的大批量应用无形中提高了携程网的被使用率。最后，中国即将步入老年化社会，人口老龄化程度加重，中年人将成为携程的消费主力，他们更倾向于休闲游、自助游和单项服务，所以未来携程需要推出相关产品，进一步抢占中老年人的市场份额。

2）线上线下齐助攻

根据前文的SWOT分析了解到携程的的本质是一个中介机构，它借助于互联网作为工具，缺少实体产业作为支撑，因此，只有不断改进自己的产品和优化服务才能改变这种被动的地位。从现在市面上出现的天猫小店、苏宁小店、京东便利等线下实体店可见，线上和线下不是相互孤立的，成功的线下活动，还需仰仗线上积累的品牌、影响力。成功具备了线上影响力的网站，可以适时发挥品牌优势、与目标用户联系紧密的优势、了解市场的优势等来策划开展线下实体。很多时候线上的影响力就是无形资产，可以通过线上的影响力，推动实体活动的开展，不仅仅提升知名度、加强与用户的联系，还可以获得可观的经济效益。线上和线下之间是一个相互促进和竞争的关系，未来线上线下齐助攻才能更好地保持自己在行业内的领军地位，才能更好地抢占市场份额。

3）充分运用大数据

当代社会是一个庞大的信息化社会，随着人工智能和大数据的飞速发展，AI能够根据消费者的个性需求，生成满足消费者心理预期的旅游方案，方便消费者制定自己的旅游计划。在数据开放共享问题上，企业应加强系统机器的学习的技能。总的来说，就是基于前期一定历史信息的输入，借助计算机高速、大批量处理数据的能力，及时贴近客户的真实需要，更加精准地为顾客提供个性化服务。如此，顾客可以享受更好的旅行体验。目前，商旅业务和度假业务是携程的发展重点。其计划是在未来依靠机票、酒店、商旅、度假四条腿走路，各个业务之间的比重维持在25%左右。在客户拿到票的同时，通过前期的数据处理总结分析，及时送达为顾客制作的目的城市的出行指南，包括酒店、餐饮、购物、旅游等信息，同时告诉顾客选择携程所能带来的方便和实惠。大数据的发展使得优质的产品和服务提供可以迅速传播和推广，吸引更多的消费者，形成马太效应。在促使领先的在线旅游企业保持优势的同时，也督促落后的企业进行自我调整以获得更强的市场竞争力，这样一来，在线旅游行业的竞争将会更加激烈，而消费者则会获得愈加完善的服务体验。

12. 汽车之家的 AR（现实增强）营销模式

参赛团队：汽车之家
参赛队员：张姣月　潘宇桐　田关铖雨　吴敌　姜哲莹
指导教师：孙英隽
获奖情况：三等奖
关键词：汽车之家　电子商务　AR　环境分析　转型发展

近年来，随着我国经济水平日益提高，人们对汽车的需求日益增长。中国已经逐渐成为全球最大的汽车消费市场。但是，中国汽车市场 20 年来首次出现全年汽车销量下滑的情况。据中国全国乘用车市场信息联席会称，2018 年汽车销量下降 6%，仅为 2270 万辆。面对这样的困境，北京汽车之家信息技术有限公司借助电子商务网站，利用大数据、云数据等新兴技术，将制造业和服务业进行融合，抓住了智能、共享的机会。

本调研团队对汽车之家进行了实地参观、调研访谈和电话回访，经过资料的收集和分析，最终形成调研报告。通过深入研究互联网环境下汽车行业的经营现状，结合行业背景和发展趋势，客观分析被调研企业的优势和劣势，并对行业生态环境进行整体评价，以帮助企业掌握行业发展、自身发展、竞争对手和合作伙伴的发展状况，制定发展战略和应对策略。

12.1　绪论

12.1.1　调研背景介绍

近 20 年来，各行各业的企业都在积极融合互联网思维，进而加速行业变革的步伐。长期以来，我国汽车流通市场一直实行"授权销售"体制，主机厂与授权 4S 店之间形成了强绑定的垄断性汽车流通渠道，非授权市场主体难以切入汽车流通市场。正是这种封闭落后的渠道体系造成了"加价提车""强制绑定销售""售后服务差"等汽车消费领域的乱象，使得中国汽车消费者在承担着明显高于世界主流国家汽车价格的同时，还"享受"着与高车价极不匹配的汽车服务。近年来，随着汽车初次普及红利的逐渐减弱，汽车行业的供求关系正在经历深刻变革。加之，在长期渠道垄断格局下，授权经销商体系没能提供足够优质的汽车消费体验、积累足够好的口碑。这就给了互联网一次改变行业现状的难得机会。当汽车行业遭遇互联网，就必然会面临一场前所未有的"大变局"，汽车行业的"互联网＋"之路必定因市场的深刻变化而开启。

12.1.2　调研意义

在"互联网＋汽车"时代的开端，"互联网将颠覆汽车业"的言论一度甚嚣尘上，甚至引发传统从业者的恐慌。不过，部分互联网企业用实际行动，向汽车业证明了身为行业赋能者的角色定位，以及坚持共建"互联网+汽车"生态的使命……在这其中，汽车之家就是一个典型代表：在互联网兴起之初，它用网站搭建起车企、经销商与用户之间沟通的桥梁；在互联网飞速发展的当下，它用大数据技术不断打造出更具精准性的赋能项目，为汽车行业创新赋能方面一马当先。本项目选择汽车之家作为案例，研究国内汽车互联网平台的运营状态，评估其在当前市场的开拓以及在这个行业未来的发展前景，分析同行业中自身的优势以及是否存在创新点，并以此为依据向国内汽车电商企业提供解决措施和指导经验。

12.1.3 研究的方法和过程

本次电子商务企业的调研能够顺利开展得益于团队制定了完整的调研方案。研究对象为北京车之家信息技术有限公司。调研方法主要为实地调研、高层访谈，附加网络调查和邮件联系等。

1. 前期资料收集

首先通过互联网等工具搜索相关的行业资料，了解我国跨境电商的发展情况，以及经济环境。

2. 走访企业

根据前期了解的情况，制作调查问卷，设计调研问题，走进企业以面谈或者邮件的形式与行业从业者进行交流，了解企业的现状、规划以及实际运营中的问题。

3. 整理数据

收集整理调研过程中得到的数据和资料，进一步对调研对象行业环境进行分析，具体包括 SWOT 分析、PEST 分析。

4. 撰写报告

此次调研是按照计划一步步展开的，团队成员积极开展前期的资料收集整合等准备工作，在与北京车之家信息技术有限公司上海分公司取得联系并协调后进行实地调研，获得了充足的信息和资料，最后，团队成员与老师进行深度交流，总结调研结果，撰写报告。

整个调研过程可以用图 12-1 表示。

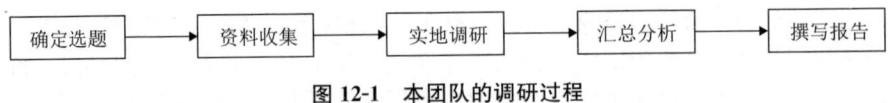

图 12-1　本团队的调研过程

12.2　调研对象概况

12.2.1　公司简介

北京车之家信息技术有限公司成立于 2005 年，是中国领先的汽车互联网平台，全球访问量最大的汽车网站。汽车之家为广大汽车消费者提供买车、用车、养车及与汽车生活相关的全程服务。汽车之家的三个特色服务平台包括资讯服务平台、数据服务平台、互动服务平台。它致力于通过产品服务、数据技术、生态规则和资源为用户和客户赋能,建设"车内容、车交易、车金融、车生活"4个圈、从"基于内容的垂直领域公司"转型升级为"基于数据技术的'汽车'公司"。

12.2.2 汽车之家商业模式的转变

1. 垂直媒体模式

汽车电商企业刚出现时采用垂直媒体(Vertical Media)模式,对上游汽车生产销售数据内容进行整理与发布。汽车之家通过有效的内容组合满足了市场需求,强大全面的产品库成为企业的核心竞争力。在国内市场销售的车在汽车之家都有专门的车型频道,频道内容从参数配置到产品报价,从车型照片到用户口碑,从静态评测到动态实测,内容可谓全面海量;构建论坛增加用户黏度,并最早在汽车这个细分SNS(社会性网络服务)市场做到了规模、活跃程度和流量的第一,对其他网络车媒形成挤压;注重用户体验,通过提供较为中立、专业、全面的评价,包括产品对比、用户口碑等操作细节,让用户获得更好的体验(参见图12-2)。

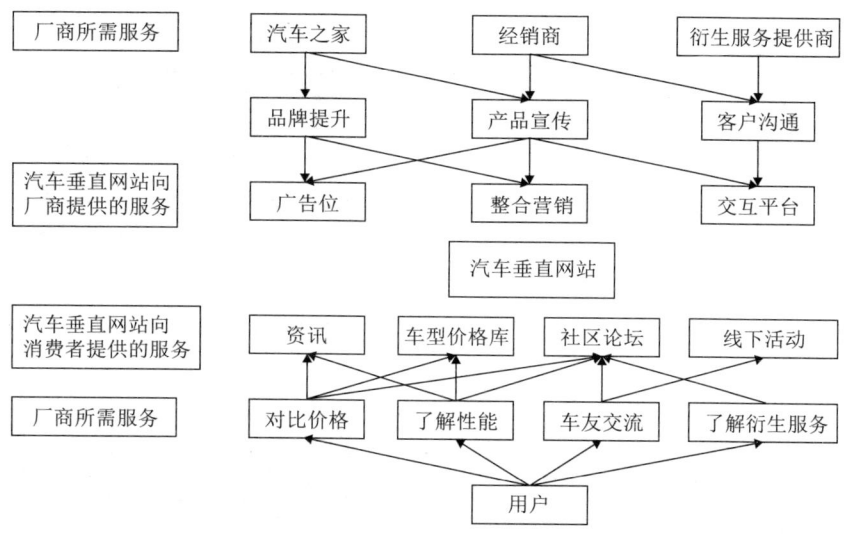

图12-2 汽车之家商业模式图

2. "4+1"战略

目前,汽车之家有成熟的媒体业务、O2O的电商业务等,业务链条完善,基于此,提出了"4+1"战略。其通过建设"车媒体、车电商、车金融、车生活"4个圈,从"基于内容的垂直领域公司"转型升级为"基于数据技术的'汽车'公司"1个核心。车媒体是汽车之家的核心竞争力,车电商是发展后劲十足的新生业务,车金融是大股东平安的拿手好戏,车生活能够进一步增加用户黏性,并从中开拓出无限可能的业务模式。其核心就是数据驱动销售,线上线下合一。

同时,汽车之家引入PMO(项目管理办公室)机制,每一个项目都分成子项目去做。这两大变革使得汽车之家团队的执行力和创新能力显著提高。2016年"双11"期间，订单总量达到145434辆，交易总额216亿元，订单量同比增长近170%。2016年全年净营收同比增长72.1%，为59.616亿元。

3. 改善用户体验的智能化平台

在平台化发展日趋完善的情况下，汽车之家优先开创并完成了向智能化的发展，以ABC（AI、大数据、云）技术为基础，对汽车电商企业的内容、交易及服务进一步升级，其核心就是通过智能化等技术手段，最大程度地改善用户体验，提升客户价值，最终实现平台、用户以及客户三方共赢的结果。依托汽车之家在数据以及技术上的核心能力，在用户端，通过AR技术应用、人工智能服务、平台化等，提供更便捷、可靠的看车、选车、买车、用车、卖车全链条服务；在客户端，通过提供智能服务、增加数据产品等方式。汽车之家力图锻造更精准的服务能力，提升行业效能，从而实现用户、客户和汽车之家的价值最大化（参见图12-3）。

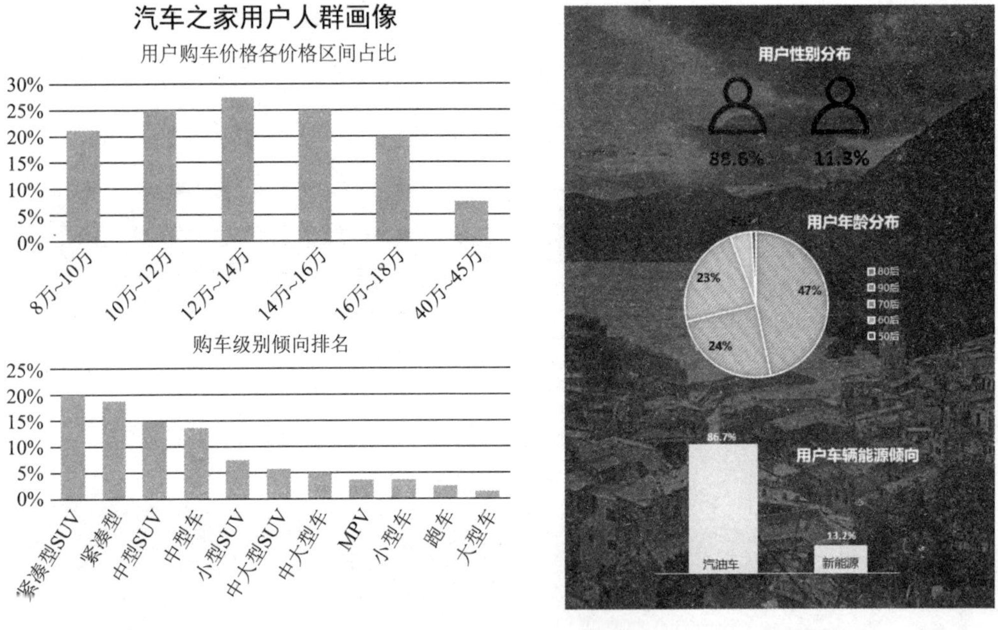

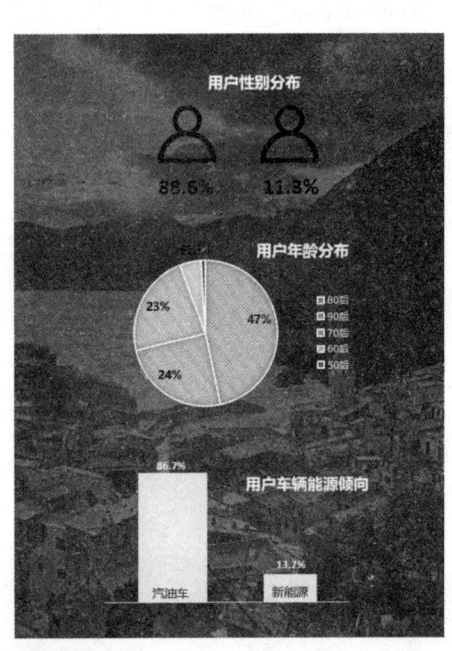

图12-3　汽车之家用户大数据

12.2.3　汽车之家特色分析

1. AR深化应用，产品创新形成壁垒

汽车产业作为潜力巨大的传统产业，所缺乏的并非生产能力，而是优质高效、能精准匹配消费者需求的服务能力。汽车之家积极探索，首次引进了"AR网上车展"的概念，突破了以往扁平化的看车方式。在丰富用户看车形式的同时，创新了交互体验模式，拓展了汽车电商的销售方式，有助于打通整条产业链。

汽车之家与中国国际贸易促进委员会汽车行业分会联合打造AR网上车展。双方联合打造的 AR 线上车展有近 30 余家品牌，近百个车系。AR 技术应用是汽车之家在技术方面的重要进展，利用增强现实的方式，能够强化经销商售车方面的展示，打通广告营销的整个链条，提升用户体验，降低主机厂和经销商的营销成本并提升效率。

AR 车展是 AR（现实增强）技术与车展这一营销方式的有机结合，致力于线上线下的互补融合。不同于实体车展，用户通过手机即可随时随地"置身车展"。借助 3D 渲染等技术将汽车高度还原，消费者可以根据需求自由调换车型、颜色对比参考，也可点击 360 度实景查看内饰，以及上路体验（线上试驾）、参数详情等动态信息。汽车之家利用 AR 技术实现线上车展搭建，将原本只属于线下的车展迁移整合到互联网上，突破了地域、时间等客观限制因素，做到了线上线下渠道之间的打通，让用户实现随时随地体验看车选车。

2. 平台资源整合优势

2018 年 10 月，汽车之家正式提出"4+1"战略，并一步步嫁接大股东平安在各方面的资源优势，在平安以战略投资的方式入主汽车之家的 1 年时间里，基于平安数亿级别的互联网用户及金融客户等方面的资源，汽车之家开启了从单一汽车媒体向全方位汽车服务生态圈的转型。而伴随转型成长之路的，是随之而来的业绩增长，汽车之家之前发布的 2017 年 Q1 财报的成绩，不管是营收、流量都保持了不错的增长势头。

汽车之家与湖南卫视就"台网互动"营销新模式达成合作。在不影响节目质量的前提下，湖南卫视将全力协助推广汽车之家的 AR 产品，帮助汽车之家收集、积累更多的汽车互联网用户，产品将紧贴湖南卫视主要 IP"歌手""快乐大本营""天天向上""金鹰独播剧场"等媒体资源，拉通黄金段。依托大股东平安的资源支持，汽车之家持续围绕"车媒体、车电商、车金融 a、车生活"，不断向基于数据技术的"汽车"公司转型升级，联结全产业链各个环节，通过互联网大数据为之赋能。在这样的背景下，AR 车展这一全新的营销方式，无疑是互联网与汽车产业结合探索的案例（参见图 12-4）。

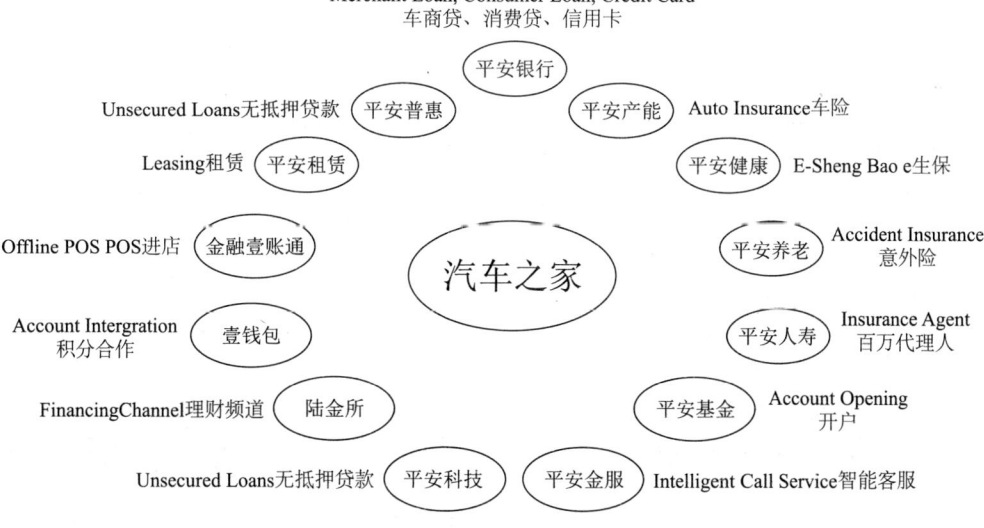

图 12-4　汽车之家深入嵌入平安集团生态

12.3 汽车之家市场环境分析

目前汽车行业面临着显著痛点，驱使上下游向提高效率、改善体验方面转型。具体来说，在用户方面，购车价格不透明、缺乏专业指导、购车流程复杂、缺少金融支持。在经销商方面，线索少质量差、客户回头率低、管理运营成本高、到店转化率低。在二手车商方面，缺车源、缺客流、缺品牌、缺资金。

12.3.1 与同行业的对比分析

根据汽车之家内部统计调查，在所有线上购车平台当中，汽车之家在整个行业当中的网络流量优势较为显著。具体采用了百度整体指数搜索 2017 年全年平均值这一指标，比较了汽车之家同其他经营同种业务的企业网络影响力。根据下图数据可以发现，汽车之家在 2017 年百度整体指数平均值以 36233 万次遥遥领先，占到整个线上汽车市场的 79％左右。而位于第二名的易车网和第三名的太平洋汽车网搜索指数分别为 6431 万以及 2346 万，两者加起来一共占到市场 19％左右（参见图 12-5）。

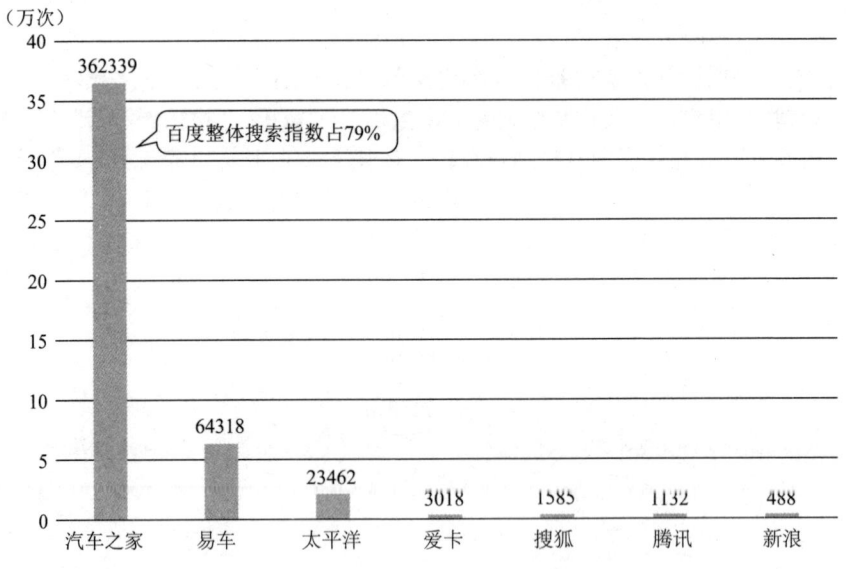

图 12-5　2017 年线上汽车企业百度搜索指数

12.3.2 SWOT 分析

1. 优势

汽车之家作为全球最大汽车互联网平台，四大核心优势助力行业蓬勃发展。

（1）流量（Traffic），用户影响力全网最高，3550 万日活（DAU），移动端贡献 75％。

（2）内容（Content），体系化专业内容支撑，500000＋条每日新增发帖，80％全网汽车用户。

(3) 线索（Leads），转化率全网最高，35万线索/天。

(4) 大数据（Big Data），独有大数据资源与运营机制，300TB每日新增数据。

2. 劣势

企业控制权、管理层变动一直较大，出现收购现象，长期处于调整期，导致人员流失，一定程度影响了自身业务与流量。

3. 机会

(1) 汽车市场线上服务价值仍有巨大增长空间，2018年可触达市场容量高达3650亿美元。同时汽车生态圈市场规模不断攀升（参见图12-6）。

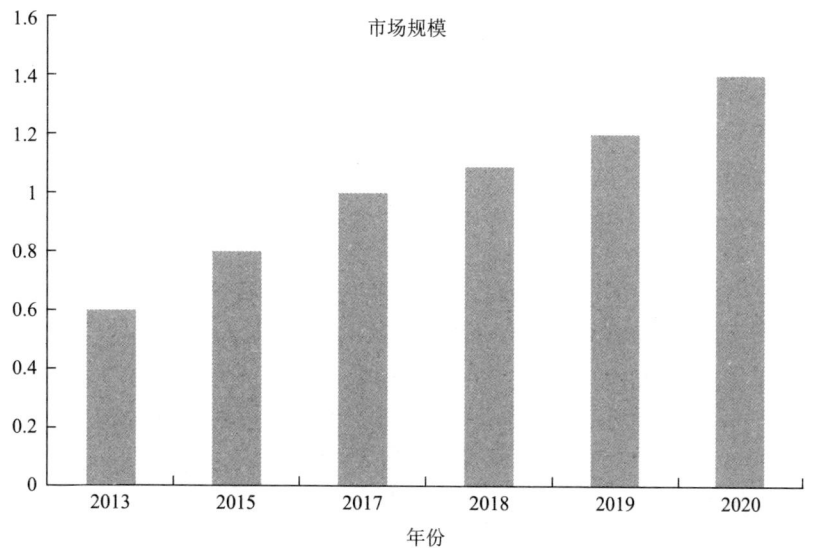

图12-6 汽车生态圈市场规模（单位：$ t n 万亿美元）

(2) AR技术为汽车行业带来新的机遇。例如AR构建全场景看车模型。

(3) AI技术＋大数据在汽车行业的广泛应用。

4. 威胁

汽车之家与经销商集团的矛盾正在进一步激化。包括上海永达集团在内4家经销商下发通知，暂停汽车之家所有"新增会员、广告计划合作审批，未签约的均暂停，已签约会员平台未付款的，暂停付款"，预计未来会有更多经销商集团下发此类通知。

11.3.3 PEST分析

1. 政治法律环境

(1) 自主创新的国家战略，在"十三五"规划中自主创新被反复提起，为中国汽车产业的发展指明了方向。

(2) 国家产业政策的支持，作为国家重点发展的支柱性产业之一，国家投入了大量的人财物，积累了一定的人才和经验。

(3) 小排量汽车解禁。国家发改委早已取消一切针对节能环保型小排量汽车行驶路线和出租车运营等方面的限制。这直接促进了小排量汽车的销售。

（4）新能源汽车补贴标准。为贯彻落实国务院关于培育战略性新兴产业和加强节能减排工作的部署和要求，中央财政安排专项资金，支持开展私人购买新能源汽车补贴试点。

2. 经济环境

（1）根据乘联会发布的销量数据，2018年12月全国狭义乘用车零售销量达到221.7万辆，环比增长9.8%，但同比2017年大幅下滑19.2%。2018年全国乘用车累计共销售2235.1万辆，同比下滑5.8%，这也是中国车市连续增长28年后首次迎来同比下滑。

（2）前瞻产业研究院《2018—2023年中国汽车养护行业市场前瞻与投资战略规划分析报告》数据显示，目前国内汽车养护行业有一、二类企业30多万家，从业人员近300万，并且以每年10%的速度递增。2017年，我国汽车养护行业市场规模达到8984亿元，同比增长27.46%。

3. 社会文化环境

（1）乘用车市场高端化趋势愈加明显，中型轿车以其良好盈利性和高销量高增幅继续成为各汽车企业关注的核心；由于对购买价格和相关费用支出的不敏感，中高级轿车有继续上升的趋势，但同比增幅有所下降；小型轿车市场将保持和市场同步增长态势；微型轿车市场增幅和份额进一步下滑。

（2）决定乘用车产品购买的关键因素开始发生变化。价格虽然是决定产品购买的第一因素，但品牌的重要程度在紧凑型以上级别的轿车中都居于首位，而价格和油耗的重要程度随车型级别升高呈现逐渐降低的趋势。

（3）我国居民使用贷款购车比例远远低于美国日本和欧洲国家。

4. 技术环境

（1）国家支持新能源汽车的研发生产。科技部提出新能源汽车四项措施；出台一系列文件，投资和支持新能源科技开发。

（2）我国汽车产业知识产权及其保护情况。我国汽车企业在专利的数量和质量上都与跨国企业存在着明显差距：合资企业专利严重缺乏，内资企业专利积累有限，自主品牌后劲不足，跨国公司的专利壁垒已经呈现。

（3）汽车产业知识产权情况分析。研发投入严重不足，轻视技术的消化吸收与技术突破，自主创新意识缺乏，受跨国公司的制约，自主品牌有心无力。

（4）中国汽车产业自主知识产权发展的途径：采取联合开发的研发中心模式，加大企业研发投入力度，着力发展汽车绿色制造技术，构建人才培养的增值机制。

12.4 对策及建议

12.4.1 保障网销环境绿色安全

从汽车电子商务的发展现状来看，其发展的速度与销售模式和网民的消费习惯有很大的关系，复杂的销售模式和消费习惯的培养需要企业投入更多的耐心和信心。尤其是需要督促政府来完善关于电子商务的法律法规以保障消费者的权益,确保消费者线下、线上消费的权益的平等。企业需要投入更多的资金、精力保障网上交易的安全性,保证消费者的支付安全、隐私安全等。

12.4.2 建立合适的电商模式

现阶段汽车电商模式主要有两种,传统的综合模式与垂直式,各汽车企业应根据自己现阶段的经营状况来选择最适合自己企业发展的模式。

1. 传统综合模式电商做好线下资源调配

实力一般的车企,精力、资金、人员等资源能够投入电商的都会有限,那么就可以借用传统的综合模式。他们可以和线上资源丰富的淘宝、京东等联手;但自身需要做好线下资源的调配、区域服务能力、试驾、售后、物流等环节。此种模式B端起着决定性作用,企业需要事先调节好供应链中各环节之间的关系,收集销售线索,提升转换率。

2. 垂直电商模式建立平台战略

实力较强的车企可以选择垂直的电商模式,借助电商平台如易车惠等,通过这一平台实现企业曝光、活动招募、限量款推广品牌等动作,与消费者亲密接触,进行团购促销、限时抢购等销售活动。打破传统销售模式,集成更多精准商机,降低企业推广成本,实现汽车销售O2O。

3. 垂直电商与综合电商相互合作

垂直电商与综合电商实施品牌战略合作,电商消费者广,垂直电商专业精,二者结合可以有效提升销售量。如易车惠和京东的结合。

12.4.3 汽车行业电商人才的培养

人才决定着行业的发展,目前汽车行业人才逐渐能够满足市场需求,电商人才也不断增加,但能够兼顾两个行业的人才非常缺乏。高校培养人才又是一个漫长的过程。现行最好的策略就是对汽车行业人才进行电商知识培训,从电商行业中选择精英进行汽车知识的专业培训,以满足现阶段汽车电子商务人才的需求。

12.5 发展前景

报告显示,汽车之家依然是效率最高的网络渠道。汽车之家通过大数据技术深度解读用户,精确推荐经销商,结合全景展厅、AR车展等技术,实现销售线索新的增长,经销商订阅业务营收将持续增长。并且由于汽车电商业务进行去库存改革,突出线上优势,正在培育新的盈利模式。汽车电子商务给汽车经销商、汽车产商、消费者都带来了很大的利益,对整个汽车行业的发展有着极大地促进。未来汽车电子商务势在必行,整个汽车行业迎来嬗变。

13. 微信读书的生态链运营模式

参赛团队：上海理工大学冲鸭队
参赛队员：许蒙　徐玲　陈愿愿　赵烨红　陈佳玲
指导教师：王小芳
获奖情况：三等奖
关键词：移动阅读平台　微信读书　运营模式　语义网络

　　随着互联网、通信、新媒体等新技术的高速发展，传统产业也走向了转型与变革。不断出台的国家政策和行业规范使得移动阅读应用市场成为受众进行数字阅读的重要选择。微信读书平台是微信团队推出的第一款基于微信关系链的官方阅读应用，本次调研就是以"微信读书"为目标企业，通过企业走访、用户语义网络分析、专家访谈等方法深入地了解微信读书平台整体的运营模式、市场竞争状态以及用户反馈信息等，探寻微信读书存在的问题，最后在产品层和盈利模式两个方面对微信读书提出改进意见。

13.1　引言

13.1.1　调研背景

　　国家新闻出版广电总局印发《网络文学出版服务单位社会效益评估试行办法》，对包括开展网络文学原创业务及提供网络文学数字阅读平台的出版服务单位进行社会效益评估考核。2017年，"全民阅读"连续第四次被写入《政府工作报告》，提法也从"倡导"升级为"大力推动"。这表明国家在战略层面对阅读相关产业的重视态度和推动决心。在政府的大力支持下，移动阅读成为一种常态，会给移动阅读带来坚实的流量来源（参见图13-1）。

　　另一方面，行业内各大企业纷纷举起维权大旗，33家单位共同发起的中国网络文学版权联盟成立，共同抵制侵权盗版行为，更进一步推动"阅读文化生态圈"健康有序发展。而受益于网络文学正版化和居民消费的升级，在线阅读公司付费率和单人ARPU值（月人均付费金额）近年来双双上升。用户的正版意识逐渐增强，对于版权的付费意愿也逐步提高。

　　2018年，艾瑞网《中国移动阅读行业研究报告》显示，2017年中国移动阅读市场规模稳步上升达140.4亿元，同比增长18.38%。2017年中国移动阅读行业用户规模达到3.4亿，同比增长13.2%，增长率较之上年有明显下降。移动阅读行业市场竞争格局趋于稳定。其中阅文集团、掌阅科技、咪咕数媒、阿里文学以超过7%的APP月度覆盖人数占比稳坐第一梯队（参见图13-2）。

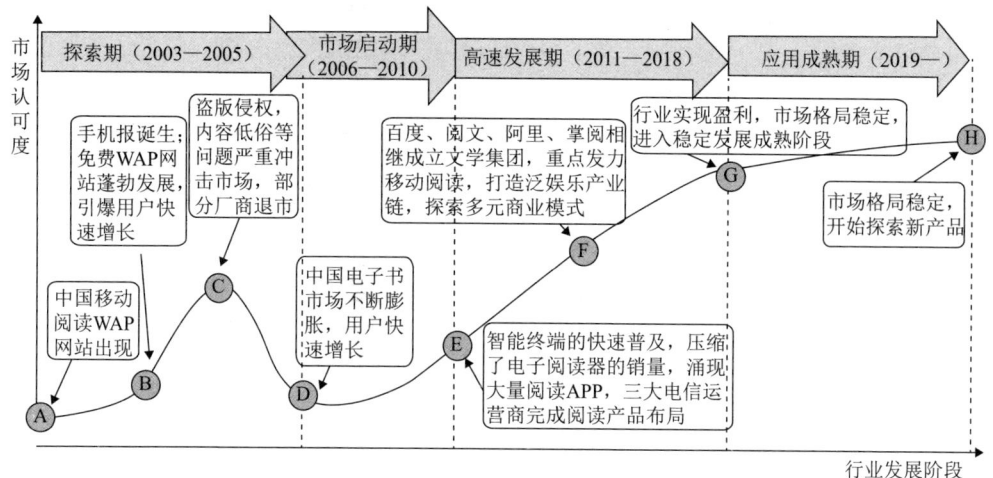

图 13-1　中国移动阅读市场 AMC 模型

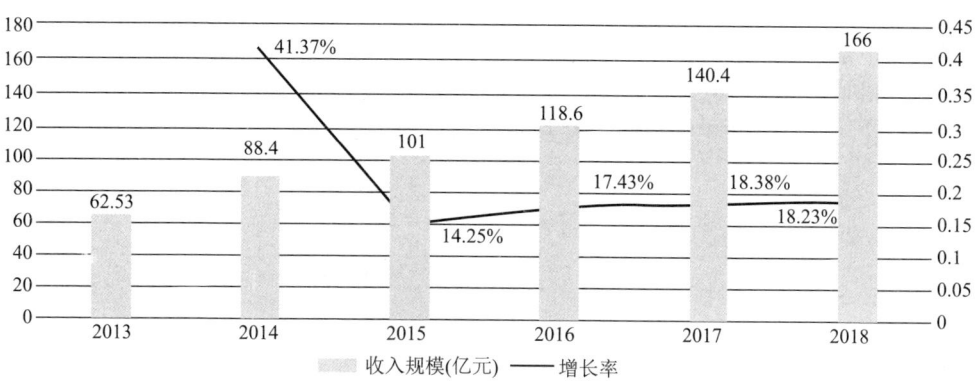

图 13-2　2013—2018 年中国移动阅读市场规模

13.1.2　调研过程

1. 调研对象

本次调研对象是微信读书平台。本报告通过资料收集、问卷调查、专家访谈、实地调研等方法对微信读书平台的市场环境、运营机制等进行了较为细致的分析，旨在为微信读书平台的发展提供一些建设性意见。

2. 调研方法

本次调研是在文献阅读以及资料收集的基础之上，又采用了专家访谈、实地调研等方法深入展开的。同时还从七麦数据网上抓取了 5000 条用户对微信读书 APP 的评价，并利用 ROST 等软件对评价内容进行了语义网络分析，得到了较为细致的分析结果。

3. 调研进度

确定主题后，我们小组进行了分工合作，先收集了与平台相关的资料，然后去腾讯公司以及阅文集团进行采访。同时，我们还邀请了出版学院专攻移动阅读领域的刘长庚老师、张莎莎老师以及许秦蓉老师进行了专家访谈。其后,我们利用七麦数据网上用户对微信读书 APP 的评价,做了用户评价内容的语义网络分析。最后结合访谈内容与评价分析结果,撰写了本次报告(参见图 13-3)。

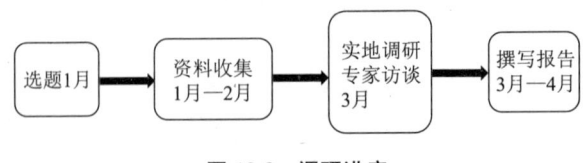

图 13-3 调研进度

13.2 微信读书简介

13.2.1 平台简介

微信读书借用了微信关系链以及腾讯旗下的阅文集团内容资源而构建起的阅读社区。其最根本的组成部分是其阅读功能、图书电商以及社群机制,其中最基础的部分在于图书电商,最核心的部分在于其机制设计。这三者合起来构成了微信读书这一阅读社区。微信读书的"阅读＋社交"定位能够使用户在体验极致阅读的同时,还可以与好友讨论正在阅读的书籍、查看好友的读书动态等等。产品口号是——让阅读不再孤独。

13.2.2 产品迭代路径

微信读书创立于 2015 年,已经历过 11 次的产品更新,每次产品的迭代更新都为用户带来了更加个性化的服务。表 13-1 整理了微信读书产品每次更新时增加的功能。从表中可以看出,微信读书每次更新都围绕"社交＋阅读"的主题,增加用户在阅读时的社交体验,并且不断完善基础功能。

表 13-1 微信读书产品历史迭代路径

版本	更新日期	更新说明
1.0.0	2015.08.27	第一次上线
1.1	2015.12.24	1. 支持手动关注感兴趣的人或书籍,在想法流中随时查看动态 2. 支持分享想法到朋友圈,和好友讨论精彩观点
1.2	2016.02.05	1. 登录即送最高 88.88 元新春红包,快来试试手气 2. 每周的阅读时间可兑换成书币使用 3. 读完一本书后可以分享到微信,晒出你的阅读成就
1.3	2016.03.14	1. 新增书籍支持全文搜索、缓存清理、新增段落翻译 2. 可以查看与好友共同阅读的书籍
1.4.0	2016.05.17	1. 写想法支持@和话题 2. 支持为一本书评分 3. 支持直接转推先想法和引用想法 4. 支持直接分享书内容到想发圈

续 表

版本	更新日期	更新说明
1.4.4	2016.09.07	1. 支持自行选择需要关注的微信好友 2. 新增黑名单功能
1.5.2	2017.02.13	1. 支持语音朗读书籍 2. 赠送书籍可以附带语音赠送
1.5.7	2017.05.23	1. 新增微信读书语音电台 FM42.3，快来当主播 2. 新增语音读书定时关闭
2.0	2017.07.08	1. 全新推出作者说，与作者边聊边读 2. 阅读器新增笔记，统一记录书签、划线和想法 3. 优质公众号引入，精彩文章轻松阅读 4. 书城支持公众号搜索，把自己喜欢的公众号加到书架吧 5. 听书播放页面可以直接看想法和发想法，挺熟讨论两不误
2.4.5	2018.06.04	1. 全新推出二次元连载漫画 2. 阅读器的笔记功能支持筛选查看书签、划线和想法 3. 阅读器选中文字后可直接搜索书城内容
3.0	2018.09.04	1. 提供微信读书无限卡会员服务。购买后即可免费阅读全场出版书、有声内容和漫画 2. 有声内容支持调整语速 3. 支持点赞、评论书籍章节

13.2.3 核心功能

微信读书主要有四大版块："发现""书架""想法""我"。在"发现"版块用户可以直接搜索或者进入书城选择书籍，同时，用户在这里可以看到平台各种优惠活动、推荐的书单等，也可以看到好友在读的数据以及用户的阅读时长排名。在"书架"版块，用户可以自由管理自己添加的书籍，也可以开启书籍的私密阅读。"想法"版块类似于微信朋友圈的功能，用户在这里可以写想法，浏览好友分享的想法、推荐等信息，并可以点赞、评论、转发。同时，也可以看到优质的公众号文集。在"我"版块中，用户可以对自己的个人资料进行设置，管理个人账户，查看好友排名以及自己的历史阅读记录。具体的产品结构图如图 13-4 所示。

13.2.4 业务流程

作为一个阅读类 APP，微信读书操作流程十分简单，用户登录后即可进入主界面。对于用户而言，找书、读书、分享、记笔记是最基本的需求了。而以"社交＋阅读"定位的微信读书，在找书、分享方面无疑发挥了其自身的优势。基于微信关系链，用户可以与朋友圈的好友一起分享好书，分享读书感想，解决了一部分用户对书的选择性困难。同时，它又能够基于社交圈很好地维持用户黏性。无限卡的设置不仅可以成为平台盈利的一种模式，也可以通过用户的分享来间接获得宣传效应。具体的业务流程如图 13-5 所示。

商业新物种：电商模式创新典型案例分析

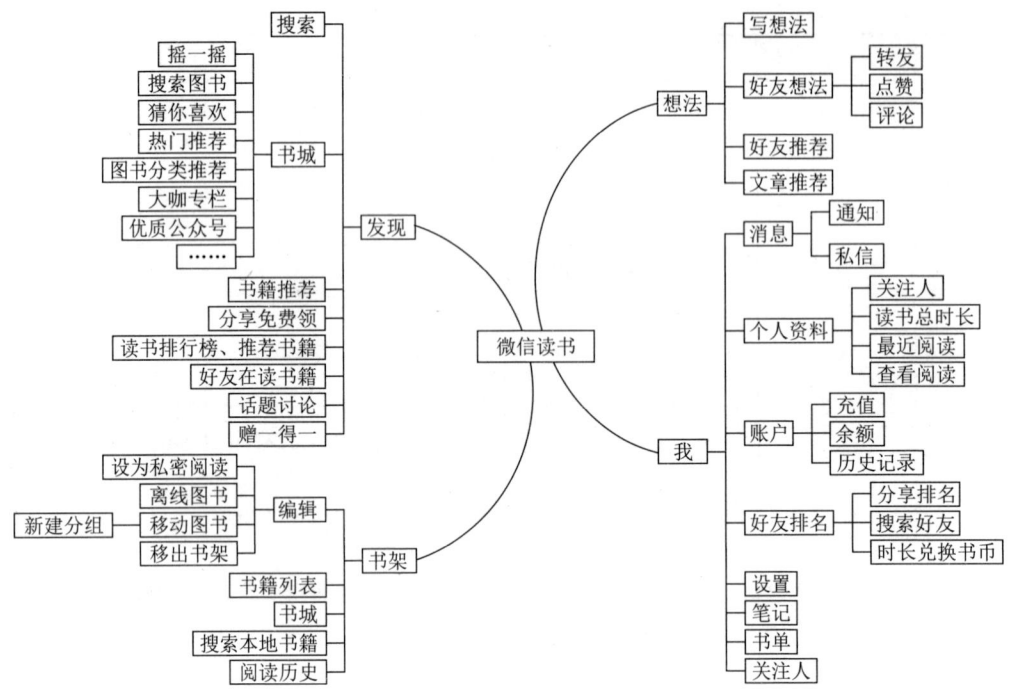

图 13-4　微信读书核心功能

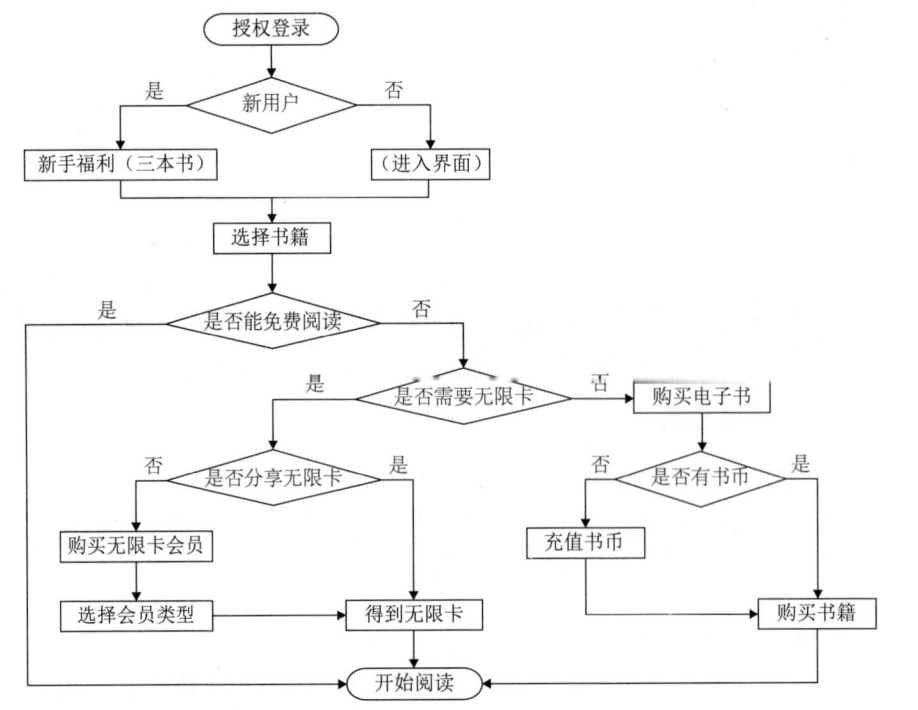

图 13-5　微信读书业务流程

13.2.5 平台定位

1. 内容资源的定位

内容资源体现一个阅读平台的硬实力。如今，网络文学和电子图书是移动阅读最为重要的两个领域，在内容层次、用户特点和运营模式上都有显著的差别。近年来，网络文学市场频繁的"降维打击"使得深度阅读逐渐显现出吸引力。微信读书在内容资源上的定位就是以已经出版的电子图书为代表的优质内容为主，基本没有涉足网络文学领域。而其对用户的定位就是白领以及大学生这些对阅读书籍质量有一定要求，并且付费意识比较高的人群。

微信读书在这方面的竞争者主要包括亚马逊 Kindle、当当云阅读、豆瓣阅读、京东读书、网易蜗牛读书等老牌电商或图书平台的电子化新军。微信读书是微信团队和阅文集团深度联合、共同开发的阅读软件，而阅文集团旗下已经有了一个以网络文学内容为主的产品——"QQ 阅读"。如今，QQ 阅读基本能够坐稳网络文学市场的第二把交椅，而微信读书的上线，无疑在电子图书市场实现了至关重要的"卡位"作用。无论是主攻网络文学的掌阅、书旗小说想要向严肃阅读领域拓展，还是主攻电子图书的 Kindle、多看和当当阅读想要在电子图书市场来一场大决战，都会陷入被腾讯系产品两面夹击的境地。可以说，腾讯系的两大阅读平台联手实现了对诸多竞争对手的牵制。在这种僵局之中，如果微信读书能够借助腾讯和阅文集团的资金优势，继续扩大内容资源，就能在市场竞争中占据更主动地位。

2. 目标用户的定位

上文已经提到微信读书平台在内容资源上的定位就是以电子图书为代表的优质内容为主，目的就是为了吸引部分对书籍质量要求较高、关注自我提升、知识付费意愿强的核心用户。

下面是前瞻经济学人在 2018 年 4 月份发布的微信读书的用户特征：

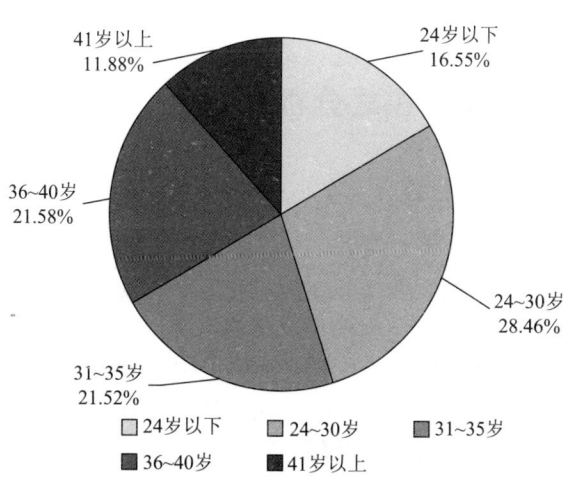

图 13-6　微信读书用户年龄分布（单位%）

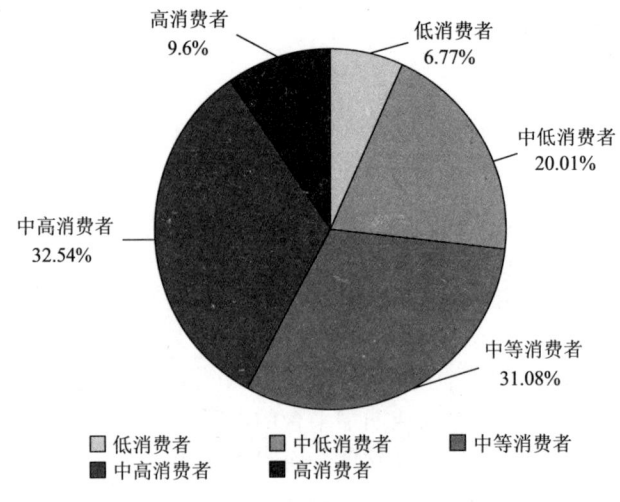

图 13-7 微信读书消费能力分布（单位:%）

从以上这些数据可以看出，微信读书的用户在各年龄段分布都比较均匀，主要分布在 80 后、90 后人群，其中 24 岁到 30 岁占比最多，为 28.46%；从用户消费水平来看，微信读书用户消费水平中等偏高，中等消费者及中高消费者的占比高达 63.62%。根据数据分析，其目标用户定位于学生、职场精英和自由职业者等。此类微信读书用户群体有着共同的行为特征，如学习行为：利用碎片时间充实提升自我；为了完成学习目标购买阅读相关书籍资料；消费行为：买书、付费有声书籍；社交行为：与好友分享交流阅读书籍后的想法、给好友分享赠送书籍；心理特征：乐于分享交流、对自我提升有一定要求、有知识焦虑。

职场精英和自由职业者经济条件较好，消费能力较高，消费追求品质和个性。这类群体愿意为符合自己的性价比高的东西付费；整体付费意识比较高，这也与其在书籍内容资源上的定位一致。

13.3 微信读书运营模式分析

13.3.1 平台运营生态链

1. 上游阅文集团

阅文集团拥有一条完整的产业链。在内容建设上，阅文集团不仅在网络文学方面签约了知名网文作者，以建立起完整的作家体系；在出版文学方面，阅文集团又与中智博文、华文天下、聚石文华等出版机构合作，以引进出版类文学内容。在渠道分发方面，阅文集团又有着诸多内容分发平台，而微信读书就是其中之一。因此，阅文集团在内容层面上可以为微信读书提供内容资源。

阅文集团的生态布局如图 13-8 所示。

13. 微信读书的生态链运营模式

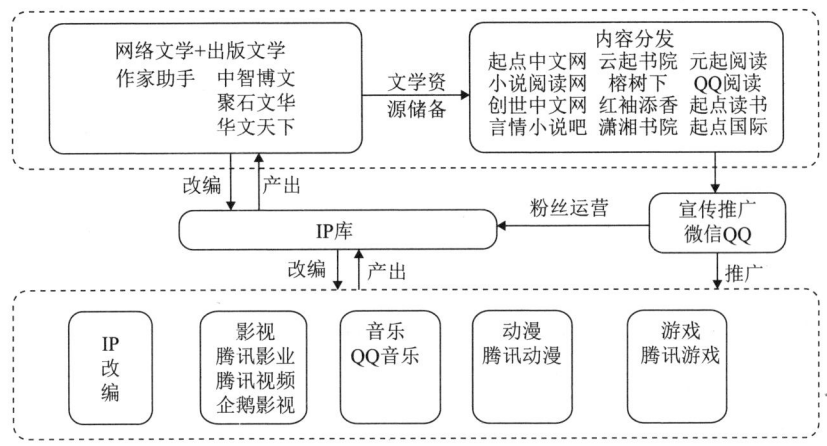

图 13-8　阅文集团生态布局

2. 下游微信平台

除了实力雄厚的阅文集团给予支持外，微信平台对微信读书所给予的支持也不容小觑。截至 2016 年第二季度，微信已在我国 94％以上的智能手机终端被应用，用户范围扩展至二百多个国家和地区。此外，官方账号注册企业与公司的公众号总数超 800 万个，企业注册公众号超 2000 万，账号互联接入的客户端应用合作超 85000 个，平台信息传播收益达 36.79 亿元。2016 年腾讯在财报中公布的微信平台数据显示，其月活跃用户达 8.06 亿，同比增加 34％。上述数据充分表明，微信平台为微信团队开发阅读类应用所提供的既有资源极其丰富，平台资源、合作资源、传播资源，尤其是用户资源都显示出强大的竞争实力，突出的"网络社交"属性也令主打社交王牌的微信读书如虎添翼。

因此，微信读书平台可以借助腾讯和阅文集团的资金优势，在市场竞争中占据主动的优势。作为反馈，微信读书相应地也可以增加微信的用户黏性并扩大阅文集团在非网络文学中的市场。图 13-9 展示了微信读书平台的生态链。

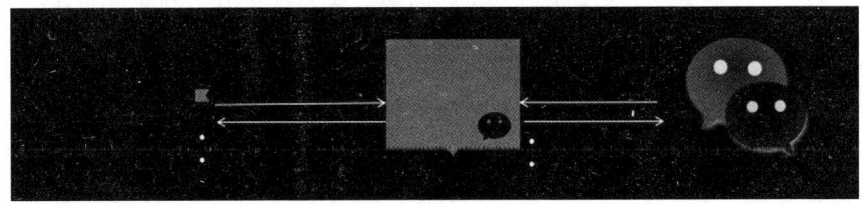

图 13-9　微信读书生态链

13.3.2　平台运营渠道

1. 内容引流渠道

微信读书平台在内容建设方面，除了有阅文集团为其提供优质的电子图书资源外，其另一大后盾——微信团队也将微信内的优质公众号内容引入到微信读书中形成公众号文集。这不仅增加了微信读书的阅读资源，也进一步吸引了一批有着良好微信公众号阅读习惯的用户。另外，微信读书的想法功能也与更新后的微信的"好看"功能类似，说明微信团队倾向于将阅读引向社交化。微信读书产品的口号正是："让阅读不再孤单"，进一步说明微信读书是一款"社交＋阅读"的产品，其在内容资源的打造上就是一些值得深度阅读的高质量的出版文学，而非网络文学。

2. 用户引流渠道

微信读书成立的时间比较晚，在移动市场份额趋于稳定的背景下，微信读书主要是依靠微信庞大的用户基数来实现其市场的拓展。2018 年微信版本更新后，搜索功能的"小说"版块，实际上接入的就是微信读书功能——用户直接可以在微信搜索和阅读，也可以选择跳转微信读书 App。除此之外，微信读书还通过以下几种方式来实现用户的引流和市场的扩张。

（1）好书分享免费领。"好书分享免费领"是老用户向新用户分享优质书籍，进而通过免费的优质书籍吸引新用户加入到微信读书中。平台综合热门书籍、好评书籍（评分高低）、最新书籍（新上架）以及用户阅读历史等众多影响因素，向用户推荐他可能感兴趣的书籍，并设定分享免费领规则吸引用户主动分享，在用户选定喜欢的书籍并分享至微信朋友圈后，即可免费领取并永久获得相应书籍。

（2）限时赠一得一。"限时赠一得一"是微信读书希望通过"得一"来促进老用户向新用户分享"赠一"。首先，平台综合多维度的影响因素，猜测出用户可能感兴趣的书籍，为之推荐，同时激励用户在限定时间内赠出就有机会免费获取书籍。此次赠送免费，且书籍被领取后，分享者将免费获得此书，好友最多可通过此路径领取 2 本书。

（3）利用微信公众号平台发布促销广告。微信读书公众号平台经常有福利促销活动，如在公众号文章评论留言获赞前 5 名赠送畅销书，公众号留言分享书本金句获赞前三位赠送实体书等。微信读书公众号也发布了"锦鲤口令"，奖品包括价值 228 元的微信读书无限卡会员年卡和价值 895 元的超值畅销实体书大礼包。

（4）无限卡赠送。无限阅读卡可以免费阅读任何书籍，对于每周长时间阅读的爱好者来讲，是一个不错的读书福利。在活动前期，登录 APP 用户可以免费领取 3 天或 7 天时间的阅读无限体验卡，通过补贴让新用户提前体验，形成依赖性。当体验期结束，用户养成可以免费看任何书籍不需要充值与购买的习惯之后，就会产生购买冲动。同时，平台也可以通过分享链接到微信的朋友圈或微信群，也可以获得免费的无限卡。这就达到了老用户对新用户的触达，新用户点进朋友圈的链接，从而加入好友的拼团获得相应优惠，使得新用户下载应用，达到用户的转化。

图 13-10 是长城证券研究所发布的微信读书自发布以来新用户的导入情况，由图中的数据可以看出微信读书新用户的增长率比较平缓，这可能与移动阅读市场目前的格局有关，微信读书成立时间较晚，现在仍处于成长期。但是从图中也可以看出 2018 年 8 月微信读书推出无限阅读卡体验活动之后，新用户的增长率出现了一定的反弹，从 32.29% 反弹至 35.44%。说明通过这样的引流方式还是有一定的效果的。

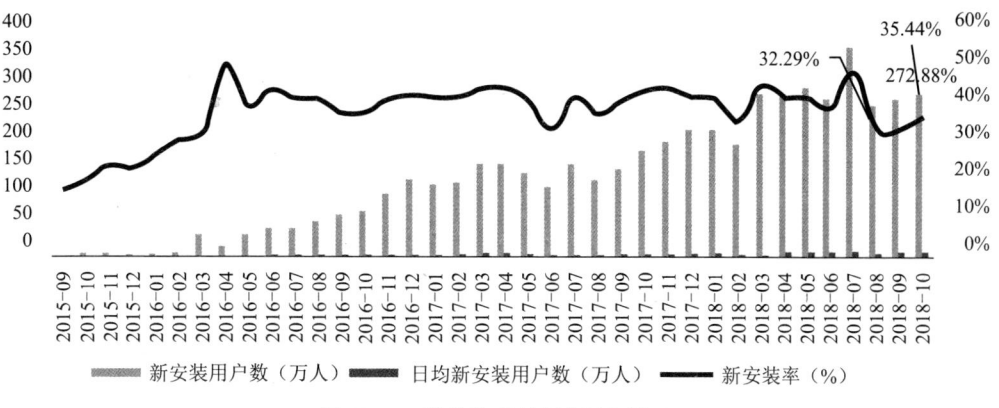

图 13-10 微信读书新用户导入情况

资料来源：长城证券研究所。

13.3.3 平台盈利模式

1. 微信读书收费结构

移动阅读市场的盈利模式主要有付费阅读、版权增值、广告、图书出版发行、硬件销售这五块。微信读书作为一个纯渠道式的移动阅读平台，目前平台中没有广告植入，所以平台的盈利模式比较单一。微信读书主要的收益方式来自于用户的付费阅读，而移动阅读平台付费阅读的收费结构主要有两种，一种是按次收费即按章节或按本收费，这也是目前最多的一种收费模式；另一种就是按时段付费，比如办理包月、包季度或包年的会员，从而获得会员权益，这些权益包括特定内容免费阅读、部分内容折扣价购买等。

微信读书平台目前的收费模式主要是采用按时段收费。根据中信出版招股书，其2015年"运营商阅读产品包"收入体量相对大于"电子书销售"（这里指单本销售），但随着数字阅读平台（主打按次付费，以掌阅为代表）的崛起促使电子书单本消费增长较快。然而主打按时段付费的微信读书快速增长后，预计未来其将通过低廉的价格进一步抢抓用户，带动行业中按时段付费收入（包月、包季或包年）占比提高，从而在达到一定规模后其收益将超过按次付费收益（参见表 13-2）。

表 13-2 中信出版"运营商阅读产品包"与"电子书销售"收入（单位：万元）

项目	2017 年度 金额	2017 年度 占总收入	2016 年度 金额	2016 年度 占总收入	2015 年度 金额	2015 年度 占总收入
运营商阅读产品包	2480	1.99%	1839	1.95%	2291	3.31%
电子书销售	2980	2.39%	2164	2.30%	1389	2.01%

资料来源：长城证券研究所。

2. 微信读书用户付费情况

长城证券的相关研报显示，从微信读书推出以来，月充值金额明显上升，从 2015

年 8 月的 10219 美元攀升至 2018 年 11 月的 464973 美元。这说明使用微信读书的用户付费意识逐渐增强，这也正是微信读书平台对于用户的定位。微信读书平台有望成为以付费收入为代表的新业态（参见图 13-11、图 13-12）。

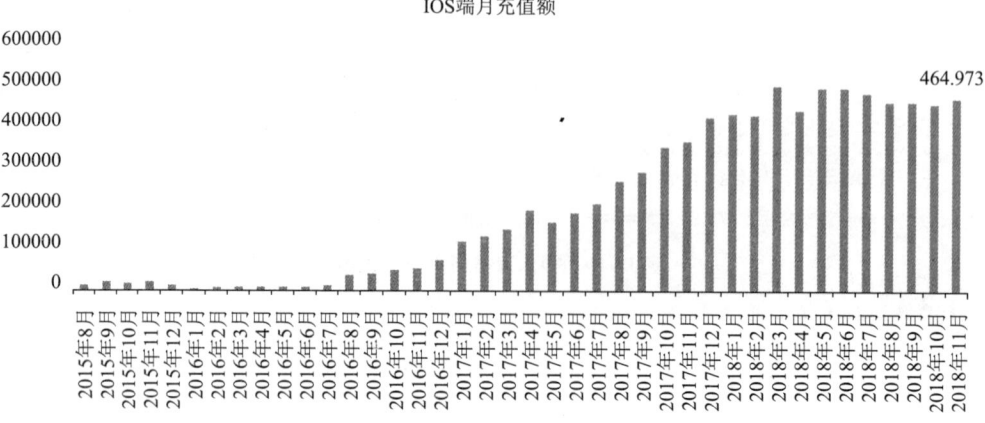

图 13-11　微信读书的月充值金额（美元）

资料来源：长城证券研究所

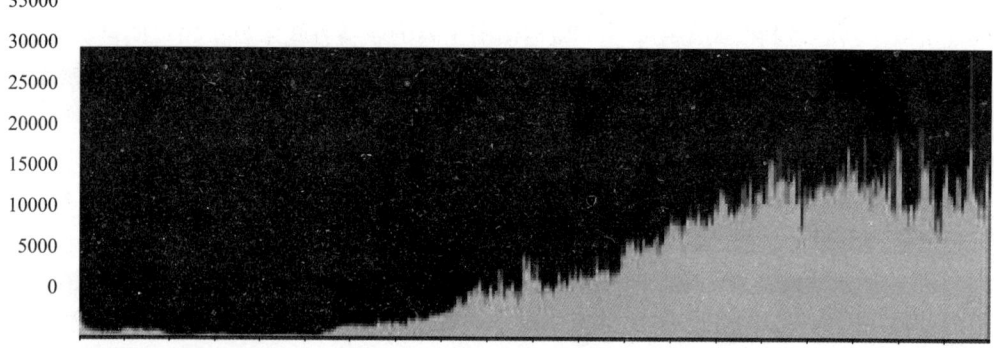

图 13-12　微信读书的日充值金额（美元）

资料来源：长城证券研究所

图 13-13 反映了微信读书付费结构的变化，由于微信读书营销策略的效果提高了用户的付费意愿，微信读书 2018 年以来充值数据保持平稳增长，用户都是通过购买微币礼包进行充值，但自 2018 年 8 月推出无限卡会员功能后，其结构已经发生根本性变化，会员付费已成主力（19 元连续会员）。这表明微信读书采用这种按时收费的模式更适合平台的发展，一方面可以通过无限卡的分享引入一部分用户；另一方面借助这种按时计费的模式，以更低的价格吸引用户可以实现进行消费快速扩张。还可以提高用户的留存率。

APP内购买项目		APP内购买项目	
3微币礼包	￥3.00	无限卡会员连续包月	￥19.00
6微币礼包	￥6.00	3微币礼包	￥3.00
12微币礼包	￥12.00	6微币礼包	￥6.00
30微币礼包	￥30.00	12微币礼包	￥12.00
无限卡会员连续包月	￥19.00	30微币礼包	￥30.00
50微币礼包	￥50.00	50微币礼包	￥50.00
98微币礼包	￥98.00	98微币礼包	￥98.00
无限卡会员包月	￥30.00	无限卡会员包月	￥30.00
无限卡会员包季	￥60.00	无限卡会员包季	￥60.00
无限卡会员包年	￥228.00	18微币礼包	￥18.00

图 13-13 微信读书付费结构的变化

资料来源：长城证券研究所、苹果应用商店。

13.4 竞品分析

目前移动阅读市场大致可以分为三大类，分别是以"BAT"为代表的互联网公司、电信运营商起家的中国移动、中国电信和中国联通推出的"咪咕阅读""天翼阅读"等和以掌阅科技为代表的独立运营的数字阅读平台。表 13-3 以这三大类进行分类，整理了三大类中具有代表性的部分移动阅读平台。

表 13-3 移动阅读平台分类

分类	名称	网络阅读平台	实际控制
BAT派	阅文集团	创世中文网、起点中文网、起点国际、云起书院、起点女生网、红袖添香、潇湘书院、小说读书网、言情书吧、等网络原创阅读品牌；QQ阅读App、起点阅读App 等	腾讯
	阿里文学	UC书城、书旗小说网	阿里
	百度文学	百度书城App、91熊猫卡数、纵横中文网等	完美世界
运营商派		咪咕阅读	中国移动
		天翼阅读	中国电信
		塔读文学	天音控股
		沃阅读	中国联通
独立运营派	中文在线	17K小说网、四月天文学网、中文书城网等	中文在线
	掌阅科技	掌阅App、掌阅小说网、红薯中文网、趣阅小说网、神起中文等	掌阅科技

13.4.1 产品特征对比分析

在目前的移动阅读市场中，较有竞争力的产品为掌阅、微信读书、书旗小说、QQ阅读等。本章在上诉三个派系中各选取了一个移动阅读平台为代表，分析他们与微信读书之间的竞争关系。这三个移动阅读平台分别是书旗小说、咪咕阅读和掌阅。这四个平台的基本特征对比如表 13-4 所示。

表 13-4 微信读书与掌阅的对比分析

应用名称	微信读书	掌阅	咪咕阅读	书旗小说
平台类型	纯渠道	综合型	综合型	综合型
产品定位	社交+阅读	轻松化阅读	数字出版第一的图书储藏	海量小说
书籍资源	优质文学作品居多	网络文学居多	出版加原创	各类的小说（武侠言情科幻……）
产品功能	基础阅读功能 想法圈好友阅读时长 排名时长兑换书币功能	基础阅读功能 书籍导入和导出阅读功能	基础阅读功能 书籍导入和导出阅读功能	基础阅读功能 原文创作功能 作者直播：与旗下作者进行互动 书旗直播

13.4.2 产品运营模式对比分析

表 13-5 的内容均来自于网上公开资料的整理，从表 13-5 中的对比内容，我们可以发现掌阅、咪咕阅读以及书旗小说都是综合型的移动阅读平台，他们拥有从内容制作、渠道宣发以及下游 IP 资源整合开发的一整套运营链。而微信读书目前只是一个纯渠道式的阅读平台，并未涉及自营的上下游的产业。

表 13-5 运营模式对比分析

应用名称	微信读书	掌阅	咪咕阅读	书旗小说
实际控制	腾讯	掌阅科技	中国移动	阿里
内容来源	阅文集团提供内容资源 微信提供公众号文集	与出版商合作；与网文作者签约	与出版商合作；与网文作者签约	与出版商合作；与网文作者签约
用户引流方式	基于微信关系链	应用商店引流（APP下载量最高）	基于移动庞大的用户基数 手机出厂就捆绑下载该APP	借助阿里文学的力量引流、UC浏览器有效引流、视频直播等
盈利方式	阅读付费为主	阅读付费为主	用户付费阅读 点播费 IP溢价	用户付费阅读、广告、版权、会员收费、对接淘宝的书籍购买
总结	基于微信关系链可以扩大并留存用户，同时有阅文集团在内容资源上的优势打造；但是目前微信读书仅仅是一个纯渠道式的阅读平台，没有自己完整的产业链	用户自己建立的书圈，书友为陌生人 掌阅的排行榜基于某本书或某书友圈子 用户发帖，打卡等才能得积分	咪咕阅读做为咪咕公司五大开发重点之一，与咪咕音乐、动漫、影视、游戏并驾齐驱，具有近水楼台先得月的资源整合优势。可以全领域的开发，实现IP版权多元转化，放大IP价值	书旗小说的运营模式为多元化运营，除了基本的阅读模式外，又依靠阿里文学强大的平台资源实现了视频直播互动、新书签售、淘宝对接等模式

13.4.3 搜索指数对比分析

1. 百度指数

百度指数是以百度海量网民行为数据为基础的数据分析平台，是当前互联网乃至整个数据时代最重要的统计分析平台之一。

本文通过利用百度指数平台同时检索微信读书与掌阅、咪咕阅读以及书旗小说，对比这几个平台最近 90 天内的搜索情况，具体结果如表 13-6 所示。

表 13-6 微信读书与掌阅百度指数对比

平台	整体日均值	移动日均值	整体同比	移动同比
微信读书	1737	860	+21%	+15%
掌阅	2304	1597	-32%	-36%
咪咕阅读	1189	929	-36%	-38%
书旗小说	1717	1611	60%	-56%

根据近 90 天的百度搜索指数（截至 2019.03.21）可以发现，微信读书的整体日均值在 1737，掌阅在 2304，咪咕阅读为 1189，书旗小说为 1717。在这四个移动阅读平台中，微信读书的搜索热度与掌阅相比较低，位居第二。但是从移动同比来看，微信读书出现了 15% 的增长率，而掌阅、咪咕阅读、书旗小说则分别出现了 36%、38%、56% 的下降情况。这表明，目前的市场上用户对于微信读书平台的关注热度持续上涨（参见图 13-14）。

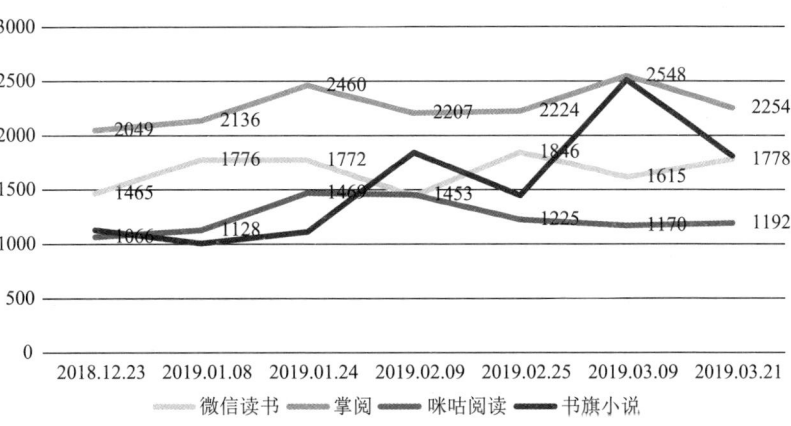

图 13-14 百度指数关键词搜索趋势（2018.12.23—2019.03.21）

2. 微信指数

微信指数是微信官方提供的基于微信大数据分析的移动端指数。通过对海量数据的分析，可以形成当日、7 日、30 日以及 90 日的"关键词"动态指数变化情况。包含微信搜索、公众号文章及朋友圈公开转发的文章。

根据近 90 天的百度搜索指数（截至 2019.03.21），可以发现微信读书的搜索指数持续攀高，远高于掌阅，这与微信读书依托于微信有关（参见图 13-15）。

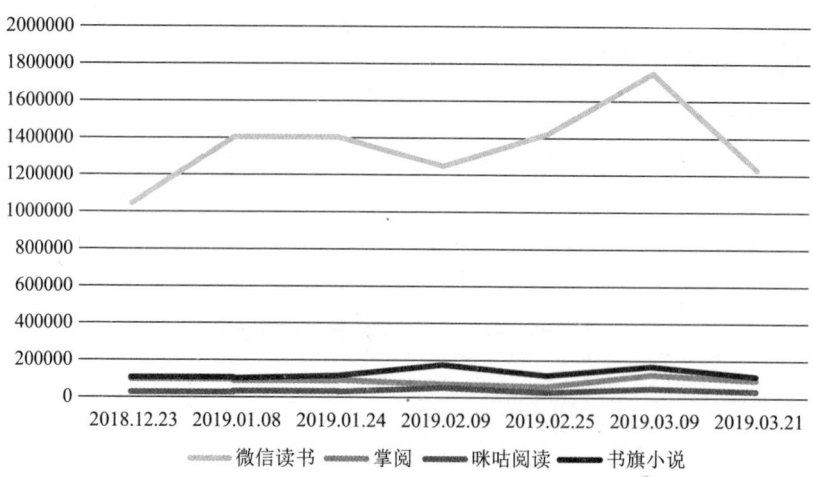

图 13-15　微信指数关键词搜索指数（2018.12.23—2019.03.21）

13.4.4　用户画像对比分析

百度指数的最新数据显示，微信读书、掌阅、咪咕阅读以及书旗小说的主要年龄层次分布在 20～29 岁、30～39 岁、40～49 岁之间，微信读书的占比依次为 17%、53%、23%；掌阅为 11%、52%、30%；咪咕阅读为 8%、49%、36%；书旗小说则为 10%、51%、33%。这一数据主要说明微信读书在在年龄较小（20～39）的人群中更有优势，而这一年龄段的用户正是移动阅读市场的主力军，这也与微信读书的用户定位紧紧相关，年轻学生与上班族正是微信读书的目标人群（参见图 13-16）。

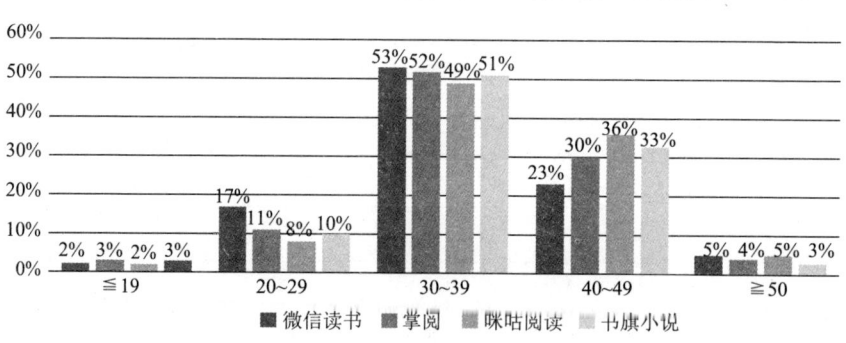

图 13-16　用户年龄分布

13.5　微信读书用户评价的语义网络分析

13.5.1　最新评价内容的语义网络分析

1. 词频分析

我们从七麦数据网上导出了 5000 条最新的用户评价。首先将这 5000 条用户对微信读书 APP 的使用评价整理成文本格式，再利用图悦-在线词频分析工具以及 ROST

内容分析软件对评价内容进行词频分析以及语义网络分析。图悦分析工具得到了文本内容中高频词的权重图。具体情况如图 13-17 所示。

图 13-17　高频词权重图

从图悦导出的高频词权重图中，我们可以看出与微信读书的功能设计方面的词汇如"书币、便宜、省钱、互动、质量、笔记、工具、心得、听书、排版等"在整个评价内容占据着比较高的权重，同时评价的情感类词汇如"棒棒、完美、优秀、实用、好书、满意、干净、经典、太少"也是评价内容中出现频率较高的词。

利用 ROST 软件分析评价内容，除去与"微信读书平台"重合的无效词后，得到了排名前十的高频词，具体结果如表 13-7 所示。

表 13-7　评价内容中的前十个高频词

排名	高频词	词频	排名	高频词	词频
1	方便	543	6	好书	219
2	免费	372	7	无限卡	213
3	时间	334	8	功能	206
4	书籍	303	9	体验	183
5	好评	263	10	兑换	172

通过词频分析，可以看出用户对于微信读书 APP 的一些功能设计方面是比较关注的。微信读书应该抓住用户在这方面的需求，提供更加精细化的服务。并且从整体上来看，用户对于微信读书的使用满意度是较高的。

2. 语义网络分析

利用 ROST 软件对用户的评价内容进行语义网络分析，得到的语义网络分布图如图 13-18 所示，越靠近中心的词汇表示它在整个内容中被提及的系数最多，关注度最高。线越密集代表词与词之间的联系越强烈。如图，我们可以看出评价最多的还是关于微信读书平台的功能体验方面。界面简洁、免费的无限卡、时长兑换书币等被提及最多，位于语义网络的中心位置。同时，微信读书的社交功能也是用户比较关注的重点。通过想法圈用户可以随时与好友进行分享并且找到好用的书籍（参见图13-18）。

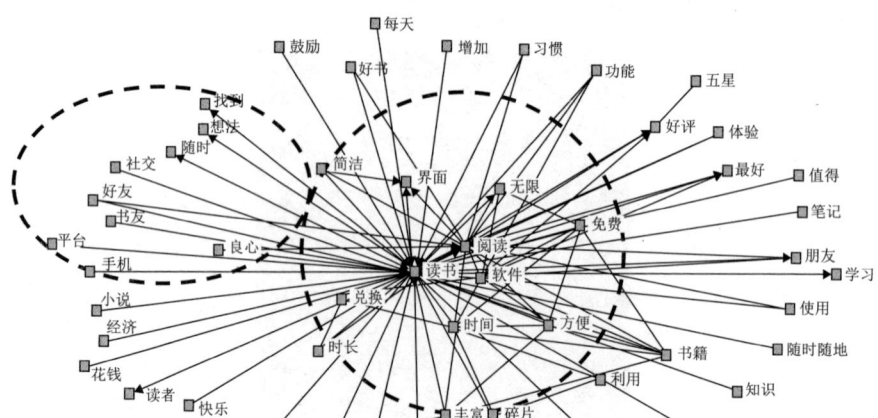

图 13-18　用户评价内容的语义网络

13.5.2　最差评价内容的语义网络

通过七麦数据网，本次报告又导出了 5000 条用户差评，将差评内容整理成文本格式后导入 ROST 软件进行分析，得到的语义网络图。从图中我们可以看出用户的差评内容有三处聚类，分别反映了听书功能中语音朗读问题、软件的基本功能设计以及电子书书籍上架问题。例如目前有些书刊使用人工智能朗读不能给消费者带去很好的听书体验，书籍的种类不够多，新书上架的推送时间不合适，等等。这些评价内容反映了目前微信读书存在的一些缺点和不足。结合前文收集整理的微信读书产品的历史迭代版本梳理，针对部分不足，微信读书已经做出改进，但仍然需要跟随用户的需求进一步完善（参见图13-19）。

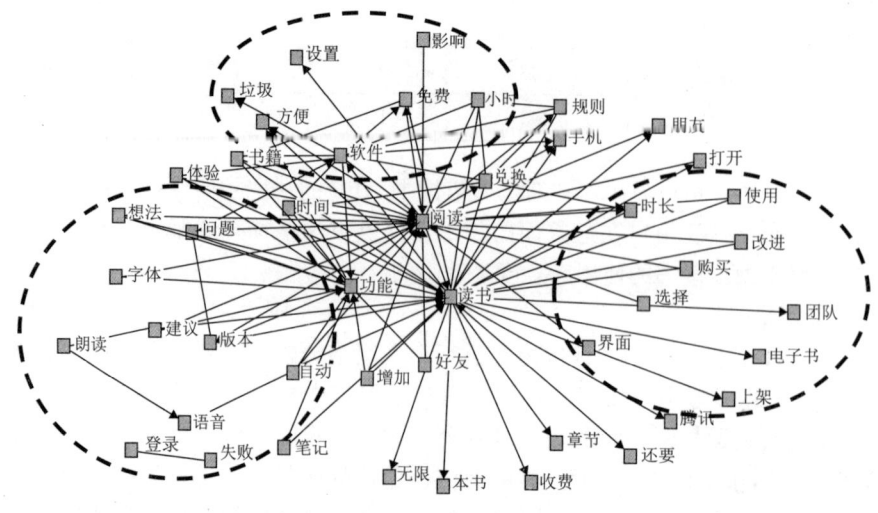

图 13-19　差评内容的语义网络

13.6 专家访谈

为了深入了解微信读书以及整个移动阅读市场，我们团队又采访了3位出版学院的老师，他们分别是刘长庚老师、许秦蓉老师和张莎莎老师。我们分别从移动阅读的市场环境、浅阅读和深阅读的关系、微信读书平台未来的盈利模式，竞争关系以及未来的发展趋势等角度对各个老师进行采访。

在盈利模式方面，刘长庚老师指出微信读书未来盈利的两种模式，一是基于微信平台庞大的用户基数，使得盈利空间比较大。单纯就以付费阅读这个项目来说，微信读书以极低的价格收取阅读费用，因为有八亿到九亿的微信用户基数，所以稍有浅层次的开发，资金流量就不会小。第二种盈利方式与人物刻画有关，就是做阅读分析报告，比如大数据、阅读量、阅读时间以及受欢迎的图书等。这些数据对于出版行业是有用的，掌握这些数据能得出很多结论。

在竞争关系方面，许秦蓉、张莎莎老师指出微信读书平台应该要找到跟其他竞争者不一样的地方。另外，电子书以及阅读功能设计上要提高简洁方便程度，这直接关系了阅读体验。

关于未来的发展趋势，刘长庚老师指出在2016年之后，付费人数开始增多，大家慢慢地习惯于付费阅读和付费订阅，这是个大的趋势。国家对知识版权的保护，会越来越鼓励对内容的有偿使用，已经到了受众开始习惯于付费资源的时代。虽然目前来看微信读书的盈利方式较少，但未来盈利空间还是很大的。

13.7 意见与建议

综上来看，微信读书目前仍处于成长期，但是囿于市场份额以及用户规模都小，现阶段微信读书需要在这方面多下工夫，带来了流量才能更好地在商业模式上有所创新，形成一个良性的闭环发展。在报告的最后一部分，我们根据前文的分析，分别在产品层以及运营的盈利方式上对微信读书平台提出了一些意见与建议。

13.7.1 产品层

1. 增加优质书的来源

目前，微信读书平台的书籍不够全面，尤其是历史、心理、哲学相关方面的书籍，这可能会导致用户的黏性不大，流向其他的阅读平台。除了阅文集团的内容提供外，可以与部分出版商合作，增加优质书目。

2. 细化读书笔记

当好友在读卡片过多时，会造成混乱繁杂，翻看的时候会加大用户的时间成本，同时也会引起烦躁的情绪。建议设置一个卡片载体，把好友在读放进去，可以根据时间或者推荐热度来进行排序。

3. 加强用户的隐私保护

微信读书会默认关注在使用微信读书的微信好友。书籍加入书架后，也是默认对所有的好友公开，私密阅读的书籍发表想法后，也会对所有好友公开。这是微信社交化的必然选择，但是其在保护用户隐私方面不够全面。微信读书应给用户选择的权利，在登录界面时，提示用户，让用户进行选择；加入书架时，提示是否设置为私密阅读。

4. 讲书和读书电台的结合

根据第五部分的分析，有很多用户认为微信读书的朗读语气生硬、无感情。目前微信读书中很多听书功能的声音来源来自人工智能，但是目前的人工智能水平能够很难达到理解书中的含义，导致读书的断句不准确，内容不清晰，情感也不够丰富。读书电台和讲书又是一个很好的原创平台，两者可以结合，在微信读书中设置读书电台的入口，微信读书可以发展自己平台的讲师与电台主播，可以提升用户的黏性，粉丝经济，吸引流量。

5. 提高人性化功能体验

首先，微信读书在日常推送方面的设置不够合理，例如会在凌晨推送，没有站在用户角度分析与考量。因此其可以设定推送的合理时间区间，提升推送的有效性与用户满意度；第二，"我"中账户的书币需要分类，因为有些书币是有使用限期的，如果有限期的和无限期的都加在一起，会误导用户以为还有这么多书币，从而影响购书。建议标注好书币的有效期限，以及使用的时间段。

13.7.2 盈利模式

1. 保持调性，寻求流量变现

微信读书平台目前有不少的用户精准度很高。绝大多数读者享受微信读书平台的无广告、书质好的阅读氛围。进行电商化、承接广告是最直接的变现方式，但是会破坏目前微信读书的调性。那么在流量变现的问题上，可以做流量分发，向腾讯旗下其他的移动阅读网站导流。

2. 专题书单巧妙嵌入广告

微信读书注重简洁实用以及社交化，所以目前微信读书没有引入广告，只是单纯依靠阅读付费，未来微信读书可以接入一些广告，但是在广告的设置上可以巧妙地与专题书单结合，或是打造成书签样式，供用户使用。一方面，不会破坏微信读书界面简洁的要求；另一方面也不会引起用户的不满。

3. 微信公众号整理出版服务

微信公众号的引入是微信读书得天独厚的优势，在很大程度上扩充了内容规模，公众号不乏优质文章，如果公众号的主人想要自己的优质内容得到更多的曝光，微信读书可以跟公众号号主商讨详细怎么处理，然后提供整理公众号内容，出版电子书或者纸质图书的服务，但是前提是需要进行筛选。

4. 利用大数据，做行业咨询报告

目前微信读书图书资源的定位是以已经出版的优质好书为主，这一定位使得微信读书的目标市场变得更为精细化，而基于此，微信读书可以依靠这个定位，在用户阅读行为大数据的基础上，做出电子图书的行业研究报告，这些行研报告有利于出版商把握市场脉搏。

14. 麦朵四位一体线上线下结合的教学服务模式

参赛团队：全品战队
参赛队员：魏程益　高芳怡　张卓欣　杨鹭梅　鲁洪丽
指导教师：张宝明
获奖情况：二等奖
关键词：知识付费　在线课程　企业在线教育　一站式企业学习平台

近年来，随着互联网应用的热潮，以"轻知识"为产品的知识付费平台相继出现。在融合网校教育、MOOC、直播、知识付费等多种元素的基础上，B2B2C 在线教育平台成为互联网教育新模式，这一数字化学习方式已经成为各大企业开展员工培训的重要方式。此次调研，我们选择了企业在线教育内容服务商——上海肯耐珂萨人力资源科技股份有限公司的产品，一站式企业学习平台麦朵作为调研对象。本调研报告首先介绍了企业在线教育行业与公司概况和现状，并从运营、推广与盈利模式及核心竞争力等主要方面对麦朵平台进行了分析，旨在研究其作为企业在线教育内容服务商的发展现状，找出当前存在的问题并提出相应的对策建议，更好地助力该公司以及行业未来的发展。

14.1　调研概况

14.1.1　选题背景与意义

随着互联网教育行业规模的扩大和商业模式日趋稳定，用户学习需求的深化、消费意识的觉醒和消费能力的升级，中国在线教育已经进入学习方式丰富多样、资源开放共享、教育内容变现的智能教育时代。据前瞻产业研究院统计，这几年在线教育市场规模逐年增长，在 2018 年上半年已达 1890 亿元，用户量为 1.72 亿。

从在线教育细分行业增长速度来看，中小学在线教育、企业 E-learning 和语言培训表现较好，市场热度较高。人工智能＋教育已经成为新的技术研发方向，B2B2C 在线教育平台成为互联网教育新模式。在数字化时代，人力资源科技不止于狭义的在招聘领域的应用，而是更大的概念，包括组织与人才发展领域的智慧发展（如智慧协作、智慧招聘、智慧学习等）。因此，未来企业在线学习行业在我国的发展不可小觑，企业在线学习平台当前营运状况和遇到的问题、其未来的创新点以及如何发挥好自身优势，都是值得深入研究和探索的课题，因而该选题具有理论和实际意义（参见图 14-1）。

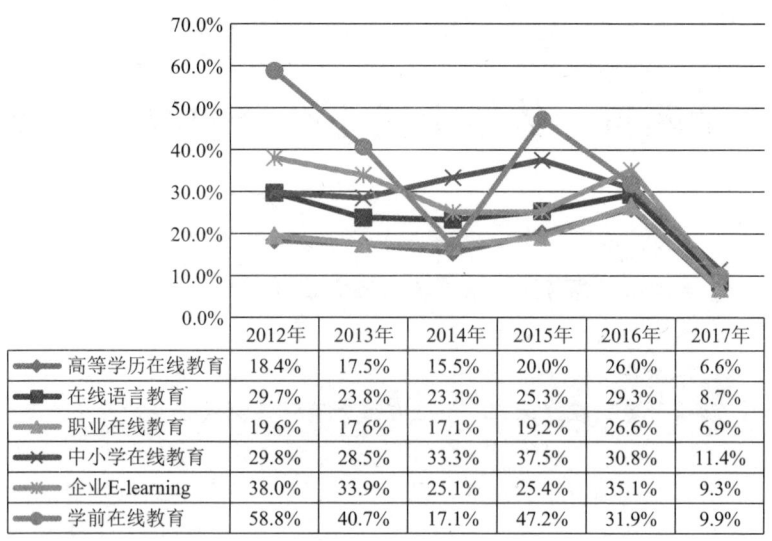

图 14-1　2012—2017 年中国在线教育行业细分领域增长速度（单位：%）

14.1.2　调研对象与过程

本次以上海肯耐珂萨人力资源科技股份有限公司的"麦朵"一站式企业在线学习平台为调研对象。它是基于 AI 技术构建的智能云学习平台，集移动学习、知识管理、企业大学于一体，聚集了杨国安教授、戴维·尤里奇（Dave Ulrich）、拉姆·查兰（Ram Charan）等国内外顶级专家，旨在为企业管理者、职场人士等提供前沿、干货、实用的在线学习产品及服务。

在前期，本调研团队主要通过网络及相关调研报告了解有关企业培训的在线教育课程及该公司的大致情况；接着通过实地走访详细地了解了企业的发展历程、组织架构、主营产品、核心竞争力等信息；然后整理信息形成本报告的框架并开始撰写，通过 SWOT 和竞争分析，找出该企业在在线教育平台激烈竞争中脱颖而出的原因，并结合现状对其未来发展提出合理的对策；最后向指导老师寻求建议，经多次修改，完成此调研报告。

14.2　企业 E-Learning 行业介绍

14.2.1　企业 E-Learning 定义

企业 E-Learning 是企业应用远程教育或者网络对员工进行培训或者组织员工进行学习的一种个性化学习方式，是不受时间和地域的限制的持续教育培训，有四个主要特征：网络化、个性化、可管理和一致性。其教学内容符合企业战略规划、关系了企业未来发展，有利于提升员工当前工作以及未来职业发展目标。

图 14-2 是企业 E-Learning 系统示意图。

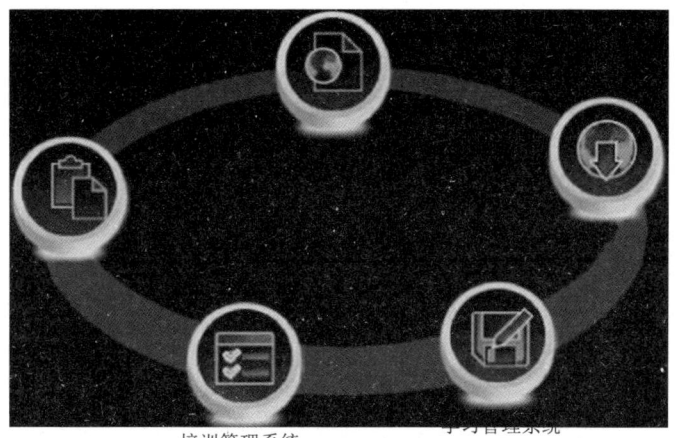

图 14-2　企业 E-Learning 系统

14.2.2　企业 E-Learning 的发展

在线教育（E-Learning）就是以网络为媒介进行知识传播和学习的方式，最先在美国兴起，用于培训企业内部员工。1988 年以后，在线教育从欧美地区传播到亚洲地区，其中企业 E-Learning 的应用发展主要经历四大阶段：在线学习、学习管理、培训管理和知识管理（参见图 14-3）。

在线学习	• 主要资源是网络课程学习，呈现随时随地E-course的学习模式
在线学习+学习管理	• 主要是课程资源学习+学习管理平台互动，通过自建平台或者租凭学习平台的方式，让学习增加了管理动作，不再是单元化的个人学习，向群体的组织学习进行了转换和递进
在线学习+学习管理+培训管理	• 把传统培训管理的培训需求分析、培训课程设计、培训实施和培训效果评估四个阶段进行了ELN化和E-HR化，达到了节省培训时间、成本，促进绩效考评，提升培训效率的目的
在线学习+学习管理+培训管理+知识管理	• 把知识作为资产来管理，是未来人力资源管理的核心，也是建设"生产人"系统最重要的手段之一。在该阶段，平台功能得到拓展，其实施真正向企业应用纵深发展，直接为企业发展效力

图 14-3　企业 E-Learning 应用发展主要的四大阶段

14.2.3　行业发展现状

企业应用 E-Learning 的最终目标是一致的，即实现 E-Learning 与人才培养和知识管理的深度整合，建立企业的学习或知识门户。当前中国企业 E-Learning 市场还处于初级阶段，从总体看主要还是以传统培训为主，未来企业 E-Learning 服务市场仍有较大的上升空间。

14.2.4 目前主要存在的问题

1. 产业规模和发展速度低于预期

据赛迪传媒统计，早在2001年，中国企业用于培训的费用就达到了100亿元，基于E-Learning远程培训的投入也占到了整体投入的0.1%，预期到2005年这个比重将迅速提高到30%。但是2005年以后整个企业E-Learning产业的现实规模还没有突破1亿元大关，其比重不到企业培训投入的1%，发展速度大大低于预期。

2. 基本上处于E-Training阶段

中国企业E-Learning的特点是基本上处于E-Training（电子化培训）阶段，即用信息化手段代替或部分代替传统的面授培训。多数中国的企业还没有建立完善的培训体系，建立学习型组织的观念虽然被广为接受，但是还没有得到有效实施。

3. 区域市场差异巨大

按地区分布可以把企业E-Learning市场分为一级市场（北京、上海、深圳、广州等大型城市）、二级市场（沈阳、武汉、青岛、大连、成都等中型城市）、三级市场（各省地区的小城市）。当前企业E-Learning约85%~90%的市场份额由一级市场所占有，二级市场份额只有10%~15%左右，三级市场份额几乎是零。

4. 行业差异巨大

实施了E-Learning的企业在行业分布表现出非常大的差异。据调查，"IT/通信/电子类""金融/财经类""教育/培训类""政府/机构类"企业占实施E-Learning客户的比例较高，而"餐饮/零售/商贸类""交通/建筑类""能源/化学类"这些企业的比例则很小。企业E-Learning受信息技术设施、信息技术技能、运用信息技术的观念等方面的制约。

综上，目前中国企业E-Learning行业存在服务主体分散、创投活力不足、集中传统行业、企业重视度不够、用户动力不足等多个问题，需要从政府规划、协会推动、高校教培、产品创新、企业计划等多个层面，持续改进其发展中的不足，推动行业的持续良好的发展。

14.3 上海肯耐珂萨（KNX）人力资源科技股份有限公司

肯耐珂萨是一家集成人教育和职业教育于一身的公司，成立于2008年，初期是一家为企业客户提供高效服务的HR SaaS公司，近年来进行了几次创新转型，并在2018年荣获由人力资源智享会（HREC）主办的"中国招聘与应用供应商价值大奖"。本部分主要是对其公司概况与企业转型之路进行介绍和研究。

14.3.1 公司简介

上海肯耐珂萨（KNX）人力资源科技股份有限公司是一家专注于人力资源领域线上线下服务的综合解决方案提供商。它拥有招聘、培训、咨询、HCM－SaaS系统等，涵盖了人力资源全生命周期的业务模块。肯耐珂萨凝聚了超过15年的行业经验及大数据积累,为客户提供"技术+内容+服务"的"选、用、育、留"等综合落地解决方案,确保企业的组织健康和持续绩效,实现客户的商业价值。

1. 企业文化

肯耐珂萨的企业文化在日常运行中体现在各个方面,由其企业口号、使命和价值组成。肯耐珂萨的企业口号是,如果对于这个舞台你缺乏激情,那么你将被淘汰;我们付诸行动,不能产生价值就不要去做;笑对困难和问题,机会永远存在。肯耐珂萨的使命是通过他们所做的来改善、提升人们的生活。企业价值观是锐意创新、分享协作、传递激情、成就客户。

2. 产品与服务

肯耐珂萨从定义业务需求和项目目标开始,经过诊断、设计、实施、推进,运用心理测量与应用心理学、教学系统设计与教学技术、组织行为学,结合技术支持,为客户提供从个人到组织发展的全过程支持。同时,肯耐珂萨的人事管理是结合自动化软件与灵活用工服务,助力企业高效开展人事管理工作。合理的人事管理可以将大量重复性、事务性的工作自动化,提升 HR 工作效率。而肯耐珂萨公司正是利用这一特点加强了对人事的管理,从而提高工作效率。

肯耐珂萨管理云产品是一个基于移动互联、云计算和 SaaS 服务的人力资本云管理系统,产品包括组织管理云、人才管理云、招聘管理云和人事管理云,覆盖入门至定制化,如人员、休假、考勤等基础应用及简历解析、调研测评、学习行动等专业应用,帮助企业实现人力资本优化。其专注于亚太地区中高端人才寻猎及招聘流程外包服务,通过高效、高质灵活的服务模式,为客户解决招聘困境、提高招聘效率,节约招聘成本的同时帮助企业建立人才数据库,为企业发展提供人力保障(参见图 14-4)。

KNX四层金字塔产品结构体系*

人才管理云

VX系统(Learning/绩效/测
人才发展*
学习发展(公开课/定制内
麦呆*(企业一站式在线选

人事管理云

VX-Core
HRO灵活用工*

组织发展云

VX-Prisma(调研系统)
组织能力打造(含诊断/调研)
员工敬业度/满意度调研
企业文化调研
离职调研
组织/薪酬/绩效(3P)

招聘管理云

VX-ATS
高端猎头
RPO招聘流程外包
智慧生涯*

图 14-4 KNX 四层金字塔产品结构体系

14.3.2 创新转型之路

近几年,在政策经济环境利好、技术更新迭代、教育需求上升的带动下,互联网教育形态进入了高速演变期,大规模开放式网络课程(MOOC)、乃至小规模私有在线课程(SPOC)等在线教育模式在全世界范围内的爆炸式兴起,它们打破时间和空间的限制,让更多的人更容易地接受个性化的教育。面对如何打破时间和空间的限制问题,肯耐珂萨公司结合自身的优势,逐步探索,走出了一条创新转型之路。

1. 组织结构与能力

在一些企业中,组织结构呈现的是矩形的上中下结构,存在一定的管理和被管理的关系。而肯耐珂萨不一样,在结构上分为了前中后三部分,前是指销售等推广业务,让企业的产品得到很好的售卖。中是指交互市场和研发等"生产车间"。后则是指后勤、行政、财务等,对公司做进一步的测评,对公司的进展有一定的推动力。

杨国安教授是人力资源与组织管理研究中心主任,他提出了"杨三角"理论,还提出了一个企业的成功是战略方向与组织能力的乘积。肯耐珂萨正是运用"杨三角"这一强有力的工具来发展公司的(参见图14-5)。

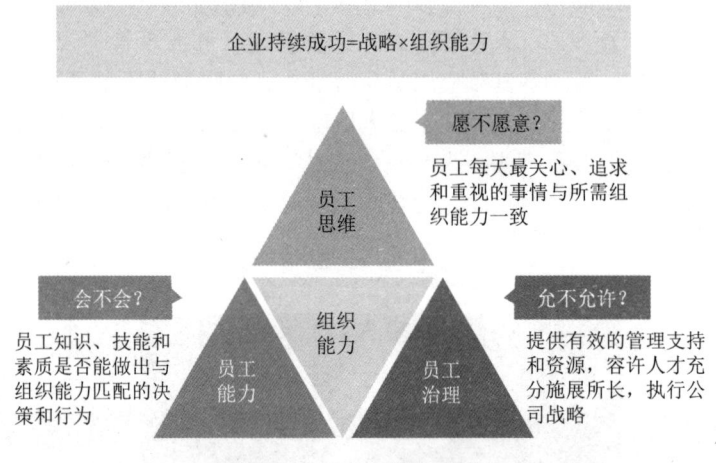

图 14-5 KNX"杨三角"

2. 人才资源管理综合解决方案

肯耐珂萨拥有十余条产品线,涵盖了人力资源管理生命周期的各个阶段,并将技术、服务、科学及信息化产品完美融合在选、用、育、留四大人力资源应用模块中。在选才方面,肯耐珂萨拥有招聘流程外包、中高级人才寻猎、招聘管理软件系统和员工测评系统;用才领域应用测评工具及领导力解决方案帮助企业和员工共同成长;育才阶段通过公开课培训和企业内训来帮助大家快乐工作、幸福生活;留才项目拥有员工敬业度调研及360调研、领导力发展和薪酬报告及软件分析系统来帮助企业高效的留住核心员工。

3. 麦朵——一站式企业在线学习平台

麦朵商城是肯耐珂萨公司提供的线上学习平台,提供了从开店—选货—分享—物流—售后的一站式解决方案。麦朵平台开发于2017年,自推出以来,经过一年多的数据沉淀和技术研发，已经成为了一个超轻智能企业学习平台。本次的调研对象即为麦朵。

14.4 麦朵平台调研概况

14.4.1 平台与产品介绍

麦朵职场在线学习平台是上海肯耐珂萨人力资源科技股份有限公司旗下基于 AI 技术构建的智能云学习平台，集移动学习、知识管理、企业大学于一体。这里聚集了杨国安教授、戴维·尤里奇（Dave Ulrich）、拉姆·查兰（Ram Charan）等国内外顶级专家，为企业管理者、职场人士提供前沿、干货、实用的在线学习产品及服务。

麦朵职场拥有四位一体的教学服务体系：软件平台＋课件工具＋课程服务＋运营支持。这一教学服务体系可以帮助企业和组织建设和形成自己的线上线下结合的模式企业人才培养体系（参见图 14-6）。

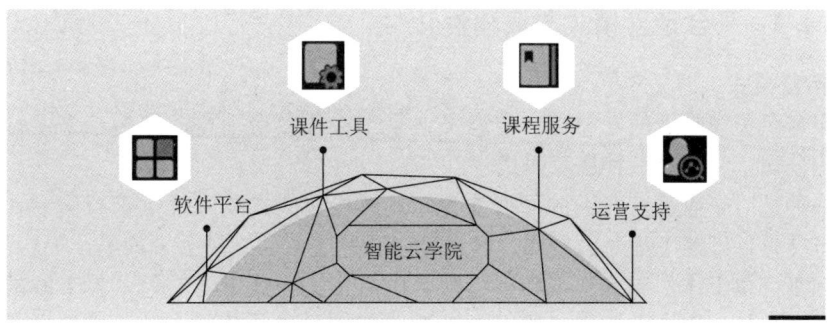

图 14-6　麦朵四位一体的线上线下结合的教学服务体系

麦朵的智能云学习平台通过引入人工智能和大数据技术，着力打造岗位能力模型，为企业学习智能配课，以先进的互联网技术推进企业培训行业的整体发展。通过大数据和深度学习，能够逐步探知每一个学员的学习和自身诉求，并有针对性地呈现学员所需要的信息。引进业内最新科技，从而能够更好地协助企业学习型组织的建成从而更好地匹配企业战略目标的实现。

图 14-7 是麦朵平台登录界面。

图 14-7　麦朵平台登录界面

麦朵平台自推出以来，经过一年多的数据沉淀和技术研发，积累了来自 16 个城市近百万学员的超过 35 亿条学习数据。这些数据的沉淀使得"千人千面"的学习引擎成为可能。麦朵从 2017 年春季开始试点，在云学习平台中将程式化作业升级为人工智能（AI）学习任务，通过 AI 任务等学习环节，向每位学生推送学习方案。并且，麦朵云学习平台逐步为每位学员建立专属学习模型、学科知识树及个人能力图谱。

图 14-8　麦朵平台的客户企业

14.4.2　平台运营模式与课程设计

1. 运营模式

肯耐珂萨公司旗下的麦朵在一定意义上是个在线教育平台，作为一个主打人力资源服务的公司，一共有三种运营模式。

第一种是对企业进行线下的面授课程，具体操作方式是在线上进行交易，然后在线下进行交付，即线下面对面授课。客户可以通过线上的交易去采购麦朵平台的课程，去充值和下订单操作。完成购买和进行报名以后可进行线下的交付，各个城市的学生会在线下规定的授课地点上课。线上交易和线下交付形成这种合并，这是麦朵从线上到线下的一种教学方式（参见图 14-9）。

图 14-9　麦朵公开课购课流程

第二种方式就是在线教育。在线教育就是在线上交易并且进行线上交付，在网络上进行远程教育。用户通过线上采购和报名课程以后，立即可以在网站点击课程进行学习。目前市场上常见的知识付费网站平台也大部分是在线采购以及在线学习（参见图 14-10）。

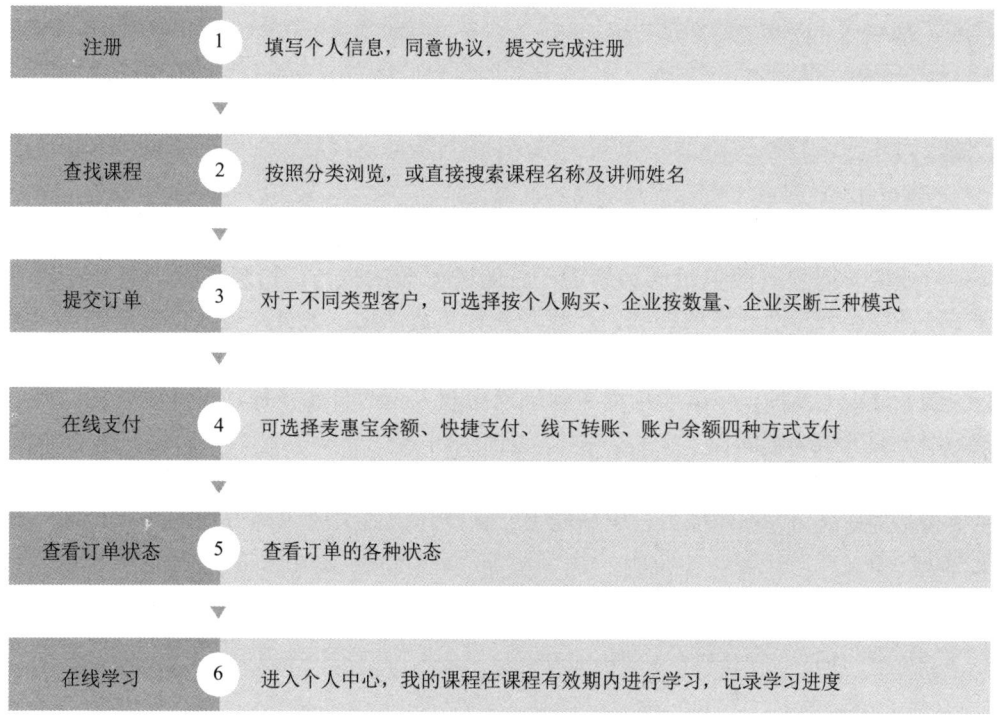

图 14-10　麦朵在线课购课流程

第三种是 SaaS 企业管理软件。SaaS 具有电商的性质，就是给企业提供移动化企业大学。麦朵开发管理的 SaaS 软件，可以让企业免费使用其教育平台。并且麦朵平台提供相关管理工具和咨询服务，让企业的操作更方便快速。这种模式在一定程度上是类似于订阅化服务，是一种移动化学习平台。

2. 课程设计

1）课程内容设计

麦朵平台的课程设计分为公开课和线上课。

公开课即线下课，可以在线下面授，开课城市也涵盖了全国主要 16 个城市。课程类别主要有领导力、专业能力以及职业能力等三种，推出的课程系列可针对高层、中层及基层不同职场层级的人群，包括有包括管理组织、人力资源、行政管理、销售、财务、项目管理等课程。领导力课程面对管理层人士开设，高层管理人员的管理职能课程包括战略管理，变革管理，组织能力等培训。中层管理如管理经理可能需要学习增进情商沟通、全面管理技能的提升。其面对基层管理者也研发了新任主管管理技巧等课程（参见图 14-11）。

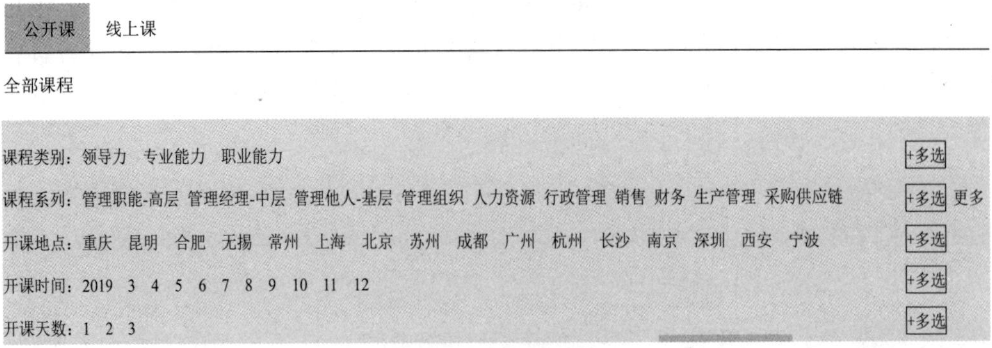

```
公开课  线上课
───────────────────────────────────────────────
全部课程

课程类别：领导力  专业能力  职业能力                                    +多选
课程系列：管理职能-高层 管理经理-中层 管理他人-基层 管理组织 人力资源 行政管理 销售 财务 生产管理 采购供应链  +多选 更多
开课地点：重庆 昆明 合肥 无扬 常州 上海 北京 苏州 成都 广州 杭州 长沙 南京 深圳 西安 宁波  +多选
开课时间：2019 3 4 5 6 7 8 9 10 11 12                              +多选
开课天数：1 2 3                                                    +多选
```

图 14-11　麦朵公开课

专业能力课程一般包括人力资源——结构化面试技巧、招聘面试训练、行政管理——高级秘书与助理实战训练、行政实务管理及优化、销售——客户关系管理、销售谈判、大客户拓展策略、财务—Excel 高效财务管理、预算管理与控制等方面的课程。职业能力方面推出了诸如从思考到呈现高效人士的自我管理、卓有成效的沟通以及 Office 提升效率等课程。

线上课内容则更加丰富多彩，适合职场人士随时随地学习，选择丰富且方便快捷。主要包括沟通能力、组织能力、职场能力、新媒体、人力资源等方面的课程培训（参见图 14-12）。

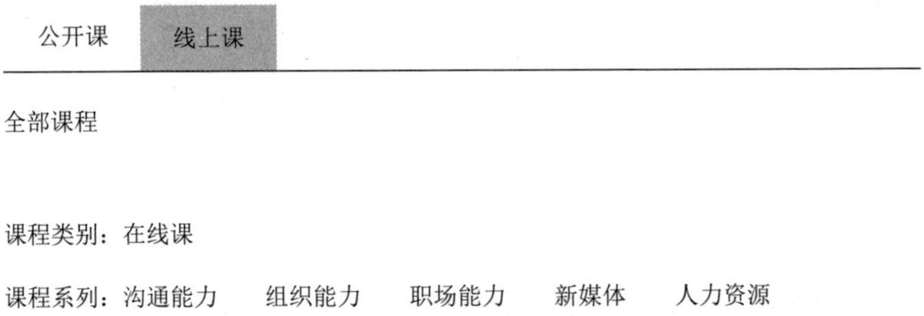

```
公开课  线上课
───────────────────────────────────────────────

全部课程


课程类别：在线课

课程系列：沟通能力   组织能力   职场能力   新媒体   人力资源
```

图 14-12　麦朵线上课

2）课程制作

麦朵平台上产品课程都是专家团队精心设计编排制作的。一般来说对于线上线下两种不同的课，公司有不同的安排模式。对于线下面授课程，肯耐科萨公司拥有完善的讲师中心和成熟的课程研发中心，并且有专门的部门联系众多专家级讲师，老师分为签约老师、合作老师等。公司拥有排课中心体系，对于不同的老师有不同的课程安排。比如给有的老师安排全年的课程，然后再把全年的课班上线到麦朵平台，供大家选课学习。线下授课的老师都拥有丰富的实践工作与教学经验，每一位都有至少 10 年的行业实战背景，以及 3 年以上的授课经验。对于线上课程，麦朵会邀请市场上优质教师资源、专家大咖等安排相关在线课程的录制和合作，录制和包装成精品课的形式，或者作为一个平台会引入相关精品课资源，供客户在线学习。

14.4.3 平台产品推广与核心竞争力

1. 产品推广

对于平台上课程产品的推广渠道，一般来说有三个来源。首先麦朵在线教育拥有肯耐科萨积累的丰富客户资源，通过17年的业内培训，肯耐科萨掌握了大量的客户资源，作为旗下的孵化产品，对于麦朵的课程推广是天然的优势。第二，现在是互联网时代，麦朵会借助互联网手段去营销获取相关的客户。第三，是来自客户后续的反馈。第一步会通过对客户的调研获取信息来源，第二步多年合作的大部分客户会主动给予反馈，诸如一些种子用户、忠实用户会主动提出建议和感兴趣的部分，并且会通过销售业务员得到客户反馈信息。更进一步，麦朵智能云学习平台会通过大数据做用户数据分析，对大量客户数据分析和总结从而得到行为轨迹。

2. 核心竞争力

麦朵作为企业一站式教育平台，从自身优势来说有以下五个方面的核心竞争力来源。

（1）麦朵是肯耐科萨的孵化产品，最大的核心竞争力就是大公司原始的数据积累和平台资源，大量的客户数据来自于公司内部。

（2）拥有专业、成熟的移动学习平台研发团队。麦朵依靠的肯耐科萨公司拥有自己专门的课程研究院，在全国设立了上海研发中心、深圳研发中心和成都研发中心。软件研发团队超过120人，专家团队超过50人。在高科技行业、教育培训行业、电信行业、制造行业、零售连锁行业、汽车行业和金融行业等领域积累客户500余家。

（3）拥有庞大的课程资源及人力资源储备。首先，麦朵拥有大量的讲师资源和大咖专家资源，并与大师级导师形成独家合作，具有市场上独有的资源。其次，智能云学院与众多知名课件、厂商和培训机构合作，开发了一系列通用课程，并以惊人的速度增长，形成庞大的智能云学院课件资源库。

（4）骨干团队经验丰富，能够提供一流的学习型组织建设方案。骨干团队拥有强大的专家组，他们大部分是具备20年以上管理经验的专家。同时，依靠多年的积累，公司也发展扩充了多元的案例和理论支持，这些资源来自于六大行业的近60个完整成功案例，有海量的数据结果支撑。

（5）体贴周到的精细化服务。资深课程顾问会为客户提供专业的课程咨询，另设贴心客服、专职助教、课后跟进等，并且致力于使用技术实现线上＋线下的混合式学习模式，帮助人们快速学习、创新、协同、交流，打造一个以人为中心的新社会化学习系统。

麦朵是肯耐科萨迈向电商的第一步，对于麦朵平台的产品未来的发展趋势，公司平台负责人表示麦朵会不断优化迭代完善自身的产品。在日新月异的互联网时代，推出的产品计划不是一年、两年的规划，都是以半年甚至季度为发展周期。并且产品更新的效率和速度会加快，适应客户不断发展的需求。

14.4.4 平台盈利模式

总体来看，麦朵在线教育平台一般为直接面对终端消费者，现金流情况良好。目前,其盈利模式主要有以下几种。

1. 内容收费

内容收费是指对提供高质量原创内容收费,麦朵很多课程都是独家研发,拥有自己的知识产权课程,通过网络作为高效便捷的分销渠道。通过搭建专有网站,依托其极强的专业性、独特价值的内容吸引惯于网络学习群体,进而向用户进行不同费用的设定和收取。在麦朵平台上,其大师级课程收取费用基本都超过万元,收费几千元的管理类课程也比比皆是。

2. 精细化服务

麦朵作为一个一站式在线教育平台,从选课咨询到课后体验,都有课程顾问全程跟踪,实时反馈。通过这种增值服务来收取费用也是盈利来源之一,资深课程顾问会为客户提供专业的课程咨询,贴心客服和专职助教会随时解答与课后跟进等。

3. SaaS 企业管理软件一次性收费或包月

麦朵拥有的肯耐科萨研发的 SaaS 企业人力资源管理软件,企业可以选择进行软件一次性收费或包月收费。管理软件的开发使得付费性质植入到教育教学中,成为麦朵盈利来源之一。

据统计,在过去的几年,中国网民在教育上的投入保持着持续性增长态势,《中国互联网教育趋势报告》显示,67%网民使用在线教育类产品,这其中职业教育占到了35.7%。4.48亿庞大的市场需求,为线上教育产品提供了广阔的发展空间。

据麦朵品牌负责人介绍,越来越多的学员愿意为了提升自身的素质会在平台进行学习,麦朵平台上高达数万元的明星级大师课程就不乏消费者,且定期会举办一场这种课程,这说明这种收价高的课程是有市场和需求的。从付费学员一年间在平台的花费可以看到,33%的学员在平台的年花费超过100元,而每年愿意花费超过1000元为教育高价买单的学员占比达到15%。由此可以说明,学员对知识付费有一定的意愿,虽然大部分人更倾向于小额或免费课程(参见图14-13)。

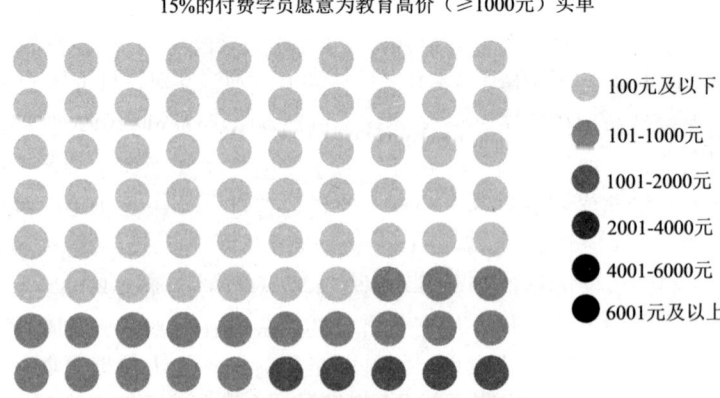

图14-13 学员教育付费意愿

14.5 麦朵平台综合分析

本团队在访问肯耐珂萨麦朵项目负责人的时候,向其讨教了关于用户使用产品后的反馈及问卷的设计,并查看了部分麦朵线下课程的用户反馈问卷,以选择题与主观题为主,统计数据结果如图 14-14 与图 14-15 所示,通过客户课后反馈数据、访谈和麦朵所在的市场的三个维度对肯耐珂萨及麦朵进行综合分析。

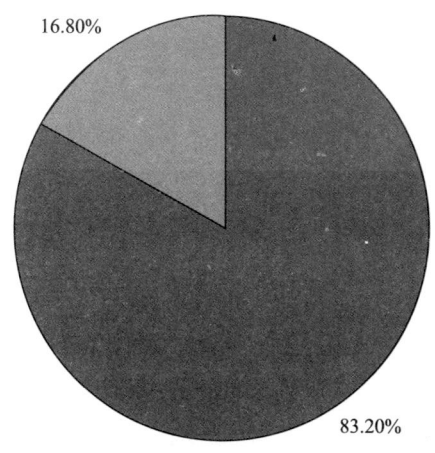

图 14-14　麦朵课程总体反馈

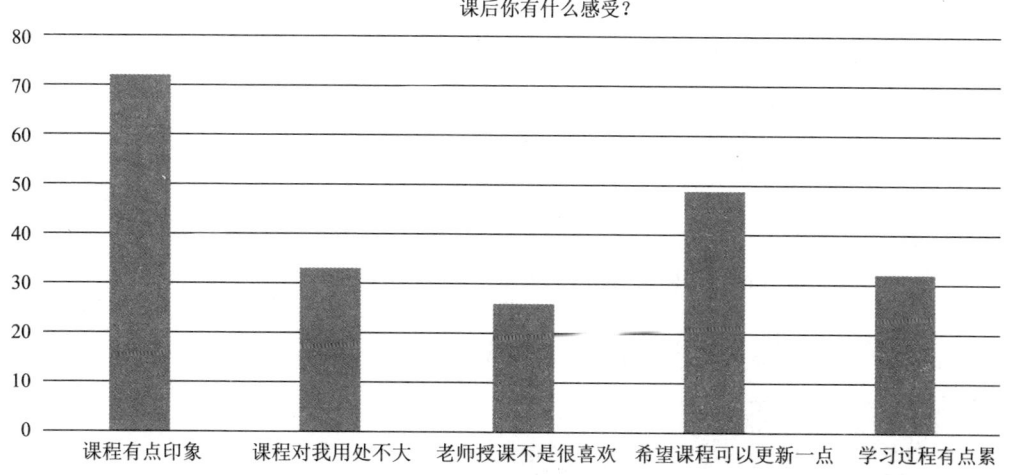

图 14-15　麦朵线下课程课后感受

14.5.1　SWOT 分析

图 14-16 是对麦朵的 SWOT 分析。

1.综合性。企业培训+在线教育+知识付费三合一，打造新产品； 2.历史的积累。大量的数据和客户的长远累积是公司的核心竞争力之一； 3.强大的资源储备。行业口碑和企业管理的师资，再加上教授与研究院的支持，资源储备充分； 4.快速迭代。快速迭代更新和完善产品，适应现代的快速商务	1.线上课程缺乏互动。录制好的视频免不了无法互动的问题，给学习带来阻碍； 2.个性化课程定制不足。对于有特殊需求的企业客户，目前依然不能全部满足； 3.上课地点固定。固定的上课教室使得部分客户无法进行线下课程的参与
1.互动网的发展为企业教育铺路。解决了长时间设计的课程很快失去价值的问题，并帮助产品快速更新迭代和宣传； 2.人才成为热门需求。企业需要管理与特殊技能的人才，故产品拥有一定的市场； 3.中小型企业的崛起带来市场。中小企业的发展增加了企业教育的市场	1.产品存在相似性。企业培训与教育竞争对手多且产品内容有一定局限性，影响销售； 2.过去式产品如何处置。课程顺应企业发展，过去式的产品是否能够继续带来利益成为新问题

图 14-16　麦朵 SWOT 分析

14.5.2　竞争对手分析

麦朵平台作为给其他企业员工培训为目的业务，在培训行业拥有许多的竞争对手。同时知识付费成为一个专有平台的出现，在市场上有不少竞争对手。从企业教育角度来看，不少校企合办的公司成为肯耐珂萨的竞争对手，校企合办能将高校的知识与实际工作相结合，让部分还未接受或已经遗忘知识的员工通过学习将两者结合；肯耐珂萨作为一个具有自己研究院的电商企业，即便不具有高校的资源，凭借研究院的开发与研究院里的高校教授和管理界的人才依旧保持了巨大的竞争力（参见表14-1）。

表 14-1　企业教育角度麦朵的竞争对手

企业教育	所属公司机构	内容	特点
麦朵	上海肯耐珂萨人力资源科技股份有限公司	管理技能、软件操作思维训练、模式创新、营销与数据、沟通谈判	经验丰富、课程多样、涵盖范围广、线上线下
院校桥	院校桥教育科技（上海）有限公司	校企办学、师资培训、课程研发、市场行业	团队协作、专业性、资源经验丰富
新为	深圳新为软件股份有限公司	学习发展、在线考试、课件制作、培训会议	经验丰富、行业宽广、案例展示
校企合办	上交、复旦等高校实践培训	企业管理、解决企业问题、员工培训	知名教授、校企合办、实践与理论结合

在知识付费的平台方面，其他竞争对手的产品和特点都具有相似性，麦朵与它们不同的地方在于其内容不仅仅在于管理，也在于沟通和软件的学习。此外，它的特点是具有线上和线下综合开课，让部分学习活动起来；但是就线上课程来说，麦朵的产品不具直播课程，线上产品缺乏互动是一个值得改进的地方；再有，产品的价格较贵，没有针对不同学员特点区别定价，在没看到具体的产品内容前，价格的高低已经让不少客户犹豫（参见表14-2）。

表 14-2　知识付费角度麦朵的竞争对手

知识付费	主打功能服务	内容	特点
麦朵	一站式企业学习平台	管理技能、软件操作思维训练、模式创新、营销与数据、沟通谈判	经验丰富、课程多样、涵盖范围广、线上线下
淘淘课	知识变现一站式服务	内容变现、营销推广、配置管理、店铺服务	个性化、种类齐全
小鹅通	内容付费一站式解决方案	售卖营销、管理与评论、社群督学、数据分析、内容市场	多样内容变现、直播形式多样、丰富社群生态、功能高效
一书一课	助力企业打造自学习型组织	管理技能、营销技能、团队合作、个人规划	形式多样、人性化定制、注重效率、节约时间

虽然分开看各个切入点都存在着不少的竞争对手，而且内容产品具有相似度，在市场上都占据了一定的份额，肯耐珂萨并不具有很强的地位优势。但是综合来看，"企业培训＋在线教育＋知识付费"三者合一的产品模式在目前是具有创新性的。据了解，肯耐珂萨的麦朵是为数不多的综合性一站式企业学习平台，其原因可能是它曾是 IBM 公司之下拥有部分海外学习和管理的经验，因此对于产品需求的创新在国内市场是处于领先开创地位。此外，快速迭代的产品更新也帮助它更加了解客户的需求并快速对课程产品进行创新和改善，在融合的基础上进行创新是麦朵的一大特色，也是帮助它在市场上受欢迎的点。

14.5.3　存在的问题

1. 线上课程缺乏互动性

不可否认，麦朵的产品涉及了企业各方面的技能知识，且线下课程有老师授课和现场互动教学。然而线上课程就只是线上课程，对于管理类和交际类的课程，仅仅有视频教学没有现场的实践并不能发挥出最好的效果。在平时工作中，这些技能使用的次数少但是非常关键，尤其是在与上级和客户之间，因此每一次的实践都是非常宝贵的经验，如果能在原有的视频中想办法加入互动，那么产品则是一个本质的提升。

2. 产品相似度高，缺乏个性化定制

目前麦朵的产品都是基于某个技能知识邀请企业家进行录制视频和现场教学，即便课后会进行调查得到反馈来进行下一次的修改，但是本质上并没有解决初次产品相似度高、缺乏个性化定制的问题。这会使得企业损失掉部分客户和销量，且与市场上的企业教育产品产生较大的竞争，对它的进一步发展是一个小阻碍。如若能够让产品脱颖而出，其销售的增量将大于产品的成本。

3. 过期产品处置问题

由于麦朵的产品迭代速度非常快，这样一来以前的产品该如何处置是亟待解决的问题。首页的产品已经摆满了，之前的产品只能越来越推向后面，被人发现和使用的次数就大大降低。如果不能保证在该产品一上市就获得大量的销售，那么产品堆积之后它是否能够继续盈利甚至能否回本都将是一个问题。

14.6 调研总结

14.6.1 对策建议

针对上文提出的问题，结合当前线上教育与互联网行业的发展趋势，我们总结出以下对策建议。

1. 拓展网课模式，增强互动内容

企业在线学习平台想要保持竞争力，必须提供内容＋平台＋社交的综合服务，全方位覆盖供需管理，并基于用户需求实现教育场景的优化升级。肯耐珂萨的传统课程有其优点，例如和具体应用场景结合、学员间和师生间的交流沟通等，这些都有助于提升教学效果，麦朵平台亟待解决的问题就是网课如何实现对线下场景的还原。

在移动互联网技术的支持下，"直播＋教育"具有明显的优势，其不仅丰富了教育实践形式，也给教育理念与模式带来了巨大的改变。"直播＋教育"，一方面，该模式让学生与名师即时交流互动成为可能，学生可以更广泛地连通和建立属于自己的个人学习网络。另一方面，"直播网课"模式的强互动沉浸式学习效率高，不论是通过 PC 端还是移动端，学生和老师可以随时随地学习与上课，更具灵活性，同时互动性更强，成本也更低。

由此，本文建议麦朵今后在其网课中加入互动，使产品有一个本质的提升。近年来火爆的直播平台便是一个契机，麦朵可以考虑与当前比较成熟的课程直播平台合作，与名师签订协议，像线下课堂一样，定期在平台某个频道进行直播。

想要参与的学员在线报名与支付，获得个人课程账号密码，在课程开始时登录，便能参与其中。课程中遇到问题，可以发送弹幕留言，助教实时查看，反馈给老师，老师马上在线解答。课后也留有一定时间为学员答疑，同时设置论坛，学员间可互相交流感受，形成课程社会。相关互动内容的加入创新了 KNX 原来的网课，解除了双方时间和空间的限制，弥补了之前网课单向输出的弱点，大大提高了课堂效果。

2. 创新个性化定制路径与课程内容

企业要想在众多竞争者中脱颖而出，克服教育的多样性和模糊性，实现大范围的个性化、定制化企业课程是重要的突破口。随着大数据应用的成熟以及整个在线教育行业专业性的提升，麦朵首先应基于传统的 SaaS 业务优势，创新线上工具，使之覆盖推荐课、选课、招生、授课、评价等整个流程，实现一站式全方位的用户服务，提升用户体验。

具体来说，就是实现平台内容与学员的精准匹配，即个性化定制。前期让学员在网上填写详细的个人课程偏好与需求问卷，平台根据大数据算法推荐课程。课程期间助教详细记录学员的表现与反馈，即行为数据，建立个人个性化的需求模型并将得出的结果分类，作为之后培养学员的依据，也总结展示给老师。这样，可促进老师和学生之间的沟通与双向选择。

课程内容质量一直都是企业教育平台的竞争重点。麦朵应继续通过其招纳的名师和专职辅导团队来建立高质量的课程，实现教学经验和课程内容的积累，用无可替代的高口碑课程吸引业内优质客户。同时，针对网络产品的内容特点所导致的产品同质化问题，在各环节加入创新元素以求在竞争中突出重围。

比如，麦朵可将教学视频、辅助教学资料、知识图谱和知识要点、电子课件以及在线测试、在线作业、在线考试试卷等按时投放到网络平台；一般来讲，学习过程中高度保持注意力的时间是20分钟，教学视频可设计为10～15分钟左右；课程视频片段中穿插一些在线测试题，检验学生对之前课程内容学习的掌握程度，这样比较符合学生的学习心理，也可以快速记忆和重复之前的内容，同时提高对于新知识的理解能力。长久下来，学员感受到了课堂效率与个性化服务，在细节上体会到了麦朵平台的不同之处，真的觉得有所收获，便产生了用户黏性。

3. 创新营销模式，探索多样化盈利

当产品过期，即内容不再有价值时，可以创新营销使其实现增值服务，挖掘盈利点。比如针对过期的课程，麦朵可以进行与新课程的捆绑销售；对相关企业或者新客户，可以进行买新课程送旧课程的活动，这样能提高旧课程的利用率，也为新课程打了广告，双向增加了流量。

针对新课程，必须做到精准营销，让每一次推广费用都花在点上。比如针对课程受众人群，投放推广内容，才有可能得到垂直受众的关注。中小型企业和普通白领流量巨大，适合推销实惠课程，可针对他们出一些网课套餐。而对于大型企业和高管，他们对价格不敏感，可定制高端课程，以提供最优质的服务。并且通过网络为用户提供个性化，专业化的服务，使其更具有付费价值，顺应当前"基础知识免费，增值服务收费"盈利模式的在线教育行业大趋势。比如多样化的选择可以满足各个阶段用户的学习需求，收获高质量精品化的内容。麦朵平台还必须保障其自制课程的全部原创版权，依法维权，如严禁任何人传播盗版下载资源，避免其原创成本与利润的大规模损失。这样大大解决了麦朵营销模式单一的问题，也减小了其成本的浪费。

14.6.2　小结

今后E-learning及移动学习会成为我国建立终身学习体系的主要载体，国内大中型企业对其的使用也越来越普遍。E-learning及移动学习会随着信息社会的快速发展而展现它的潜在优势，互联网技术与教育改革的深度融合为企业学习带来了无限的机遇和挑战。本次调研也针对其未来发展方向进行了问题分析，并提出了具体的对策建议，具有前瞻性、可借鉴性和现实意义。

通过此次调研，本团队对麦朵企业学习平台及整个行业都有了深入的了解，收获颇丰，感谢肯耐珂萨公司提供的支持，老师耐心专业的指导与队员们的辛勤付出，各个队员一起实地考察，认真地按照要求合作撰写报告，圆满地完成了本次调研。

15. 爱回收的全渠道营销模式

参赛团队：超越队
参赛队员：沈倩　黄进　熊俊宇　饶琴　刘奇
指导教师：许学军
获奖情况：一等奖
关键词：爱回收　电子产品回收　互联网＋

随着技术经济的快速发展，电子产品成为人们生活中必不可少的一部分，消费者对电子产品需求不断增加。然而电子产品的更新换代速度极快，电子回收市场受到热捧，成为新蓝海。本次调研的目标企业——爱回收正是在这一背景下诞生的电商O2O回收平台，在二手电子商品交易中占据大量市场份额。本文梳理了爱回收的企业基本情况、商业模式等，通过实地调研、问卷调查、数据收集等形式对电子回收平台的市场竞争现状、爱回收的运营情况等方面进行调研，并运用SWOT分析其优劣势，从而发现爱回收发展过程中存在的问题，并为其后续经营发展提供建议。

15.1 绪论

15.1.1 调研背景

近些年，电子产品得到了极大的发展和普及，深刻地影响着人们的生活，然而电子产品快速更新换代产生的电子垃圾也给环境带来严重负担。中国已经成为世界上最大的电子产品生产国和消费国，废旧电子产品回收行业将成为我国一大潜力市场。据互联网调查中心报告，中国手机网民中拥有2部及以上手机用户比例高达54.1%，有50%以上的消费者手机更换频率为18个月，而通过正规渠道回收废旧手机的回收率却不到1%。当前中国废旧手机市场表现出来的特点是手机量产大，更换频率高，而废旧手机回收率低。

我国对再生资源利用的重视度日益增强，并不断探索回收渠道模式和经济责任分配问题。在政策鼓励下，许多互联网公司和创业团队瞄准了回收行业发展的契机，搭乘"互联网＋"快车，利用互联网平台整合供应链资源，不断探索回收新模式，进军这千亿规模的蓝海市场。

15.1.2 调研目的及意义

二手物品回收传统上需经过从居民→流动回收商→大回收商→多级分拣商→末端

回收商→处理厂/二手市场等多重环节,且流程中存在诸多问题,如回收价格不透明、回收体系不完善等。因此,如何探索回收新模式并获得竞争优势是"互联网+回收"企业亟需解决的问题。爱回收作为典型的二手交易网站,在行业内认可度高,业务领域不断扩张,回收体系趋于完善,对其他企业发展具有很强的借鉴意义。研究爱回收的商业模式以及在行业竞争中所具的优劣势,有助于展开政企合作、探寻更好的商业模式,为商业公益化提供更大的可能;有助于增强企业环保和社会责任意识,促进相关企业又好又快发展;有助于培养消费者回收意识和习惯,树立绿色生活理念。

15.1.3 调研过程

(1) 资料收集。通过互联网和报刊杂志等工具搜索相关的行业资料,了解二手回收平台的发展情况。针对高校学生对相关行业、企业的了解情况制作并发放问卷。

(2) 走访企业。联系企业相关负责人,走进企业进行访谈,了解企业的现状、实际运营中存在的问题以及相关理念等。

(3) 整理数据。收集整理前期以及走访过程中得到的数据资料,对调研企业进行分析并与国内其他相关典型企业进行对比分析。

(4) 撰写报告。团队成员与老师进行沟通交流,总结调研结果,撰写报告。

图 15-1 是本团队企业调研流程图。

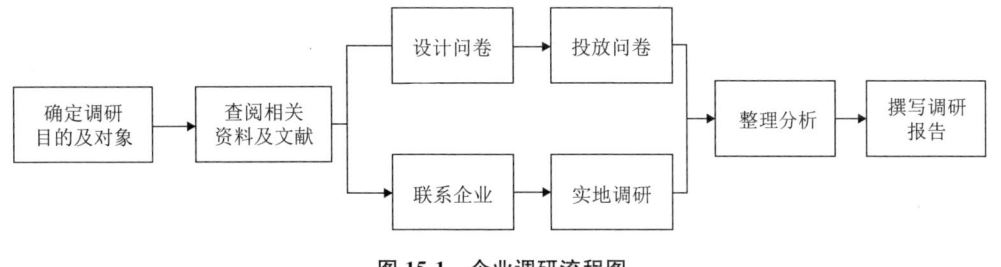

图 15-1 企业调研流程图

15.2 爱回收公司介绍

15.2.1 企业基本情况

爱回收是采用 O2O 模式,提供电子产品回收、以旧换新服务的互联网平台。公司专注于手机、平板电脑、笔记本、数码相机等电子数码产品的回收服务。2018 年爱回收的年交易额在 70 亿元以上,一年处理了 1000 万台以上的手机。

1. 组织架构

总经办下有 C2B、B2B、其他业务部三个事业群。这三个事业群为横向部门,承担着锁定目标用户,发展新的运营模式的职能。三个事业群下又根据用户的不同特点,对应工作内容的不同组建了相应的纵向部门,其组织架构如图 15-2 所示。

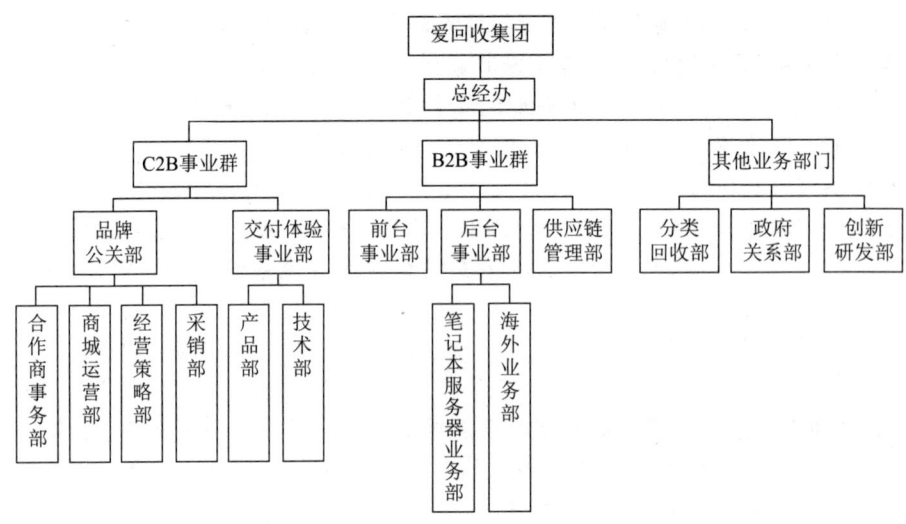

图 15-2 爱回收公司组织架

2. 主营业务

爱回收做的就是二手回收的生意,一直坚持聚焦在以手机为代表的 3C 品类的回收领域,结合线上+线下,专注于回收产品和提供以旧换新服务,其流程如图 15-3 所示。

15.2.2 企业发展历程及现状

爱回收集团员工 4000 多人,累计纳税大于 1 亿元,总运营面积大于 40000 平方米,自助回收机遍布多个城市,总计 10 万余台,35 个核心城市的核心商圈商场拥有 300 余家直营门店。日均处理废旧电子产品 5 万台,助力碳排放减少量 1000 吨,环保等值贡献 100 万棵树,2 万亩树林。图 15-4 是爱回收发展历程及战略规划。

作为新兴行业的领军者,爱回收依然处于企业扩张阶段,2018 年下半年企业首次达成单月盈利的目标。融资是企业目前最重要的资金来源。"爱回收"至今已经获得了五轮融资,最近 E 轮融资则由老虎环球基金独家领投,京东集团跟投,总金额高达 1.5 亿美元,创下全球电子产品领域迄今为止最大单笔融资记录。具体融资过程如表 15-1 所示。

表 15-1 爱回收融资历程

时间	轮数	金额	主要投资方
2012 年 3 月	A	200 万美元	晨兴资本
2014 年 7 月	B	1000 万美元	IFC 与晨兴资本
2015 年 8 月	C	6000 万美元	天图资本
2016 年 12 月	D	4 亿元	凯辉基金、达晨创投
2018 年 7 月	E	1.5 亿美元	老虎环球基金
共计		约 2.7 亿美元	

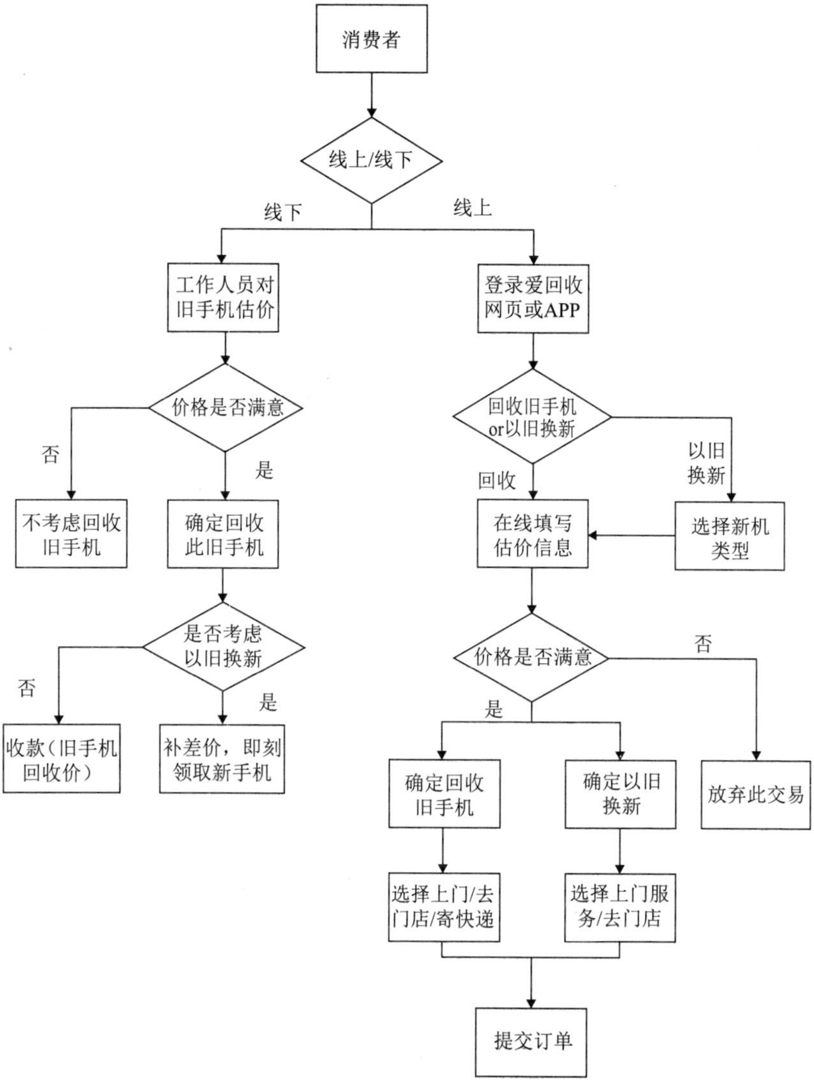

15. 爱回收的全渠道营销模式

图 15-3 爱回收手机回收业务流程

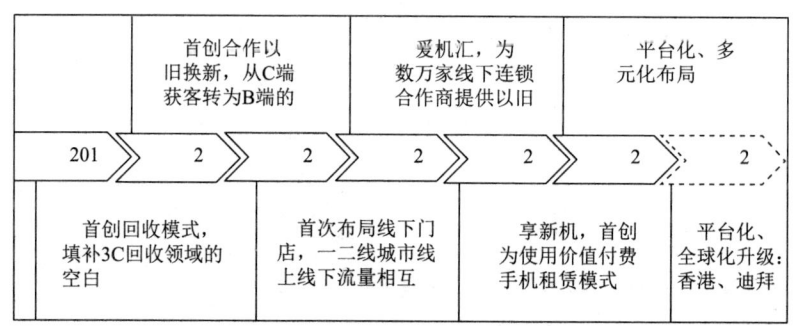

图 15-4 爱回收发展历程及战略规划

15.2.3 企业商业模式分析

1. 盈利模式

爱回收平台的主要工作内容包括为消费者提供交易信息；确认回收时间、地点以及提供相应售前售后的咨询服务；为处理商提供废旧手机，委托第三方物流公司进行上门回收，通过第三方支付平台向消费者支付回收费用，联系投资机构进行投资融资以保障平台稳定、正常运营。平台相关的责任主体主要涉及消费者、处理企业、第三方物流公司、第三方支付平台、生产企业等，在消费者和专业处理企业之间牵线搭桥，提供交易平台，对交易进行担保，联系物流、第三方支付平台等完成回收流程。平台通过完成的交易数量，向专业处理企业抽取一定比例的提成。

平台不对入驻的回收商、处理商收取会员费用或是服务费用，因而与回收商、处理商的交易抽成就成为了第三方建立网络回收平台的主要利润来源。根据回收量、回收额的不同，平台协定比例通过交易抽成来产生收益。为了增加盈利渠道，拓展业务范围，平台推出了二手手机出售和以旧换新的业务，回收的废旧手机其中利用价值高的，经过简单维修清理，作为二手良品再次出售，增加了平台的利润来源。除此之外还引入技术对手机进行简单拆解，出售其中的可利用零部件来增加收入。爱回收盈利模式可以概括如图15-5所示。

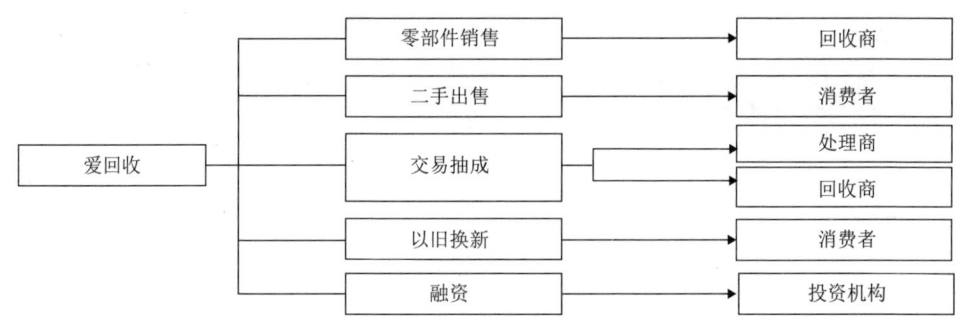

图 15-5 爱回收盈利模式

2. 营销模式

爱回收的特色是"线上＋线下"全渠道营销模式，是企业为了满足消费者任何时候、任何地点、任何方式的多样化消费需求而采取的一种战略措施。它采取线下实体、线上电子商务和移动电子商务渠道相整合的方式销售商品和服务，给顾客带来无差别的消费体验。表15-2反映了爱回收的全渠道营销模式。

表 15-2 爱回收的全渠道营销模式

合作平台	科技及大众媒体、自媒体	通过报道吸引观众关注爱回收
		介绍爱回收及其行动与努力
		普及二手手机回收的知识
		助力与爱回收相关的事件引爆

续 表

合作平台	社交媒体合作	为热门事件预热或进一步扩大影响
		直接展示爱回收的工作行动
		深入挖掘爱回收的背后故事
	线下资源与渠道	线下推广活动,从体育、科技、情感入手
		借助名人和专家力量扩大关注度
		海报、活动、标志事件制造话题

3. 渠道资源

爱回收平台还与大型电商企业等合作,早在2014年9月,爱回收就与京东建立了战略性合作关系。在京东的手机购买页都设置了"爱回收"以旧换新的链接。回收成功后,"爱回收"网站会返还给消费者京东购物优惠券,不仅增加了回收量,还获取了大量客户,也为京东增加了销量。除此之外,爱回收还与腾讯、小米、三星、大疆等平台和品牌达成深度合作,极大拓展了"以旧换新"业务的渠道范围。具体合作方与渠道资源如表15-3所示。

表15-3 爱回收的渠道资源

合作方	合作范围
京东、三星等电商和手机制造商	二手电子产品销售、回收、"以旧换新"、广告宣传等业务
各大城市商圈	建立服务点,自动回收机等
顺丰	邮寄快递
格瓦拉、麦当劳等	营销、优惠或免费活动等

爱回收之所以能在众多竞争对手中脱颖而出凭借的是其完善的渠道布局,在线下选择快递业中速度最快、效率最高的顺丰速递合作,为全国用户提供邮寄服务并且承担运费。对于回收上来的二手手机,爱回收进行分类处理,针对不同类别交予不同合作企业。偏高端手机会交由大型电商或中小型零售商再次销售,部分中端手机由贸易商出口,低端手机则交由拆解商拆解零件或进行环保提炼,如图15-6所示。

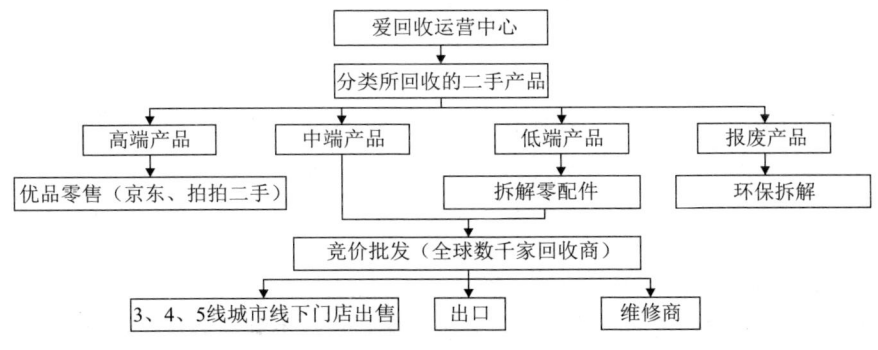

图15-6 爱回收流通渠道布局图

15.3 市场竞争分析

15.3.1 行业发展的 PEST 分析

PEST 分析方法是从政治、经济、社会以及技术四个要素从总体上把握外部宏观环境的分析方法工具,根据自身属性对宏观环境做出评价和调度,有效地为相关行业发展做出客观性的分析。图 15-7 反映了回收行业的 PEST 分析。

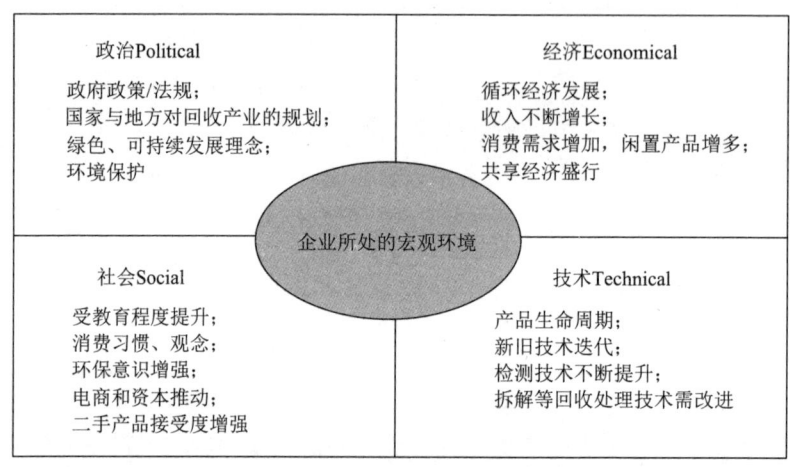

图 15-7 行业 PEST 分析

1. 政治因素

国家发改委对外公布的《2015 年循环经济推进计划》,明确指出我国将推动和引导再生资源回收模式创新,探索"互联网＋回收"的模式及路径,积极支持智能回收、自动回收机等新型回收方式发展,并将其确立为落实《再生资源回收体系建设中长期规划》的一项重要任务。2017 年 8 月,环境保护部联合发展改革委等 6 部门印发了《电子废物、废轮胎、废塑料、废旧衣服、废家电拆解等再生利用行业清理整顿工作方案》。为加快建设资源节约型、环境友好型社会,国家和地方加强对回收行业的规划与规范化建设,推动产业发展,促进中国乃至全球生态安全。

2. 经济因素

循环型社会是一种强调人类与自然和谐发展的经济模式,社会经济资源是有限的,应该以资源的高效利用和循环利用为核心,从而改变传统的"资源—产品—废弃物"的传统发展模式,构建起"资源—产品—废弃物—再生资源"的循环发展经济模式。在共享经济的浪潮下,企业不断探索互联网＋回收的模式,促进回收行业发展。

3. 社会因素

随着人们受教育程度的普遍提升,公民环保意识也不断提高,对环保行业认可度较高,为"互联网＋回收"行业发展带来了良好的契机。商务部发布的《中国再生资源回收行业发展报告 2018》显示，2017 年我国产生废弃电器电子产品的回收价值约为 125.1 亿元，同比增长 32.5%。在互联网时代下，人们消费习惯和消费理念的有所改变，对二手产品的接受度不断增强，回收行业发展迎来利好，并在电商和资本推动下不断探索多元化的回收模式。

4. 技术因素

据市场调查，目前我国的电子废弃物主要有 4 种流动方式：一是维修部或制造商、废品收购站，他们将其维修、翻新、改装后投入市场，再次销售给消费者；二是通过拆解作坊再生利用，一般通过简易的提炼手段获取金属材料，通过拆解进行销售；三是捐赠或通过旧家电市场流通到农村和贫困地区家庭使用；四是直接与生活垃圾进行填埋。废弃电器电子产品的产生量巨大，通过正规渠道回收的电子垃圾占比较少，对优质再生资源的加工利用水平较差，从而造成资源浪费和环境污染。"互联网＋回收"模式下技术不断创新，运用最新科技如人工智能，采用分拣分类、自动识别、再生利用等专业化技术，尽可能做到数据安全、环境无害。

经过 PEST 分析得出：国家在相关政策上大力支持绿色产业、再生资源产业的发展，多地积极推进大生态、大数据等战略的发展，给"互联网＋回收"行业的发展带来了良好契机，二手电子产品的回收方式是解决资源循环利用的有效方式，电子垃圾回收利用价值较高，市场前景广阔。

15.3.2　竞争对手比较分析

1. 行业玩家介绍

我国二手闲置品交易市场规模巨大，一些互联网巨头看到了商机，在电商和互联网的发展推动下，许多创业公司纷纷也投入其中，不断探索回收行业新的商业模式。如今互联网市场已涌现出不少二手物品交易平台，如阿里旗下的闲鱼、58 旗下的转转等，还有很多创业公司，例如爱回收、回收宝等，资本纷纷进入，非常看好这类市场。各家的"玩法"也有所不同，早在 2011 年就推出的爱回收，采用当下最热的 O2O 商业模式，现已成为全国最大的 O2O 电子产品回收及以旧换新服务互联网平台。2014 年，淘宝二手改名为"闲鱼"，以全新的面貌重新进入 C2C 二手交易市场，闲鱼网因为阿里巴巴的流量和资金以及支付闭环等因素，加之二手交易不可或缺的信任，在众多二手交易平台中脱颖而出。58 同城和赶集网在 2015 年合并成为 58 赶集，并推出了与微信深度整合的转转，以转转为代表的垂直性专业二手交易平台迅速崛起，主打个人二手闲置物品交易，更加专业。此外还有不少都在用各种方式尝试探索这一千亿蓝海的商业模式，表 15-4 选择了几个公司并从多个方面进行对比。

2. 主要竞争对手分析

闲鱼、转转目前是互联网＋回收行业规模最大且具代表性的的综合企业，爱回收、回收宝是垂直领域知名度较高的回收企业，由于 2018 年阿里战略投资回收宝，与闲鱼开展合作，以及考虑到数据的可获得性，现从互联网＋回收市场选取爱回收、闲鱼、转转 3 家公司，主要通过 APP 的使用情况和用户画像进行比较分析，从而发现行业发展的相同点以及各家公司的特色之处。

表 15-4 行业部分竞争对手介绍

产品图标	产品名	成立时间	融资信息	投资机构	平台合作	产品介绍	业务范围	特色功能
闲鱼	闲鱼	2014年6月		阿里巴巴	小猪短租、芝麻信用、飞蚂蚁、菜鸟裹裹、回收宝等	闲鱼是由阿里巴巴集团发布的一款闲置交易平台,可以转卖闲置,浏览商品等功能	租房,拍卖,手机数码,女装,家用电器,美妆等	"一键转卖"功能;鱼塘板块;信用卖服务——芝麻信用分超过600的用户可以"先收钱,再发货"
转转	转转	2015年11月		58赶集集团、腾讯	微信、58速运、富士康等	专业的二手交易网——一个带你赚钱的网站	二手手机,家电,衣服,化妆品等	微信支付,平台实保交易;权威质检服务;自营平台;海淘
爱回收	爱回收	2011年5月	获1.5亿美元E轮战略融资	晨兴资本、IFC、天图资本、凯辉基金、达晨创投、京东、老虎环球基金	京东、三星、1号店、顺丰、格瓦拉、麦当劳等	用户登录平台对手机进行估价,同时提供免费上门、门店交易,快递邮寄三种回收方式	专注于手机、平板电脑、笔记本、数码相机等电子数码产品	百万回收商实时竞价;线上下单与线下交易相结合;"以旧换新"服务
回收宝	回收宝	2014年7月	完成C轮战略融资	源码资本、中信资本、SMC(世铭资本)、海峡资本、阿里巴巴	华为、中国移动、联通、微信、vivo、oppo、顺丰等	以"让闲置回归价值"为使命,线上线下融合式的回收场景	旧机回收(手机、笔记本、平板)、手机租赁	与子品牌形成产业联动,构建了"收机""修机""卖机""租机"为一体的业务闭环;信用回收模式;手机回收机器人
有得卖	有得卖	2014年9月	获1.2亿元B+轮融资	中国人民保险、启迪控股、牧帝资本	1号店、索尼、京东、苏宁、联想、乐视商城等	全品类数码、家电在线评估回收平台	手机、平板电脑、笔记本电脑、数码影像、游戏设备和大家电	租赁服务;维修服务;小红箱—自助回收机

1）APP 下载、安装情况

选取爱回收、闲鱼、转转 3 家公司近六个月以来 APP 的下载量及活跃度。

如图 15-8 所示，爱回收 APP 下载量在 2018 年保持比较稳定的状态，但进入 2019 年却不断下降，且降幅加大。从近六个月来看，新装设备数与活跃设备数也均呈下降态势，2019 年降幅有所加大，可能是年初回调或者行业竞争加剧所致，未来走势不明朗。

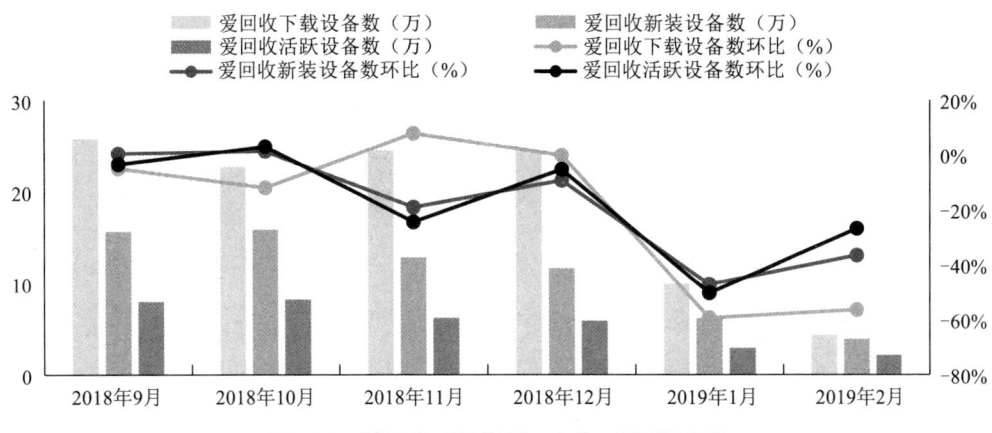

图 15-8　爱回收 APP 下载、安装、活跃设备数

如图 15-9 所示，闲鱼背靠阿里集团的强大流量，在下载、安装量上稳居行业龙头地位，用户量遥遥领先。近六个月来，新装设备数和活跃设备数都维持比较稳定状态，环比表现也很平稳，而下载设备数在最近月份出现很大的下滑，但并未影响新装和活跃设备数，说明闲鱼拥有很大的用户存量和相对稳定的活跃人群。

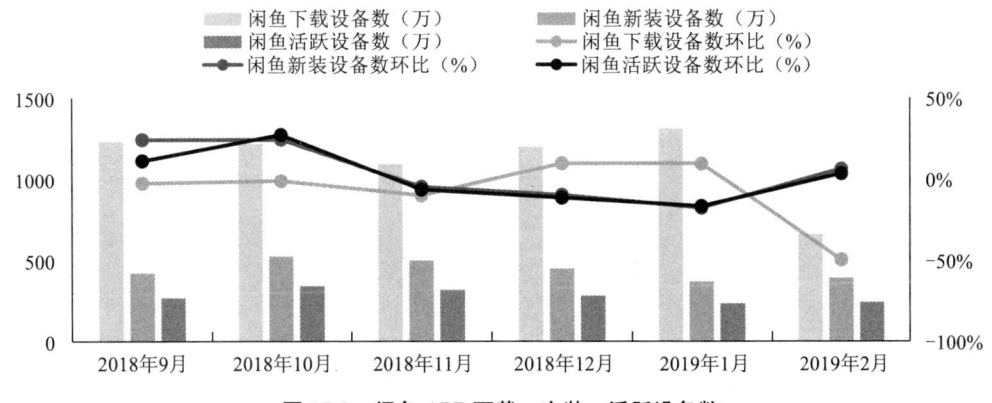

图 15-9　闲鱼 APP 下载、安装、活跃设备数

如图 15-10 所示，转转位居闲鱼之下，拥有第二大市场份额，下载、新装和活跃设备数均比较高。近六个月来转转 APP 的下载、新装和活跃设备数均呈现稳中下降的态势，但降幅较小，其中下载量降幅相对较明显。

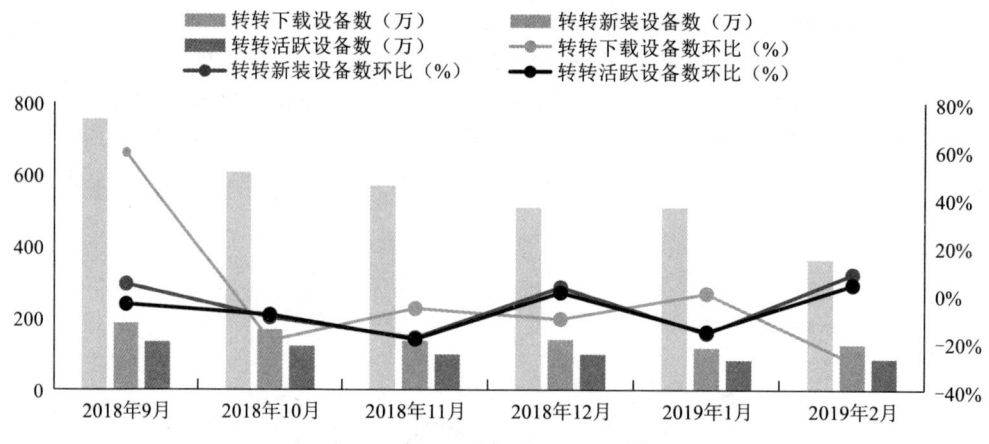

图 15-10 转转 APP 下载、安装、活跃设备数

2）APP 使用情况

选取人均单机使用天数、次数以及单日有效时间来比较 3 家平台的 APP 使用情况，如图 15-11 所示。

（1）人均单机使用天数。如图 15-11 所示，明显可看出闲鱼、转转在行业第一、第二的龙头地位，在人均单机使用天数上也远高于爱回收，但两者走势最近一个月走势稍有不同，闲鱼呈现下滑，而转转却一路上扬，越来越接近闲鱼。爱回收人均使用天数走势明显不同，略有震荡但保持趋稳状态。

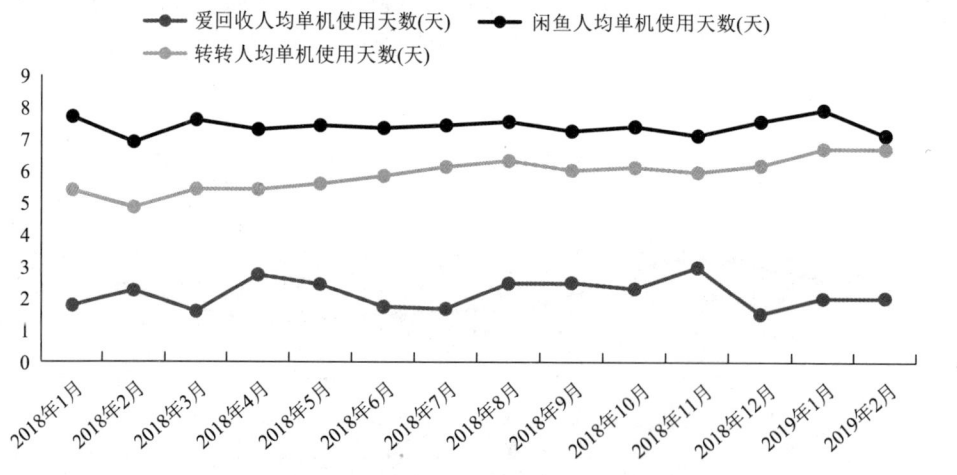

图 15-11 爱回收、闲鱼、转转 APP 人均单机使用天数

（2）人均单机单日有效使用时间。如图 15-12 所示，闲鱼稳占市场第一的位置，人均单机单日有效使用时间保持领先地位，且呈上升趋势。而转转、爱回收在人均单机单日使用时间上走势较相近，转转一年以来在人均单机单日有效使用时间上表现非常平稳，走势趋于稳定上浮。爱回收在人均单机单日使用时间上相对波动幅度较大，但仍然趋稳。

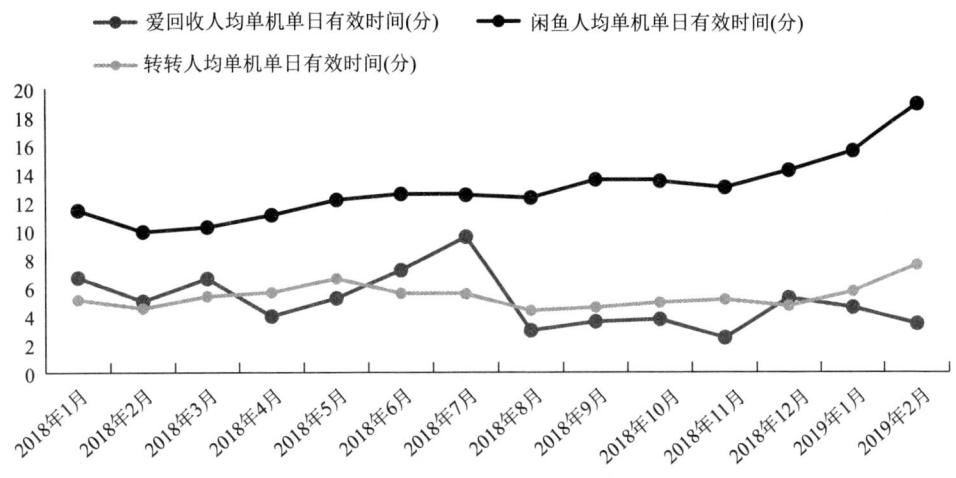

图 15-12 爱回收、闲鱼、转转 APP 人均单机单日有效时间

3) APP 用户画像

选取 2019 年 2 月的数据，分别从性别、年龄段、所在城市级别、收入情况和教育程度几个角度来分析 3 家回收平台的用户情况。

(1) 用户性别。如图 15-13 所示，3 家平台的 APP 用户性别均以女性居多，其中闲鱼和转转作为用户体量大的综合回收平台，其用户中女性占绝大多数部分，占比高达 70% 以上。而爱回收用户群体的男女比例比较均衡，男女占比 50% 左右。

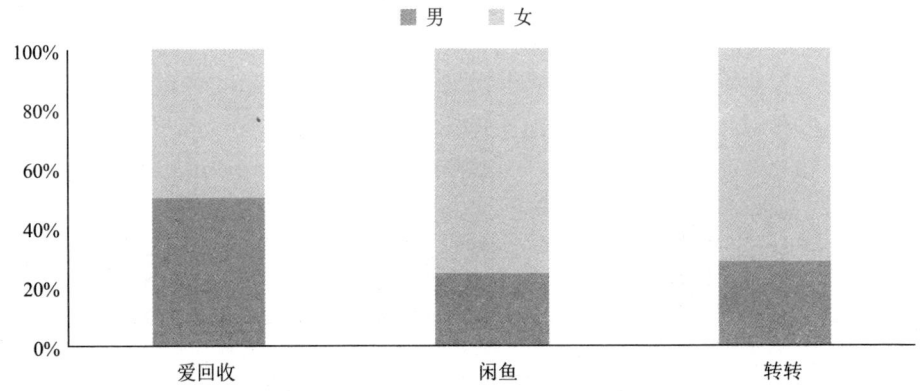

图 15-13 爱回收、闲鱼、转转 APP 用户性别分布

(2) 用户年龄段。如图 15-14 所示，这 3 家回收平台的用户年龄段均以 31～35 岁居多，其次是 25～30 岁年龄段的用户，25～35 岁年龄段的用户比例占到了一半以上，41 岁以上的用户占比最少。其中，闲鱼 36～40 岁年龄段的用户占比第三，高于 24 岁以下的用户，而转转、爱回收 36～40 岁年龄段的用户占比低于 24 岁以下的用户。

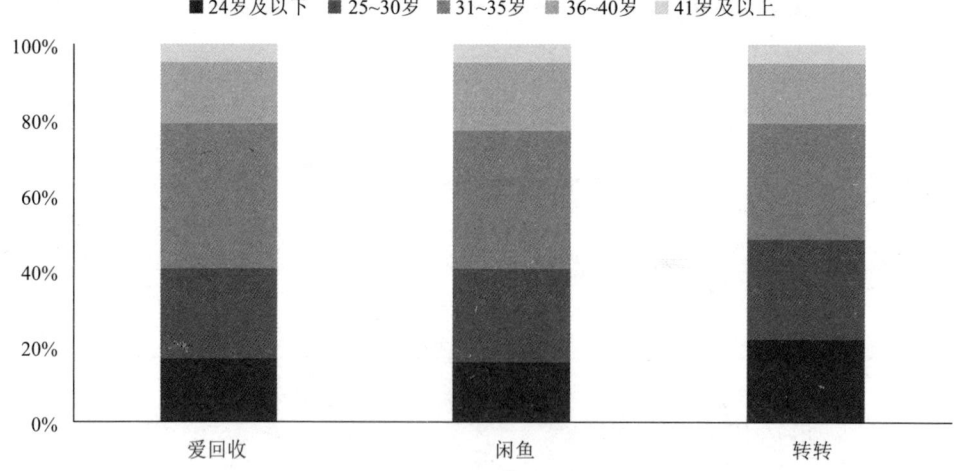

图 15-14 爱回收、闲鱼、转转 APP 用户年龄段分布

(3) 用户所在城市级别。从图 15-15 可看出 3 家回收平台的用户所在地为三线、四线城市的较多,各占 20%以上。其中闲鱼跟转转的用户所在城市较为相似,三线城市最多,其次是四线城市,一线城市占比最低;而爱回收的用户所在地为四线城市占比最高,其次是三线城市,一线城市占比高于另两家。

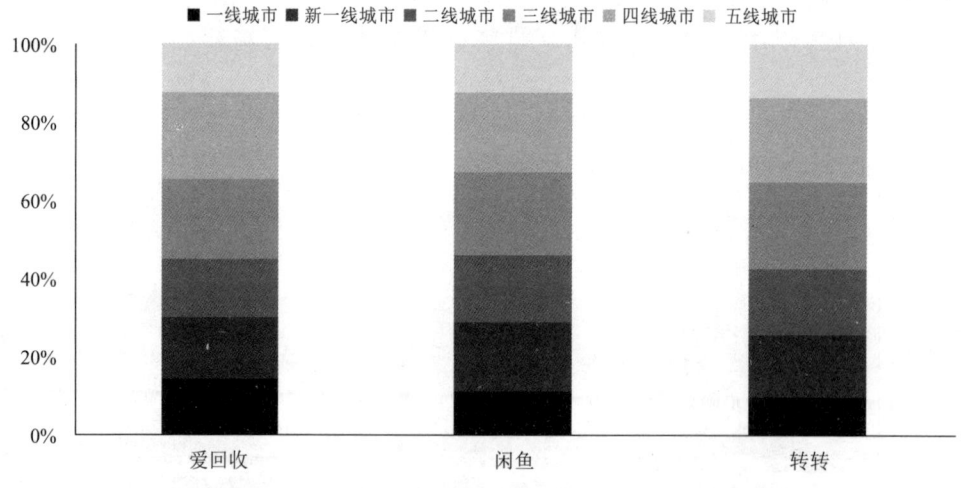

图 15-15 爱回收、闲鱼、转转 APP 用户所在城市级别分布

(4) 用户收入情况和教育程度。图 15-16 将收入划分为低、小康、中高和高四类,这 3 家平台用户均以中高收入人群为主,占比次高的是小康收入人群,中高和小康收入的人群占到 70%~80%左右,高收入人群占比最少,为 6%~7%,说明回收行业的目标人群为中高和小康收入。这 3 家回收平台的用户教育程度为高中及以下的占绝大部分,均为 70%以上,说明回收行业的用户教育程度仍处于较低水平,如图 15-17 所示。

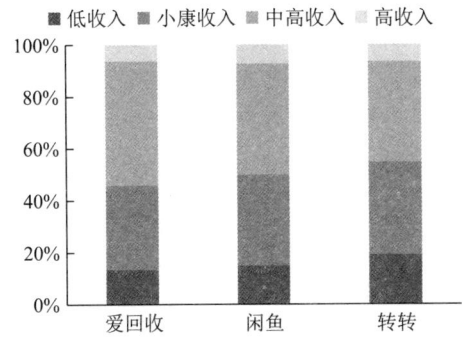

图 15-16　爱回收、闲鱼、转转 APP 用户收入情况 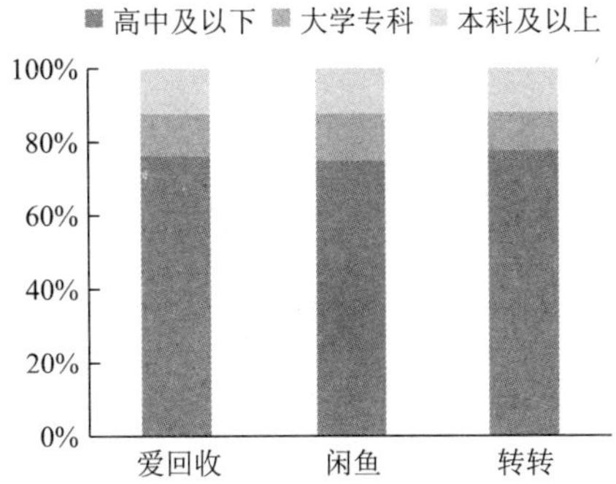　　图 15-17　爱回收、闲鱼、转转 APP 用户教育程度

15.4　调查问卷分析

除了开展实地调研活动，本调研团队还设计了一份题为高校学生对电子产品回收了解程度的调查问卷，通过问卷星在线方式，共回收 342 份有效问卷，发放问卷的群体为高校学生，其中男性为 143 人，女性为 199 人。问卷具体结果如下。

拥有闲置或者老旧电子产品的受访者中，有 90.59% 比例的人是因为使用时间较长，系统响应变慢，影响用户体验。其次有 44.12% 的人是由于电子设备损坏，且不准备维修，而有 58.23% 的受访者分别从消费需求和价格角度倾向于购买新产品。问卷显示有 84.12% 的受访者一般会选择将废弃或闲置电子产品留存于家中，但也有 28.82% 的人会考虑转手（参见图 15-18）。

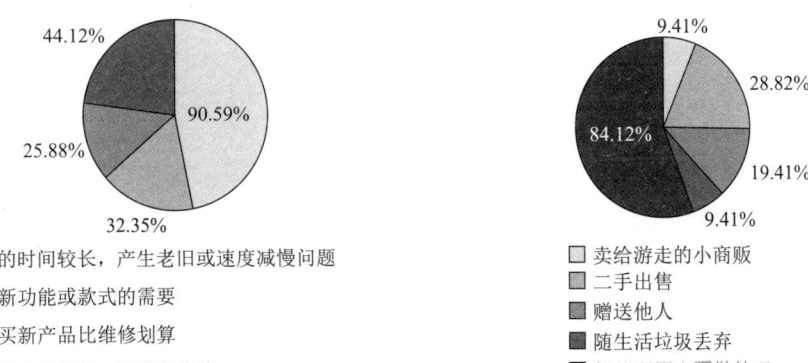

图 15-18　考虑二手出售电子产品的因素

有 57.06% 的人对电子产品的回收途径了解较少，35.29% 的人有一般了解，说明无论从主动接受还是被动接受的角度，电子回收途径的宣传都是较少的，覆盖面也是较为稀疏的。当然，从消费者的角度看，也有一部分原因是因为私人物品想留作纪念（37.65%），担心隐私泄露（65.29%）等，这会导致消费者选择性屏蔽有关电子产品回收的广告、资料等，同时因为有一部分原因是由于回收价格较低（59.41%）、回收流程麻烦（48.24%）以及对回收并不关心（15.29%）（参见图 15-19）。

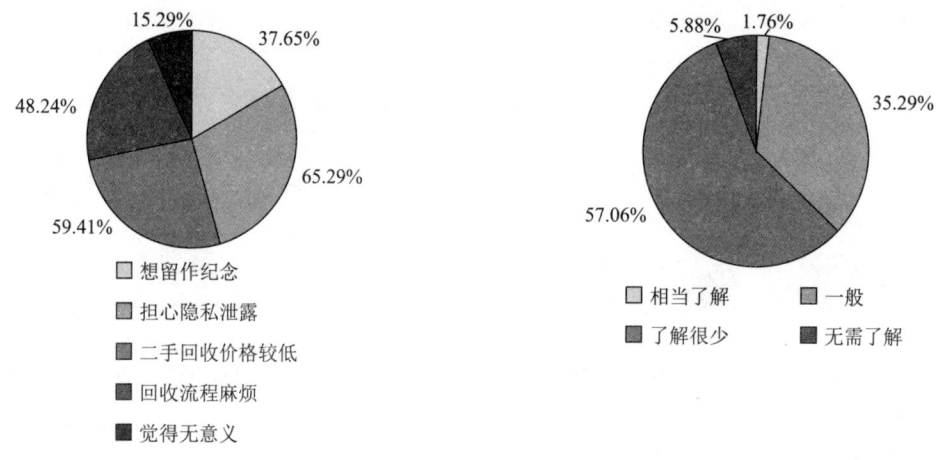

图 15-19　对出售二手电子产品的敏感度

对于回收行业，消费者最为关注的莫过于信息安全问题（78.82%），这是理所当然的。大数据时代，完好的保护好个人隐私很难，但是防止过多的隐私泄露是可以做到的，因此如何保护消费者的个人隐私是回收行业必须要考虑的问题，这涉及电子产品数据处理以及防止数据再恢复的技术。这一点与关注处理方式（53.53%）是类似的。当然，回收价格（68.24%）也十分重要，消费者亦有利益最大化的意愿。图 15-20 反映了消费者选择二手回收平台看重的因素。

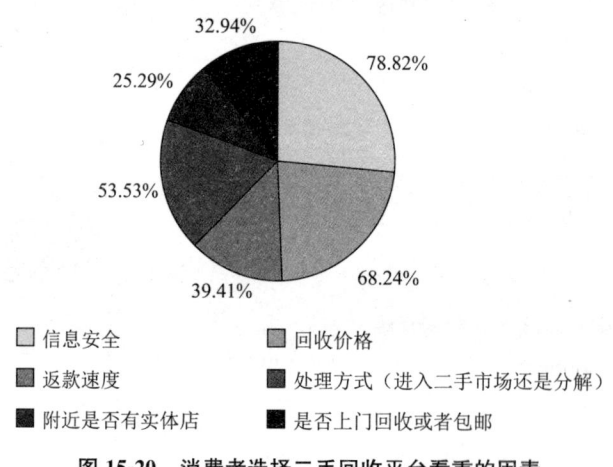

图 15-20　消费者选择二手回收平台看重的因素

在关于电子回收平台选择情况的调查方面，目前市场上电子回收平台种类繁多，市场竞争激烈，消费者对于主流电子回收平台的知悉程度不一。对于爱回收、回收宝、闲鱼和转转，没听说过的分别占比 68.24%，84.12%，8.24% 及 52.35%，可以发现消费者较了解闲鱼，对于其他平台不太了解。听说过的但没有使用过，上述平台各占 24.12%，10.59%，42.35% 及 34.71%。而使用过各占 7.06%，4.12%，24.12%，8.24%。可以发现闲鱼具有一定的份额和受众，对其他电子回收平台形成有较为突出的竞争力，爱回收在电子回收用户市场上优势不明显，面临客户倾向于闲鱼的压力（参见图 15-21）。

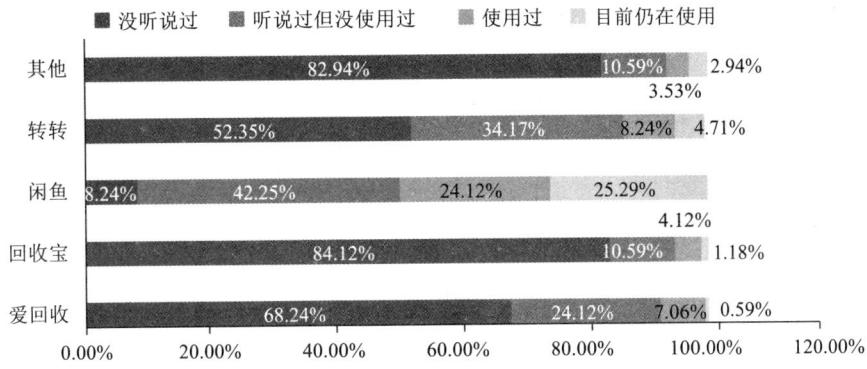

图 15-21 关于电子回收平台的了解及选择情况

此外，从具体平台的消费者具体售卖电子产品的数据得知，出售手机比出售其他电子产品数量都要大，数码摄影器材和笔记本相对较少（参见图 15-22）。

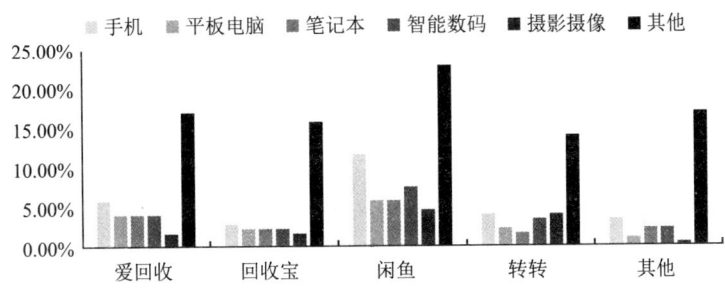

图 15-22 主要二手电子回收平台出售商

对于体验过爱回收服务的调查者来说，线上模式用户体验感相对较好，服务满意比例达 59.46%，服务感受一般占 35.14%。而实体门店表现反而不好，非常满意和比较满意比例均要比线上服务低，同时感觉一般比例高于线上服务。具体原因有待进一步的分析，可能与线下门店规模较小以及服务人员素质有关（参见图 15-23）。

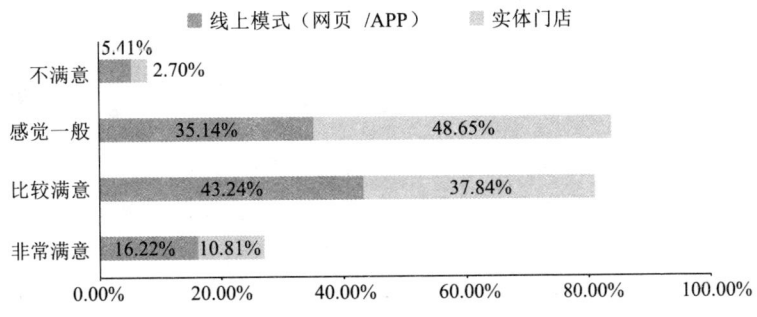

图 15-23 爱回收的客户满意度情况

15.5 爱回收 SWOT 策略分析

图 15-24 是对爱回收进行的 SWOT 分析。

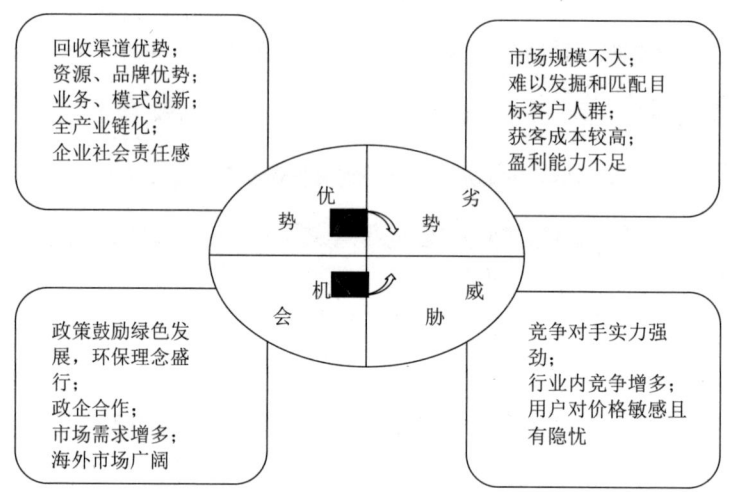

图 15-24　对爱回收的 SWOT 分析

1. 优势（Strength）

（1）回收渠道优势。爱回收长期居于手机回收市场的龙头地位，在回收渠道方面积累了丰富的经验，拥有着长期稳定的渠道资源，成功建立起一道行业壁垒。

（2）资源、品牌优势。经过 8 年深耕回收市场，爱回收形成了强大的资源优势和品牌背书，与京东、1 号店等电商平台建立长期合作关系，物流方面与顺丰、中邮速递展开合作，此外三星、苹果等众多手机制造商成为其官方合作伙伴。

（3）业务、模式创新。爱回收在业务、模式上不断积极探索，首创线下门店的模式，目前已在全国多个城市布局线下门店；此外，最新提出"以旧换新"，为数万家线下连锁合作商提供以旧换新服务；探索布局的"拍机堂"B2B 二手手机线上交易平台是一次努力突破。

（4）全产业链化。早期，爱回收只是手机回收商，通过积累数据，培养运营和渠道分销的核心能力，把整体运营体系进行开放，做出了"拍机堂"，此外衍生出库存尾货分销平台"尾品汇"以及高品质二手手机分销平台"小爱优品"，换新机、拍机堂、尾品汇、小爱优品等覆盖全产业链。

（5）企业社会责任感。2018 年初，爱回收携手中国旧货业协会成立"公益联盟"，通过"回收爱·山村儿童数码助学计划"展示企业爱心，爱回收始终秉持社会责任感，积极投身公益事业。

2. 劣势（Weakness）

（1）市场规模不大。爱回收在手机市场所占市场份额较高，但是整体来看，所处行业市场规模不大，平台自身流量不高，影响了企业发展与业务拓展。

（2）难以发掘和匹配目标客户人群。通过同行业分析可知，爱回收的用户所处三四线城市居多，以中低收入为主，目标客户较分散，难以精准发掘有效需求并匹配目标人群。

（3）获客成本较高。当前面临数千亿规模的全球二手手机线下存量市场，爱回收不断探索从C端转B端的精准场景获客，在营销上投入较多，获客成本高。

（4）盈利能力不足。爱回收目前已进行到了E轮战略融资，不断孵化出新业务如拍机堂、尾品汇、小爱优品，在业务拓展阶段需要资金支持，难以保证盈利。

3. 机会（Opportunity）

（1）政策鼓励绿色发展，环保理念盛行。政策出台再生资源利用等多项文件，鼓励绿色发展、循环经济发展，在此背景下，互联网＋回收行业发展迎来利好，环保生活的理念深入人心。

（2）政企合作。在政策驱动下，政府与企业加强在绿色环保等公益项目上的合作。爱回收的发展一直秉持着环保理念与社会责任感，将成为政府合作对象的首选。

（3）市场需求增多。我国手机等电子产品的消费量巨大，但回收率非常低。近年来回收市场逐渐走向规范，企业不断探索新回收渠道和方式，使得更多用户愿意且放心进行回收，市场需求不断增加。

（4）海外市场广阔。不受制于国内市场，海外市场同样具有很大前景，爱回收从2018年开始进行的全球化、多元化布局是自身发展的一大战略选择。

4. 威胁（Threat）

（1）竞争对手实力强劲。爱回收业务竞争对手有闲鱼、转转，这两家公司分别归属于阿里系、腾讯系，背靠支付宝、微信的信用支撑和强大流量，获客渠道和发展规模相比爱回收优势明显。

（2）行业内竞争增多。互联网＋回收行业是一片蓝海市场，除了互联网巨头，许多创业公司纷纷涌入，行业内竞争者增加；由于产品更新速度快，企业更加注重创新研发，竞争加剧。

（3）用户对价格敏感且有隐忧。爱回收的用户大多为中低收入，对价格敏感度高，对比各平台回收价格；许多用户出于对信息泄露的担忧，不愿意进行回收。

15.6 对策与建议

15.6.1 加强营销，精准获客

在互联网＋回收行业的激烈竞争中，要想掌握市场主动权，实现可持续发展，首先需要通过多种方式快速拓展爱回收的知名度，如口碑营销、微博营销等；其次，提高老客户的忠诚度和吸引新顾客，可以根据目标客户人群的需求，采取不同营销策略来实现精准获客，如在一二线城市和三四线城市分别采取不同策略，一二线城市造势，三四线城市挖掘核心需求。

15.6.2 深化合作，创新发展

爱回收面临闲鱼、转转等强劲竞争对手的冲击，要保持其核心竞争力，与京东、1号店等电商平台深入合作，同时与二手商家、零售店、厂家等展开深化合作，保证质量和货源稳定，做到价格更优、成交更快。此外，要把握行业前沿和走势，提升战略思考深度和决策水平。由于行业发展更新速度快，要加强创新研发，进行新业务拓展或者已有业务不断创新，保持发展活力，如小爱优品、自助回收机等创新项目落地。

15.6.3 把握线下门店优势，提升服务质量

爱回收在 2013 年首次布局线下门店，使得一二线城市线上线下流量相互融合，之后线下门店不断扩张，目前直营门店数量已超过 300 家，加盟门店在各地开花。用户下单后可以选择就近的商场或仓库配货，大量线下门店的存在，有利于提高线上商品的物流配送速度，打通线上线下的商品、物流等方面的数据。在线下门店快速扩张的同时，也需要注重提升服务的质量，加强门店员工的培训与考核，提高员工的服务技能与服务效率，从而更好地为客户服务。

15.6.4 全产业链联动，打造业务闭环

2019 年，企业全力发展爱回收与拍机堂两条业务主线，一个 2C 一个 2B，一个自营一个平台，协作扶持，双线作战。爱回收的商业模式日益完善，与子品牌形成产业联动，焕新机、享换机、拍机堂、尾品汇和小爱优品等共同构建起收机、租机、卖机、修机为一体的业务闭环。爱回收业务模块不断衍生，其打造的自助回收机回收品类覆盖衣物、塑料、废纸、金属、电子产品等，一经推广将大量减少人力成本。

15.6.5 重度垂直，全球化布局升级

鉴于国内互联网+回收行业赛道竞争加剧，为避免巨头竞争，必须做好市场细分，重度垂直才能够创造价值，构筑壁垒。爱回收深耕电子产品回收领域，瞄准电子产品中最具代表的手机，将手机回收做大做强。同时，不局限国内市场，2018 年开始向海外市场推广，以中国香港为起点，在全球内展开业务。由于国际市场的贫富差距，对二手手机的需求层次多样，有很大的潜在机会，应该进一步布局升级，尤其印度、巴西、印尼等新兴市场值得开拓。